Wettbewerbsaufsicht und Verhältnismäßigkeit

Europäische Hochschulschriften
Publications Universitaires Européennes
European University Studies

Reihe II
Rechtswissenschaft

Série II Series II
Droit
Law

Bd./Vol. 4365

PETER LANG
Frankfurt am Main · Berlin · Bern · Bruxelles · New York · Oxford · Wien

Albrecht von Breitenbuch

Wettbewerbsaufsicht und Verhältnismäßigkeit

Am Beispiel der Zugangsregulierung nach dem Telekommunikationsgesetz

PETER LANG
Europäischer Verlag der Wissenschaften

Bibliografische Information Der Deutschen Bibliothek
Die Deutsche Bibliothek verzeichnet diese Publikation in der Deutschen Nationalbibliografie; detaillierte bibliografische Daten sind im Internet über <http://dnb.ddb.de> abrufbar.

Zugl.: Berlin, Humboldt-Univ., Diss., 2005

11
ISSN 0531-7312
ISBN 3-631-54679-3

www.peterlang.de

Vorwort

Die vorliegende Arbeit wurde von der Juristischen Fakultät der Humboldt-Universität zu Berlin im Wintersemester 2004 / 2005 als Dissertation angenommen. Gesetzgebung, Rechtsprechung und Literatur sind bis Ende 2004 berücksichtigt.

Mein großer Dank gilt hierbei an erster Stelle meinem Doktorvater, Herrn Professor Dr. Michael Kloepfer. Er war sofort bereit, die Betreuung für das vorgeschlagene Thema zu übernehmen. Bei der Erstellung der Arbeit hat er mir großzügig die gewünschte Freiheit gewährt. Ferner danke ich Herrn Professor Dr. Dr. Christian Kirchner für die Erstellung des Zweitgutachtens.

Für die förderliche fachliche Diskussion, das kritische Mitdenken und die sorgfältige wiederholte Durchsicht des Manuskripts danke ich Herrn Dr. Sebastian Steinbrecher in besonderem Maße.

Ebenfalls möchte ich mich besonders bei den Partnern, Kollegen und Mitarbeitern der Sozietät Hölters & Elsing bedanken. Sie ermöglichten mir durch ihre Unterstützung und ihr Verständnis die Durchführung des Promotionsvorhabens neben der anwaltlichen Berufstätigkeit.

Mehr als tiefen Dank empfinde ich gegenüber meinen geliebten Eltern. Ihnen ist diese Arbeit gewidmet.

Berlin, im Dezember 2005 | Albrecht von Breitenbuch

Inhaltsverzeichnis

Kapitel 1: Einführung

A. Ziel der Arbeit

Ziel der vorliegenden Arbeit ist, die Rolle des Grundsatzes der Verhältnismäßigkeit innerhalb der Wettbewerbsaufsicht zu untersuchen. Jede staatliche Regulierungsaufsicht über die Abläufe eines Marktes zur Verhinderung der Aufrechterhaltung oder der Bildung von Marktmacht läuft grundsätzlich Gefahr, in grundrechtlich geschützte Rechtspositionen einzelner Marktteilnehmer einzugreifen. Im Fall seiner umfassenden Geltung ist jedes hoheitliche Aufsichtshandeln an den Grundsatz der Verhältnismäßigkeit gebunden und an ihm zu messen. Allerdings werden gerade durch die Elemente der Privatisierung und der Marktöffnung die ursprünglich bipolaren öffentlich-rechtlichen Konflikte zwischen der Regulierungsaufsicht und den Marktteilnehmern in vielen Wirtschaftsbereichen in das gleichberechtigte mehrpolige Verhältnis der Wettbewerber untereinander verschoben.

In dieser Arbeit werden die Konsequenzen in der Wettbewerbsaufsicht, die sich aus dieser noch nicht ganz abgeschlossenen Entwicklung ergeben, für die Anwendung und die Bindungswirkung des Grundsatzes der Verhältnismäßigkeit im Wettbewerbsrecht am konkreten Beispiel der sektorspezifischen Regulierung des Netzzugangs in der Telekommunikation aufgezeigt und analysiert. Hierzu wird der Frage nachgegangen, wie der Grundsatz der Verhältnismäßigkeit im Spannungsfeld der Wettbewerbsaufsicht zwischen den einzelnen Interessengruppen bei der Regulierung über den Netzzugang in der Telekommunikation wirkt. Einerseits wird im Hinblick auf den Netzzugang das staatliche Handeln im vertikalen Interessenausgleich untersucht. Dabei müssen die gegenläufigen Interessen der Allgemeinheit und des einzelnen Netzbetreibers in Einklang gebracht werden. Andererseits bedarf die Anwendung des Verhältnismäßigkeitsmaßstabes im horizontalen Interessenausgleich der besonderen Erörterung. Die Regulierungsbehörde hat in ihrer Entscheidung über die Netzzugangsverpflichtung und deren konkrete Bedingungen die Rechtspositionen der beteiligten Interessengruppen im Wettbewerb auszubalancieren.

B. Zugang zum Telekommunikationsnetz als Beispiel für die Untersuchung

Gegenstand dieser Untersuchung ist die sektorspezifische Wettbewerbsaufsicht über den Zugang zu Einrichtungen und Diensten von Telekommunikationsnetzen. An diesem Beispiel treten die Entwicklungen des Wettbewerbsrechts als Teil des modernen Verwaltungsrechts deutlich zutage[1]. Aufgrund der Privatisierung von Aufgaben und Funktionen unter gleichzeitiger Marktöffnung in der Telekommunikation wird der vormals staatliche Monopolbereich der hoheitlichen Daseinsvorsorge nunmehr durch regulierte Selbstregulierung[2] bestimmt. Den entstandenen Markt gestalten die staatlichen Instanzen, die im Wettbewerb stehenden Akteure und die Endkunden inzwischen gemeinsam. Als Konsequenz hat sich dadurch das Marktumfeld verändert: die Beziehungen der Beteiligten sind mehrpolig geworden und ihre Verantwortungsbereiche haben sich ineinander verschoben. Hierbei hat der Staat, vor allem durch die Infrastrukturgewährleistung nach Art. 87f GG, nunmehr sowohl eine schützende als auch eine lenkende Rolle übernommen[3]. Jedem Beteiligten soll ein Handeln nach eigenen rationalen Maßstäben ermöglicht werden, zugleich soll aber unter staatlicher Lenkung durch das gemeinsame Agieren im Marktumfeld das Gemeinwohl gefördert werden[4].

Die Regeln zum Zugang zum Netz wurden kürzlich durch die Novellierung des Telekommunikationsgesetzes (TKG)[5] zur fortschreitenden europäischen Harmonisierung einer weitgehenden Umgestaltung unterzogen. Darin galt es die Vorgaben des entwickelten europäischen Rechtsrahmens für elektronische

---

[1] Zu den sich wandelnden Aufgaben der modernen Verwaltung siehe beispielhaft *Schuppert*, S. 102 ff.; *Trute*, in: DVBl. 1996, 950 (950), m. w. N.; auch Beiträge im Gemeinschaftswerk *Hoffmann-Riem/Schmidt-Aßmann/Schuppert*.

[2] Siehe zu diesem Begriff insbesondere die Beiträge in DV 34 (2001) Beiheft 4; auch *Trute*, in: DVBl. 1996, 950 (951 ff.); *Kloepfer/Elsner*, in: DVBl. 1996, 964 (965 ff.).

[3] *Huber*, in: v. Mangoldt/Klein/Starck, Art. 19 Rn. 351.

[4] Vgl. *Schmidt-Aßmann*, in: Maunz/Dürig, Art. 19 Abs. 4 Rn. 3.

[5] TKG v. 22.06.2004, BGBl. I S. 1190, in Kraft seit 26.06.2004 (§ 152 Abs. 1 TKG).

Kommunikationsnetze und -dienste[6] in das nationale Recht umzusetzen[7]. Die Befugnisse der nationalen Regulierungsbehörde für Telekommunikation und Post (RegTP) wurden den Bedürfnissen der Märkte nach erfolgter Marktöffnung, nach Entstehen von Wettbewerb in Teilbereichen und unter Berücksichtigung fortschreitender technischer Entwicklung angepasst und teilweise erweitert[8]. Hierbei konnten auch die Erfahrungen aus den ersten Jahren der Arbeit der Behörde und der Marktentwicklung nach der Öffnung für den Wettbewerb umgesetzt werden.

---

[6] Der Rechtsrahmen umfasst derzeit acht Rechtsakte (größtenteils abgedruckt bei *Schütz/ Attendorn/König*, Anhänge 1-7, S. 199 ff.):
- die neue Liberalisierungsrichtlinie (Richtlinie 2002/77/EG der Kommission v. 16.09.2002 über den Wettbewerb auf den Märkten für elektronische Kommunikationsnetze und -dienste, ABl. L 249 v. 17.09.2002, S. 21-26);
- fünf Richtlinien des Europäischen Parlaments und des Rates zur Harmonisierung:
  - Rahmenrichtlinie (Richtlinie 2002/21/EG v. 07.03.2002 über einen gemeinsamen Rechtsrahmen für elektronische Kommunikationsnetze und -dienste, ABl. L 108 v. 24.04.2002, S. 33-50);
  - Genehmigungsrichtlinie (Richtlinie 2002/20/EG v. 07.03.2002 über die Genehmigung elektronischer Kommunikationsnetze und -dienste, ABl. L 108 v. 24.04.2002, S. 21-32);
  - Zugangsrichtlinie (Richtlinie 2002/19/EG v. 07.03.2002 über den Zugang zu elektronischen Kommunikationsnetzen und zugehörigen Einrichtungen sowie deren Zusammenschaltung, ABl. L 108 v. 24.04.2002, S. 7-20);
  - Universaldienstrichtlinie (Richtlinie 2002/22/EG v. 07.03.2002 über den Universaldienst und Nutzerrechte bei elektronischen Kommunikationsnetzen und -diensten, ABl. L 108 v. 24.04.2002, S. 51-77);
  - Datenschutzrichtlinie (Richtlinie 2002/58/EG v. 12.07.2002 über die Verarbeitung personenbezogener Daten und den Schutz der Privatsphäre in der elektronischen Kommunikation, ABl. L 201 v. 31.07.2002, S. 37-47);
- die Frequenzentscheidung (Entscheidung Nr. 676/2002/EG des Europäischen Parlaments und des Rates v. 07.03.2002 über einen Rechtsrahmen für die Frequenzpolitik in der Europäischen Gemeinschaft, ABl. L 108 v. 24.04.2002, S. 1-6);
- und eine Verordnung zur Teilnehmeranschlussleitung (Verordnung (EG) Nr. 2887/2000 des Europäischen Parlaments und des Rates v. 18.12.2000 über den entbündelten Zugang zum Teilnehmeranschluss, ABl. L 336 v. 30.12.2000, S. 4-8).

[7] Die umsetzungsbedürftigen Harmonisierungsrichtlinien waren bis zum 24. Juli 2003 in nationales Recht umzusetzen. Die erst später verabschiedete Datenschutzrichtlinie 2002/58/EG hatte eine abweichende Umsetzungsfrist bis zum 31. Oktober 2003. Wegen der verspäteten Umsetzung hat die Kommission unter anderem gegen Deutschland ein Vertragsverletzungsverfahren nach Art. 226 EGV eingeleitet; vgl. *Ladeur*, in: K&R 2004, 153 (153); auch MMR 2004, Heft 5, S. XV.

[8] BMWi, Eckpunkte, S. 3.

In der Wettbewerbsaufsicht über netzgebundene Märkte wie der Telekommunikation spielt der Zugang zum bestehenden Netz und einzelnen Netzteilen die herausragende Rolle. Wegen der Besonderheiten dieser Märkte aufgrund der beachtlichen Marktzutrittsbarrieren und der Gefahren des Marktversagens ist auch nach der Liberalisierung die Mehrzahl der Marktteilnehmer auf die vorhandene Infrastruktur des ehemaligen Monopolisten angewiesen, um die Endgeräte der Kunden zu erreichen[9]. Diese Abhängigkeit wird zudem dauerhaft fortbestehen, da einerseits viele Anbieter von Telekommunikationsdienstleistungen im Rahmen des reinen Dienstewettbewerbs ohnehin nur Leistungen auf nachgelagerten Märkten anbieten wollen, die über das Netz eines Netzbetreibers transportiert werden müssen[10]. Ihr Geschäftsmodell nutzt das Kommunikationsnetz nur als Übertragungsweg. Sie wollen ihr Produkt oder ihre Dienstleistung unter Inanspruchnahme der Übertragung durch Dritte ihren Kunden zugänglich machen. Andererseits bedürfen wegen der Netzwerkexternalitäten aber auch Konkurrenten im Rahmen des infrastrukturbasierten Wettbewerbs mit einem eigenen Netz des Netzzugangs in Form der Zusammenschaltung beider Netze, um eine möglichst breite Vernetzung für ihre eigenen Netzteilnehmer zu erreichen.

Diesen Anforderungen trägt das sogenannte „Konzept offener Netze“ Rechnung, welches von der Europäischen Gemeinschaft (EG) in ihrer Harmonisierungsrichtlinie begründet worden war[11] und vom deutschen Gesetzgeber bereits 1996 in der alten Fassung des TKG (TKG 1996)[12] übernommen worden ist. Danach soll grundsätzlich allen Anbietern von Telekommunikationsdienstleistungen der Zugang zu dem eigenen Netz eines Betreibers eines öffentlichen Telekommunikationsnetzes gewährt werden[13]. Für Betreiber mit beträchtlicher Marktmacht auf dem entsprechenden Markt besteht sogar die Möglichkeit, sie auf die Einräumung von Zugang zu ihrem eigenen Netz zu verpflichten. Neben

---

9 Vgl. hierzu Ausführungen unten in Kapitel 2; auch *Kloepfer*, Informationsrecht, § 11 Rn. 125 f.

10 *Koenig/Braun*, in: K&R 2002 Beilage 2, S. 17.

11 *Open Network Provision* (ONP); vgl. grundlegend: Richtlinie 90/387/EWG des Rates v. 28.06.1990 zur Verwirklichung des Binnenmarktes für Telekommunikationsdienste durch Einführung eines offenen Netzzugangs (open network provision – ONP), ABl. L 192 v. 24.07.1990, S. 1-9 (ONP-Richtlinie).

12 TKG v. 25.07.1996, BGBl. I S. 1120.

13 Vgl. zum Konzept offener Netze in der Telekommunikation *Haas*, S. 48 ff.

diesem allgemeinen Zugang sind alle Betreiber öffentlicher Telekommunikationsnetze grundsätzlich gehalten, ihre Netze zusammenzuschalten, so dass Dienste und Produkte über alle Netze hinweg genutzt werden können. Hierüber müssen Netzbetreiber mit anderen Netzbetreibern auf Nachfrage verhandeln und im Fall ihrer Marktbeherrschung können sie zur Zusammenschaltung verpflichtet werden. Diese Regulierung des Netzzugangs durch Zugangs- und Zusammenschaltungsverpflichtungen versucht die Größen- und Verbundvorteile insbesondere beim ehemaligen Monopolisten als dominantem Wettbewerber zugunsten der anderen Wettbewerber auszugleichen. Auf diese Weise soll ihnen der Marktzutritt überhaupt erleichtert und ermöglicht werden. Die Wettbewerbsaufsicht bewegt sich hierbei zwischen unterschiedlich gelagerten Interessen der jeweiligen Wettbewerber und des Gemeinwohls. Angesichts der mehrpoligen Interessen könnte der Grundsatz der Verhältnismäßigkeit auf diese Beziehungen einen bestimmenden Einfluss ausüben. Seine Rolle in der Wettbewerbsaufsicht lässt sich daher beispielhaft am Netzzugang der Telekommunikation darstellen.

Das Konzept offener Netze kann jedoch durch jeden Netzbetreiber empfindlich gestört werden. Denn mit der Gestaltung der eigenen Netzinfrastruktur kann die technische Mitbenutzung für Dritte für bestimmte Geschäftsmodelle – gewollt oder ungewollt – erschwert oder gar vereitelt werden[14]. Bereits jetzt haben sich die Kapazität des vorhandenen Netzes oder einzelner Netzteile als das entscheidende Kriterium für die Beurteilung von Ansprüchen auf Infrastrukturzugang in tatsächlicher Hinsicht[15] und die zeitgerechte und qualitativ ausreichende sowie durchsetzbare Bereitstellung als Erfolgskriterien für die Bewertung der Regulierungseffizienz herausgebildet[16]. Weitere Kriterien sind das Zugangsentgelt, die Koordination aller Zugangspetenten und Anpassung des Netzzugangs an eigene Bedürfnisse[17].

---

14 Siehe zu den Möglichkeiten im Einzelnen *Engel*, S. 13 ff., m. w. N.

15 *Junghanns*, S. 140, 380 ff. Siehe hierzu auch sowohl neuerdings Abwägungsparameter in § 21 Abs. 1 S. 2 Nr. 2 TKG als auch bisher § 35 Abs. 2 S. 2 TKG 1996 i. V. m. Mitteilung 98/C265/02 der Kommission über die Anwendung der Wettbewerbsregeln auf Zugangsvereinbarungen im Telekommunikationsbereich – Rahmen, relevante Märkte und Grundsätze (Zugangsmitteilung), ABl. C 265 v. 22.08.1998, S. 2-28, Tz. 87.

16 VATM, Stellungnahme zum TKG-RegE zu § 25, S. 29; siehe auch Urteilskritik von *Schütze*, in: MMR 2003, 359 (359).

17 *Engel*, S. 13 ff.

Anhand dieser Rahmenbedingungen ergibt sich für eine Zugangsregulierung ein besonderer und vielschichtiger Gestaltungsbedarf. Die Beziehungen der Wettbewerber müssen im Wege der Regulierung definiert werden. Das Netz ist – selbst bei diskriminierungsfreiem Zugang – in erster Linie auf die eigenen Bedürfnisse und speziellen Gegebenheiten des Netzbetreibers zugeschnitten. Die nach bisherigem Recht vorgesehene Bereitstellungspflicht von Vorprodukten nur in dem Maße, wie sie vom Netzbetreiber intern genutzt werden, führte dazu, dass ein Netzbetreiber auch nur die Produkte an Konkurrenten bereitstellen muss, die sich an seinem eigenen Geschäftsmodell orientieren[18]. Zwar ist ein ausreichender technischer Standardisierungsgrad für alle Netze und Zugänge durch den europäischen und nationalen Rechtsrahmen sowie durch internationale Vereinbarungen sichergestellt[19]. Aber es besteht die Gefahr, dass für neue innovative Produkte und Dienste der Abschluss eines Standardisierungsprozesses zu spät kommt, um sie zeitgerecht – gerade auch gegenüber den großen Marktteilnehmern – am Markt platzieren zu können[20]. Insbesondere die großen Netzbetreiber üben auf diesen Prozess einen entscheidenden Einfluss aus und können erhebliche Verzögerungen zulasten kleiner Unternehmen verursachen. Ferner könnten die großen Netzbetreiber mit beträchtlicher Marktmacht die für ihre Wettbewerber notwendige Bereitstellung von für diese ökonomisch und technisch sinnvollen und optimierten Vorleistungen durch die Möglichkeit der Ausgestaltung der eigenen unternehmensinternen Vorprodukte aushebeln[21]. Gerade in den Angeboten kleiner innovativer Telekommunikationsunternehmen liegt jedoch die volkswirtschaftlich bedeutende Innovationskraft der Telekommunikation, deren Entfaltung durch die Rahmenbedingungen weitestgehende Unterstützung finden sollte. Denn diese technische sowie auf neue Produkte und Dienste orientierte Innovationskraft begründet die Hoffnungen auf langfristiges

---

18 Nach § 33 Abs. 1 TKG 1996 galt die sog. „Extern-wie-intern"-Bereitstellungspflicht von wesentlichen Leistungen im Rahmen der besonderen Missbrauchsaufsicht; siehe hierzu schon Begründung zum Gesetzentwurf der Fraktionen CDU/CSU, SPD und F.D.P. zum TKG 1996 zu § 32 Abs. 1, in: Bundestags-Drucksache 13/3609, S. 46. Auch *Trute*, in: Trute/Spoerr/Bosch, § 33 Rn. 1; *Piepenbrock*, in: Beck'scher TKG-Kommentar, § 33 Rn. 10, 33; VG Köln, in: K&R 1999, 91 (94).

19 Vgl. Art. 17 Rahmenrichtlinie 2002/21/EG; § 41 Abs. 1 TKG; früher auch § 34 Abs. 1 TKG 1996.

20 Zur Wechselwirkung von Recht und Technik vgl. ausführlich *Kloepfer*, Technik und Recht, S. 17 ff.; *Franzius*, in: DV 34 (2001), 487 (487 ff.), m. w. N.

21 VATM, Stellungnahme zum TKG-RegE zu § 25, S. 29.

Wachstum im Telekommunikationsbereich. Darin können große positive Beiträge zur Stärkung des deutschen und des europäischen Wirtschaftsstandorts gerade auch zur Förderung mittelständischer Unternehmen liegen. Aus diesem Grund kommt der Netzzugangsregulierung auf lange Sicht die herausragende Rolle für den Erfolg der Marktöffnung in der Telekommunikation im gesamtwirtschaftlichen Kontext zu.

C. Gang der Untersuchung

Ausgangspunkt der Untersuchung im Rahmen dieser Arbeit sind die allgemeinen Grundlagen der Märkte für Telekommunikation. In Kapitel 2 wird hergeleitet, inwieweit die Marktform des Wettbewerbs auch für die Telekommunikation im Grundsatz vorzugswürdig ist. Bei der Beurteilung wird den Besonderheiten dieser netzgebundenen Märkte Rechnung getragen. Mit Blick darauf sind die Mittel zur Einführung und Aufrechterhaltung von Wettbewerb auf diesen Märkten auszuwählen, um die Vorteile dieser Marktform fruchtbar zu machen.

Wegen der herausragenden Rolle des Zugangs in der Wettbewerbsaufsicht über netzgebundene Märkte für die Chancen aller Marktteilnehmer wird anschließend in Kapitel 3 die Ausgestaltung des Zugangs zum Netz im novellierten Telekommunikationsrecht untersucht. Grundlage für die Untersuchung des Netzzugangs in der Regulierungssystematik des Telekommunikationsrechts ist zunächst eine ausführliche Auseinandersetzung mit dem fortentwickelten europäischen Rechtsrahmen für elektronische Kommunikationsnetze und -dienste. Daran schließt sich die Darstellung der Grundlagen der geltenden Regulierungssystematik des TKG und der Regeln der Netzzugangsregulierung an.

Zur Analyse der Anwendbarkeit des Grundsatzes der Verhältnismäßigkeit in der Wettbewerbsaufsicht im Telekommunikationssektor und deren Auswirkungen bedarf es seiner genauen Bestimmung, der sich Kapitel 4 widmet. Die Wettbewerbsaufsicht im Telekommunikationssektor soll durch das TKG und seine Anwendung der Förderung des Wettbewerbs und der Infrastruktur dienen (§ 1 TKG). Wie jedes staatliche Handeln ist sie daher an den Grundsatz der Verhältnismäßigkeit gebunden. Zur Bestimmung des Grundsatzes der Verhältnismäßigkeit werden sein Inhalt und seine Struktur rekonstruiert, die er in seiner Entwicklung durch Rechtsprechung und Rechtswissenschaft erlangt hat. Die Reichweite seiner Geltung wird auf der Grundlage seiner dogmatischen Herleitung und der ihm zugestandenen rechtstheoretischen Qualität festgelegt. Dabei werden seine Konturen, seine Schwächen und die Grenze seiner Argumentationskraft deutlich, indem seine Möglichkeiten, aber auch die mit seiner Anwendung verbundenen Gefahren aufgezeigt werden. Die Untersuchung wird sich auf die wesentlichen Linien der Rechtsprechung und der Literatur beschränken und kann nur partiell auf im Einzelnen abweichende Auffassungen eingehen.

In Kapitel 5 werden die Grundlagen der Anwendung des Grundsatzes der Verhältnismäßigkeit in der Wettbewerbsaufsicht an dem konkreten Beispiel des Zugangs in der Telekommunikation untersucht. Dabei werden zunächst seine Anwendbarkeit unter Betrachtung der bisherigen Praxis in Rechtsprechung und Literatur sowie die von ihm ausgehende Bindungswirkung auf das Verhältnis der Beteiligten analysiert. Dann wird für seine Anwendung ein konkreter Maßstab entwickelt, der sich aus den Grundrechtspositionen der Beteiligten ableiten lässt.

Im Anschluss werden in Kapitel 6 die Ergebnisse aus den vorangestellten Kapiteln zur Anwendung der Verhältnismäßigkeit in der Regulierung zusammengeführt. Dazu gehört einerseits ihre Beachtung bei der hoheitlichen Verpflichtung eines Netzbetreibers von Amts wegen. Dabei wird überprüft, wie und mit welchen Ergebnissen die Verwaltung bei der Umsetzung der Vorgaben der Eingriffs- und Ermächtigungsgrundlage an den Grundsatz der Verhältnismäßigkeit gebunden ist. Als Argumentationsmuster zur Begrenzung und Rechtfertigung hoheitlicher Eingriffe in grundrechtlich geschützte Positionen könnte er zugleich als Instrument für den *vertikalen Interessenausgleich* zwischen den Interessen der Allgemeinheit und denen des betroffenen Marktteilnehmers dienen. Andererseits wird die Rolle des Grundsatzes der Verhältnismäßigkeit im Verhältnis der einzelnen Marktteilnehmer untereinander untersucht. Bei der Verpflichtung auf Antrag eines anderen Telekommunikationsdienstleisters steht die Frage im Mittelpunkt, wie er als erprobtes, anerkanntes und hochentwickeltes Argumentationsmuster auch im *horizontalen Interessenausgleich* die Verwaltung bindet, um im Spannungsfeld der Wettbewerbsaufsicht zu einem Ausgleich der Interessen der beteiligten Wettbewerber zu gelangen. Die Bedeutung des Netzzugangs entscheidet sich im konkreten Einzelfall an der Ausgestaltung der Infrastruktur. Die Aufsichtsbehörde wird in ihren Entscheidungen die berechtigten Interessen der beteiligten Wettbewerber abwägen müssen, da sich ihre Entscheidung immer für die eine Seite begünstigend, für die andere Seite aber belastend auswirken wird. Am Ende des Kapitels werden Anstöße für eine Übertragbarkeit der gefundenen Ergebnisse der beispielhaften Untersuchung auf das übrige Wettbewerbsrecht in Form eines Ausblicks gegeben.

Kapitel 2:
Wettbewerb auf Märkten für Telekommunikation

A. Wettbewerb als allgemein präferierte Marktform

I. Das Phänomen des Marktes

Märkte entstehen durch Arbeitsteilung, aufgrund derer jede einzelne Person nur eine geringe Anzahl verschiedener Produkte und Leistungen in den Wirtschaftskreislauf einspeist. Als Resultat der arbeitsteiligen Spezialisierung können die Ausbringungsmenge und -qualität stetig gesteigert werden. Daher sind Menschen im Laufe der Zeit dazu übergegangen, die Produktion von Gütern und die Erbringung von Dienstleistungen in einer sich zunehmend verästelnden Arbeitsteilung vorzunehmen. Die beteiligten Wirtschaftssubjekte sind dann jedoch auf den Tausch von Waren und Dienstleistungen untereinander zur vollständigen Befriedigung ihrer Bedürfnisse angewiesen. Die hierdurch entstehende Symbiose von Angebot und Nachfrage wird auf einem Markt in Ausgleich gebracht. Auf einem solchen Markt wird anhand des Marktpreises – abgeleitet aus Angebot und Nachfrage – über die Allokation der Güter und die Verteilung der Erlöse entschieden. Zur Beschreibung dieses sozialen Phänomens haben sich in den Wirtschaftswissenschaften verschiedene Grundmodelle für Marktformen herausgebildet. Für eine Vielzahl von Nachfragern wird die Zuordnung üblicherweise nach der Anzahl der Anbieter getroffen. Die Grundformen sind das Monopol, das Dyopol, das Oligopol sowie das Polypol bzw. der Wettbewerb[1]. Zu Anfang einer Analyse der Märkte stellt sich die Frage, welche Marktform für Telekommunikationsleistungen generell anzustreben ist.

---

1 *Emmerich*, S. 4; siehe auch Übersicht bei *Eucken*, S. 111.

II. Rechtliche Vorgaben durch Verfassung und Gemeinschaftsrecht

Zunächst ist die allgemein vorzugswürdige Ordnung für Märkte im Hinblick auf die rechtlichen Vorgaben der nationalen Verfassung und des Gemeinschaftsrechts der Europäischen Union (EU) zu untersuchen.

Die deutsche Verfassung trifft grundsätzlich keine Aussage zu den verschiedenen Modellen für Wirtschaftsordnungen und Marktformen. Das Grundgesetz enthält keine Aussage darüber, welche Form vorzugswürdig sei und wann ausnahmsweise ein Markt in anderer Form organisiert werden dürfe. Im Ergebnis ist das Grundgesetz für jede Marktform offen. Die sogenannte „Soziale Marktwirtschaft“[2] als gegenwärtige allgemein angestrebte Wirtschaftsordnung in Deutschland ist jedenfalls vom Grundgesetz nicht unmittelbar vorgeschrieben[3]. Vielmehr verhält sich die Verfassung wirtschaftspolitisch neutral, so dass der Gesetzgeber die ihm jeweils sachgemäß erscheinende Wirtschaftspolitik verfolgen kann, solange er dabei das Grundgesetz im Übrigen beachtet[4]. Aus dieser grundsätzlichen Neutralität des Grundgesetzes folgt demnach kein Neutralitätsgebot für den Gesetzgeber[5]. Er kann die Wirtschaftsordnung vielmehr selbst und immer wieder neu bestimmen. Wesentliche Pfeiler der Marktwirtschaft werden jedoch in den Grundrechten und anderen Verfassungsprinzipien durch ihre frei-

---

2 Aus ordoliberalen Wirtschaftsmodellen entwickelt von *Müller-Armack*, S. 59 ff. In der Sozialen Marktwirtschaft soll auf der Basis der Wettbewerbswirtschaft die freie Initiative mit einem gerade durch marktwirtschaftliche Leistung gesicherten sozialen Fortschritt verbunden sein. Zu den verschiedenen Ausprägungen des Liberalismus vgl. *Hank*, in: F.A.Z. v. 10.01.2004, S. 13.

3 So h. M.; vgl. *Jarass*, in: Jarass/Pieroth, Art. 20 Rn. 110; *Sommermann*, in: v. Mangoldt/Klein/Starck, Art. 20 Rn. 126 ff.; *Gröschner*, in: Dreier, Art. 20 (Sozialstaat) Rn. 53; *Schmidt-Preuß*, in: DVBl. 1993, 236 (236); jeweils m. w. N.; früher a. A. *Nipperdey*, S. 3 ff., der im Grundgesetz insbesondere in Art. 2 Abs. 1 GG („Magna Charta der Wettbewerbswirtschaft“, S. 16) eine institutionelle Garantie der Sozialen Marktwirtschaft sah; heute *Herzog*, in: Maunz/Dürig, Art. 20 Rn. 60 ff.; dagegen spricht aber die ausdrückliche Möglichkeit zur Vergesellschaftung in Art. 15 GG; siehe *Wendt*, in: Sachs, Art. 15 Rn. 2.

4 Grundlegend: BVerfGE 4, 7 (17 f.) – Investitionshilfe; 7, 377 (400); 50, 290 (338). Vgl. aber auch BVerfGE 32, 311 (317): „Die bestehende Wirtschaftsverfassung enthält den grundsätzlichen freien Wettbewerb der als Anbieter und Nachfrager auf dem Markt auftretenden Unternehmer als eines ihrer Grundprinzipien.“ Ebenso BVerwGE 71, 183 (189).

5 *Schmidt*, in: Isensee/Kirchhof, Bd. III, § 83 Rn. 18.

heitliche Tendenz vom Grundgesetz garantiert[6], was die vollständige Beseitigung von offenen Märkten und freiem Wettbewerb ausschließt[7].

Im Zuge der Wiedervereinigung wurde die Soziale Marktwirtschaft als gemeinsame Wirtschaftsordnung für Deutschland im Vertrag zur Wirtschaftsunion[8] festgelegt, was durch den Einigungsvertrag staatsrechtlich perpetuiert wurde[9]. Ob durch diese Einbettung in den Prozess der Wiedervereinigung die vom Wettbewerb geprägte Marktwirtschaft als fortgeltendes Wirtschaftssystem damit aus sich selbst heraus Verfassungsrang erlangt hat, ist in der Rechtswissenschaft bis heute noch nicht abschließend geklärt[10].

Anders verhält es sich jedoch auf der Ebene des Primärrechts der EU, die sich aus der reinen Wirtschaftsgemeinschaft der Europäischen Gemeinschaften entwickelt hat[11]. Denn in diesem Bereich ist die wettbewerbliche, am freien Markt orientierte Wirtschaftsordnung festgeschrieben. Explizit legt Art. 4 Abs. 1 EGV für die Tätigkeit der EU, aber auch für die Mitgliedstaaten fest, dem Grundsatz einer offenen Marktwirtschaft mit freiem Wettbewerb verpflichtet zu sein[12]. Nach Art. 3 Abs. 1 lit. c), g) EGV umfasst die Tätigkeit der heutigen EU gerade auch die Schaffung eines gemeinsamen Binnenmarktes, in dem Wettbewerb herrscht. Art. 23 ff. EGV gewähren verschiedene Grundfreiheiten und Art. 81 ff. EGV konstituieren Wettbewerbsregeln für den Gemeinsamen Markt, die jeweils offene Märkte voraussetzen. Diese Regelungen verbieten daher jedes

---

6 Siehe zu den einzelnen Grundrechten und Verfassungsprinzipien *R. Schmidt*, Wirtschaftsrecht, § 4; *Schliesky*, S. 75 ff., 93 ff.

7 *Gröschner*, in: Dreier, Art. 20 (Sozialstaat) Rn. 53; *Schmidt*, in: Isensee/Kirchhof, Bd. III, § 83 Rn. 21; *Jarass*, in: Jarass/Pieroth, Art. 20 Rn. 110; *Schmidt-Preuß*, in: DVBl. 1993, 236 (239 ff.).

8 Insbesondere Präambel und Art. 1 Abs. 3, Art. 11 Abs. 1, 2 des Vertrages über die Schaffung einer Währungs-, Wirtschafts- und Sozialunion, BGBl. II 1990 S. 537.

9 Vgl. Art. 40 Abs. 1, Art. 45 Abs. 2 des Vertrages zur Herstellung der Einheit Deutschlands, BGBl. II 1990 S. 889.

10 Hierzu verweist bereits *Schmidt-Preuß*, in: DVBl. 1993, 236 (238), zu Recht auf die Notwendigkeit einer ausdrücklichen Änderung des Verfassungstextes nach Art. 79 Abs. 1 S. 1 GG zu einer Verfassungsänderung; auch *Schliesky*, S. 20; vgl. auch *Rupp*, in: Isensee/Kirchhof, Bd. IX, § 203 Rn. 5 ff., m. w. N.

11 Vgl. hierzu Überblick bei *Schliesky*, S. 21 ff.

12 Nach *Tettinger*, in: Sachs, Art. 12 Rn. 177, gibt dies vielleicht sogar Anlass für eine Wiederaufnahme der Generaldebatte um die Wirtschaftsverfassung in Deutschland.

wettbewerbsbeeinträchtigende Handeln durch den deutschen Gesetzgeber oder andere nationale staatliche Organe (Art. 10 Abs. 2 EGV). Somit strahlt die generelle Festlegung auf die marktwirtschaftliche Wirtschaftsordnung als wirtschaftliches Grundmodell durch das Gemeinschaftsrecht auch auf die nationale Rechtsordnung in Deutschland aus. Aufgrund der gemeinschaftsrechtlichen Vorgaben sind die deutschen staatlichen Organe auf die Marktwirtschaft als Regelform der Marktordnung festgelegt. Sollten hiervon Ausnahmen aufrecht erhalten und neu errichtet werden, so wären diese innerhalb des Gemeinschaftsrechts zu rechtfertigen.

III. Erkenntnisse der ökonomischen Wettbewerbstheorie

Wegen der Offenheit der rechtlichen Vorgaben ist das Ergebnis der tendenziellen Präferenz für den Wettbewerb an den theoretischen Erkenntnissen der Wirtschaftswissenschaften zu verschiedenen Marktformen zu überprüfen. Diese Erkenntnisse basieren auf empirischen Erfahrungswerten und Beobachtungen der tatsächlichen Wirtschaftsabläufe.

Die wirtschaftswissenschaftliche Theorie zum Wettbewerb in ihrer klassischen und liberalen Richtung[13] geht bei der Analyse des Marktes davon aus, dass Individuen immer versuchen, unter den gegebenen Rahmenbedingungen ihren eigenen Nutzen unter Einsatz der ihnen zur Verfügung stehenden Produktionsfaktoren[14] zu maximieren. Das dadurch betonte Leitbild des Eigeninteresses fordert seitens des Staates die Sicherung von Selbstverantwortung. Das Individuum muss selbst und frei entscheiden können, auf welchem Weg und in welchem Maß es aus seinen Produktionsfaktoren einen bestimmten Nutzen ziehen will. Dieses Menschenbild der Selbstverantwortung, wie es den westlichen, durch die Aufklärung geprägten Gesellschaften zugrunde liegt, mündet in eine marktorientierte Wirtschaftsordnung, die durch Zurückhaltung des Staates bestimmt ist. In der Marktwirtschaft fällt dem Markt die Aufgabe zu, die Einzel-

---

13 Zum Überblick vgl. *Emmerich*, S. 3 ff.

14 In der klassischen Volkswirtschaftslehre sind dies Arbeit, Boden und Kapital; in der heutigen Betriebswirtschaftslehre hingegen Arbeit, Betriebsmittel und Werkstoffe, so die Bezeichnung seit *Gutenberg*, S. 2 ff.; zu den Einteilungen siehe auch *Wöhe*, S. 80 ff. Zu den einzelnen Faktoren und ihren Besonderheiten in der Telekommunikation vgl. *Detjen*, Bd. 1, S. 108 ff.

pläne des Wirtschaftens der einzelnen Haushalte und Individuen zu koordinieren. Diese Steuerung erfolgt im Wesentlichen über den Preis.

Abhängig von der Marktform gestaltet sich das Preisniveau unterschiedlich[15]. Denn entsprechend der eigenen Marktmacht werden die Akteure versuchen, den Preis zum eigenen Vorteil besonders hoch oder niedrig festzusetzen. Dort, wo sich die Interessen der Anbieter und der Nachfrager decken, liegt der sogenannte Gleichgewichtspreis. Auf dieses Gleichgewicht bewegen sich die Märkte nach der klassischen Theorie langfristig zu. Dieser Gleichgewichtspreis ist demzufolge abhängig von der Marktmacht der verschiedenen Marktteilnehmer, die wiederum entsprechend der Marktform variiert.

Auf Märkten vollständiger Konkurrenz im Wettbewerb kann kein einzelner Akteur den Preis aus eigener Macht beeinflussen. Angesichts der großen Anzahl von Anbietern und Nachfragern ist er für jeden Einzelnen eine vorgegebene Größe (ein sogenanntes *datum*), an die er sein Produktions- bzw. sein Konsumverhalten anpasst. Langfristig wird das Gut solange angeboten, bis der Grenzerlös[16] der zuletzt angebotenen Einheit, der in der Konkurrenz dem kurzfristig konstanten Preis entspricht, gleich den Grenzkosten[17] für diese Einheit ist. Sobald die Grenzkosten über dem Preis liegen, lohnt sich für den Anbieter im Wettbewerb die Ausweitung seines Angebots nicht mehr. Ein zusätzliches Angebot lohnt sich für ihn nur, solange der mit der letzten Einheit erzielte Erlös die mit dieser Einheit verbundenen Kosten übersteigt. Der anbietende oder nachfragende Monopolist hingegen hat im Regelfall die höchste Marktmacht. Der anbietende Monopolist erreicht die ebenfalls erstrebte Gewinnmaximierung zwar auch an dem Punkt, wo die Grenzkosten gleich dem Grenzerlös für die zuletzt angebotene Einheit sind. Im Unterschied ist aber für ihn der Preis keine konstante externe Größe, sondern eine Variable, die der Monopolist selbst jederzeit – auch kurzfristig – direkt über die Angebotsmenge steuern kann. Je weni-

---

15 Zur Preistheorie vgl. statt vieler ausführlich: *Varian*, S. 274 ff., 362 ff., 400 ff.; Überblick bei *Schumann/Meyer/Ströbele*, S. 22 ff.; *Gravelle/Rees*, S. 247 ff.; *Güth*, S. 20 ff.; *Pashigian*, S. 249 ff., 320 ff.; *Stobbe*, S. 378 ff.

16 Grenzerlös ist der Erlös, der durch den Verkauf einer zusätzlichen, unendlich kleinen Einheit erzielt werden kann.

17 Grenzkosten sind die Kosten, die durch die Produktion einer zusätzlichen, unendlich kleinen Einheit des Produkts verursacht werden.

ger er anbietet, desto höher ist der Stückpreis, den er verlangen kann[18]. Wegen dieser Abhängigkeit des Preises von der Menge entspricht der Grenzerlös für den Monopolisten gerade nicht dem Preis[19]. Im Ergebnis wird der Monopolist zur eigenen Gewinnmaximierung weniger zu einem höheren Preis anbieten und auch absetzen können als der Anbieter in vollständiger Konkurrenz[20].

Diese Unterschiede haben konsequenterweise unmittelbar Auswirkungen auf die Distribution von Gütern. Denn der Gleichgewichtspreis gibt vor, wie viel von einem Gut produziert und welche Menge nachgefragt wird. Insgesamt hängt also das Marktergebnis der Faktorallokation und Güterdistribution entscheidend vom Gleichgewichtspreis ab, der wiederum ein Resultat der durch die Marktform bestimmten Machtverhältnisse zwischen den Marktteilnehmern ist.

In der Wirtschaftstheorie wird das Ergebnis der jeweiligen Marktform im Hinblick auf allgemeine Wohlfahrt anhand von Verteilungsgerechtigkeit, Effizienz und Ressourcenverwertung untersucht und bewertet[21]. Dabei gehen die klassische und die liberale Theorie von einer generellen Vorzugswürdigkeit des Polypols wegen seiner positiven Funktionen aus[22]: Offene Märkte gehen mit dem demokratischen Menschenbild der Selbstverantwortung einher[23]. Wettbewerb eröffnet im Grundsatz gleichberechtigte Chancen für alle und verhindert so den Aufbau endgültiger Machtpositionen einzelner, die die Freiheit anderer bedrohen könnten (Neutralisierungsfunktion des Wettbewerbs). Er führt im Ergebnis zu einer relativ fairen Verteilung des Wohlstandes nach Leistung (Antriebsfunktion des Wettbewerbs). Dabei wird im Wettbewerb eine höhere Produktionsleistung auf niedrigem Kostenniveau zu geringeren Preisen nahe der Grenzkosten des kostengünstigsten Anbieters erreicht. Der dadurch erzeugte Anpassungs- und Entwicklungsdruck[24] führt zu einer volkswirtschaftlich sinn-

---

18 Diese Abhängigkeit beschreibt die sog. Preis-Absatz-Funktion; siehe *Stobbe*, S. 325 f.

19 Der Grenzerlös des Monopolisten ist nach der sog. *Amoroso-Robinson*-Relation abhängig von der Preiselastizität; siehe *Stobbe*, S. 328, 547.

20 Statt vieler *Schumann/Meyer/Ströbele*, S. 26; *Griffiths/Wall*, S. 292 f.

21 Zur Wohlfahrtsökonomik siehe *Stobbe*, S. 370 ff.; *Varian*, S. 541 ff.

22 Statt vieler *Griffiths/Wall*, S. 252. Zu den Funktionen siehe *Kantzenbach*, S. 15 ff.

23 *Hoppmann*, FS 10 Jahre GWB, S. 81.

24 Zur Lernfunktion siehe *Hank*, in: F.A.Z. v. 10.01.2004, S. 13: „Märkte lernen besser als Staaten."

vollen Spezialisierung und Arbeitsteilung, was Produktivitätssteigerungen und Qualitätsverbesserungen unter technischer Optimierung stimuliert. Am Markt orientierte Preise fördern den Kapitalfluss langfristig hin zu Industrien oder Unternehmen mit überdurchschnittlichen Erträgen (Steuerungsfunktion des Wettbewerbs). Auf diese Weise werden die Individuen bei der Verfolgung ihres Selbstinteresses „wie durch eine unsichtbare Hand geführt"[25] dazu veranlasst, zwangsläufig zugleich auch die Interessen der Allgemeinheit und des Staatswesens zu fördern.

Mit dieser Wirtschaftsform gehen jedoch auch Gefahren einher, die in den Modellanalysen der Wirtschaftstheorie oftmals vernachlässigt werden. Zunächst nimmt der Wettbewerb keine Rücksicht auf schwächere Glieder der Gesellschaft. Er ist somit blind gegenüber sozialen Verwerfungen, was in Deutschland durch Einführung von solidarischen, sozialen Sicherungssystemen zur Ausprägung der Sozialen Marktwirtschaft geführt hat. Außerdem ist der Wettbewerb mit den dargestellten Vorzügen ein Modell, dem bestimmte Annahmen zugrunde liegen: vollständige Markttransparenz durch umfassende Information für alle, Homogenität der Güter sowie Rationalität der Marktteilnehmer mit daraus folgender Präferenzlosigkeit, Mobilität der eingesetzten Produktionsfaktoren sowie verschwindend geringe Anpassungszeit und -kosten für alle Marktteilnehmer[26]. Diese Annahmen können in der Realität in diesem Maße beinahe nie vollständig erfüllt werden[27]. Aus diesem Grund kann sich der Wettbewerb nicht in dem theoretisch denkbaren Maße entwickeln und seine Vorzüge entfalten. Es kommt dann zu mehr oder weniger stark ausgeprägten Defekten wie z. B. Preisungleichheit aufgrund von Informationsasymmetrie oder irrationalen Kundenpräferenzen.

---

25 Grundlegend: *Smith*, Buch IV, Kapitel 2, S. 456. „As every individual, therefore, endeavours as much as he can both to employ his capital [...] and so to direct that industry that its produce may be of the greatest value; every individual necessarily labours to render the annual revenue of the society as great as he can. He generally, indeed, neither intends to promote the publick interest, nor knows how much he is promoting it. [...] he intends only his own security; and [...] he intends only his own gain, and he is in this [...] led by an invisible hand to promote an end which was no part of his intention."

26 Statt vieler *Griffiths/Wall*, S. 250.

27 Statt vieler *Emmerich*, S. 5. Zum Verhältnis Modell und Realität siehe *Stobbe*, S. 38 ff.

IV. Präferenz zugunsten des Wettbewerbs

Das Grundgesetz enthält keine eindeutigen verfassungsrechtlichen Vorgaben zu einer bestimmten Wirtschaftsordnung oder Marktform. Da nur über das Gemeinschaftsrecht die grundsätzliche Festlegung auf die Ordnung der Marktwirtschaft in Form von offenen Märkten in die nationale Rechtsordnung einwirkt, bedarf es eines Rückgriffs auf die wirtschaftswissenschaftlichen Erkenntnisse der Wettbewerbstheorie, um die allgemeine Präferenz für eine bestimmte Marktform in einem einzelnen Markt wie der Telekommunikation zu begründen. Denn die Umsetzung einer solchen Präferenz ist letztlich eine politische Entscheidung von ungeheurer Tragweite mit unmittelbaren und tiefgreifenden Auswirkungen auf die Gesellschaft.

In Deutschland ist diese Entscheidung im Grundsatz zugunsten des Wettbewerbs als vorherrschender Marktform von den politischen Entscheidungsträgern getroffen worden. Der Wettbewerb stellt für die Marktform ein antiautoritäres und pluralistisches Teilhabemodell zur Verfügung, das bei hoher volkswirtschaftlicher Ertragskraft zugleich ein höheres Maß an individueller Freiheit gewährt als alle anderen bekannten Marktmodelle[28]. Das auf individuelle Freiheiten ausgerichtete Grundgesetz enthält daher den Auftrag an den Staat in allen Ausprägungen seines Handelns, über den Wettbewerb auch auf dem Gebiet der Wirtschaft maximale Freiheit zu ermöglichen[29]. Auch wenn der vollkommene Wettbewerb mit seinen Vorzügen wahrscheinlich nur ein Idealmodell der Wirtschaftstheorie ist, bleibt er auch in seiner realen, abgeschwächten Ausprägung die im Allgemeinen präferierte und deswegen angestrebte Marktform[30]. Diese

---

28 *Hoppmann*, FS 10 Jahre GWB, S. 81.

29 *Haus*, Zugang, S. 185, m. w. N.; *Rupp*, FS 10 Jahre GWB, S. 200 f., 205; *Breuer*, in: Isensee/Kirchhof, Bd. VI, § 147 Rn. 63. Vgl. auch Art. 74 Abs. 1 Nr. 16 GG.

30 Zu anderen theoretischen Konzepten der Wettbewerbspolitik siehe Überblick bei *Kubiciel*, S. 96 ff., m. w. N.; *Hoppmann*, FS 10 Jahre GWB, S. 80 ff.
Das deutsche Telekommunikationsrecht erhob ursprünglich den „funktionsfähigen Wettbewerb" zum Ziel und Zweck der Regulierung (vgl. § 2 Abs. 2 Nr. 2 TKG 1996). Dies sollte ursprünglich auch bei der Novellierung beibehalten werden (vgl. § 2 Abs. 2 Nr. 2, § 3 Nr. 10, § 9 Abs. 1, § 10 Abs. 2, § 18 Abs. 2, § 19 Abs. 1 S. 1 TKG-RegE; siehe auch Begründung zum TKG-RegE, Allgemeiner Teil, Ziff. 3, und zu §§ 1 und 2, in: Bundestags-Drucksache 15/2316, Anlage 1, S. 55 f.). Zum allgemeinen theoretischen Verständnis des funktionsfähigen Wettbewerbs (*workable competition*) in der Wettbewerbspolitik siehe *Hoppmann*, Wirtschaftsordnung, S. 179 ff.; *Trute*, in: Trute/Spoerr/Bosch, § 2 Rn. 10 ff., m. w. N.

Struktur vermag Menschen die Freiräume zum selbstverantwortlichen Wirtschaften zu gewähren, die für eine eigennützige, innovative und damit im Ganzen innerhalb der bestehenden Regelungen im Idealfall auch gemeinnützige Teilnahme am Wirtschaftsleben notwendig sind. Wettbewerb stimuliert die Ausnutzung der durch technische Neuerungen vorhandenen Innovations- und Wachstumspotentiale. Gleichwohl ist nicht jede Form der wirtschaftlichen Konzentration volkswirtschaftlich negativ zu bewerten[31]. Schon der Innovationsvorsprung eines Unternehmens kann ihm vorübergehende Marktmacht verleihen, bevor andere Wettbewerber durch Imitation auf dem Markt nachziehen. Außerdem bedürfen bestimmte wirtschaftliche Tätigkeiten und Entwicklungen einer gewissen Konzentration aufgrund von Größen- und Verbundeffekten insbesondere im Rahmen zunehmender Globalisierung. Wichtig ist jedoch, dass sich Marktmacht nicht verfestigen und andere vom Marktzutritt fernhalten kann, damit sich Märkte weiter dynamisch entwickeln können.

Dennoch vermag allein der Wettbewerb als Marktform nicht die bereits angesprochenen Defekte mit allen Konflikten und Verwerfungen innerhalb der Gesellschaft durch ausgleichende Gerechtigkeit gleichsam mit „unsichtbarer Hand" zu lösen. Diese Marktform birgt Gefahren in sich, denen eine Gesellschaft aktiv lenkend begegnen muss, sei es aus sozialer Verantwortung den Schwächeren gegenüber oder zum eigennützigen Schutz des Wettbewerbs. Wettbewerb ist eine Veranstaltung zwischen Anbietern und Nachfragern, die der Staat nicht leiten oder verordnen kann, für die er aber gleichwohl die Rahmenbedingungen vorgeben muss[32]. Gerade in seiner Wettbewerbsaufsicht muss er diese durch rationale Wettbewerbspolitik und Rechtsanwendung immer wieder aufs Neue normativ bestimmen, um dem Wettbewerb entgegen allen auftretenden Be-

---

Im Gesetzgebungsverfahren der TKG-Novelle wurde dann schließlich auf den Begriff des „funktionsfähigen Wettbewerbs" verzichtet. Maßgeblich hierfür war die vorgetragene Kritik an der mangelnden Umsetzung gemeinschaftsrechtlicher Vorgaben und der fehlenden rechtlichen Begrifflichkeit. Siehe hierzu insbesondere *Klotz*, in: MMR 2003, 495 (497 f.); Monopolkommission, Sondergutachten 40, Tz. 33 ff. Der europäische Rechtsrahmen mit dem Konzept beträchtlicher Marktmacht (sog. SMP-Konzept) basiert auf dem Begriff des „wirksamen Wettbewerbs" (Erwägungsgrund 27, Art. 16 Abs. 2 Rahmenrichtlinie 2002/21/EG), der nunmehr zur alleinigen Grundlage des TKG wurde. Vgl. hierzu die Definitionen in § 3 Nr. 4, 31 i. V. m. § 11 Abs. 1 S. 3-5 TKG.

31 Hieraus leitet *Kubiciel*, S. 99 f., seine Kritik am Leitbild der vollkommenen Konkurrenz für die Wettbewerbsaufsicht ab.

32 *Hoppmann*, FS 10 Jahre GWB, S. 82 f.

schränkungen zur Durchsetzung zu verhelfen und die mit ihm einhergehenden Defekte auszugleichen. Die Aufrechterhaltung des Wettbewerbs erfordert einen aktiven und durchsetzungsfähigen Rechtsstaat. Hierzu führte *Adam Smith* bereits 1776 aus:

> "Commerce and manufactures can seldom flourish long in any state which does not enjoy a regular administration of justice, in which [...] there is not a certain degree of confidence in the justice of government."[33]

Auch wenn der Wettbewerb viel Positives zum Wohlstand und zur Struktur der Gesellschaft beizutragen vermag, ist er doch nicht allmächtig.

B. Besonderheiten der Telekommunikationsmärkte

I. Netzgebundenheit der Telekommunikationswirtschaft

Diese abgeleitete Präferenz zugunsten des Wettbewerbs ist nun auf seine Geltung im „wettbewerbspolitischen Ausnahmebereich"[34] der Telekommunikation zu überprüfen. Im Gegensatz zu den üblichen Güter- und Faktormärkten weisen die Telekommunikationsmärkte unter dem Blickwinkel der Marktform des Wettbewerbs in ihren Strukturen Besonderheiten auf. Diese gründen sich darauf, dass in diesem Wirtschaftsbereich Angebot und Nachfrage an ein Netz gebunden sind, innerhalb dessen sie nur realisiert werden können. Jeder Anbieter einer Leistung ist in ganz besonderer Weise vom Zugang, der Reichweite und der Qualität des Netzes abhängig. Ein Anbieter kann einen Kunden nur über das Netz erreichen, welches eine direkte, zumindest temporäre Verbindung herstellen kann. Wie jedes Transport- oder Versorgungsnetz[35] besteht auch ein Telekommunikationsnetz aus Verbindungsleitungen und aus Knoten, den sogenannten Vermittlungsstellen. Diese verknüpfen die Verbindungsleitungen so, dass jeder Punkt des Netzes mit jedem anderen Punkt verbunden werden kann. Das

---

[33] *Smith*, Buch V, Kapitel 3, S. 910. Übersetzung: Handel und Gewerbe können nur selten sehr lange in einem Land gedeihen, das ohne geordnetes Rechtswesen ist, in dem [...] nicht ein gewisses Maß an Vertrauen in die von der Regierung zu gewährleistende Rechtssicherheit besteht (*Recktenwald*, S. 785).

[34] So formuliert *Windisch*, S. V, in seinem Vorwort.

[35] Vgl. Netze für Transportmittel (Eisenbahn, Kraftfahrzeuge, Schifffahrt, Luftfahrt) und für Versorgung (Strom, Wasser, Gas, Fernwärme, Post).

Netz endet an Netzabschlusspunkten, die entweder eine Verbindung zu einem weiteren Netz oder zu Endgeräten zum Senden oder Empfangen herstellen[36]. Somit regelt die technische Ausgestaltung der Netzinfrastruktur in besonderem Maße den Zugang zum Kunden für jeden Anbieter.

II. Marktzutrittsbarrieren in der Telekommunikation

Aus wettbewerbspolitischer Sicht liegen die entscheidenden Besonderheiten der Telekommunikationsmärkte in den Marktzutrittsbarrieren[37]. Diese Barrieren erschweren den Marktzutritt für potentielle Wettbewerber. Sie sind überall da zu beobachten, wo sich Wettbewerber im Markt und außerhalb des Marktes unterschiedlichen Wettbewerbschancen gegenüber sehen[38]. In der Telekommunikation können unterschiedliche Arten der Beschränkung des Marktzutritts von großer Bedeutung sein[39]: Schranken aufgrund von Gesetzen und Rechten, aufgrund von Präferenzen der Kunden, aufgrund von absoluten Kostenvorteilen und aufgrund von Größen- und Verbundvorteilen[40].

1. Barrieren aufgrund von Gesetzen und Rechten

Während früher die administrativen und juristisch gesicherten Monopole jeden Marktzutritt eines potentiellen Wettbewerbers in den meisten Teilbereichen der Telekommunikation von vornherein unterbunden haben[41], ist diese Barriere seit der vollständigen Marktöffnung für den Bereich der Telekommunikation heute zu vernachlässigen. Mit der Liberalisierung zur Marktöffnung sind die gesetzlichen Beschränkungen und hoheitlichen Rechte zur Sicherung des Monopols außer Kraft gesetzt worden. Es bestehen keine Exklusiv- oder Vorzugsrechte

---

36 Zum Aufbau eines Telekommunikationsnetzes vgl. *v. Wichert-Nick*, S. 27 ff.; auch Übersicht bei Monopolkommission, Sondergutachten 33, S. 58.

37 Zu den Idealbedingungen für einen Marktzutritt siehe *Windisch*, S. 67 f.; zu den Auswirkungen des Marktzutritts neuer Wettbewerber siehe *Varian*, S. 436 ff.

38 *Demsetz*, in: AER Bd. 72 Nr. 1 (1982), 47 (48).

39 Zur Notwendigkeit, die Analyse wegen der spezifischen Eigenheiten von Produkten und Technologien auf einen spezifischen Markt zu beziehen, siehe *Varian*, S. 436.

40 Grundlegend: *Bain*, S. 98, 82 f.; auch *Schumann/Meyer/Ströbele*, S. 376 f.

41 Zur Reichweite des Fernmeldemonopols vgl. *Detjen*, Bd. 1, S. 44 f.

mehr. Die verbleibenden Regeln zur Regulierung und Meldepflicht[42] haben keine große Schrankenwirkung für den Marktzutritt; im Gegenteil sollen sie Wettbewerb durch Marktzutritt gerade fördern (vgl. §§ 1, 2 Abs. 2 Nr. 2 TKG).

2. Barrieren aufgrund von Kundenpräferenzen

Eine weitere Besonderheit in der Marktzutrittsbeschränkung könnte in den Kundenpräferenzen liegen. Die ehemals monopolistische Anbieterin Deutsche Telekom AG (DT AG) ist durch ihre Rechtsvorgänger bereits seit Jahrzehnten am Markt etabliert. Die Nachfragegewohn- und -geneigtheiten der Konsumenten als Folge einer starken Kundenbindung können Marktzutritt schon dadurch beeinträchtigen, dass der potentielle Wettbewerber fürchten muss, dass bisherige Kunden des Monopolisten lediglich in Ausnahmefällen den Anbieter wechseln und wegen ihrer Loyalität ein neues alternatives Angebot nur in geringem Maße und nur bei deutlichen Leistungsvorteilen nachfragen würden. Er wäre dann überwiegend auf die kostspielige und schwierige Gewinnung von Neukunden und bzw. oder den gleichfalls aufwendigen und erhöhten Einsatz absatzfördernder Mittel zum Abwerben von Kunden angewiesen[43].

Derartige Kundenpräferenzen für einen bestimmten Anbieter sind im Telekommunikationssektor im Allgemeinen jedoch nur schwach ausgeprägt. Die vorhandenen Präferenzen beruhen in ganz überwiegendem Maß auf der schlichten Gewohnheit der Kunden. Denn bei Telekommunikationsleistungen handelt es sich um sehr homogene, wenn auch zunehmend diversifizierte Produkte, bei denen der Kunde an die Person des Anbieters über die technische Zuverlässigkeit des Produkts hinaus in der Regel keine besonders hohen Anforderungen stellt[44]. Gerade zu Zeiten des Monopols war das Telekommunikationsangebot primär technisch auf Abnehmer als Benutzer ausgerichtet und nur

---

[42] Im novellierten TKG ist die bisherige Lizenzierungspflicht zugunsten einer milderen Meldepflicht zurückgedrängt worden, vgl. § 6 TKG; *Möschel/Haug*, in: MMR 2003, 505 (505); zu den Auswirkungen siehe auch *Kühling*, S. 180. Es bestehen aber bei der Frequenzzuteilung (§ 55 TKG) und der Einräumung von Wegerechten (§ 69 TKG) notwendigerweise lizenzähnliche Zugangsbeschränkungen; *Vogelsang*, in: MMR 2003, 509 (509).

[43] *Schumann/Meyer/Ströbele*, S. 376.

[44] Zu den Motiven des Wechselverhaltens vgl. RegTP, Tätigkeitsbericht 2002/2003, S. 50, wonach Privatkunden sich primär von Kosten und Tarifstruktur, Unternehmen noch zusätzlich von Kundenbetreuung leiten lassen. Diese Aspekte sind austauschbar und leicht imitierbar.

nachrangig an ihren Bedürfnissen als Kunden orientiert[45]. Die Deutsche Bundespost hatte es wegen fehlender Notwendigkeit versäumt, für ihren Bereich TELEKOM eine eigene wirkliche Marke zu etablieren[46]. Eine intensive Kundenbindung über die schlichte Gewohnheit hinaus wurde daher nicht aufgebaut[47]. Dies hat sich seit der Marktöffnung durch den hohen Wechsel von Kunden im Verfahren der Betreiberauswahl im Bereich der Fern- und Auslandsverbindungen[48] und später bei deren Einführung im Bereich des Ortsnetzes[49] gezeigt, wo ein Wechsel technisch einfach möglich war. Insbesondere Privatkunden machen von diesen Möglichkeiten seit der Marktöffnung Gebrauch, ohne dadurch jedoch mit irgendeinem anderen Anbieter eine intensive Kundenbindung einzugehen[50]. Erst mit der Privatisierung wurde seitens der DT AG vor allem im Zuge der Börsenplatzierungen durch intensive Werbung versucht, eine starke eigene Marke aufzubauen.

Der Gewohnheitseffekt wird noch dadurch verstärkt, dass ein rationaler Anbieterwechsel für die Kunden Opportunitätskosten verursacht. Sie müssen sich über Alternativangebote informieren, vergleichen, Verträge kündigen und neue abschließen, eventuell sogar neue Telekommunikationstechnik installieren bzw. anschaffen. Sie sind daher geneigt, weiterhin die Angebote des etablierten Betreibers nachzufragen, und werden erst wechseln, wenn sie durch ein deutlich besseres Angebot in Preis und Qualität ihre Opportunitätskosten beim Wechsel ausgleichen können[51].

---

45 *Möschel*, in: WuW 1986, 555 (571); auch Eurostat, S. 26-24.

46 Zur Absatzförderung bei der Deutschen Bundespost siehe *Detjen*, Bd. 2, S. 150 ff.

47 Zum Verhalten der Kunden im Telekommunikationsmarkt vgl. RegTP, Tätigkeitsbericht 2002/2003, S. 47 ff.

48 Sog. *Call-by-call*-Verfahren. Im ersten Jahr der Marktöffnung 1998 hatte bereits $^{1}/_{6}$ der Kunden alternative Anbieter benutzt, RegTP, Jahresbericht 1998, S. 8.

49 Innerhalb der ersten Monate nach Öffnung des Ortsnetzbereichs für die Betreiberauswahl zum 25. April 2003 und für die Betreibervorauswahl zum 9. Juli 2003 stieg der Anteil der Wettbewerber der DT AG an den Ortsgesprächen von 6,4 % auf knapp 25 % zum Jahresende 2003; vgl. RegTP, Tätigkeitsbericht 2002/2003, S. 17, und dies., Jahresbericht 2003, S. 30; auch F.A.Z. v. 21.01.2004, S. 17. Im Jahr 2004 erreichten die Wettbewerber der DT AG einen Anteil von 33 %, RegTP, Jahresbericht 2004, S. 37 f.

50 RegTP, Tätigkeitsbericht 2002/2003, S. 35 f.

51 *R. Schulz*, S. 20. Aus diesem Grund sind auch Bequemlichkeit und subjektive Zufriedenheit die Hauptmotive für einen Verbleib bei der bisherigen Monopolistin; RegTP, Tätigkeitsbericht 2002/2003, S. 50.

3. Barrieren aufgrund absoluter Kostenvorteile

Der im Markt bereits etablierte Anbieter kann zumeist für sich einen absoluten Kostenvorteil in Anspruch nehmen[52]. Dieser beruht darauf, dass er in der Regel höhere Qualität beim Faktor Arbeit wegen des eingearbeiteten und erfahrenen Personals und des erprobten Arbeitsablaufs hat. Weiterhin wird er regelmäßig mit geringeren Faktorpreisen belastet, weil er sich günstiger finanzieren und wegen bestehender Lieferbeziehungen günstiger einkaufen kann[53]. Dies ermöglicht eine Preissetzung nahe den eigenen Durchschnittskosten (sogenanntes *limit pricing*), die im Regelfall unterhalb der Durchschnittskosten des neuen Wettbewerbers liegen, da diese die Finanzierung des Marktzutritts berücksichtigen müssen. Dadurch wird ein Eintritt in den Markt verhindert[54]. Dieser Preispolitik ist mit einer Entgeltregulierung wirkungsvoll zu begegnen, damit der etablierte Monopolist seinen Vorteil nicht ausspielen kann[55]. Der anfängliche Kostenvorteil war jedoch im Fall der DT AG nicht besonders groß. Die DT AG ist aus der Privatisierung auch mit sehr hohen Belastungen durch Beamtenpensionen, Schulden der Deutsche Bundespost TELEKOM und Infrastrukturaufbau im Beitrittsgebiet hervorgegangen. Ferner konnten die Wettbewerber den Vorteil der DT AG durch den Einsatz von neuerer Technologie von Beginn an mit vergleichsweise niedrigen Produktionskosten reduzieren.

4. Barrieren aufgrund von Größen- und Verbundvorteilen

Entscheidend auf dem derzeitigen deutschen Telekommunikationsmarkt ist jedoch eine vierte Gruppe der Marktzutrittsbarrieren. Größen- und Verbundvorteile können den Marktzutritt verhindern, indem sie den eintretenden Wettbewerber zwingen, entweder in großem Umfang mit dem Risiko von heftigen Reaktionen im Markt einzusteigen oder bei einem Einstieg von nur geringem Umfang Kostennachteile in Kauf nehmen zu müssen[56]. Dieser Zwang aufgrund

---

52 Vgl. *Schumann/Meyer/Ströbele*, S. 376.
53 Zu den Einflüssen auf die Kostenstruktur siehe *Gutenberg*, S. 344 ff.
54 Vgl. *Schumann/Meyer/Ströbele*, S. 376.
55 Zu den verschiedenen Methoden der Entgeltregulierung vgl. *Wheatley*, S. 279 ff.
56 *Porter*, S. 7.

der Größen- und Verbundvorteile für etablierte Anbieter ist in netzgebundenen Märkten besonders hoch[57].

Als Größenvorteile werden die Effekte beschrieben, die es einem Unternehmen bei der Erhöhung seiner Produktionsmenge erlauben, die langfristigen Stückkosten der Produktion immer weiter abzusenken, so dass es allein aufgrund seiner Produktionsgröße Kostenvorteile gegenüber Wettbewerbern erreicht[58]. In der Telekommunikation führen schon die sehr hohen Anfangsinvestitionen für den Netzaufbau zu stark sinkenden langfristigen Durchschnittskosten bei einer Ausweitung der bereitgestellten Übertragungsleistung[59]. Solange die Kapazitätsgrenze der Übertragungswege nicht erreicht ist, verursacht ein zusätzliches Gespräch oder eine erhöhte Datenübertragung nur sehr geringe Mehrkosten für den Netzbetrieb. Auch die Kosten für einen weiteren Anschluss oder Netzerweiterungen steigen mit zunehmender Größe des Netzes nur unterproportional[60].

Verbundvorteile entstehen dadurch, dass über das einmal aufgebaute Netz verschiedene Produkte und Dienste angeboten werden können. Im Verbund können diese Güter zusammen durch einen Anbieter günstiger angeboten werden als bei einer Bereitstellung jeweils eines Gutes durch verschiedene Wettbewerber[61]. Dieser Effekt der Verbundvorteile wird noch durch sogenannte nachfrageseitige Externalitäten gesteigert, die ein besonderes Merkmal der Kommunikationsnetze sind. Externalitäten treten auf, wenn ökonomische Entscheidungen Vor- oder Nachteile für andere Personen als den Entscheider verursachen[62].

---

57 *Wheatley*, S. 117 f. Vgl. zu Größen- und Verbundvorteilen (*economies of scale and scope*): *Bain*, S. 80 ff.; *Berger/Blankart/Picot*, S. 68 f., 138 ff.; *Varian*, S. 174 ff.

58 *Schumann/Meyer/Ströbele*, S. 375. Vgl. auch das Gesetz der Massenproduktion, demzufolge bis zur Kapazitätsauslastung eine Fixkostendegression zu beobachten ist, *Bea/Dichtl/Schweitzer*, S. 404; zur Kritik siehe *Gutenberg*, S. 120 ff.

59 *Wheatley*, S. 118.

60 Dieses Ergebnis liegt unter anderem begründet in Dichtevorteilen (bei Anschluss mehrerer Teilnehmer in dichter Nachbarschaft), in stochastischen Durchmischungseffekten der Nutzung (gleichmäßigere Verteilung der Nachfrage zur besseren Auslastung über einen gegebenen Zeitraum) sowie im sog. „Zweidrittel-Effekt" (die für die Übertragungskapazität eines Kabels maßgebliche Querschnittsfläche wächst bei einer Vergrößerung des Durchmessers der Leitung überproportional zu ihrem Umfang); vgl. *Haas*, S. 35 f.; *Junghanns*, S. 68 ff.

61 *Wheatley*, S. 121.

62 Ausführlich in *Griffiths/Wall*, S. 455 ff.; *Gravelle/Rees*, S. 517 ff.

So nimmt beispielsweise der abstrakte Nutzen des Netzanschlusses für jeden einzelnen Netzteilnehmer bereits zu, je mehr Teilnehmer sich angeschlossen haben und über das Netz erreichbar sind bzw. der Einzelne von ihnen erreicht werden kann[63]. Eine hohe Teilnehmerzahl hat zudem den positiven Effekt der sinkenden Durchschnittskosten für Netzbetrieb und -unterhalt bezogen auf jeden Einzelnen[64]. Dem Netzbetreiber kann es dadurch möglich sein, seine Leistungen für Sender und Empfänger innerhalb seines Netzes preiswerter anzubieten. Diese Größen- und Verbundvorteile nehmen jedoch in Kommunikationsnetzen zum Teil im Zeitlauf aufgrund der technologischen Entwicklung ab[65]. Denn die Kosten für einen Netzneubau sinken mit verbesserter Übertragungstechnik und dem Einsatz von leistungsfähigerem Material.

Die beschriebenen Kostenvorteile des etablierten Teilnehmers im Markt durch Größen- und Verbundeffekte gegenüber einem Neueinsteiger wirken sich für diese als Barriere aus. Aufgrund der Vorteile ergibt sich für jeden Neueinsteiger die Notwendigkeit zu ganz erheblichen Anfangsinvestitionen in den Aufbau einer eigenen Netzinfrastruktur, um selbst Größen- und Verbundvorteile zu erzielen. Erst wenn eine ausreichende Anzahl von Verbindungen mit ausreichender Übertragungskapazität über das neue Netz hergestellt werden kann, wird es für Kunden interessant, dieses Netz ausschließlich zu nutzen. Oder umgekehrt, erst wenn eine Dienstleistung genügend Abnehmern angeboten werden kann, kann bei einer Distribution über dieses Netz eine kostendeckende Nachfrage entstehen. Bei der Entscheidung über einen Marktzutritt liegt somit in der Höhe der notwendigen Anfangsinvestitionen bereits eine Zutrittsbarriere[66]. Das einmal in diesem Markt eingesetzte Kapital, welches für den Marktzutritt und das Verbleiben im Markt notwendig ist, bleibt als Opportunitätskosten des Marktzutritts zu einem gewissen Teil irreversibel im Markt gebunden, soweit es mangels Erwerbsinteressen Dritter oder möglicher Umnutzung wertlos und so-

---

63 Sog. Reziprozitätseffekt; *Haas*, S. 45, und *Junghanns*, S. 71 f.
64 Vgl. *Haas*, S. 45 ff.
65 *Holznagel/Enaux/Nienhaus*, S. 4.
66 *Baumol/Panzar/Willig*, S. 290 ff.; *Wheatley*, S. 117 f.

mit in diesem Markt versunken ist[67]. Die einmal aufgewandten Mittel können dann nicht ohne Weiteres in andere Investitionen umgeleitet werden. Die Wirkung der irreversiblen Kosten als Marktzutrittsbarriere wird noch dadurch verstärkt, dass umgekehrt die beträchtlichen Anfangsinvestitionen in eine Netzinfrastruktur für die bereits im Markt engagierten Unternehmen eine Marktaustrittsbarriere darstellen[68], die sie daran hindert, den Markt zugunsten besserer Investitionsmöglichkeiten aufzugeben[69]. Diese Effekte führen in der Telekommunikation auch nach der institutionellen Marktöffnung zu verbleibenden sehr hohen, strukturellen Marktzutrittsbarrieren[70].

III. Formen des Marktversagens in der Telekommunikation

Neben den auf allgemeinen Marktunvollkommenheiten aufgrund der fehlenden Kongruenz von Idealannahmen und Realität beruhenden Defekten eines Marktes werden in der wirtschaftswissenschaftlichen Theorie besondere Fälle des Marktversagens untersucht[71]. Ein Versagen des Marktes liegt vor, wenn die üblichen Kräfte von Angebot und Nachfrage im Markt zu ungewöhnlichen Reaktionen der Beteiligten führen und dadurch langfristig abweichende Marktergebnisse erzielt werden[72]. Im Bereich der Telekommunikation sind vor allem das Marktversagen im natürlichen Monopol und bei ruinöser Konkurrenz von Bedeutung.

1. Natürliches Monopol

Wegen der hohen Anfangsinvestitionen für den Netzneubau als Folge der oben beschriebenen Größen- und Verbundvorteile wurde die Telekommunikation

---

67 Sog. *sunk costs* sind Investitionen, die für den Marktzutritt erforderlich, im Fall des Marktaustritts aber wertlos sind, *Theobald*, in: NJW 2003, 324 (325); auch *Varian*, S. 342 f.; *Windisch*, S. 59 f.

68 Sog. *Lock-in*-Effekt; *Haucap/Kruse*, in: WuW 2004, 266 (267); *Junghanns*, S. 72; *Knieps*, in: MMR 1998, 275 (276); *Immenga/Kirchner/Knieps/Kruse* (Einzelbeitrag *Kruse*), S. 76 f.; *Windisch*, S. 59.

69 *Wheatley*, S. 141 f.

70 *Haucap/Kruse*, in: WuW 2004, 266 (267).

71 Ausführlich in *Griffiths/Wall*, S. 455 ff.; *Schumann/Meyer/Ströbele*, S. 37 ff.

72 *Schumann/Meyer/Ströbele*, S. 37. Demzufolge werden auch die oben bereits erwähnten Externalitäten als eigenständige Form des Marktversagens behandelt, weil die Auswirkungen der Externalitäten im Markt durch Angebot, Nachfrage und Preis nur unzureichend abgebildet werden, *Stobbe*, S. 550.

lange Zeit als natürliches Monopol angesehen[73]. Ein solches Monopol liegt in der Theorie dann vor, wenn ein einziger Anbieter das Produkt zu geringeren Durchschnittskosten produzieren und damit günstiger anbieten kann als jede Kombination mehrerer Wettbewerber[74]. Die Kostenfunktion der Produktion ist im gesamten relevanten Bereich subadditiv[75]. Langfristig wird also ein Anbieter durch Preissenkungen alle übrigen Wettbewerber aus dem Markt verdrängen können und sich auf gleichsam natürliche Weise als Monopolist durchsetzen. In einem solchen Markt wäre Wettbewerb nicht möglich bzw. wegen höherer Gesamtproduktionskosten auch gar nicht wünschenswert. Ein natürliches, weil zwangsläufiges Monopol liegt besonders nahe in Märkten, deren Güter in der Produktion hohe Fixkosten und vergleichsweise sehr geringe variable Kosten verursachen[76].

Da der produktionsunabhängige Netzbau und -betrieb in der Telekommunikation den Anteil der Fixkosten sehr hoch werden lässt, galt die Versorgung der Bevölkerung in diesem Bereich als natürliches Monopol, das am besten durch eine zentral geleitete Wirtschaft gesichert werden kann[77]. Zur umfassenden Kontrolle des Monopolisten sollte dieser dann vollständig im Staatsbesitz sein, um Missbrauch der Marktmacht vorzubeugen und um die Monopolstrukturen der Allgemeinheit zugute kommen zu lassen[78]. Der Aufbau einer weiteren Netzstruktur durch einen weiteren Wettbewerber unter Aufrechterhaltung flächendeckender Grundversorgung wurde als wirtschaftlich ineffizient und als dem

---

73 Statt vieler siehe *v. Weizsäcker*, S. 128; *Detjen*, Bd. 1, S. 52 f.; *Wheatley*, S. 144 ff.; *Junghanns*, S. 67; *Haas*, S. 36 ff.; *Schuster*, in: Beck'scher TKG-Kommentar, § 1 Rn. 1; *Holznagel/Enaux/Nienhaus*, S. 3.

74 Für Telekommunikation: *Möschel*, in: WuW 1986, 555 (557 f.), m. w. N.; *Wheatley*, S. 137 ff.; *Theobald*, in: NJW 2003, 324 (325); allgemein: *Schumann/Meyer/Ströbele*, S. 37 f.; *Baumol/Panzar/Willig*, S. 169; *Gravelle/Rees*, S. 223 f.
Zur theoretischen Kritik an dem Konzept des natürlichen Monopols vgl. *Demsetz*, in: JLE 1968 Heft 11, 55 (56).

75 *Junghanns*, S. 67.

76 *Gravelle/Rees*, S. 223 ff., weisen zu Recht darauf hin, dass nicht die technologieabhängige Kostenstruktur allein, sondern vielmehr die Gewinnerwartung, die wiederum von mehr Faktoren als den Kosten abhängt, die Entscheidung über Marktzutritt und Produktionsmenge beeinflusst.

77 *Eucken*, S. 85; *Haas*, S. 37 f.

78 Schon *Smith*, Buch IV, Kapitel 7, S. 612.

Gemeinwohl schädlich kritisiert[79]. Dieses Monopol wurde daher durch die Gewähr von Exklusivrechten an die Deutsche Bundespost bzw. die DT AG vor Wettbewerb geschützt.

Während das Modell vom natürlichen Monopol eine statische Sichtweise einnimmt, indem es die Dynamik neuen Wissens und technischer Innovation ausklammert[80], ist die Realität dynamisch. In der Beurteilung der Telekommunikation als natürliches Monopol brachte besonders der technische Fortschritt in der Übertragungstechnik ein Umdenken[81]. Die rasante Technologieentwicklung in den Rahmenbedingungen hat zu einer Reduktion der Marktzutrittsbarrieren geführt, die maßgeblich auf den Größen- und Verbundvorteilen beruhen[82]. Eine entscheidende Rolle spielte dabei der Übergang von der analogen zur digitalen Übertragungstechnik sowie von schmalbandigen zu breitbandigen Übertragungswegen[83]. Zum einen hat die Kapitalintensität des Netzneubaus abgenommen, indem leistungsfähigere Infrastruktur günstiger beschafft und bereitgestellt werden kann. Zum anderen können andere bestehende Netze auch zur Übertragung von Kommunikation genutzt werden[84]. Darüber hinaus können technisch inzwischen einzelne Netzteile separat gesteuert, betrieben, von verschiedenen Anbietern genutzt und mit anderen Netzteilen und Netzen verbunden werden. Dadurch kann die natürliche Monopoleigenschaft für diese Bereiche auch getrennt untersucht werden[85], so dass z. B. ein natürliches Monopol für Fernleitungen mit ihrer relativ hohen Auslastung und vergleichsweise geringen Anfangsinvestitionen nicht mehr pauschal angenommen wird[86].

---

79 So auch BVerfGE 46, 120 (145 ff.) – Direktrufnetz: Die Beschränkung der Berufsausübungsfreiheit durch das damalige Monopol sei durch vernünftige Gründe des Gemeinwohls gerechtfertigt, wonach das Monopol die Funktionsfähigkeit des Netzes sichere, die Anpassung an neue technische Entwicklungen erleichtere sowie darüber hinaus die Benutzer vor Fehlinvestitionen bei der Beschaffung von Zusatzgeräten schütze.

80 *Windisch*, S. 41 f.; *Eisenblätter*, S. 38.

81 *Eisenblätter*, S. 38 ff.

82 *Haas*, S. 38 f.; *Holznagel/Enaux/Nienhaus*, S. 4.

83 *Haas*, S. 38.

84 Zu alternativen Übertragungswegen und -netzen vgl. Monopolkommission, Sondergutachten 33, S. 67 ff., 122 f.; *Rudolf*, S. 124 f.

85 *Klimisch/Lange*, in: WuW 1998, 15 (17 f.).

86 *Berger/Blankart/Picot*, S. 218; *Haas*, S. 40; *Eisenblätter*, S. 39 ff. Bereits 1980 trat *v. Weizsäcker*, S. 134 f., für die differenzierte Beurteilung von Netz und Endgerätebereich ein.

Insgesamt sind die Telekommunikationsmärkte inzwischen nicht mehr generell als natürliche Monopole einzustufen[87]. Ihre vormals ausschließlich monopolistische Struktur ist aus diesen Gründen nicht generell als zwangsläufig und als wirtschaftlich günstigste Lösung hinzunehmen. Aus heutiger Sicht weisen diese Märkte lediglich monopolistische Tendenzen auf. Der Drang zur Monopolbildung dürfte jedoch in hohem Maße der monopolistischen Struktur der Vergangenheit geschuldet sein. Die Telekommunikation hat im weitesten Sinne die in der Realität am häufigsten anzutreffende Marktform der monopolistischen (unvollkommenen) Konkurrenz für ihre Branche übernommen[88].

2. Ruinöse Konkurrenz

Als weitere relevante Form des Marktversagens in der Telekommunikation liegt ruinöse Konkurrenz in einem Markt vor, wenn langfristig der Preis unterhalb der Grenzkosten und das Angebot über der Gleichgewichtsmenge liegt. Jeder Anbieter eines solchen Angebots bietet über die erwähnte Preispolitik des *limit pricing* hinaus selbst nicht kostendeckend an und macht beim Verkauf des fraglichen Produkts Verlust (sogenanntes *predatory pricing*[89]). Die Strategie hinter einer solchen Entscheidung kann sein, Mitbewerber aus dem Markt zu drängen oder von vornherein Neueintritte zu verhindern. Die auftretenden Verluste werden zu diesem Zweck hingenommen und häufig mit Erträgen aus anderen Geschäftsfeldern ausgeglichen[90]. Ein bereits etablierter Marktteilnehmer berücksichtigt in seinen nachfolgenden Entscheidungen nicht mehr die wegen ihrer Unwiderbringlichkeit ohnehin versunkenen Kosten. Dieser Marktteilnehmer

---

87 *Schuster*, in: Beck'scher TKG-Kommentar, § 1 Rn. 1; *Kloepfer*, Informationsrecht, § 11 Rn. 2; *Immenga/Kirchner/Knieps/Kruse* (Einzelbeitrag *Kirchner*), S. 131; *Holznagel/Enaux/Nienhaus*, S. 4; *Eisenblätter*, S. 41 f.; *Junghanns*, S. 75 f.; *Stern/Dietlein*, in: RTkom 1999, 2 (7); jeweils m. w. N.

88 *Varian*, S. 436. Diese Marktmischform zeichnet sich dadurch aus, dass sie Elemente des Wettbewerbs und des Monopols umfasst: Wettbewerb, weil jedes Unternehmen mit anderen (potentiellen) Marktteilnehmern um Kunden konkurriert, und zugleich Monopol, weil jedes Unternehmen wegen seiner fallenden Nachfragekurve für sein Produkt Einfluss auf den Markt durch eigene Preissetzung ausüben kann.

89 Vgl. hierzu *Immenga/Kirchner/Knieps/Kruse*, S. 47; *Mestmäcker*, Wettbewerb, S. 187 ff.; zum *predatory pricing* im Luftverkehrssektor auch *Ewald*, in: WuW 2003, 1165 (1165 ff.).

90 Siehe hierzu z. B. den Fall *Wanadoo* (Entscheidung der Europäischen Kommission v. 16.07.2003, COMP/38.233) mit Ausführungen bei *Ladeur*, in: K&R 2004, 153 (160).

wird daher solange im Markt verbleiben, wie allein der laufende Betrieb durch positive Deckungsbeiträge im Ergebnis Erlöse erzielen kann[91].

Die Gefahr für ein solches Marktversagen ist besonders groß, wenn es sich bei dem dominanten Marktteilnehmer um ein vertikal integriertes Unternehmen handelt, welches entlang der Wertschöpfungskette auf vielen Märkten tätig ist. Diese Strategie ist daher insbesondere bei den nach wie vor dominanten ehemaligen Monopolisten in den Telekommunikationsmärkten zu beobachten[92]. Der Markt versagt, da der Marktpreis dann falsche Signale setzt, so dass Marktteilnehmer in ihren Entscheidungen und als Folge die Produktionsfaktoren fehlgeleitet werden. Diesem kann eine Wettbewerbsaufsicht, wie beim *limit pricing*, durch Entgeltregulierung begegnen.

C. Notwendigkeit einer intensiven Wettbewerbsaufsicht

Im Ergebnis müssen die Märkte der Telekommunikation trotz ihrer beschriebenen Besonderheiten keinesfalls zwangsläufig in Form eines Monopols versorgt werden[93]. Vielmehr sollte der freie Wettbewerb als präferierte Marktform eine möglichst weitgehende Anwendung finden. Viele Nachteile, denen sich ein Neueinsteiger bei einem Marktzutritt anfänglich gegenüber sieht, sind nur vorübergehender Natur und können im Laufe relativ kurzer Zeit abgebaut werden[94]. Allein die Tatsache, dass anfänglich solche Marktzutrittsbarrieren vorliegen, bedeutet nicht, dass keinerlei Marktzutritt erfolgen kann oder tatsächlich erfolgt.

Allerdings entsteht und erhält sich bei einer praxisnahen Betrachtung der Wettbewerb nicht von selbst. Die Besonderheiten dieser Märkte machen eine intensive Wettbewerbsaufsicht notwendig[95]. Wettbewerb durch Marktzutritt muss dabei nicht nur ermöglicht, sondern durch Wettbewerbsaufsicht auch faktisch stimuliert und gefördert werden. Wettbewerb ohne den direkten Zugang

---

91 *Junghanns*, S. 72 f.

92 *Haucap/Kruse*, in: WuW 2004, 266 (267).

93 Zur Rechtfertigung einer Regulierung durch Monopol bei Marktversagen siehe Überblick über Regulierungstheorien bei *Eisenblätter*, S. 29 ff.

94 *Immenga/Kirchner/Knieps/Kruse* (Einzelbeitrag *Kruse*), S. 78.

95 *W. Schulz*, in: DV 34 (2001) Beiheft 4, 101 (106); auch *Immenga/Kirchner/Knieps/Kruse* (Einzelbeitrag *Kruse*), S. 87. Zu den Instrumenten der Wettbewerbsaufsicht siehe *Gramlich*, in: VerwArch 88 (1997), 598 (600 ff.); *Eisenblätter*, S. 98 ff.

der Wettbewerber zum Kunden ist nicht denkbar. In einer Netztechnologie wie der Telekommunikation sind alle Anbieter auf eine Verbindung zum Kunden im Wege des Netzzugangs angewiesen[96]. Etablierte Anbieter haben in dieser Situation kein eigenes Interesse am Marktzutritt von Wettbewerbern und werden es ihnen so schwer wie möglich machen[97]. Allein die Kräfte des Wettbewerbs vermögen die unterschiedlichen Kräfteverhältnisse innerhalb der Märkte nicht auszubalancieren und können so nicht die Märkte vom Monopol zur nachhaltigen Wettbewerbsorientierung[98] führen.

Vom Monopol des ehemaligen Staatsbetriebes sind keinesfalls allein durch die bloße Bestreitbarkeit des Marktes marktkonforme Ergebnisse zu erwarten. Die Theorie der bestreitbaren Märkte[99] legt dar, dass unter bestimmten Umständen auch ein Monopolist seine Leistungen zu den niedrigsten Kosten produziert und auch zu marktkonformen Preisen anbietet, wenn er zwar nicht durch tatsächlichen, aber durch potentiellen Wettbewerb auf seinem Markt kontrolliert wird. Allein die Möglichkeit des Marktzutritts, der zu jeder Zeit vorgenommen und (beinahe) ohne Verluste durch Marktzu- und -austritt rückgängig gemacht werden kann (sogenanntes *hit and run*), hindere den Monopolisten daran, auf seine an den Grenzkosten orientierten Preise eine Monopolrente aufzuschlagen oder die Angebotsmenge zu beschränken[100]. Dieses Maß an einfacher Bestreitbarkeit kann jedoch für Telekommunikationsmärkte nicht allgemein angenommen werden[101]. Wegen der nach wie vor hohen Anfangsinvestitionen verbleiben für jeden potentiellen Wettbewerber beachtliche Marktzutrittsbarrieren in Form der versunkenen Kosten, die in ein flächendeckendes Netz oder nur einzelne Zugangspunkte investiert werden müssen. Dadurch ist zu jeder Zeit ein Marktzutritt mit hohen Anstrengungen versehen, die vor einem Eintritt in den Wettbewerb mit dem (ehemaligen) Monopolisten zurückschrecken lassen.

---

96 Zur Abhängigkeit der Wettbewerber von Vorleistungen der ehemaligen Monopolistin DT AG siehe Monopolkommission, Sondergutachten 39, Tz. 54 ff.

97 *Haas*, S. 48; *Haucap/Kruse*, in: WuW 2004, 266 (267).

98 Siehe Regulierungsziel in § 2 Abs. 2 Nr. 2 TKG i. V. m. der Definition in § 3 Nr. 12 TKG.

99 Sog. *Theory of contestable markets*, begründet von *Baumol/Panzar/Willig*, S. 4 ff.; Übersicht bei *Knieps*, in: MMR 1998, 275 (176 f.); *Schumann/Meyer/Ströbele*, S. 375 f.; *Wheatley*, S. 147 ff.

100 *Baumol/Panzar/Willig*, S. 6, 221 ff.

101 Siehe auch *R. Schulz*, S. 19 ff., wobei dieser Theorie gerade in der Telekommunikation die Bedeutung zukommt, dass sie die Notwendigkeit einer Wettbewerbsaufsicht begründet, solange zumindest ein Anbieter über eine beherrschende Stellung verfügt.

Da potentieller Wettbewerb allein nicht ausreichen wird, um den Monopolisten zu marktkonformem Verhalten zu veranlassen, ist eine ökonomische Regulierung durch eine Aufsichtsbehörde erforderlich[102]. Auch im Wettbewerb kann der dominante Wettbewerber seine Kosten-, Größen- und Verbundvorteile immer zu seinem eigenen Vorteil nutzen und weiter ausbauen[103]. Als wichtigstes Machtmittel kann er im Wettbewerb seinen, im Falle des ehemaligen Monopols sogar alleinigen Zugang zum größten bestehenden und einzigen flächendeckenden Netz beschränken. Allein dadurch könnte er sich nicht nur den alleinigen Betrieb von Verbindungsdiensten sichern, sondern seine Dominanz auf vor- und nachgelagerte Märkte übertragen. Auf diese Weise kann der dominante Wettbewerber durch sein eigenes Verhalten weitere Barrieren des Marktzutritts aufrichten bzw. bestehende Schranken erhöhen.

Ferner sind viele Argumente, die vormals für einen Fortbestand des Monopols angeführt worden sind, weiterhin von Relevanz. So waren die flächendeckende Versorgung mit angemessenen und ausreichenden Telekommunikationsleistungen und deren Finanzierung (sogenannte Universaldienste) sowie die Gewährleistung von Netzsicherheit und einheitlichen technischen Standards immer wieder Diskussionspunkte in der Ausgestaltung des Wettbewerbs[104]. In diesen Bereichen sind fundamentale Interessen der Allgemeinheit an einem funktionierenden, leistungsfähigen Telekommunikationsnetz mit angemessenen und ausreichenden Dienstleistungen für jedermann zu beachten, die von staatlicher Seite zu gewährleisten sind (vgl. Art. 87f Abs. 1 GG).

Aus diesen Gründen bedarf es einer hinreichenden Wettbewerbsaufsicht über diese Märkte[105]. Diese Aufsicht muss im wettbewerblichen Spannungsfeld die

---

[102] Zur anhaltenden Notwendigkeit siehe Monopolkommission, Sondergutachten 39, Tz. 225.
[103] Dazu im Einzelnen *Wheatley*, S. 142 f.
[104] *Berger/Blankart/Picot*, S. 219.
[105] Als Regulierungsalternativen kommen mit ansteigender Regulierungsintensität folgende Maßnahmen in Betracht:
- Entgeltregulierung des staatlichen Unternehmens im Monopol;
- Öffnung des Marktes für Weiterverkauf (sog. *resale*);
- Öffnung für Dienstewettbewerb als Wettbewerb auf dem Netz;
- Zulassung von Infrastrukturwettbewerb als Wettbewerb zwischen Netzen;
- Desintegration des ehemaligen Monopolisten zur Trennung und Zerlegung des Netzes (sog. *common carriage*);

wobei es sich bei den ersten vier Alternativen um unterschiedlich intensive Formen der Missbrauchsaufsicht handelt; vgl. hierzu *Junghanns*, S. 139 f.; *R. Schulz*, S. 21 ff.

Interessen der verschiedenen Wettbewerber, der übrigen Marktteilnehmer, der Konsumenten und der Allgemeinheit in Ausgleich bringen. Für den Staat entsteht dabei eine Gemengelage von Interessen, da er als Großaktionär der ehemaligen Monopolistin DT AG[106] Eigentümerinteressen neben der Wettbewerbsaufsicht und dem Grundrechtsschutz aller Beteiligten verfolgen muss. Inzwischen ist eine möglichst weitgehende Trennung und Entflechtung der Institutionen bis auf Ministeriumsebene erfolgt[107], die aber auf Dauer keinesfalls ausreichen dürfte[108].

Im Gegensatz zum allgemeinen Wettbewerbsrecht, das von einem bereits bestehenden Wettbewerb ausgeht, den es zu schützen gilt, bestand ein solcher Wettbewerb auf den Telekommunikationsmärkten gerade nicht[109]. Aus diesem Grund wurde schon durch das TKG 1996 eine sektorspezifische Regulierung etabliert, die mit weitreichenderen Kompetenzen ausgestattet ist und in vielen Bereichen auf eine *Ex-ante*-Regulierung setzt. Dazu gehören Regelungen zur Regulierungskompetenz von Universaldiensten, vom Netzzugang, von Kundenentgelten, von Nummerierungen und von Frequenzen sowie zur Zulassung von Sendeanlagen und zum Datenschutz. Die Kompetenzen zur Wettbewerbsaufsicht sind in der novellierten Fassung des TKG noch ausgedehnt worden.

---

[106] Der Bund hält noch direkt und indirekt etwa 43 % der Anteile an der DT AG; vgl. Angaben zur Aktionärsstruktur unter www.telekom.de.

[107] Die Eigentümerinteressen werden durch die Bundesanstalt für Post und Telekommunikation Deutsche Bundespost (BAnstPT) unter Aufsicht des Bundesministeriums der Finanzen (BMF) wahrgenommen, während die Wettbewerbsaufsicht primär der Regulierungsbehörde für Telekommunikation und Post (RegTP) im Geschäftsbereich des Bundesministeriums für Wirtschaft und Arbeit (BMWA) obliegt.

[108] Zum Gebot der strukturellen Trennung nach Art. 3 Abs. 2 S. 1 Rahmenrichtlinie 2002/21/EG siehe Monopolkommission, Sondergutachten 40, Tz. 48, 51.

[109] *Schuster*, in: Beck'scher TKG-Kommentar, § 2 Rn. 10.

Kapitel 3:
Der Zugang in der Regulierungssystematik des Telekommunikationsrechts

A. Die Entwicklung in Deutschland bis zur Marktöffnung

Inhalt und Tragweite des rechtlichen Rahmens für Telekommunikationsdienstleistungen können sich nur vor dem Hintergrund der historischen Entwicklung dieses Wirtschaftsbereiches erschließen. Die heute noch vorherrschenden monopolistischen Strukturen sind vor allem den Entwicklungen der Vergangenheit seit Entstehung des Fernmeldewesens geschuldet. Traditionell war das Fernmeldewesen in Deutschland bis zum Ende des zwanzigsten Jahrhunderts als ausschließlich staatliche Leistung organisiert[1]. Denn in den Anfängen der Telegrafie, als deren Bestandteil das Telefon in Deutschland eingeführt wurde und fortan galt, diente diese neue Technik in erster Linie der militärischen und administrativen Organisation in den deutschen Einzelstaaten und später im Kaiserreich[2]. Mit zunehmender Nutzung durch Private rückte die Telegrafie und später das Fernmeldewesen sowie die Telekommunikation in den Bereich der staatlichen Daseinsvorsorge auf[3]. Die Errichtung und das Betreiben eines flächen-

---

1 Ausführlich: *Sprißler*, in: ArchPF 1991, 159 (159 ff.); *Wieland*, in: Dreier, Art. 87f Rn. 1 f., m. w. N.; *ders.*, in: DV 28 (1995), 315 (319 ff.); auch *Franzius*, in: DV 34 (2001), 487 (496 ff.); *Spoerr*, in: Trute/Spoerr/Bosch, Einführung I Rn. 1 f.; *Gersdorf*, in: v. Mangoldt/Klein/Starck, Art. 87f Rn. 14.

2 Zur Entstehung des staatlichen Telefonmonopols im 19. Jahrhundert vgl. *Sarkar*, S. 148 ff.; *Eidenmüller*, in: DÖV 1985, 522 (524 ff.), m. w. N.; zu damaligen Motiven und Rechtfertigungen siehe auch *Hermes*, S. 270 ff.; zur Rechtfertigung von Exklusivrechten aus heutiger Sicht für die Deutsche Post AG vgl. *v. Danwitz*, S. 82 ff.

3 *Scholz/Aulehner*, in: ArchPT 1993, 103 (104 f.); *Wieland*, in: DV 28 (1995), 315 (316, 324); *Freund*, Infrastrukturgewährleistung, S. 15; siehe zuletzt nach der Postreform I (siehe unten unter C.1.) ausdrücklich in § 4 Abs. 1 S. 3, § 25 Abs. 2 S. 1 des Gesetzes über die Unternehmensverfassung der Deutschen Bundespost (Postverfassungsgesetz – PostVerfG), verkündet als Art. 1 des Gesetzes zur Neustrukturierung des Post- und Fernmeldewesens und der Deutschen Bundespost (Poststrukturgesetz – PostStruktG) v. 08.06.1989, BGBl. I S. 1026.

deckenden Telekommunikationsnetzes wurde seitdem als öffentliche Aufgabe angesehen. Sowohl die Verfassung des Deutschen Kaiserreiches von 1871 als auch die Verfassung des Deutschen Reiches von 1919 sahen die alleinige Gesetzgebungs- und Verwaltungskompetenz des Reiches für diesen Bereich vor[4].

Durch das Gesetz über das Telegraphenwesen von 1892 (TelG)[5], geändert und ersetzt durch das spätere Gesetz über Fernmeldeanlagen von 1927 / 1928 (FAG)[6], und das Telegraphenwegegesetz von 1899 (TWG)[7] wurde der Bereich der heutigen Telekommunikation im Wesentlichen geregelt[8]. Während auf einfachgesetzlicher Ebene das TelG bzw. später das FAG allein dem Reich, das sich hierzu der Reichspost bediente, die Errichtung und den Betrieb von Telekommunikationsnetzen einräumte[9], übertrug das TWG der staatlichen Verwaltung allein die erforderlichen Wegerechte[10]. Organisatorisch wurden bereits 1875 im Kaiserreich das Postwesen und die Telegrafie unter der Reichspost zusammengefasst[11], nicht zuletzt um mit den hohen Überschüssen aus dem Briefverkehr die damals defizitäre Telegrafie zu subventionieren[12].

Auch die Rechtsordnung des Grundgesetzes hat zunächst die verfassungsrechtliche Absicherung des staatlichen Monopols für Post und Telekommunikation aus der Weimarer Reichsverfassung durch die Übertragung der Gesetzgebungs- und Verwaltungskompetenz auf den Bund übernommen (vgl. Art. 73 Nr. 7, Art. 87 Abs. 1 GG a. F.). Danach war das Fernmeldewesen eine öffentli-

---

4 Vgl. Art. 4 Nr. 10, Art. 48 ff. RV sowie Art. 6 Nr. 7, Art. 88 WRV, abgedruckt bei *Gersdorf*, in: v. Mangoldt/Klein/Starck, Art. 87f vor Rn. 1.

5 Gesetz v. 06.04.1892, RGBl. S. 467.

6 Gesetz zur Änderung des Telegraphengesetzes v. 03.12.1927, RGBl. I S. 331, bekanntgemacht als Gesetz über Fernmeldeanlagen am 14.01.1928, RGBl. I S. 8.

7 Gesetz v. 18.12.1899, RGBl. S. 705.

8 *Kloepfer*, Informationsrecht, § 11 Rn. 2.

9 § 1 FAG lautete: „Abs. 1: Das Recht, Fernmeldeanlagen, nämlich Telegraphenanlagen für die Vermittlung von Nachrichten, Fernsprechanlagen und Funkanlagen zu errichten und zu betreiben, steht ausschließlich dem Reich zu. [...] Abs. 2: Das im Abs. 1 bezeichnete Recht übt der Reichspostminister aus; [...]."

10 § 1 TWG lautete: „Die Telegraphenverwaltung ist befugt, die Verkehrswege für ihre öffentlichen Zwecken dienenden Telegraphenlinien zu benutzen, soweit dadurch nicht der Gemeingebrauch der Verkehrswege dauernd beschränkt wird. [...]"

11 Mit Ausnahme der Postdienste in den Königreichen Bayern und Württemberg (Art. 52 RV), die erst durch Art. 170 Abs. 3 WRV im Jahr 1921 in die Reichspostverwaltung eingegliedert wurden; *Wieland*, in: Dreier, Art. 87f Rn. 2.

12 *Sprißler*, in: ArchPF 1991, 159 (165).

che Aufgabe des Bundes zur Daseinsvorsorge[13], die ihn verpflichtete, die Versorgung der Bevölkerung mit eigenen Mitteln sicher zu stellen[14]. Das in Kraft gebliebene FAG[15] nebst dem TWG[16] übertrug dem Bundesminister für das Post- und Fernmeldewesen und damit der Deutschen Bundespost[17] als Teil der bundeseigenen Verwaltung die Fernmeldehoheit und exklusiv die Monopolrechte im Bereich der Telekommunikation[18]. Über eine sehr weite Definition des Begriffes „Fernmeldeanlage" in § 1 FAG gelang es in der Folgezeit der Deutschen Bundespost als Inhaberin der Monopolrechte ihre alleinige Verwaltungszuständigkeit auf alle technischen Innovationen und Fortentwicklungen im Bereich der Telekommunikation stetig auszudehnen[19]. Das zuständige, später umbenannte Bundesministerium für Post und Telekommunikation (BMPT) diente sowohl als wirtschaftliche Leitung der Deutschen Bundespost, die als Sondervermögen des Bundes geführt wurde, als auch als Aufsichtsbehörde für den gesamten Telekommunikationssektor.

B. Der Europäische Rechtsrahmen für Telekommunikationsmärkte

I. Der alte Rechtsrahmen zur Liberalisierung und Harmonisierung

Als erste politische Entscheidungsträgerin erkannte die europäische Ebene die Bedeutung der Telekommunikation und schenkte diesem Bereich große Auf-

---

13 Zum Begriff der Daseinsvorsorge vgl. Ursprünge bei *Forsthoff*, Leistende Verwaltung, S. 13, 26 f.; Erläuterungen bei *Rüfner*, in: Isensee/Kirchhof, Bd. III, § 80 Rn. 3 ff., m. w. N.; ausführlicher und teilweise krit. *Gröttrup*, S. 68 ff.; *Hermes*, S. 94 ff., 116 ff., 340 ff.; *Windisch*, S. 31 ff.; *Freund*, Infrastrukturgewährleistung, S. 15 ff.

14 *Lerche*, in: Maunz/Dürig, Art. 87f Rn. 21; *Scholz/Aulehner*, in: ArchPT 1993, 103 (104, 145 ff.).

15 Vgl. BGBl. III Nr. 9020-1, in der Fassung der Bekanntmachung v. 17.03.1977, BGBl. I S. 459, zuletzt nach der Postreform I (siehe unten unter C.I.) in der Fassung der Bekanntmachung v. 03.07.1989, BGBl. I S. 1455.

16 Vgl. BGBl. III Nr. 9021-1, zuletzt nach der Postreform I (siehe unten unter C.I.) in der Fassung der Bekanntmachung v. 24.04.1991, BGBl. I S. 1053.

17 Daneben wurden dem Bundesminister der Verteidigung die entsprechenden Rechte für seinen militärischen Bereich übertragen; vgl. *Knieps*, Entstaatlichung, S. 171.

18 Vgl. § 1 Abs. 2 FAG, § 1 S. 1 TWG i. V. m. Art. 129 Abs. 1 S. 1 GG; dazu *Detjen*, Bd. 1, S. 44. Zum verfassungsrechtlichen Ordnungsrahmen vor den Postreformen vgl. *Steiner*, in: Isensee/Kirchhof, Bd. III, § 81 Rn. 32 ff.

19 *Pfeiffer/Wieland*, S. 22 ff.; *Detjen*, Bd. 1, S. 44 f.; zur weiten Auslegung vgl. *Steiner*, in: Isensee/Kirchhof, Bd. III, § 81 Rn. 33 f.; *Knieps*, Entstaatlichung, S. 172 ff.

merksamkeit[20]. Während die Mitgliedstaaten in den Telekommunikationsmonopolen wichtige Quellen zur Finanzierung ihrer Haushalte und anderer staatlicher Leistungen wie dem Postdienst sahen, stellten sie aus Sicht der Organe der EG einen Widerspruch zum europäischen Binnenmarkt dar[21]. Dort sah man bei einem Fortbestand der nationalen Monopole auch die Wettbewerbsfähigkeit der europäischen Telekommunikationsindustrie, die als Infrastruktur auf den gesamten Wirtschaftsraum ausstrahlt, insgesamt gefährdet[22].

So wurden in einer ersten Phase seit 1984 gemeinsame Standards entwickelt und gemeinsame Forschung gefördert[23]. In einer zweiten Phase wurde die im vorherigen Kapitel 2 ausgeführte Erkenntnis, dass auch im Bereich der Telekommunikation die Märkte volkswirtschaftlich unter Wohlfahrtsaspekten am besten in Form des in Teilbereichen regulierten Wettbewerbs organisiert werden, auf der europäischen Ebene umgesetzt[24]. Innerhalb der EG wurde als Konsequenz in der zweiten Hälfte der 1980er Jahre durch das Sekundärrecht ein einheitlicher Rechtsrahmen für die Telekommunikationsmärkte errichtet. Die Organe der EG konnten sich dabei auf die Regelungen und Kompetenzen der heutigen Art. 86, 95 EGV stützen[25]. Gleichzeitig wurden zwei Ziele verfolgt: Einerseits galt es, die nationalen Exklusivrechte und Monopole im Zuge einer Liberalisierung abzuschaffen, und andererseits sollte die als notwendig erachtete Regulierung der nationalen Telekommunikationsmärkte durch Harmonisierung innerhalb der EG zur Schaffung eines einheitlichen Binnenmarktes vereinheitlicht werden. Die gemeinschaftsrechtlichen Vorgaben wurden auf diese Weise

---

20 Zur Bedeutung der Telekommunikation in der Informationsgesellschaft siehe *Koenig/ Röder*, in: European Business Law Review 1999, 1 (1); *Wheatley*, S. 1 ff.; *Holznagel/ Enaux/Nienhaus*, S. 1 ff.

21 *Immenga/Kirchner/Knieps/Kruse* (Einzelbeitrag *Kirchner*), S. 130 f.

22 *Trute*, in: Trute/Spoerr/Bosch, Einführung II Rn. 1.

23 *Trute*, in: Trute/Spoerr/Bosch, Einführung II Rn. 2.

24 Vgl. insbesondere die Grünbücher
- über die Entwicklung des gemeinsamen Marktes für Telekommunikationsdienstleistungen und Telekommunikationsgeräte von 1987 (KOM/87/292);
- über ein gemeinsames Vorgehen im Bereich der Mobilkommunikation und der persönlichen Kommunikation in der Europäischen Union von 1994 (KOM/94/144) sowie
- über die Liberalisierung der Telekommunikationsinfrastruktur und der Kabelfernsehnetze von 1994 (Teil I: KOM/94/440, Teil II: KOM/94/682).

25 Hierzu *Kloepfer/Neun*, in: EuR 2000, 512 (524 ff.). Die heutigen Vorschriften nach der Nummerierung durch den Vertrag von Amsterdam entsprechen Art. 90 und 100a EGV der damaligen Fassung.

zu einem „Motor“[26] für die Entwicklung des Telekommunikationsrechts in den Mitgliedstaaten. Diese Entwicklung hat von Beginn an die Entwicklung des Telekommunikationsrechts in Deutschland entscheidend vorangetrieben und geprägt. In den zentralen Regulierungsfeldern konkretisiert das deutsche nationale Telekommunikationsrecht oftmals gemeinschaftsrechtliche Vorgaben. Aus diesem Grund ist ein Verständnis der gemeinschaftsrechtlichen Vorgaben zur Erörterung der nationalen Regelungen notwendig[27].

Auf europäischer Ebene nutzen die zuständigen Organe das sekundäre Gemeinschaftsrecht, um die Entwicklung in den Mitgliedstaaten zu steuern[28]. Dabei greifen sie in erster Linie auf Richtlinien zurück. Diese entfalten grundsätzlich keine unmittelbare Wirkung in den Mitgliedstaaten[29]. Denn sie sind für die Mitgliedstaaten regelmäßig allein hinsichtlich des zu erreichenden Zieles verbindlich (Art. 249 Abs. 3 EGV). Die Mitgliedstaaten sind anhand der gemeinschaftsrechtlichen Vorgaben zur Umsetzung der Richtlinien in ihre nationale Rechtsordnung innerhalb der darin vorgesehenen Frist verpflichtet. Den Richtlinien kommt im Falle des Konflikts mit nationalem Verfassungs- oder einfachem Recht ein Anwendungsvorrang zu, solange und soweit die Struktursicherungsklausel des Art. 23 Abs. 1 S. 1 GG nicht berührt ist[30].

Der europäische Rechtsrahmen zur Marktöffnung gliedert sich entsprechend seinen beiden Zielen in die beiden Säulen der Liberalisierung und der begleitenden Harmonisierung[31]. Zunächst galt es im Sinne eines Liberalisierungsregimes die Märkte vollständig dem Wettbewerb unter Aufhebung aller Monopol- und Exklusivrechte zu öffnen[32]. Hierzu waren die nationalen Gesetzgeber aufgerufen, die legislativen und administrativen Marktzutrittsbarrieren weitestgehend

---

26 *Schütz*, in: MMR 2003, 518 (518).

27 Statt vieler *Schuster*, in: Beck'scher TKG-Kommentar, § 1 Rn. 13 ff.; *Trute*, in: Trute/Spoerr/Bosch, Einführung II Rn. 1.

28 Nachweise bei *Kloepfer*, Informationsrecht, § 11 Rn. 34 ff.; später bei *Scherer*, in: K&R 2002, 273 (273 ff.), 329 (329 ff.).

29 Vgl. zu Geltung und Wirkung von Richtlinien statt vieler *Ruffert*, in: Calliess/Ruffert, Art. 249 EGV Rn. 43 ff., zu den Voraussetzungen für eine ausnahmsweise eintretende unmittelbare Wirkung siehe Rn. 69 ff.

30 Vgl. hierzu BVerfGE 73, 339 (375); 75, 223 (244); 85, 191 (204).

31 Überblick über europäisches Telekommunikations- und Wettbewerbsrecht bei *Junghanns*, S. 141 ff.

32 Nachweise über alle Richtlinien zur Liberalisierung bei *Trute*, in: Trute/Spoerr/Bosch, Einführung II Rn. 5 ff.

abzuschaffen. Als zweite Säule wurde gleichzeitig ein Harmonisierungsregime zur Schaffung eines einheitlichen Binnenmarktes für Telekommunikation entwickelt, durch das die nationalen Rechtsordnungen für die Regulierung für die liberalisierten Märkte vereinheitlicht wurden[33]. Die fortlaufende Harmonisierung bestimmt die sektorspezifischen Regeln der Regulierung und hat sie im Laufe der Zeit immer weiter ausgedehnt und verändert. Sie ist aus diesem Grund für die Wettbewerbsaufsicht in diesem Bereich und damit auch für diese Arbeit von entscheidender Bedeutung.

Die europäische Rechtsentwicklung zur Harmonisierung der Regelung des Netzzugangs kann dabei in groben Zügen wie folgt zusammengefasst werden[34]. Ausgangspunkt war die schon erwähnte ONP-Richtlinie 90/387/EWG. Zur Erleichterung des erwünschten Marktzutritts wurde das eingangs bereits genannte Konzept offener Netze eingeführt[35]. Zur Öffnung der bestehenden Telekommunikationsnetze wurden Unternehmen mit beträchtlicher Marktmacht, im Regelfall also nur die ehemaligen monopolistischen Staatsbetriebe, einer besonderen sektorspezifischen Regulierung unterworfen. Dies bezog sich insbesondere auf die Netzzugangs- und Entgeltregulierung, die zu einem diskriminierungsfreien Zugang zu kostenbasierten und angemessenen Tarifen führen sollten. Innerhalb dieses Rahmens waren zusätzliche nationale Regelungen nach dem Prinzip der Subsidiarität ausdrücklich zugelassen. In dieser Richtlinie wurde ursprünglich nur der Zugang zu Sprachtelefondiensten geregelt, ohne besondere Einzelheiten zu berücksichtigen. Sie beschrieb im Wesentlichen das Konzept offener Netze durch die Harmonisierung der Grundsätze und Bedingungen für den offenen Netzzugang. Dabei wurden bestimmte Dienste festgelegt, die diesem Konzept unterfallen sollen, ohne aber den Mitgliedstaaten konkrete Vorgaben zur Ausgestaltung zu machen[36].

---

33 Nachweise über alle Richtlinien zur Harmonisierung bei *Trute*, in: Trute/Spoerr/Bosch, Einführung II Rn. 12 ff.

34 Siehe auch: *Wegmann*, S. 209 ff.

35 Sog. *Open Network Provision* (ONP), begründet durch die ONP-Richtlinie (Richtlinie 90/387/EWG des Rates v. 28.06.1990 zur Verwirklichung des Binnenmarktes für Telekommunikationsdienste durch Einführung eines offenen Netzzugangs (open network provision – ONP), ABl. L 192 v. 24.07.1990, S. 1-9).

36 Siehe Art. 4 i. V. m. Anhang 1 ONP-Richtlinie 90/387/EWG, ABl. L 192 v. 24.07.1990, S. 1-9.

Mit der Richtlinie 92/44/EWG[37] wurde das Konzept des offenen Netzzugangs auch auf Mietleitungen ausgedehnt. In seiner Entschließung vom 22. Juli 1993[38] stellte der Rat fest, dass ONP-Maßnahmen einen geeigneten Rahmen für die Harmonisierung der Zusammenschaltungsbedingungen darstellen. Diesem trug die Zusammenschaltungsrichtlinie 97/33/EG[39] Rechnung, indem sie die Zusammenschaltung von Telekommunikationsnetzen als besondere Form des Netzzugangs regelte. Danach hatten die Mitgliedstaaten eine angemessene und effiziente Zusammenschaltung der Netze sicherzustellen, damit die gemeinschaftsweite Interoperabilität der Dienste gewährleistet wurde[40]. Dazu konnten sie alle Betreiber öffentlicher Telekommunikationsnetze zu Verhandlungen über die Zusammenschaltung verpflichten[41]. Betreibern mit beträchtlicher Marktmacht ab bereits 25 % Marktanteil auf einem Telekommunikationsmarkt konnte sogar die diskriminierungsfreie Gewähr des Netzzugangs zu ihren Netzen vorgeschrieben werden[42]. Die Anforderungen an den allgemeinen Zugang wurden in der Richtlinie 98/10/EG[43] näher ausgestaltet, die nach der zum 1. Januar 1998 gemeinschaftsweit vollzogenen vollständigen Marktöffnung die Richtlinie 95/62/EG[44] abgelöst hatte. Darin wurde ausgeführt, dass öffentliche Telefon-

---

[37] Richtlinie 92/44/EWG des Rates v. 05.06.1992 zur Einführung des offenen Netzzugangs bei Mietleitungen, ABl. L 165 v. 19.06.1992, S. 27-36.

[38] Entschließung 93/C213/01 des Rates v. 22.07.1993 zur Prüfung der Lage im Bereich Telekommunikation und zu den notwendigen künftigen Entwicklungen in diesem Bereich, ABl. C 213 v. 06.08.1993, S. 1.

[39] Richtlinie 97/33/EG des Europäischen Parlaments und des Rates v. 30.06.1997 über die Zusammenschaltung in der Telekommunikation im Hinblick auf die Sicherstellung eines Universaldienstes und der Interoperabilität durch Anwendung der Grundsätze für einen offenen Netzzugang (ONP), ABl. L 199 v. 26.07.1997, S. 32-52 (Zusammenschaltungsrichtlinie).

[40] Art. 3 Zusammenschaltungsrichtlinie 97/33/EG, ABl. L 199 v. 26.07.1997, S. 32-52.

[41] Art. 4 Abs. 1 Zusammenschaltungsrichtlinie 97/33/EG, ABl. L 199 v. 26.07.1997, S. 32-52.

[42] Art. 4 Abs. 2, 3, Art. 6 Zusammenschaltungsrichtlinie 97/33/EG, ABl. L 199 v. 26.07.1997, S. 32-52. Dies bezog sich wohl in erster Linie auf die Zusammenschaltung als besondere Form des Netzzugangs.

[43] Richtlinie 98/10/EG des Europäischen Parlaments und des Rates v. 26.02.1998 über die Anwendung des offenen Netzzugangs (ONP) beim Sprachtelefondienst und den Universaldienst im Telekommunikationsbereich in einem wettbewerbsorientierten Umfeld, ABl. L 101 v. 01.04.1998, S. 24-47.

[44] Richtlinie 95/62/EG des Europäischen Parlaments und des Rates v. 13.12.1995 zur Einführung des offenen Netzzugangs (ONP) beim Sprachtelefondienst, ABl. L 321 v. 30.12.1995, S. 6-24; aufgehoben durch Art. 33 Richtlinie 98/10/EG, ABl. L 101 v. 01.04.1998, S. 24-47.

netze und -dienste den Anforderungen an die Sicherheit des Netzbetriebes, die Aufrechterhaltung der Netzintegrität, die Interoperabilität von Diensten, den Datenschutz und die effiziente Nutzung des Frequenzspektrums genügen müssen[45]. Daneben hatten die Mitgliedstaaten sicher zu stellen, dass Unternehmen mit beträchtlicher Marktmacht

> „plausible Anträge [...] auf Zugang zum festen öffentlichen Telefonnetz [...] bearbeiten."[46]

Dabei waren der Grundsatz der Nichtdiskriminierung und die normierten Spezifikationen für den Netzzugang zu beachten[47]. Bei einer Verweigerung des Netzzugangs sollte die zugangsbegehrende Partei Rechtsschutz bei der nationalen Regulierungsbehörde suchen können[48].

Ferner wurde auf europäischer Ebene frühzeitig festgelegt, dass im Grundsatz auch im Telekommunikationssektor die allgemeinen Wettbewerbsregeln des europäischen Gemeinschaftsrechts Anwendung finden sollten[49]. Hierauf baute die Kommission dann 1998 auf, als sie sich wegen der besonderen Bedeutung von Zugangsvereinbarungen in der Telekommunikation für die Marktöffnung zu ihrer Zugangsmitteilung veranlasst sah[50]. In dieser Mitteilung stellt die Kommission ihre Grundsätze für die Anwendung der Wettbewerbsregeln speziell bezogen auf den Zugang zu allen Bereichen der Telekommunikation heraus. Sie betont, dass Telekommunikationsbetreiber mit beträchtlicher Marktmacht nach dem Konzept offener Netze bestimmten Verpflichtungen unterliegen, die über

---

45 Art. 13 Abs. 2 Richtlinie 98/10/EG, ABl. L 101 v. 01.04.1998, S. 24-47.

46 Art. 16 Abs. 1 Richtlinie 98/10/EG, ABl. L 101 v. 01.04.1998, S. 24-47.

47 Art. 16 Abs. 7, Art. 20 Richtlinie 98/10/EG, ABl. L 101 v. 01.04.1998, S. 24-47.

48 Art. 16 Abs. 2 Richtlinie 98/10/EG, ABl. L 101 v. 01.04.1998, S. 24-47.

49 Leitlinien 91/C233/02 der Kommission für die Anwendung der EG-Wettbewerbsregeln im Telekommunikationssektor, ABl. C 233 v. 06.09.1991, S. 2-26, Tz. 19 ff.; siehe auch schon EuGH, in: Rs. 41/83, Italienische Republik / Kommission – *British Telecommunications*, Slg. 1985, 873 (886 Rn. 20), wonach *British Telecommunications*, damals eine öffentlich-rechtliche Körperschaft, der im Vereinigten Königreich die staatlichen Monopolrechte im Telekommunikationsbereich übertragen waren, Unternehmen im Sinne der Wettbewerbsregeln des EGV war und diese Regeln auf seine Tätigkeit anzuwenden wären.

50 Mitteilung 98/C265/02 der Kommission über die Anwendung der Wettbewerbsregeln auf Zugangsvereinbarungen im Telekommunikationsbereich – Rahmen, relevante Märkte und Grundsätze (Zugangsmitteilung), ABl. C 265 v. 22.08.1998, S. 2-28; dazu *Riehmer*, in: MMR 1998, 355 (355 ff.).

die üblichen Erfordernisse des wettbewerblichen Missbrauchsverbotes (Art. 86 EGV) hinausgehen[51]. Daher kann speziell in der Verweigerung des Zugangs zu Einrichtungen oder in der Anwendung nachteiliger Bedingungen ein Verstoß gegen dieses Verbot liegen[52]. Ausgehend von dem Grundsatz, dass Unternehmen mit beherrschender Stellung im Telekommunikationsbereich unter besonderen Umständen kontrahierungspflichtig sind, wird in der Mitteilung ausdrücklich festgestellt, dass der Missbrauch einer solchen Stellung auf dem Zugangsmarkt auch in der Verhinderung der Entstehung von neuen Produkten oder Dienstleistungen durch die Verweigerung des Zugangs zu wesentlichen eigenen Leistungen liegen kann[53]. Grundsätzlich bestimmen die Wettbewerbsregeln auch, dass der Partei, die Zugang beantragt, dieser an dem für sie günstigsten Punkt zu gewähren ist, sofern dies technisch machbar ist[54]. Neben der Zugangsverweigerung kann auch die Netzkonfiguration eines Netzbetreibers mit beträchtlicher Marktmacht einen Missbrauch darstellen, sofern diese anderen Diensteanbietern den Zugang objektiv erschwert[55]. Die ausdrückliche Verweigerung des Zugangs ist nur eine Art des möglichen Missbrauchs[56]. Ein derartiges Zugangsbegehren darf bei ausreichender Kapazität und angemessenem Entgelt nur aus den abschließend festgelegten sachlichen Rechtfertigungsgründen verweigert werden[57]. Hierzu gehören nach dem Konzept offener Netze ausschließlich die Sicherheit des Netzbetriebes, die Netzintegrität, die Interoperabilität der Dienste und der Datenschutz[58].

---

51 Zugangsmitteilung 98/C265/02, ABl. C 265 v. 22.08.1998, S. 2-28, Tz. 15, 22; auch EG-Kommission, in: WuW 2004, 218 (220) – Ortsnetz DT AG (WuW/E EU-V 908 ff.).

52 Zugangsmitteilung 98/C265/02, ABl. C 265 v. 22.08.1998, S. 2-28, Tz. 83 ff.

53 Zugangsmitteilung 98/C265/02, ABl. C 265 v. 22.08.1998, S. 2-28, Tz. 89 f.; siehe hierzu auch *Riehmer*, in: MMR 1998, 355 (357).

54 Zugangsmitteilung 98/C265/02, ABl. C 265 v. 22.08.1998, S. 2-28, Tz. 96.

55 Zugangsmitteilung 98/C265/02, ABl. C 265 v. 22.08.1998, S. 2-28, Tz. 102.

56 Zugangsmitteilung 98/C265/02, ABl. C 265 v. 22.08.1998, S. 2-28, Tz. 101.

57 Zugangsmitteilung 98/C265/02, ABl. C 265 v. 22.08.1998, S. 2-28, Tz. 96 f.

58 Vgl. abschließende Aufzählung bereits in Art. 3 Abs. 2 der ONP-Richtlinie 90/387/EWG, ABl. L 192 v. 24.07.1990, S. 1-9. Später noch ergänzt um den Umweltschutz, die Bauplanungs- und Raumordnungsziele sowie die Erfordernisse des Frequenzspektrums und seiner Nutzung durch Art. 2 Nr. 6 Richtlinie 97/51/EG des Europäischen Parlaments und des Rates v. 06.10.1997 zur Änderung der Richtlinien 90/387/EWG und 92/44/EWG des Rates zwecks Anpassung an ein wettbewerbsorientiertes Telekommunikationsumfeld, ABl. L 295 v. 29.10.1997, S. 23-34.

Im Ergebnis hat in dieser Entwicklung der gemeinschaftsrechtlichen Vorgaben die Regelung des Zugangs zum Netz oder einzelnen Netzteilen in mehreren Schritten eine stetig vertiefende Ausdehnung erfahren.

II. Bestandsaufnahme und Überprüfung des alten Rechtsrahmens

Der für die Marktöffnung in der Telekommunikation entwickelte Rechtsrahmen, der durch Erweiterungen, Ergänzungen und Änderungen allein auf 28 Richtlinien angewachsen war, wurde von der Kommission im Jahr 1999 einer umfassenden Überprüfung unterzogen. Es wurden die ökonomischen und technischen Entwicklungen der letzten Jahre und der absehbaren Zukunft berücksichtigt.

1. Ökonomische Entwicklung

Die ökonomische Entwicklung der Telekommunikationsmärkte in den Mitgliedstaaten seit der vollständigen Öffnung für den Wettbewerb zu Beginn des Jahres 1998 kann beispielhaft an der Entwicklung in Deutschland nachgezeichnet werden. In Deutschland haben sich die verschiedenen Marktsegmente im Telekommunikationssektor sehr unterschiedlich entwickelt. Einige konnten einen dynamischen und wettbewerbsintensiven Verlauf nehmen[59].

Alle Marktsegmente befinden sich jedenfalls seit langem in einer von Wachstum geprägten Phase. Die Bedeutung der Telekommunikation als Schlüsseltechnologie für ökonomische Aktivität in einer zunehmend arbeitsteiligen und globalisierten Wirtschaft lässt die Nachfrage nach Dienstleistungen aus diesem Bereich stetig wachsen[60]. Zunehmend wird die Nachfrage vom Mobilfunk, Internetverkehr und Datentransfer geprägt[61]. Durch die Liberalisierung und die fortdauernde Regulierung insbesondere der ehemaligen Monopolistin DT AG kam es zu einer deutlichen Absenkung der Marktzutrittsbarrieren, vor allem im Festnetzbereich. Die Regulierung versuchte die Größen- und Verbundvorteile der DT AG aufgrund ihrer früheren Monopolstellung zugunsten der Wettbewer-

---

[59] Zur Marktentwicklung vgl. Berichte der RegTP (unter www.regtp.de) und Sondergutachten 9, 20, 29, 33, 39 und 40 der Monopolkommission; auch *Immenga/Kirchner/Knieps/Kruse*, S. 8 ff., 111 ff.; *dies.* (Einzelbeitrag *Langenfurth*), S. 159 ff.; *Rudolf*, S. 122 ff.

[60] RegTP, Jahresbericht 2003, S. 16.

[61] RegTP, Jahresbericht 2002, S. 22; dies., Jahresbericht 2003, S. 15, 28, 34. Auch dies., Tätigkeitsbericht 2002/2003, S. 5, 15, 18.

ber auszugleichen, so dass der Zutritt für neue Wettbewerber auf die Telekommunikationsmärkte, wie oben beschrieben, im Grundsatz möglich wurde.

Dementsprechend waren zahlreiche Marktzutritte von neuen Wettbewerbern zu beobachten, die nur zum Teil netzbasiert waren[62]. Viele nutzten die Zugangsrechte des TKG 1996 zur bestehenden Infrastruktur der ehemaligen Monopolistin. So lassen sich die Wettbewerber im Übertragungsbereich unterteilen in Anbieter mit eigener Netzinfrastruktur, die größtenteils auf vorhandenen Kommunikationsnetzen (z. B. Deutsche Bahn AG) oder entlang anderer Netzwerke (z. B. Strom) aufgebaut werden, Diensteanbieter, die für ihre Dienste nur eine sehr begrenzte Infrastruktur (oft nur Vermittlungsstellen) aufbauen, sowie reine Wiederverkäufer[63]. Diese Marktzutritte erfolgten unter einer ständigen Absenkung des Preisniveaus in den betroffenen Teilbereichen. Die Preise für Fern- und Auslandsgespräche aus dem Festnetz für den privaten Endkunden sind um bis zu 95 % gefallen, was insbesondere den günstigen Anbietern einer Betreiberauswahl (*Call-by-call*-Verfahren) zu verdanken ist[64]. Für diese Dienste waren die Zutrittsbarrieren dank des regulierten Zugangs zu Vorleistungen der DT AG und der bestehenden und zügig ausgebauten alternativen Netzwerke besonders niedrig[65]. Durch eine offensive Preispolitik angesichts der hohen Preise der DT AG kombiniert mit intensiver Werbung gelang es den Wettbewerbern insbesondere Privatkunden von dem relativ einfachen und risikolosen Umsteigen auf die Betreiberauswahl zu überzeugen und so für Fern- und Auslandsgespräche beachtliche Marktanteile zu gewinnen[66]. Gleichwohl bleibt auch hier die DT AG trotz sinkenden Marktanteils der bei weitem größte Einzelanbieter[67].

---

62 Übersicht zu Marktteilnehmern bei *Junghanns*, S. 77 ff., m. w. N.
63 Vgl. RegTP, Jahresbericht 2003, S. 18.
64 RegTP, Jahresbericht 2003, S. 30 f.
65 *Junghanns*, S. 76.
66 Die Marktanteile der Wettbewerber nach Verbindungsminuten sind jedoch wegen der niedrigeren Preise wesentlich höher als nach Umsätzen; vgl. Monopolkommission, Sondergutachten 39, Tz. 36 f., allgemein unter Tz. 29.
67 Der Anteil der DT AG an den Wählverbindungsminuten im Festnetz betrug in 2003 noch ca. 58 % bei andauernder Abnahme über die letzten Jahre, RegTP, Jahresbericht 2003, S. 29. Siehe auch Monopolkommission, Sondergutachten 39, Tz. 36 ff., 75 ff., sowie Sondergutachten 33, S. 44 ff., 120 ff.

Ferner partizipiert sie auch über die Zugangsentgelte am Erfolg ihrer Wettbewerber[68].

Der Wettbewerb im Ortsnetzbereich und damit auch die Preise für Ortsgespräche haben sich nicht in gleichem Maße entwickelt[69]. Ein wesentlicher Grund dafür ist, dass in diesem Bereich bis zum April 2003 Privatkunden alternative Anbieter nur in Ballungsräumen und auch nur über Anschlussvoreinstellungen wählen konnten[70]. Ende 2004 verfügten die Wettbewerber der DT AG nur über 7,6 % der Telefonkanäle und immerhin über 20 % der Breitbandanschlüsse[71]. Wegen der Kopplung von Ortsgesprächen an die Teilnehmeranschlussleitung der Endkunden wirkt sich der unzureichende Zugang der Wettbewerber zu diesem Netzteil als besonders gravierender Wettbewerbsengpass aus[72]. Durch die Öffnung in 2003 für Betreiberauswahl und -vorauswahl sind mehrere Wettbewerber in den Markt eingetreten, deren Tarife Ende 2003 zum Teil um über 75 % unterhalb der Tarife der DT AG lagen[73]. Im Ganzen ist das Monopol der DT AG in diesem Bereich aber in hohem Maße unangetastet geblieben[74].

---

68 Der eigene Wertschöpfungsanteil der Wettbewerber der DT AG an den von ihnen getätigten Umsätzen betrug in 2002 im Durchschnitt 48 %, wobei der übrige Anteil für Vorleistungen an die DT AG abgeführt werden musste, RegTP, Tätigkeitsbericht 2002/2003, S. 22; auch Monopolkommission, Sondergutachten 39, Tz. 84.

69 Vgl. zum Wettbewerb im Ortsnetz: RegTP, Tätigkeitsbericht 2002/2003, S. 24, 39 f.; dies., Ortsnetzwettbewerb 2000, S. 21 ff., 35 ff.; Monopolkommission, Sondergutachten 39, Tz. 34 f., 47 f.

70 Öffnung des Ortsbereichs für die Betreiberauswahl und die -vorauswahl erst durch Änderung von § 43 Abs. 6 TKG 1996 mit der sog. „kleinen TKG-Novelle", Erstes Gesetz zur Änderung des Telekommunikationsgesetzes v. 21.10.2002, BGBl. I S. 4186. Die Betreiberauswahl wird seit April 2003 und die Betreibervorauswahl aufgrund technischer Verzögerungen erst seit Juli 2003 im Ortsnetz angeboten, RegTP, Tätigkeitsbericht 2002/2003, S. 39; siehe auch Begründung zum TKG-RegE zu § 38 Abs. 1, in: Bundestags-Drucksache 15/2316, Anlage 1, S. 70. Vgl. *Ellinghaus*, in: MMR 2003, 91 (93 f.).

71 RegTP, Jahresbericht 2004, S. 25 f., 28. In 2003 waren es noch 5,7 % der Telefonkanäle und nur 11 % der breitbandigen Anschlüsse, RegTP, Jahresbericht 2003, S. 20 f.

72 RegTP, Tätigkeitsbericht 2002/2003, S. 40.

73 RegTP, Tätigkeitsbericht 2002/2003, S. 24; Monopolkommission, Sondergutachten 39, Tz. 48.

74 Ende 2001 lagen die Marktanteile der DT AG für TAL bei 98 %, für Ortsgespräche bei 96 %, Monopolkommission, Sondergutachten 33, S. 120 f. Auch Ende 2003 basierten über 90 % aller von Wettbewerbern angebotenen TAL auf Anmietungen von der DT AG, RegTP, Jahresbericht 2003, S. 27. Durch die Öffnung für die Betreiberauswahl zum 25. April 2003 sank der Anteil der DT AG für Ortsgespräche im Jahresverlauf auf ca. 75 %, RegTP, Jahresbericht 2003, S. 30.

Im Ergebnis besteht intensiver Wettbewerb nur in bestimmten Teilbereichen[75], der allerdings immer noch stark von den Zugangsrechten der Wettbewerber zu Vorleistungen der DT AG abhängig ist[76]. In den anderen Bereichen sind noch monopolistische Ineffizienzen anzunehmen, da von einer vollständigen Bestreitbarkeit noch nicht ausgegangen werden kann[77].

2. Technische Entwicklung

Die Entwicklung in der Informationstechnologie in den letzten Jahren ist im besonderen Maße durch zunehmende Konvergenz charakterisiert[78]. Der Begriff der Konvergenz wird benutzt für die Beschreibung des Phänomens, dass ähnliche Dienste einerseits zunehmend über verschiedene Netzwerke befördert werden können und andererseits über zunehmend miteinander verschmelzende Endgeräte gemeinsam mit anderen Diensten in Anspruch genommen werden können[79]. Auf diese Weise werden Endgeräte, Übertragungswege und Dienstangebote von Telekommunikation, Medien sowie Informationstechnologie durch die gemeinsam genutzte digitale Übertragungs- und computergestützte Steuerungstechnik in steigendem Maß austauschbar bzw. verschmelzen.

Dies wirkt sich auch auf den hier relevanten Festnetzbereich der Telekommunikation aus. Die Bedeutung des bestehenden Netzes nimmt in dem Maß ab, wie es durch andere Technologien als Übertragungsweg ersetzt werden kann. Diese Substituierbarkeit kann sich auch nur auf einzelne Netzteile beziehen. Gerade zur Aufbrechung des Monopols in der TAL, die ausschließlich zum Netz der ehemaligen Monopolistin DT AG gehörten und in dieser Weise von keinem Wettbewerber ökonomisch sinnvoll zu duplizieren sind, waren viele Hoffnungen an andere Übertragungswege geknüpft, sei es drahtlos (*Wireless Local Loop*)

---

75 Monopolkommission, Sondergutachten 39, Tz. 224 ff.; Sondergutachten 33, S. 150 ff.

76 Monopolkommission, Sondergutachten 39, Tz. 69 ff.

77 Demgegenüber halten *Immenga/Kirchner/Knieps/Kruse* (Einzelbeitrag *Kruse*), S. 117 ff., den Markt für Ortsgespräche bereits im Jahr 2001 schon lange vor Öffnung für eine Betreiberauswahl (*Call-by-call*) für bestreitbar.

78 Vgl. insbesondere Kommission, Grünbuch v. 03.12.1997 zur Konvergenz der Branchen Telekommunikation, Medien und Informationstechnologie und ihren ordnungspolitischen Auswirkungen – Ein Schritt in Richtung Informationsgesellschaft (KOM/97/623).

79 Definition der Kommission, Grünbuch v. 03.12.1997 zur Konvergenz der Branchen Telekommunikation, Medien und Informationstechnologie und ihren ordnungspolitischen Auswirkungen – Ein Schritt in Richtung Informationsgesellschaft (KOM/97/623), Kapitel I.1.

oder über andere bereits bestehende Netze (z. B. Fernsehkabel). Diese Technologien konnten bisher jedoch nicht zur durchschlagenden Marktreife gelangen[80].

Allerdings üben auch die Diensteangebote einen wachsenden Druck auf die Technologieentwicklung aus. Denn der Kunde fragt diese Dienste über seine Zugangsmöglichkeiten nach – gleichgültig, auf welchem Übertragungsweg sie ihm zur Verfügung gestellt werden. Die innovative Entwicklung von Dienstleistungen stößt jedoch zunehmend an Grenzen der vorgegebenen Infrastruktur. Das einzige flächendeckende Netz, das der DT AG, ist technisch allein auf deren Bedürfnisse ausgerichtet. Hinzu kommt, dass dieses Netz das Ergebnis eines steten Auf- und Ausbaus von den Anfängen der Telegrafentechnik bis zur modernen Glasfaserübertragung ist[81]. Seine Struktur ist noch durch diese historische Entwicklung geprägt, während die moderne Technik teilweise viel effizientere Strukturen ermöglichen könnte. Gerade kleinere Unternehmen können im Markt der Telekommunikationsdienste Erfolg über ihre Innovationskraft haben. Zu deren Umsetzung sind jedoch oftmals neue Spezifikationen notwendig, die von der allein auf Bedürfnisse des Betreibers des bestehenden Festnetzes ausgerichteten Technik der standardisierten physischen und logischen Verbindungen abweichen[82]. Hier besteht gerade für mittelständische Unternehmen die Gefahr, dass für Innovationen der Abschluss eines Standardisierungsprozesses zu spät kommt, um sie zeitgerecht am Markt platzieren zu können.

3. Der Kommunikationsbericht 1999

Die Ergebnisse ihrer Überprüfung des bestehenden Rechtsrahmens fasste die Europäische Kommission in ihrem Kommunikationsbericht 1999[83] zusammen. In diesem Bericht betont sie die Bedeutung der Liberalisierung der Telekommu-

---

80 Monopolkommission, Sondergutachten 39, Tz. 77. Vgl. zu alternativen Technologien ebenfalls: RegTP, Jahresbericht 2003, S. 10 f.; dies., Jahresbericht 2002, S. 19 ff.; dies., Ortsnetzwettbewerb 2000, S. 6 ff.; Monopolkommission, Sondergutachten 33, S. 67 ff., 122 f.; *Rudolf*, S. 18 f., 124 f.

81 Zur traditionellen Netzarchitektur vgl. *v. Wichert-Nick*, S. 27 ff.; auch Übersicht bei Monopolkommission, Sondergutachten 33, S. 58.

82 Vgl. hierzu z. B. VATM, Stellungnahme v. 28.11.2002 zur Mitteilung 400/2002 der RegTP „Netzzugang und Zusammenschaltung in IP-basierten Netzen".

83 Sog. Review 1999 (Kommunikationsbericht 1999): Mitteilung der Kommission v. 10.11.1999 zur Entwicklung neuer Rahmenbedingungen für elektronische Kommunikationsinfrastrukturen und zugehörige Dienste (KOM/99/539). Siehe hierzu *Immenga/ Kirchner/Knieps/Kruse* (Einzelbeitrag *Kirchner*), S. 137 ff.

nikation für die globale Wettbewerbsfähigkeit der EU und die daraus folgende Notwendigkeit zur Anpassung an veränderte Marktverhältnisse. Wegen der erkannten technologischen Entwicklung der wachsenden Konvergenz[84] schlug die Kommission vor, den Abbau sämtlicher Hindernisse jedweder Art für den Zugang zu Informationstechnologien durch neue flexible, aber technologieneutrale Regulierungsinstrumente voranzutreiben. Entsprechend befürwortete die Kommission ein einheitliches Regulierungskonzept für Kommunikationsinfrastrukturen und zugehörige Dienste. Dabei sollte aber die Regulierung der technischen Übertragung von der Regulierung der Inhalte getrennt bleiben[85]. Dieser neue Rechtsrahmen soll den Wettbewerb in allen Marktsegmenten, insbesondere im Ortsbereich, fördern.

III. Der neue Rechtsrahmen für elektronische Kommunikationsnetze und -dienste

1. Überblick

Aufgrund des erkannten Anpassungsbedarfes wurde im Jahr 2002 auf europäischer Ebene ein neuer Rechtsrahmen für elektronische Kommunikationsnetze und -dienste festgelegt[86]. Dieser umfasst derzeit lediglich acht Rechtsakte[87]: die neue Liberalisierungsrichtlinie[88], die Frequenzentscheidung[89] und die Verordnung zur Teilnehmeranschlussleitung (TAL)[90] sowie ein Paket von fünf Richt-

---

84 Vgl. Kommission, Grünbuch v. 03.12.1997 zur Konvergenz der Branchen Telekommunikation, Medien und Informationstechnologie und ihren ordnungspolitischen Auswirkungen – Ein Schritt in Richtung Informationsgesellschaft (KOM/97/623). Siehe dazu *Kloepfer*, Informationsrecht, § 11 Rn. 47.

85 *Koenig/Kühling*, in: MMR 2001, 80 (81).

86 Zum Überblick siehe stellvertretend *Schütz/Attendorn/König*, Rn. 3 ff.

87 *Scherer*, in: K&R 2002, 273 (274), ist zuzustimmen, dass der Rechtsrahmen durch die zahlreichen Verweisungen und Ermächtigungen zu weiteren Akten im Ergebnis kaum übersichtlicher werden wird.

88 Richtlinie 2002/77/EG der Kommission v. 16.09.2002 über den Wettbewerb auf den Märkten für elektronische Kommunikationsnetze und -dienste, ABl. L 249 v. 17.09.2002, S. 21-26 (abgedruckt bei *Schütz/Attendorn/König*, Anhang 6, S. 307 ff.).

89 Entscheidung 676/2002/EG des Europäischen Parlaments und des Rates v. 07.03.2002 über einen Rechtsrahmen für die Frequenzpolitik in der Europäischen Gemeinschaft, ABl. L 108 v. 24.04.2002, S. 1-6.

90 Verordnung (EG) Nr. 2887/2000 des Europäischen Parlaments und des Rates v. 18.12.2000 über den entbündelten Zugang zum Teilnehmeranschluss, ABl. L 336 v. 30.12.2000, S. 4-8 (abgedruckt bei *Schütz/Attendorn/König*, Anhang 7, S. 314 ff.).

linien zur Harmonisierung[91]. Soweit er der Umsetzung in nationales Recht bedurfte, hatten die Mitgliedstaaten diese in der Regel bis zum 24. Juli 2003 durchzuführen[92]. Die Richtlinien des alten Rechtsrahmens zur Harmonisierung der Zugangsregulierung sind durch die Rahmenrichtlinie aufgehoben worden[93].

Ziel des neuen Rechtsrahmens ist es, den fortschreitenden Übergang von der Liberalisierung der Kommunikationsmärkte, die unter dem bisherigen Rechtsrahmen mit einer starken sektorspezifischen Regulierung einherging, zu einer Phase der Deregulierung einzuleiten[94]. Dazu wird die künftige Regulierung entsprechend der technischen Konvergenzentwicklung technologieneutral für alle Kommunikationsinfrastrukturen und zugehörigen Dienste ausgestaltet, auf das erforderliche Mindestmaß beschränkt und auf möglichst problemnaher Ebene angesiedelt[95]. Sie bleibt jedoch allein auf die Regulierung der Übertragung beschränkt, die von der Regulierung der Inhalte getrennt bleibt[96]. Zur Erreichung einer größeren Flexibilisierung der sektorspezifischen Regulierung soll

---

[91] Richtlinien des Europäischen Parlaments und des Rates zur Harmonisierung (abgedruckt bei *Schütz/Attendorn/König*, Anhänge 1-5, S. 200 ff.):
- Rahmenrichtlinie (Richtlinie 2002/21/EG v. 07.03.2002 über einen gemeinsamen Rechtsrahmen für elektronische Kommunikationsnetze und -dienste, ABl. L 108 v. 24.04.2002, S. 33-50);
- Genehmigungsrichtlinie (Richtlinie 2002/20/EG v. 07.03.2002 über die Genehmigung elektronischer Kommunikationsnetze und -dienste, ABl. L 108 v. 24.04.2002, S. 21-32);
- Zugangsrichtlinie (Richtlinie 2002/19/EG v. 07.03.2002 über den Zugang zu elektronischen Kommunikationsnetzen und zugehörigen Einrichtungen sowie deren Zusammenschaltung, ABl. L 108 v. 24.04.2002, S. 7-20);
- Universaldienstrichtlinie (Richtlinie 2002/22/EG v. 07.03.2002 über den Universaldienst und Nutzerrechte bei elektronischen Kommunikationsnetzen und -diensten, ABl. L 108 v. 24.04.2002, S. 51-77);
- Datenschutzrichtlinie (Richtlinie 2002/58/EG v. 12.07.2002 über die Verarbeitung personenbezogener Daten und den Schutz der Privatsphäre in der elektronischen Kommunikation, ABl. L 201 v. 31.07.2002, S. 37-47).

[92] Die erst später verabschiedete Datenschutzrichtlinie 2002/58/EG hat eine abweichende Umsetzungsfrist bis zum 31.10.2003. Wegen der verspäteten Umsetzung hat die Kommission unter anderem gegen Deutschland ein Vertragsverletzungsverfahren nach Art. 226 EGV eingeleitet; vgl. *Ladeur*, in: K&R 2004, 153 (153).

[93] Art. 26 Rahmenrichtlinie 2002/21/EG, der u. a. die ONP-Richtlinie 90/387/EWG, die Richtlinie 92/44/EWG, die Zusammenschaltungsrichtlinie 97/33/EG sowie die Richtlinie 98/10/EG aufhebt.

[94] *Scherer*, in: K&R 2002, 273 (274 f.), m. w. N.

[95] Vgl. hierzu schon Grundsätze des Kommunikationsberichts 1999 (KOM/99/539), S. 12 ff.; siehe später Art. 1 Nr. 1, 3 Liberalisierungsrichtlinie 2002/77/EG.

[96] Vgl. Erwägungsgrund 5 Rahmenrichtlinie 2002/21/EG.

den Regulierungsbehörden ein breiter Gestaltungsspielraum eingeräumt werden. Diesem steht jedoch eine Ausweitung der Kontroll- und Harmonisierungskompetenzen der Kommission gegenüber (vgl. Art. 7 Rahmenrichtlinie)[97].

2. Die Gewährung von Zugang zum Netz

Für den Netzzugang regeln nunmehr die Rahmen- und die Zugangsrichtlinie die wesentlichen Vorgaben zur Harmonisierung. In der Rahmenrichtlinie sind die allgemeinen Grundsätze des europäischen Telekommunikationsrechts festgelegt, die durch die weiteren sogenannten Einzelrichtlinien für die einzelnen Bereiche näher konkretisiert werden. So werden in der Rahmenrichtlinie die politischen Ziele für die Regulierung definiert. Sie trifft hinsichtlich der Zugangsregulierung insbesondere allgemeine Aussagen zum Verfahren und zur Stellung der Regulierungsbehörde, zum Marktdefinitions- und -analyseverfahren sowie zur Normung.

Im Verfahren zur Marktdefinition und Marktanalyse gibt die Richtlinie die Grundsätze vor, nach denen zu bestimmen ist, wann ein Unternehmen über beträchtliche Marktmacht verfügt und damit Adressat der weitreichenden sektorspezifischen Regulierung ist (Art. 14 Rahmenrichtlinie). Bei der Ermittlung einer beträchtlichen Marktmacht ist dabei der Schwellenwert für eine marktbeherrschende Stellung anzuwenden[98]. Die neue Definition in Art. 14 Abs. 2 Rahmenrichtlinie ist der ständigen einschlägigen Rechtsprechung des Gerichtshofes und des Gerichts erster Instanz der Europäischen Gemeinschaften (EuGH und EuG) entlehnt[99]. Danach kann eine ausreichende Marktmacht erst bei Werten

---

[97] Siehe auch *Klotz*, in: MMR 2003, 495 (499).

[98] Siehe schon Vorschlag KOM/2000/384 der Kommission für eine Richtlinie des Europäischen Parlaments und des Rates über den Zugang zu elektronischen Kommunikationsnetzen und zugehörigen Einrichtungen sowie deren Zusammenschaltung (Entwurf Zugangsrichtlinie), ABl. C 365 E/16 v. 19.12.2000, S. 215-222. Zum sog. SMP-Konzept (*significant market power*) siehe *Huppertz*, S. 183 ff.

[99] Siehe Leitlinien 2002/C165/03 der Kommission zur Marktanalyse und Ermittlung beträchtlicher Marktmacht nach dem gemeinsamen Rechtsrahmen für elektronische Kommunikationsnetze und -dienste, ABl. C 165 v. 11.07.2002, S. 6-31, Tz. 70 ff. Grundlegend zur marktbeherrschenden Stellung: EuGH, in: Rs. 27/76, United Brands / Kommission, Slg. 1978, 207 (280 ff.).

über 40 % Marktanteil angenommen werden[100]. Entsprechend dem Ziel der Rückführung der Regulierung auf das allgemeine Wettbewerbsrecht müssen damit neuerdings höhere Grenzwerte erreicht werden, um als Adressat der Regulierung für Unternehmen mit beträchtlicher Marktmacht in Anspruch genommen werden zu können. Daneben wird auch festgelegt, wie zu ermitteln ist, ob auf einem bestimmten Markt noch Regulierungsbedarf besteht. Hierzu wurde ein zweistufiges Verfahren zur Marktdefinition[101] und zur anschließenden Marktanalyse entwickelt (Art. 15 f. Rahmenrichtlinie).

Die nähere Ausgestaltung des Zugangs obliegt der Zugangsrichtlinie. Darin wird der Begriff des „Zugangs" neu gefasst als

> „Bereitstellung von Einrichtungen und / oder Diensten für ein anderes Unternehmen unter bestimmten Bedingungen zur Erbringung elektronischer Kommunikationsdienste" (Art. 2 lit. a) S. 1 Zugangsrichtlinie).

Damit werden einerseits mehr Sachverhalte als nach der bisherigen Definition erfasst, indem jegliche Bereitstellung von Einrichtungen und Diensten über die physische und logische Verbindung hinaus genügt. Andererseits gelten die Bestimmungen ausdrücklich nur für den Zugang von Unternehmen und nur zum Zweck der Erbringung von eigenen Diensten, was private Endnutzer ausschließt[102]. Diese Nutzergruppe kann ihren Versorgungsanspruch künftig aus Art. 3 ff. Universaldienstrichtlinie ableiten[103]. Der Zugangsanspruch richtet sich

---

100 Leitlinien 2002/C165/03 der Kommission zur Marktanalyse und Ermittlung beträchtlicher Marktmacht nach dem gemeinsamen Rechtsrahmen für elektronische Kommunikationsnetze und -dienste, ABl. C 165 v. 11.07.2002, S. 6-31, Tz. 75. Durch diese Rückführung auf das allgemeine Wettbewerbsrecht scheint der Konflikt mit der deutschen Umsetzung im TKG 1996, die sich bereits am allgemeinen nationalen Wettbewerbsrecht orientierte, entschärft; vgl. hierzu Monopolkommission, Sondergutachten 33, S. 116 f.

101 Im Anhang der Empfehlung 2003/311/EG der Kommission v. 11.02.2003 über relevante Produkt- und Dienstemärkte des elektronischen Kommunikationssektors (bekannt gegeben unter Aktenzeichen K(2003)497), ABl. L 114 v. 08.05.2003, S. 45-49, wurden 18 Marktsegmente definiert, die für eine Vorabregulierung in Betracht kommen. Allgemein zur Marktabgrenzung und -beherrschung im Telekommunikationssektor vgl. *Klaue/Schwintowski*, S. 24 ff.; *Junghanns*, S. 87 ff.; Leitlinien 2002/C165/03 der Kommission zur Marktanalyse und Ermittlung beträchtlicher Marktmacht nach dem gemeinsamen Rechtsrahmen für elektronische Kommunikationsnetze und -dienste, ABl. C 165 v. 11.07.2002, S. 6-31.

102 *Husch/Kemmler/Ohlenburg*, in: MMR 2003, 139 (145); siehe auch Art. 1 Abs. 2 S. 3 Zugangsrichtlinie 2002/19/EG.

103 *Schütz/Attendorn/König*, Rn. 163; *Scherer*, in: K&R 2002, 329 (337).

gegen „Betreiber" (Art. 2 lit. c) Zugangsrichtlinie), die als Unternehmen öffentliche Kommunikationsnetze oder Netzteile unabhängig von ihrem Eigentum daran (vgl. Erwägungsgrund 3 Zugangsrichtlinie) bereitstellen.

Wie schon nach dem bisher geltenden Rechtsrahmen[104] wird im Rahmen *ausgewogener* Verpflichtungen ein *angemessener* Zugang zu Netzen für öffentlich zugängliche Kommunikationsdienste durch die Mitgliedstaaten gewährleistet (Erwägungsgrund 6, Art. 5 Abs. 1 Zugangsrichtlinie). Zu diesem Zweck sollen die nationalen Regulierungsbehörden ermächtigt werden, Betreibern derartiger Netze, die über eine beträchtliche Marktmacht verfügen, wegen der unterschiedlich starken Verhandlungspositionen der einzelnen Marktteilnehmer bestimmte Verpflichtungen im erforderlichen Umfang aufzuerlegen (Art. 8 Zugangsrichtlinie). Wegen des vorgeschalteten Verfahrens zur Ermittlung von Wettbewerbsdefiziten ist den nationalen Regulierungsbehörden bei der Entscheidung über eine Verpflichtung regelmäßig kein Entschließungsermessen, sondern nur ein Auswahlermessen hinsichtlich der konkreten Maßnahme nach den Art. 9 bis 13 Zugangsrichtlinie einzuräumen (Art. 8 Abs. 2 Zugangsrichtlinie)[105]. Mit dem Maßnahmenkatalog nach den Art. 9 bis 13 Zugangsrichtlinie soll den Regulierungsbehörden ein abgestuftes Instrumentarium zur Verfügung gestellt werden, aus dem sie die jeweils erforderliche Verpflichtung auswählen können. In Erwägungsgrund 6, Art. 8 Abs. 1 Zugangsrichtlinie wird ergänzend ein Bezug zum Verhältnismäßigkeitsprinzip bei der Zugangsregulierung hergestellt[106]. Der Maßnahmenkatalog gibt gemäß Erwägungsgrund 14 Zugangsrichtlinie eine Obergrenze für die Regulierung vor[107]. Es wird kein Mindeststandard für eine nationale Regulierung formuliert, auch wenn eine Mindestharmonisierung von der Zugangsrichtlinie intendiert sein mag[108]. Hieraus lässt sich ein Grundsatz der schonenden Regulierung ableiten, wonach

> „auf Märkten, in denen kein wirksamer Wettbewerb im Sinne der Rahmenrichtlinie besteht, [...] die Instrumente des nationalen und internationalen Wettbewerbsrechts einzusetzen [sind], wenn diese zur Problemlösung ausreichen. Ist dies nicht

---

104 Siehe Art. 3 Abs. 2, Art. 4 Zusammenschaltungsrichtlinie 97/33/EG, ABl. L 199 v. 26.07.1997, S. 32-52.

105 *Scherer*, in: K&R 2002, 329 (339); *Husch/Kemmler/Ohlenburg*, in: MMR 2003, 139 (146 Fn. 69); WAR, S. 5.

106 *Kirchner*, in: Bundestags-Ausschussdrucksache 15(9)949, Anhang II, 247 (249 f.).

107 *Husch/Kemmler/Ohlenburg*, in: MMR 2003, 139 (146).

108 WAR, S. 2.

der Fall, sind aus den Instrumenten der Art. 9 bis 13 Zugangsrichtlinie diejenigen Instrumente einzusetzen, die erforderlich sind, das Problem zu lösen. Für die Auswahl des erforderlichen Instruments kommt das Verhältnismäßigkeitsprinzip zur Anwendung."[109]

Die Regulierungsbehörden sollen sich in ihrem Auswahlermessen demnach immer für eine möglichst schonende Art der Regulierungsmaßnahme entscheiden.

Eine solche zulässige Maßnahme gegenüber einem Betreiber mit beträchtlicher Marktmacht zur Marktregulierung bleibt weiterhin die Verpflichtung zur Gewährung von Zugang zu bestimmten Netzeinrichtungen (Art. 12 Zugangsrichtlinie). In Art. 12 Abs. 1 S. 2 Zugangsrichtlinie werden hierzu verschiedene Verpflichtungsmöglichkeiten genannt, zu deren Auferlegung gegenüber Betreibern mit beträchtlicher Marktmacht die Mitgliedstaaten ihre nationalen Regulierungsbehörden befähigen müssen. Dieser Beispielskatalog von Verpflichtungsmöglichkeiten ist ausdrücklich nicht abschließend formuliert.

Allerdings gibt die Zugangsrichtlinie auch Grenzen der Verpflichtung vor. Denn nach Art. 5 Abs. 2 Zugangsrichtlinie können die Regulierungsbehörden die Zugangsverpflichtung nur mit technischen Bedingungen verbinden, die den technischen Normierungen der Vorgaben des Art. 17 Rahmenrichtlinie entsprechen. Dadurch wird ein Mindestmaß an Einheitlichkeit zur Gewährleistung der Interoperabilität festgelegt. Beim Gebrauch dieser Befugnis kann der Regulierungsbehörde ein Ermessensspielraum eingeräumt werden. Bei ihren Entscheidungen zu Verpflichtungen und damit verbundenen Bedingungen muss sie die Maßstäbe der Objektivität, der Transparenz, der Verhältnismäßigkeit und des Diskriminierungsverbotes beachten (Art. 5 Abs. 3 Zugangsrichtlinie). Innerhalb der technischen Festlegungen können die Bedingungen für Verpflichtungen jedoch unter Beachtung des eingeräumten Ermessens frei festgelegt werden.

In Ausnahmefällen können auch Betreibern, die nicht nach Art. 8 Abs. 2 Zugangsrichtlinie als Betreiber mit beträchtlicher Marktmacht eingestuft werden, bestimmte Verpflichtungen im Bereich des Netzzugangs auferlegt werden (vgl.

---

[109] *Kirchner*, in: Bundestags-Ausschussdrucksache 15(9)949, Anhang II, 247 (250).

Art. 8 Abs. 3 Zugangsrichtlinie)[110]. Hierzu gehören unter anderem die Verpflichtungen in Bezug auf die Zusammenschaltung nach Art. 5 Abs. 1 lit. a) Zugangsrichtlinie, um den End-zu-End-Verbund von Diensten zu gewährleisten, sowie in Bezug auf Zugangsberechtigungssysteme nach Art. 6 Zugangsrichtlinie und auf die Kollokation gemäß Art. 12 Rahmenrichtlinie.

Im Ergebnis gilt nach dem neuen Rechtsrahmen für elektronische Kommunikationsnetze und -dienste, dass die Zugangsregulierung weiterhin als regulierte Selbstregulierung[111] ausgestaltet bleibt. Somit bleibt der Staat in der Gewährleistungsverantwortung[112]. Allerdings ist nicht mehr die staatliche Regulierung mit deren selbstregulativer Ergänzung, sondern die gesellschaftliche Selbstregulierung unter bestimmten Vorgaben das tragende Prinzip dieser Gewährleistung[113].

C. Nationale Umsetzung durch das Telekommunikationsgesetz

I. Die Marktöffnung in Deutschland

In Deutschland begann die Reformierung des staatlichen, von der Verfassung geschützten Monopols der Telekommunikation 1989[114]. Als die allgemeine Vorstellung eines natürlichen Monopols der Netzökonomien im Laufe der Zeit für die Telekommunikation aufgrund des technischen Fortschritts aufgegeben wurde, stellte sich mangels ökonomischer Rechtfertigung auch politisch vor allem über die gemeinschaftsrechtlichen Vorgaben ein Liberalisierungsdruck ein[115].

---

110 Leitlinien 2002/C165/03 der Kommission zur Marktanalyse und Ermittlung beträchtlicher Marktmacht nach dem gemeinsamen Rechtsrahmen für elektronische Kommunikationsnetze und -dienste, ABl. C 165 v. 11.07.2002, S. 6-31, Tz. 124.

111 Zu diesem Begriff vgl. *Voßkuhle*, in: DV 34 (2001) Beiheft 4, 197 (197 ff.).

112 *Franzius*, in: EuR 2002, 660 (678); zur Gewährleistungsverantwortung ausführlich bei *Kloepfer*, Informationsrecht, § 11 Rn. 9 ff.; *Freund*, in: NVwZ 2003, 408 (408 ff.), m. w. N.

113 *Kloepfer*, in: Schulte, S. 123.

114 Zum Überblick siehe *Holznagel/Nienhaus*, S. 3 ff. Zur Kritik der Verspätung vgl. *Mestmäcker*, FS Steindorff, S. 1060 ff.

115 Vgl. bereits Monopolkommission, Sondergutachten 9. Ausführlich: *Spoerr*, in: Trute/Spoerr/Bosch, Einführung I Rn. 5 ff.; *Pfeiffer/Wieland*, S. 31 ff., m. w. N.; zu den Impulsen des Gemeinschaftsrechts für die Entwicklung in Deutschland vgl. *Gersdorf*, in: v. Mangoldt/Klein/Starck, Art. 87f Rn. 3 ff., 17.

Einzelne Teilmärkte wie der für Endgeräte sowie für alle Dienstleistungen wie Mobilfunk, Satellitentelefon und Kabelfernsehen wurden mit der sogenannten Postreform I[116] für den Wettbewerb geöffnet. Allerdings verblieben die wirtschaftlich wirklich bedeutenden Bereiche der Sprachtelefonie und des Festnetzbetriebes im Monopol bei der Deutschen Bundespost[117]. Ferner wurden in einer Restrukturierung die wirtschaftlichen und die hoheitlichen Aufgaben des Ministeriums voneinander getrennt. Dazu wurde die Deutsche Bundespost formal aus der Verwaltung ausgegliedert und ihr wurden nunmehr als öffentlichem Unternehmen die verbliebenen Monopolrechte übertragen[118]. Intern wurde die Deutsche Bundespost in die Bereiche POSTBANK, POSTDIENST und TELEKOM zerlegt, wobei die einzelnen Bereiche als *profit center* mit enger wirtschaftlicher Unabhängigkeit geführt wurden[119]. Diese Struktur wurde im Rahmen der Wiedervereinigung ab 1990 unmittelbar auf das Beitrittsgebiet übertragen[120]. Als Ausnahmeregelung verblieb das Monopol für Endgeräte im Beitrittsgebiet bis 1992 bei der Deutschen Bundespost[121]. Das Sondervermögen Deutsche Post der ehemaligen Deutschen Demokratischen Republik[122] wurde auf die Deutsche Bundespost verschmolzen, so dass diese auch Eigentum am größten Telefonnetz im Beitrittsgebiet erlangte[123].

---

[116] PostStruktG v. 08.06.1989, BGBl. I S. 1026; *Pfeiffer/Wieland*, S. 12 ff.; *Kloepfer*, Informationsrecht, § 11 Rn. 4; BVerfGE 108, 169 (171).

[117] Diese Bereiche umfassten über 90 % des Gesamtumsatzes im Telekommunikationsbereich, *Pfeiffer/Wieland*, S. 18.

[118] Ausführlich *Gramlich*, in: VerwArch 88 (1997), 598 (615 ff.).

[119] *Scherer/Ellinghaus*, in: Scherer, Telecommunication Laws, S. 134 f.; vgl. § 1 Abs. 2 PostVerfG, verkündet als Art. 1 PostStruktG v. 08.06.1989, BGBl. I S. 1026.

[120] Zu Einzelheiten vgl. *Schnöring/Szafran*, S. 12 ff.; auch *Depenheuer*, in: Isensee/Kirchhof, Bd. IX, § 204 Rn. 12, 101.

[121] Monopolkommission, Sondergutachten 20, S. 16 f.

[122] Zum technischen Stand des Telefonnetzes im Beitrittsgebiet vgl. auch Materialien zur Deutschen Einheit und zum Aufbau in den neuen Bundesländern, in: Bundestags-Drucksache 12/6854, S. 158 ff. In der ehemaligen Deutschen Demokratischen Republik hatten darüber hinaus spezielle Nutzergruppen (z. B. Nationale Volksarmee, Staatssicherheitsdienst, Reichsbahn, einzelne Industriekombinate) eigene Kommunikationsnetze errichtet und betrieben, so dass es noch 23 solcher individueller und teilweise separater Netze gab, *Schnöring/Szafran*, S. 18 ff.

[123] Vgl. Art. 27 Abs. 1 S. 2 des Vertrages zur Herstellung der Einheit Deutschlands, BGBl. II 1990 S. 889.

Die Privatisierung kam mit der Postreform II von 1994[124]. Den entscheidenden Anstoß gab wieder das Europäische Gemeinschaftsrecht, als die EU 1993 beschloss, die Telekommunikationsmärkte in den Mitgliedstaaten ab dem 1. Januar 1998 dem Wettbewerb vollständig zu öffnen[125]. Die Voraussetzungen zur Privatisierung und Marktöffnung wurden durch eine Grundgesetzänderung[126] geschaffen[127], indem die Telekommunikation verfassungsrechtlich aus dem Bereich der Leistungsversorgung im Rahmen staatlicher Daseinsvorsorge als Staatsaufgabe auf die Ebene der öffentlichen Aufgabe der staatlichen Sicherstellung der Leistungserbringung gestuft wurde[128].

Entsprechend dem Privatisierungsgebot der Art. 87f Abs. 2 S. 1, Art. 143b Abs. 1 S. 1 GG[129] wurde der Bereich der Deutsche Bundespost TELEKOM zum 1. Januar 1995 in die privatrechtliche Rechtsform einer Aktiengesellschaft (AG) als DT AG umgewandelt[130]. Um für die bevorstehende Marktöffnung einen

---

[124] Gesetz zur Neuordnung des Postwesens und der Telekommunikation (PTNeuOG) v. 14.09.1994, BGBl. I S. 2325. Zur Postreform siehe statt vieler *Lerche*, in: Maunz/Dürig, Art. 87f Rn. 23 ff.; *Scholz/Aulehner*, in: ArchPT 1993, 221 (221 ff.); *Gersdorf*, in: v. Mangoldt/Klein/Starck, Art. 87f Rn. 17; *Gramlich*, in: NJW 1994, 2785 (2785).

[125] Entschließung 93/C213/01 des Rates v. 22.07.1993 zur Prüfung der Lage im Bereich der Telekommunikation und zu den notwendigen künftigen Entwicklungen in diesem Bereich, ABl. C 213 v. 06.08.1993, S. 1-3. Später folgte noch die Entschließung 94/C379/03 des Rates v. 22.12.1994 über die Grundsätze und den Zeitplan für die Liberalisierung der Telekommunikationsinfrastrukturen, ABl. C 379 v. 31.12.1994, S. 4-5.

[126] Änderung von Art. 73 Nr. 7, Art. 80 Abs. 2 sowie Art. 87 Abs. 1 S. 1 GG und Einfügung von Art. 87f, 143b GG, vgl. Gesetz zur Änderung des Grundgesetzes v. 30.08.1994, BGBl. I S. 2245.

[127] Nach damals überwiegender Auffassung enthielt Art. 87 Abs. 1 S. 1 GG a. F. zugleich auch ein Verbot der Organisationsprivatisierung; vgl. *Roßnagel/Wedde*, in: DVBl. 1988, 562 (564), m. w. N.; *Hustädt/Bach*, in: DuR 1989, 294 (298 f.); *R. Schmidt*, FS Lerche, S. 966 ff., m. w. N.; *Scholz/Aulehner*, in: ArchPT 1993, 103 (145 ff.); *Gersdorf*, in: v. Mangoldt/Klein/Starck, Art. 87f Rn. 14, m. w. N.; *Lerche*, in: Maunz/Dürig, Art. 87f Rn. 18; zum organisationsrechtlichen Gehalt des Art. 87 Abs. 1 GG a. F. siehe BVerfGE 63, 1 (1 ff.).

[128] *Benz*, S. 140; *Kloepfer*, Informationsrecht, § 11 Rn. 9 ff.; *Freund*, in: NVwZ 2003, 408 (409).
Zu den verfassungsrechtlichen Vorgaben im Einzelnen vgl. unten unter II.1.
Zu den Begriffen der öffentlichen Aufgabe und der Saatsaufgabe vgl. *Isensee*, in: Isensee/Kirchhof, Bd. III, § 57 Rn. 136 f., wonach die Staatsaufgabe ein Unterfall der öffentlichen Aufgabe ist.

[129] Statt vieler *Lerche*, in: Maunz/Dürig, Art. 87f Rn. 54; *Gersdorf*, in: v. Mangoldt/Klein/Starck, Art. 87f Rn. 73, Art. 143b Rn. 3.

[130] Vgl. § 1 Postumwandlungsgesetz (PostUmwG), verkündet als Art. 3 PTNeuOG v. 14.09.1994, BGBl. I S. 2340.

Rechtsrahmen zur Liberalisierung, Regulierung und Deregulierung zu bieten, wurde das TKG 1996 verabschiedet[131]. Dieses Gesetz hat seit seinem Inkrafttreten im Jahr 1996 bis zur Novellierung in 2004 als im Wesentlichen nahezu unverändertes nationales Regelwerk für die Öffnung der ehemals als staatliches Monopol versorgten Märkte der Telekommunikation gedient. Der Gesetzgeber hatte sich frühzeitig für die Regulierungsalternative des Infrastrukturwettbewerbs entschieden[132]. Aus der Umsetzung des EU-Richtlinienpakets[133] des einheitlichen europäischen Rechtsrahmens für elektronische Kommunikationsnetze und -dienste ergaben sich für den deutschen Gesetzgeber jedoch zahlreiche erforderliche Anpassungen[134]. Auf dieser Grundlage hat er sich für eine grundlegende Novellierung des TKG entschieden und das deutsche Telekommunikationsrecht durch das Inkrafttreten der TKG-Novelle Ende Juni 2004 (TKG)[135] reformiert.

II. Die Regelungs- und Regulierungssystematik im Überblick

1. Verfassungsrechtliche Vorgaben

Verfassungsrechtlich ist die Telekommunikation nunmehr in Art. 87f GG verankert. Durch die Grundgesetzänderung von 1994 ist die öffentliche Aufgabe der umfassenden Versorgung im Rahmen der Leistungsverwaltung als staatliche Daseinsvorsorge nach dem neu eingefügten Art. 87f Abs. 1 GG zu einem öffentlichen Auftrag zur Infrastruktursicherung durch eine Gewährleistungs- und

---

[131] Allgemein zum TKG 1996 siehe *Scherer*, in: NJW 1996, 2953 (2953 ff.); *Schwintowski*, Ordnung, S. 25 ff.; *Kloepfer*, Informationsrecht, § 11 Rn. 63 ff., m. w. N.; zur Entstehungsgeschichte siehe *Schuster*, in: Beck'scher TKG-Kommentar, § 1 Rn. 19 f.

[132] *Junghanns*, S. 140. Zu den Alternativen siehe oben in Kapitel 2 Fn. 105.

[133] Das Paket umfasst die fünf Richtlinien des Europäischen Parlaments und des Rates zur Harmonisierung: Rahmenrichtlinie 2002/21/EG, Genehmigungsrichtlinie 2002/20/EG, Zugangsrichtlinie 2002/19/EG, Universaldienstrichtlinie 2002/22/EG und Datenschutzrichtlinie 2002/58/EG (siehe oben in Kapitel 1 Fn. 6).

[134] Vgl. *Schütz/Attendorn/König*, Rn. 311 ff., m. w. N.; *Koenig/Loetz/Neumann*, in: K&R 2003 Beilage 2; *Husch/Kemmler/Ohlenburg*, in: MMR 2003, 139 (139 ff.), m. w. N.; auch WAR, S. 1 ff.

[135] TKG v. 22.06.2004, BGBl. I S. 1190, in Kraft seit 26.06.2004 (§ 152 Abs. 1 TKG).

Kontrollverwaltung zusammengeschmolzen[136]. Das Grundgesetz begründet im Sinne einer Auffangfunktion eine Pflicht des Bundes, flächendeckend angemessene und ausreichende Dienstleistungen für den Fall zu gewähren, dass eine hinreichende Bereitstellung von Leistungen durch die privat organisierten Nachfolgeunternehmen der Deutschen Bundespost oder andere private Anbieter nicht (mehr) erfolgt[137]. Es wird dabei vom Bund die Gewährleistung einer Grundversorgung und nicht einer Optimalversorgung verlangt[138]. Inhalt und Reichweite dieser Gewährleistungsverpflichtung muss der Gesetzgeber durch einfachgesetzliche Regelungen nach Maßgabe der verfassungsrechtlichen Vorgaben selbst bestimmen[139].

Es ist dem Staat durch diese Bestimmung des Grundgesetzes verwehrt, Telekommunikation in Zukunft selbst wieder in eigener Verwaltung als staatliche Daseinsvorsorge zu betreiben[140]. Dienstleistungen im Bereich der Telekommunikation sind ausschließlich als privatwirtschaftliche Tätigkeiten auszuüben, was ihre Erbringung in Verwaltungsform ausschließt. Die Bereitstellung und Erbringung der Telekommunikationsleistungen obliegt allein der DT AG als dem privatrechtlich organisierten Nachfolgeunternehmen der Deutschen Bundespost und sonstigen privaten Anbietern (Art. 87f Abs. 2 S. 1 GG). Das Privatisierungsgebot der Art. 87f, 143b GG bezieht sich allein auf die formelle organisatorische Privatisierung der Nachfolgeunternehmen der Deutschen Bundespost. Eine grundgesetzliche Pflicht zur materiellen Privatisierung durch vollständige Aufgabe der Kapitalmehrheit oder gar aller Kapitalanteile des Bundes über eine

---

136 Vgl. etwa *Wieland*, in: Dreier, Art. 87f Rn. 11; *Gersdorf*, in: v. Mangoldt/Klein/Starck, Art. 87f Rn. 1, 20 ff.; insbesondere zur Eingrenzung dieser Infrastrukturverantwortung siehe *Freund*, Infrastrukturgewährleistung, S. 56 ff.; auch *ders.*, in: NVwZ 2003, 408 (409 ff.); jeweils m. w. N.

137 *Kloepfer*, Informationsrecht, § 11 Rn. 10; *Pieroth*, in: Jarass/Pieroth, Art. 87f Rn. 4.

138 Begründung des Gesetzentwurfes der Bundesregierung zum Änderungsgesetz, in: Bundestags-Drucksache 12/7269, S. 5; vgl. ausführlich *Kloepfer*, Informationsrecht, § 11 Rn. 10; *Freund*, Infrastrukturgewährleistung, S. 63 ff.; siehe jetzt auch § 2 Abs. 2 Nr. 5 TKG.

139 Zur inhaltlichen Reichweite der Gewährleistungsverantwortung siehe *Freund*, Infrastrukturgewährleistung, S. 56 ff.

140 Statt vieler *Lerche*, in: Maunz/Dürig, Art. 87f Rn. 54; *Gersdorf*, in: v. Mangoldt/Klein/Starck, Art. 87f Rn. 1; siehe auch Begründung des Gesetzentwurfes zum Änderungsgesetz, in: Bundestags-Drucksache 12/7269, S. 4: „Das Angebot der Dienstleistungen ist in Zukunft ausschließlich private Tätigkeit, deren Wahrnehmung als Verwaltungsaufgabe in öffentlich-rechtlicher oder in privatrechtlicher Organisationsform ausgeschlossen wird."

Veräußerung an private Investoren ist damit nicht verbunden[141]. Vielmehr kann der Bund im Rahmen der Zulässigkeit staatlicher wirtschaftlicher Betätigung seine Anteile an der DT AG auch in Zukunft weiter halten[142].

In seiner Grundausrichtung zielt das Grundgesetz damit auf die Schaffung von Wettbewerb auf den Märkten für Telekommunikation ab[143]. Mit dem Verweis auf die Privatwirtschaftlichkeit in Art. 87f Abs. 2 S. 1 GG öffnet es die Telekommunikationsmärkte der grundsätzlichen Freiheit des Wirtschaftens, die allein durch die allgemeine Rechtsordnung begrenzt wird[144]. Somit greifen nach Aufhebung der letzten Monopolbereiche auch im Bereich der Telekommunikation die wirtschaftsbezogenen Grundrechte[145]. Dies gilt insbesondere für das Grundrecht der Berufsfreiheit (Art. 12 Abs. 1 GG). Grundsätzlich hat jedermann das Recht, Leistungen im Bereich der Telekommunikation anzubieten[146]. Wegen der technischen und datenschutzrechtlichen Sensibilität bedarf nach dem TKG die Aufnahme des Betriebes mittlerweile in jedem Fall nur der Notifikation bei der RegTP. Die weitergehende Lizenzpflicht im TKG 1996 für den Betrieb von Übertragungswegen sowie für das Angebot von Sprachtelefondiensten für die

---

141 *Lerche*, in: Maunz/Dürig, Art. 143b Rn. 21; *Pieroth*, in: Jarass/Pieroth, Art. 143b Rn. 2; *Gersdorf*, in: v. Mangoldt/Klein/Starck, Art. 143b Rn. 15; *Möstl*, in: BayVBl. 1999, 547 (549); a. A. noch *Windthorst*, in: Sachs, 1. Aufl. 1996, Art. 87f Rn. 27; unklar *ders.*, in: Sachs, 3. Aufl. 2003, Art. 87f Rn. 24.

142 Derzeit hält der Bund direkt über die Bundesanstalt für Post und Telekommunikation Deutsche Bundespost (BAnstPT) und indirekt über die Kreditanstalt für Wiederaufbau (KfW Bankengruppe) noch etwa 43 % der Anteile an der DT AG, vgl. Angaben zur Aktionärsstruktur unter www.telekom.de. An der KfW Bankengruppe hält der Bund 80 %, die Länder insgesamt 20 % der Anteile.

143 *Holznagel/Koenig*, S. 71; *Koenig/Loetz/Neumann*, in: K&R 2003 Beilage 2, S. 34. Auch Begründung zum Gesetzentwurf der Fraktionen CDU/CSU, SPD und F.D.P. zum TKG 1996, Allgemeiner Teil, in: Bundestags-Drucksache 13/3609, S. 33 f.

144 *Lerche*, in: Maunz/Dürig, Art. 87f Rn. 55 f.

145 Hierzu gehören insbesondere die allgemeine Handlungsfreiheit (Art. 2 Abs. 1 GG), die Vereinigungsfreiheit (Art. 9 Abs. 1 GG), die Berufsfreiheit (Art. 12 Abs. 1 GG) sowie die Eigentumsgarantie (Art. 14 Abs. 1 GG). Daneben gelten grundsätzlich auch die Warenverkehrs-, die Niederlassungs- und die Dienstleistungsfreiheit des Europäischen Gemeinschaftsrechts (Art. 28, 43, 49 EGV); vgl. schon *Steiner*, in: Isensee/Kirchhof, Bd. III, § 81 Rn. 39.

146 Schon im Grundsatz für das TKG 1996: *Scherer*, in: NJW 1996, 2953 (2955).

Öffentlichkeit ist mit der Novellierung des TKG zugunsten der allgemeinen Meldepflicht aufgehoben worden (§ 6 TKG)[147].

2. Allgemeine Aussagen zum gesetzlichen Regelungsgehalt

Der Regelungsansatz des TKG verfolgt entsprechend den Vorgaben des Art. 87f GG das Ziel, ein auch nach der Marktöffnung zu Beginn des Jahres 1998 faktisch weiter bestehendes Monopol in einen Markt des wirksamen Wettbewerbs zu überführen und zugleich eine flächendeckende Grundversorgung durch private Anbieter mit angemessenen und ausreichenden Leistungen und einer leistungsfähigen Infrastruktur sicherzustellen (§ 1 TKG). Zwischen diesen beiden zumindest teilweise widersprüchlichen Verfassungsaussagen ist eine praktische Konkordanz im Sinne einer optimalen Verhältnismäßigkeit, die beiden Aussagen möglichst weitgehend Geltung verschafft, herzustellen[148]. Entsprechend der fortschreitenden technischen Konvergenz im Bereich der Telekommunikation, Medien und Informationstechnologie stellt der Gesetzgeber hierfür der Verwaltung seit der Novellierung eine technologieneutrale Regulierung als Mittel zur Verfügung (§ 1 TKG[149]). Das TKG gilt mit seinem Regulierungsregime nunmehr für jede Übertragung von elektronischer Kommunikation in allen Netzen. Durch die Regulierung sollen die Interessen der Nutzer, der Allgemeinheit und der Wettbewerber in einem sich öffnenden Gesamtmarkt ausbalanciert werden. Der Gesetzgeber hat sich dabei von Beginn an für eine sektorspezifische Regulierung entschieden[150], indem er eigene Regelungen für den Tele-

---

[147] Vgl. Begründung zum TKG-RegE zu § 6, in: Bundestags-Drucksache 15/2316, Anlage 1, S. 59 f. Aufgrund der unmittelbaren Wirkung des Art. 3 Abs. 2 Genehmigungsrichtlinie 2002/20/EG bedurften auch die nach § 6 TKG 1996 lizenzpflichtigen Tätigkeiten schon mit Ablauf der Umsetzungsfrist ab dem 25. Juli 2003 keiner besonderen Genehmigung mehr; RegTP, Jahresbericht 2003, S. 17.

[148] Siehe *Stern*, in: DVBl. 1997, 309 (315 f.), m. w. N.

[149] Die Technologieneutralität des TKG wird auch besonders deutlich in § 1, § 3 Nr. 24, 27 und §§ 48 ff. TKG. Andererseits widerspricht die Herausnahme des Mobilfunks aus dem System der Betreiberauswahl und Betreibervorauswahl dem Ziel der Technologieneutralität (§ 40 Abs. 2 S. 2 TKG).

[150] Vgl. Problemaufriss im Gesetzentwurf der Fraktionen CDU/CSU, SPD und F.D.P. zum TKG 1996, in: Bundestags-Drucksache 13/3609, S. 1 f., der darauf hinweist, dass das bestehende Wettbewerbsrecht, welches grundsätzlich von der Existenz eines schützenswerten funktionsfähigen Wettbewerbs ausginge, für die Umwandlung eines monopolistisch geprägten Marktes nicht ausreichend sei.

kommunikationssektor eingeführt hat, für die das allgemeine Wettbewerbsrecht nur subsidiär gilt (§ 2 Abs. 3 TKG)[151].

Neben der Marktregulierung[152] bestimmt das TKG über die Verteilung knapper Ressourcen im Telekommunikationsbereich wie von Frequenzen (§§ 52 ff. TKG), von Nummern (§§ 66 f. TKG) sowie von Wegerechten (§§ 68 ff. TKG). Dadurch sollen die für den Infrastrukturwettbewerb notwendigen Ressourcen unter den Anbietern verteilt werden[153], um eine leistungsfähige Infrastruktur zu erhalten. Um dem neuen Verfassungsauftrag der flächendeckenden Sicherstellung der angemessenen und ausreichenden Leistungserbringung in der Telekommunikation gerecht zu werden, regelt das TKG das Pflichtangebot zu Universaldienstleistungen als ein System von Dienst- und Geldleistungsverpflichtungen, sofern diese Dienstleistungen nicht im freien Wettbewerb angeboten werden (§§ 78 ff. TKG)[154]. Zwar wurde schon bei der Verabschiedung des TKG 1996 erwartet, dass auch diese Leistungen im Wettbewerb erbracht werden[155], was bisher auch zutraf. Aber falls nötig, können diese Dienste durch eine Abgabe aller im relevanten Markt tätigen Unternehmen finanziert werden[156], so dass die Leistung von einem dieser Unternehmen kostendeckend erbracht werden kann. Neben der ökonomischen Regulierung dienen Bestimmungen zum Kundenschutz (§§ 44 ff. TKG) sowie zum Fernmeldegeheimnis, zum Datenschutz und zur öffentlichen Sicherheit (§§ 88 ff. TKG) nebst den nach diesen Vorschriften erlassenen Verordnungen unmittelbar der sozialen Regulierung.

---

[151] So schon Begründung zum Gesetzentwurf der Fraktionen CDU/CSU, SPD und F.D.P. zum TKG 1996 zu § 2 Abs. 3, in: Bundestags-Drucksache 13/3609, S. 36; ausführlich zum Verhältnis von TKG und GWB siehe *Trute*, in: Trute/Spoerr/Bosch, § 2 Rn. 26 f.; *Piepenbrock/Schuster*, in: CR 2002, 98 (98 ff.); *Holznagel/Nienhaus*, S. 12 f.; zu der missglückten sprachlichen Formulierung der Subsidiarität schon in § 2 Abs. 3 TKG 1996 siehe *Möschel*, in: Immenga/Mestmäcker, § 19 Rn. 222.

[152] Dazu siehe im Einzelnen unten unter 3.

[153] *Junghanns*, S. 170 f.

[154] *Theobald*, in: NJW 2003, 324 (330).

[155] Beitrag MdB *Bury*, in: Bundestags-Plenarprotokoll 13/110, S. 9790, auch abgedruckt in: ArchPT 1996, 275 (276).

[156] Zu den Grundzügen der Universaldienstabgabe vgl. schon zum TKG 1996 *Heimlich*, in: NVwZ 1998, 122 (122 ff.), m. w. N.

Zur Wahrnehmung der hoheitlichen Aufgaben wurde nach der Auflösung des BMPT zum 31. Dezember 1997[157] als neue zuständige Behörde durch das TKG 1996 die RegTP geschaffen. Sie nimmt als Bundesoberbehörde im Geschäftsbereich des heutigen Bundesministeriums für Wirtschaft und Arbeit (BMWA) die verbliebenen hoheitlichen Aufgaben nach Art. 87f Abs. 2 S. 2 GG[158] wahr. Die Regulierungsbehörde gehört somit zur unmittelbaren Bundesverwaltung, die der Rechts-, Fach- und Dienstaufsicht des zuständigen Ministers unterliegt[159]. Da die Eigentümerinteressen seit der Postreform II von der Bundesanstalt für Post und Telekommunikation Deutsche Bundespost als Anstalt öffentlichen Rechts vertreten werden[160], die 1998 mit der Auflösung des BMPT der Aufsicht des Bundesministeriums der Finanzen unterstellt wurde[161], ist seitdem die Trennung von Eigentümerinteressen an der DT AG und Regulierungsaufgaben bis auf die Ministerebene vollzogen[162].

3. Regeln zur Marktregulierung

Die hoheitliche Regulierung der Märkte für Telekommunikation im Zweiten Teil des TKG ist eine der Kernregelungen des Gesetzes. Dabei dient die Marktregulierung den beiden ineinandergreifenden Zwecken des TKG: sowohl der Wettbewerbs- und Infrastrukturförderung als auch der Gewährleistung der erforderlichen Dienstleistungen (§ 1 TKG).

---

157 Bekanntmachung des Organisationserlasses des Bundeskanzlers v. 17.12.1997, BGBl. I 1998 S. 68, Ziff. I.

158 Zu diesen Aufgaben gehören: Gewährleistung der Infrastruktursicherung, Wettbewerbsförderung, Standardisierung, Normierung, Frequenzverwaltung, Genehmigung für Funkanlagen sowie Vorsorge für Krisen- und Katastrophenfälle; Begründung des Gesetzentwurfes zum Änderungsgesetz, in: Bundestags-Drucksache 12/7269, S. 5; zu den einzelnen Aufgaben vgl. *Schwintowski*, Ordnung, S. 11 ff.

159 *Gersdorf*, in: v. Mangoldt/Klein/Starck, Art. 87f Rn. 102.

160 Vgl. § 9 Gesetz über die Errichtung einer Bundesanstalt für Post und Telekommunikation Deutsche Bundespost, verkündet als Art. 1 PTNeuOG v. 14.09.1994, BGBl. I S. 2325.

161 Siehe Bekanntmachung des Organisationserlasses des Bundeskanzlers v. 17.12.1997, BGBl. I 1998 S. 68, Ziff. II.1.; nunmehr auch im Gesetz über die Errichtung einer Bundesanstalt für Post und Telekommunikation Deutsche Bundespost durch die Änderung durch Art. 11 des Post- und telekommunikationsrechtlichen Bereinigungsgesetzes v. 11.05.2002, BGBl. I S. 1529.

162 Vgl. Übersicht bei *v. Breitenbuch*, S. 94. Zur Problematik der andauernden Doppelstellung des Bundes siehe *Uerpmann*, in: v. Münch/Kunig, Art. 87f Rn. 18; die Monopolkommission, Sondergutachten 40, Tz. 48, 51, leitet aus Art. 3 Abs. 2 S. 1 Rahmenrichtlinie 2002/21/EG ein Gebot der strukturellen Trennung ab.

Zum einen soll sie als sektorspezifische Wettbewerbsaufsicht den Zutritt neuer Anbieter ermöglichen, indem sie bestehende Marktzutrittsbarrieren und Marktstörungen abbaut und die Marktteilnehmer zu Investitionen in die Infrastruktur ermutigt. Sie soll insbesondere die nicht angreifbaren Teilmärkte regulieren, um die sich aus der Natur der Netzökonomie ergebenden Größen- und Verbundvorteile auszugleichen[163]. Auch die Förderung effizienter Investitionen und Unterstützung von Innovationen ist nach § 2 Abs. 2 Nr. 3 TKG ein ausdrückliches Ziel der Regulierung. Sie soll ihrem primären Zweck entsprechend die Entstehung von wirksamem Wettbewerb und den Erhalt einer leistungsfähigen Infrastruktur fördern.

Zum anderen erleichtert es die Marktregulierung dem Bund, seinem Auftrag zur Sicherung des Dienstleistungsangebots nachzukommen[164]. Insbesondere bestehender Wettbewerb stimuliert bei den Marktteilnehmern Investitionen und Innovationen im Bereich der Leistungsangebote. Durch diesen Fortschritt wird es tendenziell sowohl technisch immer leichter, flächendeckend eine Grundversorgung anzubieten, als auch deswegen immer wahrscheinlicher, dass die Universaldienstleistungen der Grundversorgung ohne Universaldienstregulierung im Wettbewerb erbracht werden.

Nach der Novelle des TKG setzt jede intensive Marktregulierung eine Marktanalyse voraus (§§ 9 ff. TKG)[165]. In diesem Überprüfungs- bzw. Kontrollverfahren soll der Regulierungsbedarf für den jeweiligen Markt festgelegt werden[166]. In einem dreistufigen Verfahren folgt auf Marktdefinition und Marktanalyse die Auswahl geeigneter Regulierungsmaßnahmen[167]. Dadurch kann die Regulierung im Gegensatz zum TKG 1996 flexibler gestaltet werden. Erst wenn nach der Marktanalyse ein Regulierungsbedarf festgestellt worden ist, werden die betreffenden Märkte der Regulierung (§ 9 Abs. 1 TKG) und Unternehmen mit beträchtlicher Marktmacht einer besonderen sektorspezifischen Aufsicht (§ 9

---

[163] Zur anhaltenden Notwendigkeit der Regulierung sog. *bottlenecks* siehe *Immenga/Kirchner/Knieps/Kruse*, S. 22 ff., 37 ff.

[164] Vgl. hierzu auch *Lerche*, in: Maunz/Dürig, Art. 87f Rn. 86.

[165] Zu den gemeinschaftsrechtlichen Vorgaben zum Marktdefinitionsverfahren siehe Art. 15 f. Rahmenrichtlinie 2002/21/EG; auch *Scherer*, in: K&R 2002, 273 (285 f.), der es als „Herzstück" der Rahmenrichtlinie 2002/21/EG bezeichnet (275).

[166] *Husch/Kemmler/Ohlenburg*, in: MMR 2003, 139 (141).

[167] *Haus*, in: WuW 2004, 171 (175).

Abs. 2 TKG) unterworfen. Dazu werden zunächst nach § 10 TKG durch die RegTP einzelne Märkte nach räumlichen und sachlichen Kriterien abgegrenzt. Für eine Regulierung kommen nur Märkte in Betracht, die durch beträchtliche und anhaltende Marktzutrittsschranken gekennzeichnet sind, längerfristig nicht zu wirksamem Wettbewerb neigen und auf denen die Anwendung des allgemeinen Wettbewerbsrechts allein nicht ausreicht, um dem betreffenden Marktversagen entgegen zu wirken (§ 10 Abs. 2 S. 1 TKG)[168]. Nach Feststellung des Regulierungsbedarfs anhand dieser drei Kriterien prüft die RegTP gemäß § 11 TKG, ob auf dem betreffenden Markt dennoch wirksamer Wettbewerb besteht. Dies ist schon dann zu verneinen, wenn ein oder mehr Unternehmen auf diesem Markt über eine beträchtliche Marktmacht[169] verfügen (§ 11 Abs. 1 S. 2 TKG). Auf diese Weise unterliegen Unternehmen mit beträchtlicher Marktmacht in ihrem Markt zwangsläufig der Regulierung, da bei Vorliegen von beträchtlicher Marktmacht kein wirksamer Wettbewerb im Sinne des TKG besteht[170].

Die sektorspezifische Marktregulierung gilt für einzelne Unternehmen, wenn diese über beträchtliche Marktmacht verfügen (vgl. § 9 Abs. 2, § 3 Nr. 4 TKG). Einer förmlichen Feststellung hierüber bedarf es nicht[171]. Diese Marktabgrenzung und -analyse ist regelmäßig zu überprüfen (vgl. § 14 TKG). Das Verfahren ist durch Pflichten zur Vorlage bei der Europäischen Kommission und zur Konsultation mit Regulierungsbehörden anderer Mitgliedstaaten sowie durch ein Konsolidierungsverfahren in den Kontext des Gemeinschaftsrechts eingebettet.

Die Marktregulierung des TKG setzt im Wesentlichen an vier Punkten an: beim Netzzugang, beim Entgelt, bei besonderen Verpflichtungen sowie beim Missbrauch von beträchtlicher Marktmacht. Diese Vielfalt an Regulierungsmaß-

---

168 Auf der Grundlage von Art. 15 Abs. 1 Rahmenrichtlinie 2002/21/EG wurden in der Empfehlung 2003/311/EG der Kommission v. 11.02.2003 über relevante Produkt- und Dienstemärkte des elektronischen Kommunikationssektors (bekannt gegeben unter Aktenzeichen K(2003)497), ABl. L 114 v. 08.05.2003, S. 45-49, 18 Marktsegmente definiert, die für die Vorabregulierung in Betracht kommen. Allgemein zur Marktabgrenzung und -beherrschung im Telekommunikationssektor vgl. *Klaue/Schwintowski*, S. 24 ff.; *Junghanns*, S. 87 ff. und Leitlinien der Kommission zur Marktanalyse und Ermittlung beträchtlicher Marktmacht nach dem gemeinsamen Rechtsrahmen für elektronische Kommunikationsnetze und -dienste, ABl. C 165 v. 11.07.2002, S. 6-31.

169 Definition in § 3 Nr. 4 TKG unter Verweis auf § 11 Abs. 1 S. 3 bis 5 TKG.

170 Definition in § 3 Nr. 31 TKG.

171 Eine solche Feststellung durch die RegTP war noch in § 3 Nr. 12 TKG-RefE vorgesehen.

nahmen auf verschiedenen Ebenen soll der RegTP eine Auswahl entsprechend dem gemeinschaftsrechtlichen Grundsatz der schonenden Regulierung ermöglichen.

Die Regulierung von Entgelten für Endnutzerleistungen (§ 39 TKG) kann nur Anbietern mit beträchtlicher Marktmacht auferlegt werden. Im Grundsatz unterliegen die Entgelte lediglich der nachträglichen Kontrolle durch die RegTP (§ 39 Abs. 2 TKG). Die Regulierungsbehörde kann sie jedoch einer Genehmigungspflicht unterwerfen, sofern sie zu dem Schluss kommt, dass die Mittel der Verpflichtung im Bereich des Netzzugangs oder der sonstigen Verpflichtungen der Betreiberauswahl und der Betreibervorauswahl nicht ausreichen werden, um die Regulierungsziele in diesem Marktsegment zu erreichen (§ 39 Abs. 1 TKG). In diesem Fall bedürfen die Entgelte für Endkunden der vorherigen Genehmigung durch die RegTP. Von besonderer Relevanz im Hinblick auf die Zugangsregulierung ist die Verpflichtung von Unternehmen mit beträchtlicher Marktmacht, bei einem neuen Angebot auf dem Endkundenmarkt gleichzeitig ihren Wettbewerbern die dazu erforderlichen Vorleistungen anzubieten (§ 39 Abs. 4 TKG). Damit soll die zeitgerechte Zugangsgewährung für die Wettbewerber sichergestellt werden, damit ein marktmächtiges Unternehmen sich nicht einen Zeitvorsprung verschaffen kann und neu entstehende Märkte mit seinen Produkten und Diensten monopolisiert[172]. Durch diese Regelungen hat die Novellierung des TKG der Regulierungsbehörde insgesamt ein größeres Maß an Flexibilität bei der Regulierung für Endnutzerentgelte eingeräumt, indem die starre *Ex-ante*-Regulierung für alle Unternehmen im Hinblick auf die Entgelte für den vormals

[172] Als Beispiel für diese Gefahr kann auf die Markteinführung von DSL-Anschlüssen auf der Basis von ISDN-Anschlüssen durch die DT AG zu Beginn dieses Jahrzehnts verwiesen werden. Die DT AG konnte aufgrund ihres Monopols im Bereich der Teilnehmeranschlüsse auch diesen neuen Markt für hochratige Internetzugänge monopolisieren, da sie nach dem TKG 1996 nicht verpflichtet wurde, von den Endkunden einen kostendeckenden Tarif zu den Kosten der effektiven Leistungsbereitstellung zu verlangen oder den Wettbewerbern die entbündelten Vorleistungsprodukte zu gleichwertigen Bedingungen zur Verfügung zu stellen. Siehe grundlegend: RegTP, in: MMR 2001, 472 (472 ff., insbesondere 474 ff. für Kostenabschläge); krit. *Schuster*, in: MMR 2001, 298 (303 f.); Monopolkommission, Sondergutachten 33, Tz. 139 ff.; *Holthoff-Frank*, in: MMR 2002, 294 (298); *Koenig/Braun*, in: K&R 2002 Beilage 2, S. 7.

lizenzpflichtigen Bereich und für Universaldienste aufgegeben wurde[173]. Die Regulierungsintensität ist dadurch gegenüber dem TKG 1996 gerade im Bereich der Endkundenentgelte zugunsten der Regulierung der Vorleistungen erheblich reduziert worden[174].

Darüber hinaus unterliegen Unternehmen, die in bestimmten Bereichen über beträchtliche Marktmacht verfügen, weiteren gesetzlichen Verpflichtungen. Betreiber, die bei der Bereitstellung der TAL beträchtliche Marktmacht inne haben, müssen ihren Endkunden die Nutzung der Betreiberauswahl (sogenanntes *Call-by-call*) sowie die Einstellung einer Betreibervorauswahl (sogenanntes *Preselection*) ermöglichen (§ 40 Abs. 1 TKG)[175]. Netzbetreiber, die auf dem Markt für Mietleitungen über beträchtliche Marktmacht verfügen, müssen ein Mindestangebot an Mietleitungen entsprechend der europäischen Normung nach Art. 17 Rahmenrichtlinie bereitstellen (§ 41 Abs. 1 TKG).

Die Besondere Missbrauchsaufsicht ist für alle Unternehmen mit beträchtlicher Marktmacht in einem eigenen Abschnitt geregelt (§§ 42 f. TKG). Dabei handelt es sich um eine sektorspezifische Generalklausel ähnlich der des allgemeinen Wettbewerbsrechts in § 19 Abs. 1 GWB[176]. Danach ist es Anbietern von Telekommunikationsdiensten, von bestimmten Universaldienstleistungen oder von telekommunikationsgestützten Diensten[177], sofern sie über beträchtliche Marktmacht verfügen, verboten, ihre Stellung im Markt missbräuchlich auszunutzen (§ 42 Abs. 1 S. 1 TKG). Die Vorschrift enthält – allerdings widerlegbare – Vermutungstatbestände für missbräuchliches Verhalten. Sie gilt jedoch für jegliches missbräuchliche Verhalten, so dass sie vom Anwendungsbereich deutlich über die Anordnungen im Rahmen von Zugangsverpflichtungen hin-

---

[173] Vgl. § 23 Abs. 1 TKG 1996. Lizenzpflichtig nach § 6 Abs. 1 TKG 1996 waren die zuletzt verbliebenen Monopolbereiche: das Betreiben von Übertragungswegen für die Öffentlichkeit und das Angebot von Sprachtelefondiensten. Siehe auch Überblick bei *Kloepfer*, Informationsrecht, § 11 Rn. 116 ff.

[174] Siehe das Subsidiaritätsgebot in § 39 Abs. 1 S. 1, 2 TKG.

[175] Auf die Ausnahmeregelung für den Mobilfunkbereich in § 40 Abs. 2 S. 2 TKG wurde bereits hingewiesen.

[176] Begründung zum TKG-RegE zu § 40, in: Bundestags-Drucksache 15/2316, Anlage 1, S. 71.

[177] Definitionen in § 3 Nr. 24, 25 und § 78 Abs. 2 Nr. 3, 4 TKG.

ausgeht[178]. Die RegTP kann ein Zuwiderhandeln untersagen sowie ein bestimmtes Verhalten anordnen oder auch Verträge für unwirksam erklären (§ 42 Abs. 4 TKG)[179]. Zur Sanktionierung kann in diesen Fällen die RegTP einen eventuell erzielten Vorteil bzw. Mehrerlös abschöpfen (§ 43 TKG). Indem § 42 TKG auf das einschränkende Merkmal der „wesentlichen Leistung" verzichtet, wie es noch die Regelung der Besonderen Missbrauchsaufsicht in § 33 TKG 1996 gebraucht hat, wird klargestellt, dass es bei dieser Aufsicht nicht um die Übernahme der *essential facilities doctrine*[180] ins Telekommunikationsrecht geht, sondern darüber hinausgehend jeglicher Missbrauch einer Stellung mit beträchtlicher Marktmacht zur Wettbewerbsbeeinträchtigung auch im Endnutzerbereich erfasst werden soll[181].

Die Zugangsregulierung (§§ 16 ff. TKG) in Verbindung mit dem zugehörigen Entgeltregime (§§ 30 ff. TKG) legt fest, unter welchen Umständen und zu welchen Bedingungen ein Betreiber eines öffentlichen Telekommunikationsnetzes verpflichtet ist, anderen Anbietern von Telekommunikationsleistungen Zugang zu seinem Netz zu gewähren. Das „Ob" des Zugangs zum Netz wird im folgenden Abschnitt im Hinblick auf seinen Inhalt und seine Reichweite eingehend untersucht.

---

178 Begründung zum TKG-RegE zu § 40, in: Bundestags-Drucksache 15/2316, Anlage 1, S. 71. Dies ist Ausdruck der Erweiterung auch auf den Behinderungsmissbrauch der von der Rechtsprechung auf den Ausbeutungsmissbrauch beschränkten Missbrauchsaufsicht nach § 33 TKG 1996 (VG Köln, in: MMR 2003, 132 (134 f.); OVG Münster, in: MMR 2003, 355 (357 f.)); auch *Thomaschki*, in: MMR 2003, 500 (504).

179 Zur Kritik am eingeräumten Entschließungsermessen siehe VATM, Stellungnahme zum TKG-RegE zu § 40 Abs. 4, S. 42 f.

180 Vgl. hierzu *Holznagel/Koenig*, S. 36 ff.; *Haas*, S. 135 ff.; *Trute*, in: Trute/Spoerr/Bosch, § 33 Rn. 27 ff.; *Fischer/Heun/Sörup*, in: Heun, Telekommunikationsrecht, Teil 4 Rn. 9 ff.; *Haus*, Zugang, S. 7 ff.; *Kühling*, S. 207 ff.; zur amerikanischen Rechtspraxis vgl. *Schwintowski*, in: WuW 1999, 842 (842 ff.).

181 Begründung zum TKG-RegE zu § 40, in: Bundestags-Drucksache 15/2316, Anlage 1, S. 71; abgeleitet aus der Zugangsrichtlinie 2002/19/EG von *Kühling*, S. 223 f. Siehe auch bereits für § 33 TKG 1996 *Piepenbrock*, in: Beck'scher TKG-Kommentar, § 33 Rn. 9; *Holznagel/Koenig*, S. 43 ff.; BVerwGE 114, 160 (194 f.).

D. Der Zugang nach dem Telekommunikationsgesetz

I. Definition und Formen des Zugangs

§ 3 Nr. 32 TKG definiert den „Zugang" als

> „die Bereitstellung von Einrichtungen oder Diensten für ein anderes Unternehmen unter bestimmten Bedingungen zum Zwecke der Erbringung von Telekommunikationsdiensten."

In der Novelle hat das TKG somit die einerseits erweiternde, andererseits begrenzende neue Definition der europäischen Zugangsrichtlinie übernommen[182]. Der Gesetzestext hat sich dadurch von der früheren aus der Fernmeldetechnik übernommenen Definition des Netzzugangs gelöst, welche auf die logische und physische Verbindung zu einem Endgerät oder einem anderen Netz abstellte[183]. Der Zugang nach der Gesetzesnovelle baut auf dem im TKG 1996 ausgewiesenen Begriff des besonderen Netzzugangs auf[184]. Die Unterscheidung zwischen einem allgemeinen und einem besonderen Netzzugang aus § 35 Abs. 1 S. 2 TKG 1996 wurde aufgegeben[185]. Nur die Zusammenschaltung von öffentlichen Netzen bleibt als besondere Form des Zugangs erhalten (§ 3 Nr. 34 S. 2 TKG)[186].

Als Formen des Zugangs kommen weiterhin verschiedene Gestaltungen in Betracht. Sie reichen von dem bloßen Endgeräteanschluss (z. B. Telefon, Telefaxgerät, Modem) zur TAL als Netzabschlusspunkt bis zur Zusammenschaltung ganzer Netze[187]. Der Zugang muss sich aber nicht auf das gesamte Netz beziehen, sondern kann auch nur einzelne Netzteile (z. B. Mietleitungen) in ihren

---

182 Vgl. Art. 2 lit. a) S. 1 Zugangsrichtlinie 2002/19/EG, dazu bereits oben unter B.III.2.; *Heun*, in: CR 2003, 485 (489 f.); auch *Husch/Kemmler/Ohlenburg*, in: MMR 2003, 139 (145).

183 Zur alten Definition und ihrer Herkunft vgl. *Spoerr*, in: Trute/Spoerr/Bosch, § 3 Rn. 46 ff.

184 Zur Definition des besonderen Netzzugangs vgl. § 35 Abs. 1 S. 2 TKG 1996 sowie § 1 Abs. 2 S. 1 Verordnung über besondere Netzzugänge (Netzzugangsverordnung – NZV) v. 23.10.1996, BGBl. I S. 1568; dazu *Glahs*, in: Scheuerle/Mayen, § 35 Rn. 10.

185 Zur Unterscheidung siehe *Glahs*, in: Scheuerle/Mayen, § 35 Rn. 6 ff.; *Fischer/Heun/Sörup*, in: Heun, Telekommunikationsrecht, Teil 4 Rn. 29 ff.

186 Vgl. schon § 1 Abs. 2 S. 2 NZV v. 23.10.1996, BGBl. I S. 1568.

187 Vgl. *Piepenbrock*, in: Beck'scher TKG-Kommentar, § 35 Rn. 5.

technischen Möglichkeiten umfassen[188]. Der Zugang kann über Festverbindungen (festgeschaltete Übertragungswege) oder Wählverbindungen (vermittelte Übertragungswege) erfolgen[189].

Begünstigte des Netzzugangs nach der Marktregulierung des TKG können im Allgemeinen nur Unternehmen sein, die ihrerseits Telekommunikationsdienste anbieten[190]. Der Funktion des gewährten Zugangs zur Erreichung dieses Zwecks kann im Zugriff auf das Netz selbst oder in der Nutzung anderer darüber übermittelter Dienste liegen[191]. Zur Gewährung von Netzzugang können allein Betreiber eines öffentlichen Telekommunikationsnetzes in Betracht gezogen werden[192]. Im Grundsatz setzt dies keine Eigentümerstellung an dem Netz voraus[193].

II. Das System der Zugangsverpflichtungen und normative Voraussetzungen

Die Zugangsregulierung der §§ 16 ff. TKG ist ein wesentlicher Bestandteil der Marktregulierung im Telekommunikationssektor. Die Vorschriften bilden eine spezialgesetzliche Ergänzung zu dem allgemeinen Diskriminierungsverbot des Wettbewerbsrechts[194]. Sie stellen die Regeln dafür auf, unter welchen Bedingungen Betreiber öffentlicher Telekommunikationsnetze anderen Anbietern von Dienstleistungen aus dem Telekommunikationsbereich Zugang zu ihrem Netz oder einzelnen Teilen ihres Netzes gewähren müssen.

Im Hinblick auf die Gewährung von Zugang stellt das TKG in seiner Regulierungssystematik unterschiedliche Anforderungen an die Netzbetreiber im

---

188 Vgl. *Piepenbrock*, in: Beck'scher TKG-Kommentar, § 35 Rn. 6.

189 Vgl. *Piepenbrock*, in: Beck'scher TKG-Kommentar, § 35 Rn. 7.

190 Siehe hierzu Definition für Unternehmen in § 3 Nr. 29 TKG und für Telekommunikationsdienste in § 3 Nr. 24 TKG. Reine Anbieter von Inhalten sind danach von der Zugangsberechtigung ausgeschlossen; *Schütz/Attendorn/König*, Rn. 161, sowie *Bartosch*, in: EuZW 2002, 389 (394); auch Begründung zum TKG-RegE zu § 19, in: Bundestags-Drucksache 15/2316, Anlage 1, S. 64.

191 So ausdrücklich noch Definition für Netzzugang in § 3 Nr. 9 TKG 1996; *Rudolf*, S. 15.

192 Siehe §§ 16, 18 Abs. 1, § 19 Abs. 1, § 20 Abs. 1, § 21 Abs. 1 S. 1, § 22 Abs. 1, § 23 Abs. 1, § 24 Abs. 1 TKG.

193 Vgl. Erwägungsgrund 6 Zugangsrichtlinie 2002/19/EG.

194 Schon Begründung zum Gesetzentwurf der Fraktionen CDU/CSU, SPD und F.D.P. zum TKG 1996 zu § 2 Abs. 3 und § 32 Abs. 1, in: Bundestags-Drucksache 13/3609, S. 36 und 45 f.

Sinne einer asymmetrischen Regulierung[195]. Dabei geht die Zugangsregulierung auch nach der Novelle von dem Regelfall der Selbstregulierung aus. Der Zugang soll primär durch Verhandlungen des Betreibers mit anderen Unternehmen eröffnet und gewährt werden[196].

Die Vorschriften zur Zugangsregulierung werden mit einer gesetzlichen Pflicht bezogen auf die besondere Form des Zugangs, der Zusammenschaltung, eingeleitet. Danach ist jeder Betreiber eines öffentlichen Telekommunikationsnetzes verpflichtet, jedem anderen Betreiber eines solchen Netzes auf Verlangen ein Angebot über die Zusammenschaltung beider Netze zu unterbreiten (§ 16 TKG)[197]. Diese Pflicht gilt für jeden Betreiber eines öffentlichen Telekommunikationsnetzes unabhängig von dem Ergebnis einer Marktanalyse zur Feststellung des Regulierungsbedarfes. Für diese Verhandlungen gilt die Vertraulichkeit der von der Gegenseite gewährten Informationen (§ 17 TKG).

Auch die Sondervorschrift des § 18 TKG für Teilnehmernetzbetreiber[198] setzt keineswegs das Vorliegen einer beträchtlichen Marktmacht voraus, so dass die Verpflichtung nach dieser Vorschrift unabhängig von einer Marktanalyse nach § 11 TKG erfolgen kann[199]. Alle Betreiber von Teilnehmernetzen, die damit den Zugang zu Endnutzern[200] kontrollieren, können unabhängig von ihrer Marktmacht von der RegTP auf Nachfrage zur Zusammenschaltung mit anderen öffentlichen Kommunikationsnetzen verpflichtet werden (§ 18 Abs. 1 S. 1 TKG). Diese Zusammenschaltungsverpflichtung geht nur so weit, dass sie gewährleistet, dass die Nutzer beider Netze kommunizieren und von ihnen Dienste über

---

195 Zu diesem Modell siehe Überblick bei *Rittaler*, in: WuW 1996, 699 (701 ff.); *Schuster*, in: Beck'scher TKG-Kommentar, § 2 Rn. 9.

196 Siehe schon Entwurf Zugangsrichtlinie KOM/2000/384, ABl. C 365 E/16 v. 19.12.2000, S. 215.

197 In § 16 TKG-RegE war zunächst nur eine bloße Verhandlungspflicht vorgesehen, siehe Begründung zum TKG-RegE zu § 16, in: Bundestags-Drucksache 15/2316, Anlage 1, S. 64; krit. statt vieler Stellungnahme des Bundesrats zum TKG-RegE v. 19.12.2003, in: Bundestags-Drucksache 15/2316, Anlage 2, S. 111, Ziff. 12. Der breiten Kritik ist die Bundesregierung in ihrer Gegenäußerung zu Ziff. 12 der Stellungnahme des Bundesrats zum TKG-RegE, in: Bundestags-Drucksache 15/2345, S. 2, schließlich gefolgt.

198 Begründung zum TKG-RegE zu § 18, in: Bundestags-Drucksache 15/2316, Anlage 1, S. 64.

199 Begründung zum TKG-RegE zu § 18, in: Bundestags-Drucksache 15/2316, Anlage 1, S. 64.

200 Definition in § 3 Nr. 8 TKG.

das eigene Netz hinaus bereitgestellt und in Anspruch genommen werden können. Diese Verpflichtung zum Abschluss einer Zusammenschaltungsvereinbarung soll die durchgehende Verbindung für Nutzer verschiedener Netze garantieren, indem es ihnen ermöglicht, eine Verbindung zu jedem anderen Endnutzer – auch eines anderen Netzes – herzustellen. Dadurch sollen die Netzwerkexternalitäten reduziert werden, um den Marktzutritt nicht zu behindern. Einem solchen Teilnehmernetzbetreiber kann die RegTP zusätzlich weitere Zugangsverpflichtungen insbesondere anhand des Beispielskatalogs in § 21 Abs. 2 und 3 TKG[201] auferlegen, soweit dies zur Gewährleistung des End-zu-End-Verbundes von Diensten erforderlich ist (§ 18 Abs. 1 S. 2 TKG). Bei allen Maßnahmen hat die RegTP in diesem Zusammenhang die Kriterien der Abwägungsparameter und sachlichen Weigerungsgründe nach § 21 Abs. 1 S. 2, Abs. 4 TKG zu beachten (§ 18 Abs. 3 S. 2 TKG). Eine Weigerung des Netzbetreibers ist nur bei sachlicher Rechtfertigung zulässig[202]. Die RegTP kann es diesen Betreibern von Teilnehmernetzen ferner untersagen, die Zugangsberechtigten hinsichtlich Erreichbarkeit und Abrechnung ohne ausreichenden Grund zu diskriminieren (§ 18 Abs. 2 S. 1 TKG).

Gegenüber Betreibern öffentlicher Telekommunikationsnetze mit beträchtlicher Marktmacht stehen der RegTP noch weitergehende Befugnisse für Zugangsverpflichtungen zu. Nur in diesen Fällen greift die spezielle Zugangsregulierung (§ 9 Abs. 2 TKG).

Unter diesen Voraussetzungen hat die RegTP gegenüber einem Netzbetreiber mit beträchtlicher Marktmacht die Befugnis, ihn auf die Einhaltung des Diskriminierungsverbotes und des Transparenzgebotes zu verpflichten (§§ 19, 20 TKG[203]). Weiterhin kann ihn die RegTP zur Gewährung von Zugang zugunsten

---

201 Begründung zum TKG-RegE zu § 18, in: Bundestags-Drucksache 15/2316, Anlage 1, S. 64. Zur Kritik hieran siehe VATM, Stellungnahme zum TKG-RegE zu § 18, S. 14 ff.

202 Darüber hinaus können vom Netzbetreiber zum eigenen Schutz in einem engen Rahmen auch individuelle Verweigerungsgründe geltend gemacht werden, wie z. B. fehlende Vertragserfüllung oder mangelnde Kreditwürdigkeit seitens des Zugangspetenten; vgl. für das TKG 1996 *Piepenbrock*, in: Beck'scher TKG-Kommentar, § 33 Rn. 60, m. w. N. aus der Rechtsprechung des Bundesgerichtshofes; zustimmend *Schulz-Jander*, S. 147 f.; *Kühling*, S. 262.

203 Beide Vorschriften wurden im Gesetzgebungsverfahren eingefügt, so dass sich im TKG gegenüber dem TKG-RegE, auf den sich die Gesetzesbegründung und viele Stellungnahmen beziehen, die Nummerierung der nachfolgenden Paragrafen geändert hat.

anderer Unternehmen verpflichten (§ 21 Abs. 1 S. 1 TKG)[204]. Für die Regulierung durch Zugangsverpflichtung gibt § 21 TKG Abwägungsparameter sowie einen Katalog von Beispielen und Regelbeispielen vor. § 21 Abs. 1 S. 2 TKG enthält die Abwägungsparameter, die bei der Frage der Rechtfertigung einer Zugangsverpflichtung berücksichtigt werden müssen[205]. Hierzu wurden die gemeinschaftsrechtlichen Vorgaben des Art. 12 Abs. 2 Rahmenrichtlinie weitgehend wortgetreu übernommen.

Einige nicht abschließende Beispiele für einzelne Verpflichtungsmöglichkeiten bezogen auf wesentliche Vorleistungen im Markt sind in § 21 Abs. 2 und 3 TKG festgelegt[206]. Dabei hat der deutsche Gesetzgeber nahezu wörtlich die gemeinschaftsrechtlichen Vorgaben aus Art. 12 Abs. 1 lit. a), c)-i) Zugangsrichtlinie als Verpflichtungsmöglichkeiten übernommen[207]. Lediglich die in Art. 12 Abs. 1 lit. b) Zugangsrichtlinie vorgesehene Befugnis zur Verpflichtung zur Verhandlung bei einem allgemeinen Zugangsbegehren wurde vom deutschen Gesetzgeber nicht eingefügt. Es ist aber ausdrücklich klargestellt, dass die angegebenen Verpflichtungsmöglichkeiten nicht abschließend sind und dass die RegTP befugt ist, darüber hinaus auch andere Verpflichtungen aufzuerlegen[208]. In den Fällen des § 21 Abs. 2 TKG liegt die Auferlegung der genannten Verpflichtungsbeispiele im Ermessen der RegTP[209]. Im Rahmen ihres Auswahlermessens kann die RegTP sich bei ihrer Verpflichtungsentscheidung auf eine oder mehrere der genannten Verpflichtungsbeispiele beschränken oder eine andere Verpflichtung – auch zusätzlich – erteilen. Davon abgesetzt sind die Fälle des § 21 Abs. 3 TKG, in denen die RegTP unter Berücksichtigung der

---

204 Zum ungeklärten Verhältnis der Regulierung nach § 18 TKG (Sondervorschrift für Teilnehmernetzbetreiber) zu der nach § 21 TKG (Betreiber mit beträchtlicher Marktmacht) siehe VATM, Stellungnahme zum TKG-RegE zu §§ 18 und 19, S. 14 ff., 17 f.

205 ZEI, Tz. 26.

206 Begründung zum TKG-RegE zu § 28 Abs. 1, in: Bundestags-Drucksache 15/2316, Anlage 1, S. 68.

207 Begründung zum TKG-RegE zu § 19 Abs. 2 und 3, in: Bundestags-Drucksache 15/2316, Anlage 1, S. 65 f.

208 Vgl. Wortlaut des § 21 Abs. 2 TKG sowie Begründung zum TKG-RegE zu § 19 Abs. 2, in: Bundestags-Drucksache 15/2316, Anlage 1, S. 65. Siehe auch Monopolkommission, Sondergutachten 40, Tz. 56.

209 § 16 Abs. 2 TKG-RefE behandelte einige dieser Verpflichtungsmöglichkeiten noch als gesetzliche Vermutung des Vorliegens der Voraussetzungen der Abwägungsparameter. Zur Schwierigkeit der Abgrenzung der Möglichkeiten nach § 21 Abs. 2 TKG von denen des Abs. 3 vgl. schon ZEI, Tz. 28, mit Ausführungen zu § 16 Abs. 2 und 3 TKG-RefE.

Kriterien des Abs. 1 eine entsprechende Verpflichtung auferlegen soll. Aufgrund dieser gesetzlichen Regelanweisung als intendiertes Ermessen ist das Auswahlermessen der RegTP erheblich reduziert[210].

Insgesamt räumt die Regelung der Zugangsverpflichtungen nach § 21 TKG der RegTP bei der Auswahl einer solchen Verpflichtung ein Ermessen ein[211]. Dies muss die RegTP bezüglich der aufzuerlegenden Verpflichtung im Einzelfall pflichtgemäß ausüben[212]. Im Gegensatz zum TKG 1996 eröffnet diese Regelung einen höheren Grad an Flexibilität, da selbst ein Unternehmen mit beträchtlicher Marktmacht nicht mehr automatisch bestimmten Verpflichtungen unterworfen wird. Die RegTP erlässt ihre Entscheidung nach § 21 Abs. 1 S. 1 Alt. 2 TKG über die Verpflichtung zur Gewährung von Zugang an den betroffenen Betreiber als Verwaltungsakt[213]. Dieser ergeht einheitlich mit der Festsetzung der Ergebnisse der Marktdefinition und Marktanalyse nach §§ 10 und 11 TKG (§ 13 Abs. 3 TKG). Lehnt die RegTP den Antrag eines Unternehmens auf Erlass einer Zugangsverpflichtung gegenüber einem Netzbetreiber ab (§ 21 Abs. 1 S. 1 Alt. 1 TKG), wird der Antrag ebenfalls durch Verwaltungsakt zurückgewiesen.

Als Folge einer erteilten Verpflichtung nach § 21 TKG hat der Betreiber gegenüber Dritten, die diesen Zugang nachfragen, unverzüglich, aber spätestens innerhalb von drei Monaten ein Angebot auf Zugang abzugeben (§ 22 Abs. 1 TKG). Aus der Zugangsverpflichtung folgt ein Kontrahierungszwang unter Einschränkung der Privatautonomie[214]. Hierzu kann er von der RegTP verpflich-

---

210 Begründung zum TKG-RegE zu § 19 Abs. 3, in: Bundestags-Drucksache 15/2316, Anlage 1, S. 65; auch: Monopolkommission, Sondergutachten 40, Tz. 57.

211 Stellungnahme des Bundesrats zum TKG-RegE v. 19.12.2003, in: Bundestags-Drucksache 15/2316, Anlage 2, S. 110, Ziff. 7.b); auch Gegenäußerung der Bundesregierung zu Ziff. 7.b) der Stellungnahme des Bundesrats zum TKG-RegE, in: Bundestags-Drucksache 15/2345, S. 2 („[...] prüfen, ob [...] Auswahlermessen [...] verdeutlicht werden kann."); auch *Ellinghaus*, in: MMR 2004, 293 (293): „[...] muss die RegTP diesen in einem dritten Schritt bestimmte Verpflichtungen auferlegen".

212 § Z 3 des TKG-Arbeitsentwurfes des BMWA v. 20.02.2003 sah noch eine gebundene Verpflichtung auf Nachfrage eines Berechtigten vor. Vgl. zur Kritik an der Lockerung AmCham, S. 4; *Möschel/Haug*, in: MMR 2003, 505 (506).

213 Siehe schon Wortlaut des § 13 Abs. 3 TKG.

214 *Geppert/Ruhle/Schuster*, Rn. 535. Zum Kontrahierungszwang im Telekommunikationsrecht, insbesondere in der Zugangsregulierung nach §§ 35 ff. TKG 1996, siehe *S. Wolff*, S. 75 ff.

tet werden, für die zugangsbeantragenden Unternehmen die relevanten Informationen zu veröffentlichen. Die RegTP kann die abzugebenden Daten und die Form ihrer Übermittlung konkret vorschreiben. Abgeschlossene Vereinbarungen müssen von dem zugangsgewährenden Betreiber der RegTP zur Veröffentlichung vorgelegt werden (§ 22 Abs. 3 TKG). Bei einer allgemeinen Nachfrage nach dieser Leistung soll der entsprechende Betreiber von der RegTP verpflichtet werden, ein Standardangebot für diese Leistung zu veröffentlichen, welches in seine Allgemeinen Geschäftsbedingungen zu übernehmen ist (§ 23 TKG). Ob eine allgemeine Nachfrage besteht, wird dabei von der RegTP ermittelt und gegebenenfalls verbindlich festgelegt (§ 23 Abs. 2, 3 TKG).

Ferner kann die RegTP Betreibern öffentlicher Telekommunikationsnetze mit beträchtlicher Marktmacht die getrennte Rechnungslegung für zugangsrelevante Bereiche im Unternehmen auferlegen (§ 24 TKG). Damit soll eine höhere Transparenz der Vorleistungspreise und der internen Verrechnungspreise erreicht werden[215].

Kommt eine Vereinbarung über den Zugang nach den §§ 18 oder 22 TKG dennoch nicht zustande, ordnet die RegTP den Zugang auf Ersuchen eines der Beteiligten oder von Amts wegen an (§ 25 Abs. 1, 4 TKG). Eine solche Anordnung ist von den Parteien unverzüglich umzusetzen (§ 25 Abs. 8 TKG). Wegen des Vorranges von vertraglichen Zugangsvereinbarungen[216] kann eine Anordnung jederzeit von den Beteiligten im Wege der Privatautonomie durch eine einvernehmliche Regelung ersetzt werden (§ 25 Abs. 2 TKG). Alle Maßnahmen zur Zugangsregulierung werden von der RegTP veröffentlicht (§ 26 TKG).

III. Ausgestaltung und Reichweite der Zugangsverpflichtungen in Bezug auf die Infrastruktur

Die Bedeutung von gesetzlichen Zugangsverpflichtungen für das Entstehen und Aufrechterhalten von Wettbewerb wird erst durch eine Untersuchung ihrer

---

[215] Begründung zum TKG-RegE zu § 22, in: Bundestags-Drucksache 15/2316, Anlage 1, S. 66, mit Verweis auf Art. 11 Abs. 2 Zugangsrichtlinie 2002/19/EG.

[216] Begründung zum TKG-RegE zu § 23 Abs. 2, in: Bundestags-Drucksache 15/2316, Anlage 1, S. 66.

möglichen Ausgestaltung und Reichweite deutlich. Allein die pauschale Verpflichtung zur Gewähr des nur ganz allgemein definierten Zugangs bietet keine ausreichende Grundlage für wirtschaftliche Entscheidungen der Wettbewerber. Dies hat die bisherige Praxis in der Telekommunikation gezeigt, wo die Wettbewerber der DT AG immer wieder angemahnt hatten, ihnen die nach § 33 Abs. 1 S. 1 TKG 1996 beantragten Vorleistungen zeitgerecht und in der erforderlichen Art und Weise zur Verfügung zu stellen[217].

Erst die weitere konkrete Ausgestaltung und Reichweite der Verpflichtungen bestimmen darüber, inwieweit die Wettbewerber ihr Recht auf *angemessenen* Zugang[218] gegenüber Netzbetreibern mit beträchtlicher Marktmacht in technisch und wirtschaftlich sinnvoller Weise ausüben können. Abhängig vom Grad der Gewährleistung dieser Ausübung hat die Regulierungsbehörde tatsächlich die Möglichkeit, über die Zugangsverpflichtungen lenkend in das Marktgeschehen einzugreifen, um die unterschiedlichen Ausgangspositionen der Marktteilnehmer wirkungsvoll auszubalancieren. Die in die Pflicht zu nehmenden Netzbetreiber werden die grundsätzliche Verpflichtungsmöglichkeit in ihren Geschäftsmodellen und in ihrer daraus resultierenden Infrastrukturplanung berücksichtigen. Dabei können Ineffizienzen der eigenen Infrastruktur wirtschaftlich sinnvoll sein, solange dadurch eine Zugangsberechtigung für Konkurrenten mit noch negativeren wirtschaftlichen Folgen für die eigene Marktposition vermieden werden. Über die Gestaltung ihrer Infrastruktur haben es die Netzbetreiber in der Hand, die wirtschaftlichen Gestaltungsräume für konkurrierende Geschäftsmodelle, die auf Netzzugang angewiesen sind, zu verengen[219]. Im Ergebnis bedeutet dies, dass eine Zugangsregulierung nur dann ihr Ziel erreichen kann, wenn sie im Detail den Verpflichteten hinreichend bestimmte und damit auch durchsetzbare Regelungen mit ausreichender Reichweite auferlegen kann. Von besonderer Bedeutung für die Zugangsberechtigten ist dabei die Frage, inwieweit der Zugangsverpflichtete auch zu Maßnahmen zur Veränderung oder

---

217 VATM, Stellungnahme zum TKG-RegE zu § 25, S. 29; siehe auch Urteilskritik von *Schütze*, in: MMR 2003, 359 (359).

218 Siehe Erwägungsgrund 6, Art. 5 Abs. 1 Zugangsrichtlinie 2002/19/EG.

219 Siehe als Beispiel die bewusst geringe Pipelinekapazität integrierter Ölfirmen in den U.S.A., die die Durchleitungsansprüche der nicht-integrierten Wettbewerber verhindern sollte, *Stürmer*, S. 176 f.

Instandhaltung seiner Netzinfrastruktur, auf die sich der Zugang bezieht, verpflichtet werden kann.

1. Infrastrukturveränderungen und Instandhaltung

Als Infrastrukturveränderung ist jede Veränderung des vorhandenen Netzes zu verstehen[220]. Sie kann in verschiedenen Konstellationen sowohl durch physische als auch durch logische Maßnahmen vorgenommen werden[221]. Physische Maßnahmen bewirken Veränderungen am Bau bzw. an der *Hardware*, wohingegen logische Maßnahmen die Infrastruktur über die Konfiguration bzw. die *Software* verändern. Diese Maßnahmen können von marginalen Veränderungen wie dem Austausch eines Steckers bis zur kompletten Neuerrichtung oder Neukonfiguration von Netzen oder Netzteilen reichen.

Verschiedene Konstellationen von Infrastrukturveränderungen sind zu unterscheiden[222]. Infrastrukturveränderung kann als Oberbegriff für vier Konstellationen erfasst werden: den Anbau, den Ausbau, den Umbau und den Neubau von Netzen oder Netzteilen. Feste Begriffe und Definitionen haben sich in diesem Bereich bisher nicht herausgebildet, da es bei dieser Einteilung zwangsläufig wegen der teilweise nur graduellen Unterscheidung zu Überschneidungen kommt.

Unter dem *Anbau* ist die Veränderung zu verstehen, die den Zugang zum Netz durch eine Verbindung ermöglicht. Der so verstandene Anbau öffnet das Netz an bestimmten Stellen für den Zugang für Dritte und ist bereits begrifflich Bestandteil des Zugangskonzeptes. Der *Ausbau* des Netzes dient der quantitativen Erweiterung der Leistungsfähigkeit des Netzes oder einzelner Netzteile, um Engpässe insbesondere bei der Übertragungskapazität zu überwinden[223]. Entsprechend verändert der *Umbau* das Netz in qualitativer Hinsicht beispielsweise durch Trennung oder Zusammenlegung von Netzkomponenten. Durch *Neubau* wird das bestehende Netz in seiner Funktionsweise, seiner Netzwerkarchitektur

---

[220] Zum Folgenden siehe insbesondere *Koenig/Kühling/Winkler*, in: WuW 2003, 228 (230).
[221] Ähnlich *Junghanns*, S. 404.
[222] Vgl. hierzu auch die Einteilungen bei *Junghanns*, S. 404, und *Koenig/Kühling/Winkler*, in: WuW 2003, 228 (230 f.), mit Beispielen und m. w. N.
[223] Vgl. hierzu auch Begründung zum TKG-RegE zu § 19 Abs. 1 S. 2 Nr. 2, in: Bundestags-Drucksache 15/2316, Anlage 1, S. 64 f.

oder seiner Ausdehnung verändert. Der Neubau ist der grundlegendste Eingriff in ein bestehendes Netz[224].

Neben diesen Infrastrukturveränderungen sind noch die Maßnahmen zur Instandhaltung der Infrastruktur zu erwähnen. Diese Maßnahmen gewährleisten, dass das bestehende Netz mit seiner gegenwärtigen Leistung und seinem technischen Standard auch in Zukunft in gleicher Weise nutzbar bleibt.

2. Bisherige Regelung im TKG 1996 und Entscheidungspraxis

Nach der Rechtslage im TKG 1996 galt für die Regulierung des Zugangs zu einzelnen Einrichtungen und Diensten die Regelung des § 33 Abs. 1 S. 1 TKG 1996. Danach hatte ein marktbeherrschender Anbieter Wettbewerbern auf diesem Markt diskriminierungsfrei den Zugang zu seinen intern genutzten oder am Markt angebotenen wesentlichen Leistungen zu denselben Bedingungen einzuräumen, die er sich selbst oder anderen gewährte[225]. Zugang zum Netz als wesentliche Leistung hieß dabei auch Zugang zur Infrastruktur[226]. Wesentliche Leistungen in Zusammenhang mit seiner Netzinfrastruktur musste der marktbeherrschende Anbieter grundsätzlich extern auch allen Wettbewerbern zu gleichen Konditionen, zu denen er sie gegebenenfalls auch intern nutzte, anbieten[227]. Im Telekommunikationsrecht galt das Gebot der Gleichheit von interner und externer Behandlung[228].

Die Konsequenzen dieses Gebotes des TKG 1996 auf die Frage der Zugangsgewährung unter Verpflichtung zu Infrastrukturveränderungen wurden von der Verwaltungspraxis, der Rechtsprechung und der Literatur nicht einheitlich

---

[224] Der neue europäische Rechtsrahmen verwendet in Erwägungsgrund 9 S. 2 Verordnung (EG) Nr. 2887/2000 des Europäischen Parlaments und des Rates v. 18.12.2000 über den entbündelten Zugang zum Teilnehmeranschluss, ABl. L 336 v. 30.12.2000, S. 4-8, für die Erweiterung des Netzes die Bezeichnung *Aufbau*.

[225] OVG Münster, in: MMR 2003, 355 (356).

[226] So für § 33 TKG 1996: BVerwGE 114, 160 (174, 175 f., 176 ff.); OVG Münster, in: MMR 1998, 98 (99); VG Köln, in: MMR 1999, 238 (241); auch *Holznagel/Koenig*, S. 13 f.; *S. Wolff*, S. 60, 234 f.

[227] Siehe statt vieler *Trute*, in: Trute/Spoerr/Bosch, § 33 Rn. 1; *Piepenbrock*, in: Beck'scher TKG-Kommentar, § 33 Rn. 10, 33; *Junghanns*, S. 334, 345.

[228] Begründung zum Gesetzentwurf der Fraktionen CDU/CSU, SPD und F.D.P. zum TKG 1996 zu § 32 Abs. 1, in: Bundestags-Drucksache 13/3609, S. 46.

gezogen[229]. Der wohl überwiegende Teil in der Literatur vertrat die Auffassung, dass eine Investitionsverpflichtung zu Infrastrukturveränderungen oder auch nur zur Instandhaltung dem marktbeherrschenden Netzbetreiber nach den bestehenden Regelungen nicht auferlegt werden dürfe[230]. Zumeist wurde das Problem bislang aber eingeschränkt nur für die Frage der Verpflichtung zur Schaffung erweiternder Kapazität diskutiert, ohne nach der Intensität der Infrastrukturveränderung zu differenzieren[231]. Zur Begründung stützt sich diese Ansicht auf die Vorgaben aus dem allgemeinen Kartellrecht, die mangels ausdrücklicher eigener Regelung im Telekommunikationsrecht zu übernehmen seien.

In der Literatur zum allgemeinen Kartellrecht wird eine Investitionspflicht des marktbeherrschenden Betreibers einer wesentlichen Infrastruktureinrichtung nach § 19 Abs. 4 Nr. 4 GWB ganz überwiegend mit dem pauschalen Verweis auf die grundrechtlich geschützte Eigentumsposition des Netzbetreibers abgelehnt[232]. Kein Marktteilnehmer könne verpflichtet werden, einen Wettbewerber zum eigenen Nachteil zu fördern[233]. Dieser Grundsatz gilt allerdings auch im übrigen Kartellrecht nicht ohne Ausnahme. So können Unternehmen durchaus im Ausnahmefall zum Tätigwerden für einen Wettbewerber verpflichtet werden[234]. Auch das Bundeskartellamt hat das Kartellrecht für Ausnahmeregelungen geöffnet. Im Grundsatz könne Zugang nur zur bestehenden Infrastruktur gewährt werden, aber aus dieser Zugangsregelung heraus könne eine entsprechende Pflicht zu Veränderungen an der bestehenden Infrastruktur unter Über-

---

229 Uneinheitlich auch für das Energierecht: wohl überwiegend ablehnend *Büdenbender*, in: RdE 1999, 1 (2 f.); *Horstmann*, S. 67, m. w. N.; dagegen bejahend *Walter/v. Keussler*, in: RdE 1999, 223 (224); jüngst auch *Kubiciel*, S. 242 ff.

230 So *Junghanns*, S. 406 f.; *Manssen*, in: ders., Teil C, § 33 TKG Rn. 13; im Grundsatz wohl auch *Piepenbrock*, in: Beck'scher TKG-Kommentar, § 33 Rn. 57; *Braun*, S. 201.

231 So etwa *Piepenbrock*, in: Beck'scher TKG-Kommentar, § 33 Rn. 57; im Schwerpunkt auch *Junghanns*, S. 406 f.; nur kurz *Braun*, S. 201.

232 Vgl. etwa *Bechtold*, § 19 Rn. 82, der jeden Anspruch auf Infrastrukturveränderung ablehnt; *Möschel*, in: Immenga/Mestmäcker, § 19 Rn. 206, der eine umfassende Pflicht zur Schaffung von Kapazität ablehnt, jedoch eine Pflicht zu unternehmensinternen Hilfs- und Umstrukturierungsmaßnahmen zur Erhöhung der nutzbaren Kapazitäten bejaht.

233 St. Rspr.: BGH, in: WuW 1974, 182 (186) – EDV-Ersatzteile (WuW/E BGH 1288 ff.); WuW 1989, 235 (239) – Lüsterbehangsteine (WuW/E BGH 2535 ff.); WuW 1989, 1019 (1022) – Frankiermaschinen (WuW/E BGH 2589 ff.); WuW 1992, 515 (519) – Aktionsbeträge (WuW/E BGH 2755 ff.); WuW 1995, 311 (322) – Gasdurchleitung (WuW/E BGH 2953 ff.).

234 BGH, in: WuW 1995, 311 (322) – Gasdurchleitung (WuW/E BGH 2953 ff.), m. w. N.

nahme der Kosten und Nachteilsausgleich durch den Zugangspetenten bejaht werden[235].

Für das Telekommunikationsrecht sind bisher zum Teil auch die RegTP und die Verwaltungsgerichte der Ansicht der überwiegenden Literatur gefolgt[236]. Die Rechtsprechung hat klargestellt, dass die Zugangsberechtigung nach § 33 TKG 1996 nur so weit reichte, wie die Infrastruktur beim marktbeherrschenden Anbieter bereits vorhanden war[237]. Es wurden jedoch auch Entscheidungen getroffen[238], die auf eine Verpflichtung zu Infrastrukturveränderungen aus der Natur der Zugangsregulierung hinweisen. Demzufolge ist keine einheitliche Linie, geschweige denn eine gefestigte Dogmatik in dieser Frage zu erkennen.

Demgegenüber ist in der Literatur auch die Ansicht geäußert worden, dass sich mittelbar aus der Zugangsverpflichtung des Telekommunikationsrechts ausdrücklich herleiten lasse, dass ein marktbeherrschender Anbieter eventuell auch zu umfassenden Infrastrukturveränderungen verpflichtet sei[239]. Mit der Ausnahme von Neubauverpflichtungen seien die übrigen Konstellationen zu Infrastrukturveränderungen regelmäßig aus der Zugangsgewährungspflicht im

---

235 BKartA v. 21.12.1999, in: WuW 2000, 757 (762 ff.) – Puttgarden (WuW/E DE-V 253 ff.), wonach die Einrichtung zwar bereits vorhanden sein muss, aber ein Zugang durch bauliche Veränderung gewährt werden muss, wenn sie in ihrem Wesen nicht verändert wird. Dieser Beschluss wurde jedoch im Beschwerdeverfahren durch das OLG Düsseldorf, in: WuW 2001, 53 (54, 56 ff.) – Puttgarden II (WuW/E DE-R 569 ff.), wegen Verstoßes gegen das Bestimmtheitsgebot des § 37 Abs. 1 VwVfG aufgehoben; vgl. auch schon Beschluss des OLG Düsseldorf, in: WuW 2000, 620 (620 ff.) – Puttgarden I (WuW/E DE-R 472 ff.), zur Wiederherstellung des Suspensiveffektes der Beschwerden.

236 Vgl. OVG Münster, in: MMR 2002, 566 (567): keine Verpflichtung zum Netzausbau; weitere Nachweise aus der Entscheidungspraxis der RegTP und des VG Köln bei *Junghanns*, S. 405.

237 Siehe kürzlich OVG Münster, in: MMR 2003, 355 (356), m. w. N.

238 VG Köln, in: MMR 2002, 266 (267), bestätigt durch OVG Münster, in: MMR 2002, 566: ausdrücklich offen gelassen; OVG Münster, in: MMR 2001, 548 (550 f.): vermittelnde Netzkonfiguration zwischen den Partnern der Zusammenschaltung, Umbau als mittelbare Folge der Entgeltregulierung auf Basis eines optimierten Netzes; RegTP, in: MMR 2002, 271 (273): Anordnung der vorsorglichen Umrüstung wäre unangemessen; MMR 1999, 430 (433): Zusammenschaltung setzt entsprechende technische Vorkehrungen der Netze voraus. Siehe zur Entscheidungspraxis auch *Neumann/Peya/Schürmann*, in: MMR 2002, 274 (274 ff.).

239 *Koenig/Kühling/Winkler*, in: WuW 2003, 228 (231 ff.), wollen einen umfassenden Anspruch aus der Zugangsverpflichtung heraus gewähren. Auch *Kühling*, S. 263.

Rahmen einer Interessenabwägung abzuleiten[240]. Aus diesem Abwägungserfordernis folge eine differenzierende Betrachtung, die sich danach richtet, in wie weit der Veränderungsbedarf notwendig ist, damit der Zugangspetent die vorhandenen Fähigkeiten des Netzes tatsächlich nutzen kann[241]. So entschied auch die Rechtsprechung, dass Zugang nur zu einer bereits vorhandenen Infrastruktur gewährt werden muss, aber dass den Zugriff ermöglichende technische Vorkehrungen gleichwohl davon umfasst sind und dementsprechend zur Erfüllung der Zugangsverpflichtung gegebenenfalls zu erstellen sind[242].

Das Regulierungssystem des TKG 1996 stand auf der Grundlage einer einheitlichen technischen Normierung für alle Marktteilnehmer[243]. Hierzu bezog sich der Gesetzgeber auf die technischen Normen der EU für den Zugang zu Telekommunikationsnetzen[244], die dessen technische Spezifikation und Ausgestaltung festlegten. Diese Standardisierung und ihre Festlegung als Mindeststandard im nationalen Recht bedeutete zugleich, dass kein Marktteilnehmer den Zugang nach seinen eigenen Wünschen einfordern konnte. Im Ergebnis bezog sich der Anspruch auf Netzzugang in seiner Ausgestaltung nach dem TKG 1996 immer nur auf die bereits vorhandene, den vorgegebenen Spezifikationen genügende Infrastruktur. Eine Pflicht zur Veränderung dieser Netzinfrastruktur und ihrer Instandhaltung im Rahmen der Zugangsverpflichtung im Telekommunikationsrecht war bislang, soweit sie überhaupt diskutiert wurde, umstritten und wurde – trotz einiger abwägender Ausführungen – überwiegend pauschal abgelehnt.

3. Regelung nach der TKG-Novelle

Im Gegensatz zum TKG 1996 hat der Gesetzgeber bei der Novellierung des TKG konkrete, nicht abschließende Beispiele für Verpflichtungsbefugnisse der RegTP aus dem europäischen Rechtsrahmen ins Gesetz übernommen. Die Reichweite der einzelnen Verpflichtungsbefugnisse zur Zugangsregulierung richtet sich nach § 21 TKG und seiner Auslegung. Die Auslegung hat sich dabei

---

240 *Koenig/Kühling/Winkler*, in: WuW 2003, 228 (235); *Kühling*, S. 263.
241 In diese Richtung auch *Piepenbrock*, in: Beck'scher TKG-Kommentar, § 33 Rn. 57 f.
242 OVG Münster, in: MMR 2003, 355 (356), zu § 33 TKG 1996; RegTP, in: MMR 1999, 430 (433), zur Zusammenschaltungspflicht des § 37 TKG 1996.
243 *Nolte*, in: BB 1996, 2629 (2636); vgl. § 34 TKG 1996.
244 Siehe Art. 5 Abs. 3 der ONP-Richtlinie 90/387/EWG, ABl. L 192 v. 24.07.1990, S. 1-9.

an den Vorgaben der Zugangsrichtlinie und des übrigen Gemeinschaftsrechts zu orientieren, da der deutsche Gesetzgeber zur entsprechenden Umsetzung in nationales Recht verpflichtet war und sich dabei selbst stark an die Vorgaben angelehnt hat.

Unter dem Gesichtspunkt von Infrastrukturveränderungen ist zunächst insbesondere der nicht abschließende Beispielskatalog des § 21 Abs. 2, 3 TKG zu untersuchen. Hierbei steht die Frage im Mittelpunkt, ob es schon nach dem nicht abschließenden Katalog die Befugnis zur Verpflichtung zu Infrastrukturveränderungen gibt. Besondere Beachtung verdient die aus der Zugangsrichtlinie übernommenen Verpflichtungsmöglichkeiten,

> „bereits gewährten Zugang zu Einrichtungen nicht nachträglich zu verweigern" (§ 21 Abs. 2 Nr. 2 TKG)

und

> „bestimmte für die Interoperabilität der Ende-zu-Ende-Kommunikation notwendige Voraussetzungen [...] zu schaffen" (§ 21 Abs. 2 Nr. 4 TKG).

Damit wurden Art. 12 Abs. 1 S. 2 lit. c) und g) Zugangsrichtlinie umgesetzt[245], so dass bei der Auslegung auch der gemeinschaftsrechtliche Kontext zu beachten ist. Insbesondere diese Verpflichtungsbefugnisse sprechen für die Möglichkeit von Verpflichtungen zur Instandhaltung und Veränderung der Infrastruktur.

Nach § 21 Abs. 2 Nr. 2 TKG kann ein Netzbetreiber bei Vorliegen der Voraussetzungen verpflichtet werden, den gegenwärtig genutzten Zugang zu seinem Netz oder Netzteilen auch weiterhin zu gewähren. Diese Verpflichtungsmöglichkeit dient dem Schutz von Altverträgen und umfasst künftig die Fälle, in denen der gewährte Zugang allein aufgrund vertraglicher Vereinbarung freiwillig gewährt wird[246]. Dies schließt für den betroffenen Netzbetreiber notwendig die Auflage ein, sein Netz auf dem für diesen Zugang erforderlichen technischen Stand zu halten. Er kann die Zugangsverpflichtung also nicht dadurch auslaufen lassen, dass sein Netz mangels Instandhaltung oder aufgrund eingeschränkten

---

[245] Begründung zum TKG-RegE zu § 19 Abs. 2 Nr. 2 und 4, in: Bundestags-Drucksache 15/2316, Anlage 1, S. 65.

[246] Begründung zum TKG-RegE zu § 19 Abs. 2 Nr. 2, in: Bundestags-Drucksache 15/2316, Anlage 1, S. 65.

Betriebs nicht mehr in der Lage ist, den begehrten Zugang zu erfüllen. Insoweit besteht eine Verpflichtung zur Instandhaltung des eigenen Netzes.

Die Verpflichtung der Befugnis des § 21 Abs. 2 Nr. 4 TKG ist nach ihrem Wortlaut aktiv formuliert in dem Sinne, dass die Pflicht, bestimmte „Voraussetzungen zu schaffen", vom Verpflichteten ein Tun und nicht nur die bloße passive Duldung der Nutzung einfordert. Um die Interoperabilität der Ende-zu-Ende-Kommunikation für das Diensteangebot des Zugangspetenten zu gewährleisten, hat der Zugangsverpflichtete seine Netzinfrastruktur so zur Verfügung zu stellen, dass die reibungslose, allzeit verfügbare, uneingeschränkte, wartezeitfreie und auch sonst störungsfreie Übertragung von Telekommunikationsdiensten möglich ist. Sofern das bestehende Netz hierzu nicht ausreicht, ist das Schaffen von technischen Voraussetzungen für den verpflichteten Netzbetreiber nur durch Veränderungen dieser Netzinfrastruktur zu erreichen. Dementsprechend ist in der Novellierung des TKG der RegTP auch die Verpflichtung zu Infrastrukturveränderungen im Grundsatz eingeräumt worden. Sie ist nunmehr ausdrücklicher Bestandteil des ohnehin nur beispielhaften Verpflichtungskatalogs.

Diese Auslegung des Wortlauts entspricht auch der Zugangsdefinition des § 3 Nr. 32 TKG. Danach wird Zugang definiert als

> „die Bereitstellung von Einrichtungen oder Diensten [...] unter bestimmten Bedingungen [...]."[247]

Die Zugangsverpflichtung nach § 21 Abs. 1 S. 1 TKG zur Bereitstellung bedeutet die „benutzungsfertige" Öffnung des eigenen Netzes für ein anderes Unternehmen. Insofern steht die eventuelle Anpassung der eigenen Infrastruktur mit der Gewährung von Zugang in einem unmittelbaren Zusammenhang[248]. Um Einrichtungen und Dienste einem Dritten tatsächlich bereitstellen zu können, müssen die technischen Gegebenheiten bei Bedarf auf den Zugangsberechtigten zugeschnitten werden, weil ansonsten die Zugangsverpflichtung leer laufen würde[249]. Die Bedingungen des Zugangs regelt das Gesetz in den §§ 16 ff. TKG.

---

247 Siehe hierzu bereits oben unter I.
248 Bereits für das TKG 1996: *Koenig/Kühling/Winkler*, in: WuW 2003, 228 (228).
249 Bereits für das TKG 1996: *Koenig/Kühling/Winkler*, in: WuW 2003, 228 (235).

Weiterhin steht die obige Auslegung im Einklang mit den Grundsätzen des Konzeptes offener Netze (ONP-Konzept). Um die Offenheit der verschiedenen Netze untereinander und den Zugang Dritter zu diesen Netzen zu sichern, sind die Verweigerungsgründe abschließend geregelt, die ein Netzbetreiber gegen die Öffnung seines Netzes ins Feld führen kann. In diesem Zusammenhang führt das TKG als mögliche objektive Gründe in § 21 Abs. 4 S. 1 TKG abschließend die Sicherheit des Netzbetriebs sowie die Aufrechterhaltung der Netzintegrität auf, zu denen § 21 Abs. 4 S. 2 TKG klarstellt, dass sie von einem Betreiber gegebenenfalls anhand objektiver Maßstäbe nachzuweisen sind[250]. Weitere anerkannte sachliche Verweigerungsgründe des alten europäischen Rechtsrahmens[251] waren ausschließlich die Interoperabilität der Dienste und der Datenschutz[252] sowie der Umweltschutz, die Bauplanungs- und Raumordnungsziele und die Erfordernisse des Frequenzspektrums und seiner Nutzung[253]. Demzufolge waren weder in der Vergangenheit noch sind in der Gegenwart im europäischen Rechtsrahmen die Notwendigkeit von Infrastrukturveränderungen oder die eventuelle wirtschaftliche Belastung bei ihrer Durchführung als sachliche Verweigerungsgründe anerkannt[254].

Die übrigen Restriktionen des allgemeinen Kartellrechts für die Aufsichtsbehörde im Hinblick auf Infrastrukturveränderungen sind in der Telekommunikation nicht anwendbar. Vielmehr ist nach den Gegebenheiten des Marktes und

---

250 Begründung zum TKG-RegE zu § 19 Abs. 4, in: Bundestags-Drucksache 15/2316, Anlage 1, S. 66.

251 Darüber hinaus konnten nach dem TKG 1996 vom Netzbetreiber zum eigenen Schutz in einem engen Rahmen auch individuelle Verweigerungsgründe geltend gemacht werden, wie z. B. fehlende Vertragserfüllung oder mangelnde Kreditwürdigkeit seitens des Zugangspetenten; vgl. *Piepenbrock*, in: Beck'scher TKG-Kommentar, § 33 Rn. 60, m. w. N. aus der Rechtsprechung des Bundesgerichtshofes; zustimmend *Schulz-Jander*, S. 147 f.; *Kühling*, S. 262.

252 Siehe Art. 2 Nr. 6, Art. 3 Abs. 2 ONP-Richtlinie 90/387/EWG, ABl. L 192 v. 24.07.1990, S. 1-9. Siehe auch Verweis in § 35 Abs. 2 S. 2 TKG 1996.

253 Siehe Art. 2 Nr. 6 Richtlinie 97/51/EG des Europäischen Parlaments und des Rates v. 06.10.1997 zur Änderung der Richtlinien 90/387/EWG und 92/44/EWG des Rates zwecks Anpassung an ein wettbewerbsorientiertes Telekommunikationsumfeld, ABl. L 295 v. 29.10.1997, S. 23-34.

254 Für den alten Rechtsrahmen: *Koenig/Kühling/Winkler*, in: WuW 2003, 228 (235). Eventuelle wirtschaftliche Belastungen wären ohnehin über die Regulierung der Zugangsentgelte innerhalb des Maßstabes der effizienten Leistungsbereitstellung auszugleichen, vgl. §§ 30 ff. TKG; auch Begründung zum TKG-RegE zu § 19 Abs. 1, in: Bundestags-Drucksache 15/2316, Anlage 1, S. 65.

dem zugrunde liegenden Stand der Technik eine differenzierte Betrachtung geboten. Wegen der bereits erwähnten Besonderheiten dieses Marktes bei der Überführung vom Monopol zum Wettbewerb aufgrund der Netzgebundenheit seiner Produkte und Dienstleistungen sind die lediglich auf Bekämpfung von Missbrauch gerichteten Regeln des Kartellrechts nicht unverändert übertragbar[255]. Zur Durchsetzung von Wettbewerb darf daher der Hoheitsträger über die im Kartellrecht üblichen Anforderungen an die Marktteilnehmer hinausgehen[256]. Etwas anderes ergibt sich auch nicht aus dem übrigen Recht der Wettbewerbsaufsicht, insbesondere nicht aus dem Energierecht. Im Energierecht ist die Kapazitätsgrenze als Verweigerungsgrund des Netzbetreibers zur Abwehr von Zugangsbegehren ausdrücklich im europäischen Rechtsrahmen anerkannt[257]. Gerade die Verpflichtung zu Kapazitätserweiterung ist jedoch im Telekommunikationsrecht, wie sogleich ausgeführt wird, vom Gesetzgeber ausdrücklich zugelassen.

Ferner ist diese Auslegung des § 21 TKG unter den Erfordernissen der Konformität mit dem Gemeinschaftsrecht ebenfalls geboten. Sinn und Zweck des § 21 TKG ist die Umsetzung der entsprechenden Vorschriften des neuen gemeinschaftsrechtlichen Rechtsrahmens, insbesondere von Art. 5, 8 und 12 Zugangsrichtlinie. Danach war entsprechend Erwägungsgrund 6, Art. 5 Abs. 1 S. 1 Zugangsrichtlinie für die Wettbewerber ein *angemessener* Zugang zum Netz eines anderen Betreibers sicher zu stellen. Bei der Ausgestaltung dieses Zugangs geht der neue Rechtsrahmen ausdrücklich über die bisherigen Vorgaben deutlich

---

[255] Ausdrücklich: BVerwGE 114, 160 (194).

[256] BVerwGE 114, 160 (194).

[257] So in Art. 20 Abs. 2 S. 1 Richtlinie 2003/54/EG des Europäischen Parlaments und des Rates v. 26.06.2003 über gemeinsame Vorschriften für den Elektrizitätsbinnenmarkt und zur Aufhebung der Richtlinie 96/92/EG, ABl. L 176 v. 15.07.2003, S. 37-55 (Energierichtlinie), und in der Vorgängerregelung in Art. 17 Abs. 5 S. 1 Richtlinie 96/92/EG des Europäischen Parlaments und des Rates v. 19.12.1996 betreffend gemeinsame Vorschriften über den Elektrizitätsbinnenmarkt, ABl. L 27 v. 30.01.1997, S. 20-29 (Stromrichtlinie). Dabei stellt die Energierichtlinie konkrete Anforderungen an den Nachweis des tatsächlichen Vorliegens eines Kapazitätsengpasses. Daher wird im Energierecht insoweit im Ergebnis zutreffend eine Verpflichtung zur Kapazitätserweiterung abgelehnt; vgl. *Schmidt-Preuß*, in: AG 1996, 1 (8); *Papier*, in: BB 1997, 1213 (1219); *Büdenbender*, in: RdE 1999, 1 (2 f.); *Horstmann*, S. 67, m. w. N.; zustimmend *Fehling*, in: AöR 121 (1996), 59 (90), m. w. N.; auch *Möschel*, in: Immenga/Mestmäcker, § 19 Rn. 206 Fn. 1097, für das allgemeine Wettbewerbsrecht aber ohne weitere Differenzierung.

hinaus[258]. Der deutsche Gesetzgeber hat den Wortlaut von Art. 12 Abs. 1 S. 2 lit. c) und g) Zugangsrichtlinie weitgehend in § 21 Abs. 2 Nr. 2 und 4 TKG übernommen. Diese Verpflichtungsbefugnis ist Teil der generellen Befugnis zur Zugangspflicht (Art. 8 i. V. m. Art. 12 Zugangsrichtlinie), die nach der Begründung der Richtlinie dem Ausgleich der ungleichen Verhandlungspositionen der in hohem Maße voneinander abhängigen Marktteilnehmer dienen soll[259]. Weiterhin liegt diese gesetzliche Ausgestaltung des TKG ganz auf der Linie der Zugangsmitteilung von 1998, die die Grundsätze der allgemeinen Wettbewerbsregeln für die Zugangsregulierung näher ausformuliert und die auch im neuen Rechtsrahmen fortgilt[260]. Schon darin war festgelegt, dass gerade in der Verweigerung des Zugangs, die das Entstehen neuer Produkte und Dienste verhindert, ein Missbrauch von Marktmacht liegen kann[261]. Gleiches kann für die allein auf die Bedürfnisse des Netzbetreibers zugeschnittene Netzkonfiguration gelten, sofern der Zugang dadurch objektiv beschränkt wird[262]. Ferner macht gerade die Zugangsmitteilung deutlich, dass es erforderlich ist, dass die nationalen Regulierungsbehörden in ihrer Arbeit über die üblichen Anforderungen des europäischen Wettbewerbsrechts hinausgehen[263]. Zugangsmitteilung und Zugangsrichtlinie fordern also, dass die Befugnisse der Regulierungsbehörden über das allgemeine Wettbewerbsrecht hinausgehen, was auch Infrastrukturveränderungen mit einschließt.

Auch systematisch sind nach dem europäischen und nationalen Telekommunikationsrecht Verpflichtungen zur Infrastrukturveränderung keinesfalls ausge-

---

258 Zur Erweiterung der Befugnismöglichkeiten durch den neuen europäischen Rechtsrahmen vgl. *Schütz/Attendorn/König*, Rn. 410; *Scherer*, in: K&R 2002, 329 (344). Zum Fehlen von Anhaltspunkten für die Beantwortung der Frage von Infrastrukturveränderungen in den früheren Richtlinienvorgaben siehe *Junghanns*, S. 406, der jedoch in diesem Zusammenhang die Aussagen der Zugangsmitteilung 98/C265/02, ABl. C 265 v. 22.08.1998, S. 2-28, außer Acht lässt.

259 Entwurf Zugangsrichtlinie KOM/2000/384, ABl. C 365 E/16 v. 19.12.2000, S. 215-222, Begründung, Ziff. 2.

260 Siehe ausdrücklichen Hinweis in Erwägungsgrund 19 S. 6 Zugangsrichtlinie 2002/19/EG.

261 Zugangsmitteilung 98/C265/02, ABl. C 265 v. 22.08.1998, S. 2-28, Tz. 89 f.; zur Zugangsmitteilung siehe auch bereits oben unter B.I.

262 Zugangsmitteilung 98/C265/02, ABl. C 265 v. 22.08.1998, S. 2-28, Tz. 102.

263 Zugangsmitteilung 98/C265/02, ABl. C 265 v. 22.08.1998, S. 2-28, Tz. 14 ff.; siehe auch Verweis in BVerwGE 114, 160 (194).

schlossen. Bei Einsatz ihrer Befugnisse hat die RegTP die Abwägungsparameter des § 21 Abs. 1 S. 2 TKG zu beachten. Dazu gehört im Einklang mit Art. 12 Abs. 2 lit. b) Zugangsrichtlinie zwar auch die verfügbare Kapazität des Betreibers. Aber in der Gesetzesbegründung ist hierzu ausdrücklich klargestellt:

> „Das Kriterium nach Nummer 2 ist nicht in dem Sinne zu verstehen, dass der Betreiber mit beträchtlicher Marktmacht unter keinen Umständen zum Kapazitätsaufbau verpflichtet werden kann. Unter bestimmten, engen Voraussetzungen (wenn etwa ansonsten die auferlegte Verpflichtung ins Leere liefe) soll der RegTP *auch eine Verpflichtung zum Kapazitätsausbau möglich* sein; das mit dem Kapazitätsausbau einhergehende Zusatzrisiko soll dann allerdings ausschließlich beim Nachfrager liegen. Dies bedeutet, dass dem Unternehmen durch die Ausbauverpflichtungen keine wirtschaftlichen Nachteile entstehen dürfen, der Wettbewerber also die Investitionsrisiken in vollem Umfang übernehmen muss."[264]

Eine Verpflichtung des Betreibers mit beträchtlicher Marktmacht zum Kapazitätsausbau durch die RegTP ist danach möglich und sogar ausdrücklich zulässig. Der Gesetzgeber hat die Notwendigkeit von Infrastrukturveränderungen beim Zugang erkannt und wollte durch seine Begründung sicherstellen, dass sich der Zugangsverpflichtete nicht auf die Knappheit von Kapazität berufen kann. Damit wird auch deutlich, dass bei einer Zugangsverpflichtung, die unter den gegebenen Bedingungen nur unter Veränderungen der Infrastruktur möglich ist, vom Netzbetreiber gerade nichts tatsächlich Unmögliches verlangt wird[265]. Auch wenn zunächst noch an der Infrastruktur gewisse Voraussetzungen geschaffen werden müssen, ist die Erfüllung der Pflicht zur Zugangsgewährung unter einem gewissen Aufwand in der Realität damit möglich (vgl. § 275 Abs. 2 BGB)[266].

Weitere Verpflichtungen zu Veränderungen der Netzinfrastruktur durch den Netzbetreiber sind ebenfalls bereits an anderer Stelle anerkannt. So fordert Art. 4 Abs. 2 Zugangsrichtlinie, dass öffentliche Netze für Digitalfernsehdienste zur Verteilung und Ausstrahlung von Breitbild-Fersehdiensten und -program-

---

[264] Begründung zum TKG-RegE zu § 19 Abs. 1, in: Bundestags-Drucksache 15/2316, Anlage 1, S. 64 f., mit Hervorhebung des Verfassers. Vgl. auch schon BMWA, Begründung zum TKG-RefE zu § 16, S. 13.

[265] Hierauf stützt z. B. *Büdenbender*, in: RdE 1999, 1 (2), seine Ablehnung gegenüber der Verpflichtung zur Kapazitätserweiterung im Energierecht. Dagegen: *Walter/v. Keussler*, in: RdE 1999, 223 (224).

[266] Zum Begriff der Unmöglichkeit im Recht der Leistungsstörungen vgl. *Heinrichs*, in: Palandt, § 275 Rn. 13 ff., 23 ff., m. w. N. Zur Unmöglichkeit der Durchleitung in Netzen gerade auch bei Kapazitätsengpässen siehe *Walter/v. Keussler*, in: RdE 1999, 223 (224).

men geeignet sein müssen. Der deutsche Gesetzgeber hatte diese Vorgabe für Kabelfernsehnetze bereits gesetzlich aufgenommen[267]. Mit dieser Umsetzung sind Kabelfernsehnetzbetreiber gehalten, ihr Netz im Bedarfsfall entsprechend zu konfigurieren und zu verändern, um eine Verteilung zu gewährleisten[268]. Ferner lässt Erwägungsgrund 9 der Verordnung EG/2887/2000 zur TAL[269] den Umkehrschluss zu, dass die Verpflichtung zur Bereitstellung des entbündelten Zugangs zum Teilnehmeranschluss auch die Veränderung der eigenen Infrastruktur umfassen kann. Ausdrücklich ausgenommen ist nach dem Erwägungsgrund nur die weitreichende Pflicht,

> „eigens vollständig neue lokale Netzinfrastrukturen aufbauen [zu] müssen [...].“[270]

Damit wird nur die weitestgehende Verpflichtung zur Infrastrukturveränderung im Sinne eines *Neu-* bzw. *Ausbaus* ausgeschlossen[271]. Alle übrigen Konstellationen sind jedoch in diesem Fall grundsätzlich zulässig.

4. Verpflichtungsmöglichkeit zu Infrastrukturveränderungen

Im Ergebnis kann also dem Betreiber mit beträchtlicher Marktmacht durch die RegTP auch die Verpflichtung auferlegt werden, Veränderungen an der Infrastruktur seines Netzes zugunsten eines Dritten vorzunehmen. Die RegTP kann sich hierbei auf ihre Befugnis aus § 21 Abs. 1 S. 1 i. V. m. Abs. 2 Nr. 2, 4 TKG stützen. Dies folgt aus der Auslegung des Gesetzestextes unter Berücksichtigung der gemeinschaftsrechtlichen Vorgaben.

Bei Vorliegen der Voraussetzungen für eine Zugangsregulierung hat die RegTP bei ihrer Entscheidung über die konkret aufzuerlegende Verpflichtung eine Abwägung zu treffen. Um einerseits dem Zugangspetenten einen angemes-

---

267 Vgl. § 4 des Gesetzes über die Anwendung von Normen für die Übertragung von Fernsehsignalen (Fernsehsignalübertragungsgesetz – FÜG) v. 14.11.1997, BGBl. I S. 2710, welches mit Inkrafttreten des TKG außer Kraft gesetzt wurde (§ 152 Abs. 2 TKG).

268 *Schütz/Attendorn/König*, Überschrift zu Rn. 537.

269 Verordnung (EG) Nr. 2887/2000 des Europäischen Parlaments und des Rates v. 18.12.2000 über den entbündelten Zugang zum Teilnehmeranschluss, ABl. L 336 v. 30.12.2000, S. 4-8; siehe auch Kapitel 1 Fn. 6.

270 Erwägungsgrund 9 S. 2 der Verordnung (EG) Nr. 2887/2000 des Europäischen Parlaments und des Rates v. 18.12.2000 über den entbündelten Zugang zum Teilnehmeranschluss, ABl. L 336 v. 30.12.2000, S. 4-8.

271 *Schütz/Attendorn/König*, Rn. 28.

senen Zugang zu gewähren, ohne andererseits den Verpflichteten übermäßig zu belasten, muss die RegTP die beiderseitigen Interessen in Ausgleich bringen[272]. Dabei sind im Rahmen der Gesamtschau auch die Belastungen für den Netzbetreiber, insbesondere eventuelle Grundrechtsbeeinträchtigungen zu würdigen. Entsprechend ihrem Auswahlermessen muss die RegTP sich für eine angemessene Verpflichtung entscheiden. Sie hat dabei die Abwägungsparameter des § 21 Abs. 1 S. 2 TKG zu beachten. Diese sollen sicherstellen, dass auferlegte Zugangsverpflichtungen mit den langfristigen Regulierungszielen im Einklang stehen.

Im Hinblick auf Infrastrukturveränderungen ist insbesondere von Bedeutung, dass trotz der Gewährung von Zugang im Rahmen des Konzeptes offener Netze Anreize zu Investitionen in die Infrastruktur geschaffen werden sollen[273]. Nur bei entsprechenden Investitionen kann das technische Niveau des Netzes gehalten und kontinuierlich mit dem jeweiligen Stand der Technik angehoben werden[274]. Zur Verstärkung von Investitionsanreizen ist nicht nur der zugangsabhängige Wettbewerb der Dienste innerhalb desselben Netzes, sondern eben auch der Wettbewerb zwischen verschiedenen Netzen und Technologien zu fördern[275].

Bei dieser Abwägung wird die RegTP für Maßnahmen des Anbaus, des Umbaus und des Ausbaus regelmäßig zu einer Verpflichtung des Netzbetreibers kommen können. Sofern die Zugangsberechtigung andernfalls ins Leere laufen würde, wird sie im Rahmen ihrer Befugnisse und ihres Ermessens diese Maßnahmen vom Netzbetreiber fordern. Die Kosten sind allerdings im Rahmen der Entgeltregulierung gleichfalls zugunsten des Netzbetreibers zu berücksichtigen, damit dieser nicht die wirtschaftlichen Nachteile aus einer effizienten Infra-

---

[272] So schon *Koenig/Kühling/Winkler*, in: WuW 2003, 228 (235).

[273] Vgl. Regulierungsziel in § 2 Abs. 2 Nr. 3 TKG.

[274] Zum Verhältnis von Dienstewettbewerb, der von niedrigen Zugangshürden zunächst profitiert, und Infrastrukturwettbewerb, der von hohen langfristigen Zugangshürden gestützt wird, siehe *Klotz/Delgado/Fehrenbach*, in: WuW 2003, 346 (347 ff.): *„short term may kill long term"*.

[275] Siehe hierzu die Zielbestimmung in § 2 Abs. 2 Nr. 3 TKG und die Abwägungsparameter in § 21 Abs. 1 S. 2 Nr. 3, 4 TKG.

strukturveränderung und das Investitionsrisiko tragen muss[276]. Eine Verpflichtung zu einem Neubau dürfte nur in seltenen Fällen und nur in sehr begrenztem Umfang als Abwägungsergebnis zulässig sein[277]. Ein pauschaler Ausschluss von Infrastrukturveränderungen als Bestandteil von Zugangsverpflichtungen lässt sich nach dem TKG jedenfalls nicht (mehr) begründen.

Bei Erlass einer entsprechenden Verpflichtungsverfügung hat die RegTP den Bestimmtheitsgrundsatz zu beachten[278]. Sie hat die Maßnahmen und Modalitäten der Zugangsverpflichtung konkret zu bestimmen. Dies gilt auch und gerade im Fall etwaiger Verpflichtung zur Vornahme von Infrastrukturveränderungen[279].

5. Grundsatz der schonenden Regulierung

Im Telekommunikationsrecht wird aus den Bestimmungen des Gemeinschaftsrechts der Grundsatz der schonenden Regulierung abgeleitet[280]. Dieser ist im neuen europäischen Rechtsrahmen Bestandteil der neuen dynamischen Regulierung. Die Instrumente der sektorspezifischen Regulierung sollen erst und nur dann zum Einsatz kommen, wenn aufgrund der Marktanalyse nach § 11 Abs. 1 TKG feststeht, dass kein wirksamer Wettbewerb besteht. Sollte auf einem regulierten Markt eine spätere Marktanalyse ergeben, dass inzwischen wirksamer Wettbewerb besteht, fällt dieser Markt aus der sektorspezifischen Regulierung wieder heraus.

Sofern eine sektorspezifische Regulierung bei Vorliegen von beträchtlicher Marktmacht bei einem Marktteilnehmer eingreift, hat sie so zu erfolgen, dass Maßnahmen lediglich im erforderlichen Umfang angeordnet werden[281]. Dem

---

276 So im Fall eines Ausbaus: Begründung zum TKG-RegE zu § 19 Abs. 1 S. 2 Nr. 4, in: Bundestags-Drucksache 15/2316, Anlage 1, S. 65; im Fall eines Umbaus: *Junghanns*, S. 406.

277 *Koenig/Kühling/Winkler*, in: WuW 2003, 228 (235, 240).

278 Vgl. § 37 Abs. 1 VwVfG.

279 Siehe hierzu auch OLG Düsseldorf, in: WuW 2001, 53 (54, 56 ff.) – Puttgarden II (WuW/E DE-R 569 ff.), sowie dass., in: WuW 2000, 620 (620 ff.) – Puttgarden I (WuW/E DE-R 472 ff.); *Haus*, in: NVwZ 2002, 432 (433 ff.).

280 Siehe *Kirchner*, in: Bundestags-Ausschussdrucksache 15(9)949, Anhang II, 247 (249 f.); Ausführungen hierzu bereits oben unter B.III.2.

281 Vgl. Art. 8 Abs. 2 Zugangsrichtlinie 2002/19/EG.

Zugangsberechtigten ist ein angemessener Zugang zu gewährleisten[282]. Daher hat sich die Regulierungsbehörde bei ihren Regulierungsmaßnahmen an der unteren Schwelle dessen zu orientieren, was im Einzelfall zur Zweckerreichung notwendig ist[283]. Auch die Abstufung der Befugnisse im Maßnahmenkatalog des TKG im Bereich der Zugangsregulierung weist auf den Grundsatz schonender Regulierung hin. Ausdrücklich geregelt sind mit der Verpflichtung zu Transparenz (§§ 20, 26 TKG), zur Gleichbehandlung (§§ 22, 23 TKG), zur getrennten Rechnungsführung (§ 24 TKG), zur Verhandlung (§§ 16, 17 TKG), zur Zusammenschaltung (§ 18 TKG) und zur Gewährleistung von Zugang (§ 21 TKG) verschiedene Stufen der Intensität der Regulierung. Diese Stufen sind jeweils als Obergrenzen zu verstehen[284].

Darüber hinaus gilt für den Fall, dass die sektorspezifische Regulierung wegen des Ergebnisses der Marktanalyse nicht eingreift, dass dann die allgemeinen Regeln des Wettbewerbsrechts anwendbar bleiben (§ 2 Abs. 3 TKG). Sie gelten als eventuell schonendere Regulierung auch subsidiär, solange kein wirksamer Wettbewerb vorliegt und die Maßnahmen der sektorspezifischen Regulierung im Einzelfall zu weit gehen würden[285].

Mit dem Grundsatz der schonenden Regulierung ist der RegTP vorgegeben, dass sie sich bei ihren Maßnahmen auf das Mindestmaß an Einwirkungen auf das Marktverhalten der Marktteilnehmer beschränken muss. Zur wettbewerblichen Aufsicht sind die vorgegebenen Instrumente nur soweit einzusetzen, wie ihr Einsatz erforderlich ist[286]. Dieser Grundsatz der schonenden Regulierung ist insbesondere bei der Entscheidung über eine Verpflichtung zu Infrastrukturveränderungen zu beachten, da eine solche dem Verpflichteten gewöhnlich eine

---

282 Siehe Erwägungsgrund 6, Art. 5 Abs. 1 Zugangsrichtlinie 2002/19/EG.

283 Beschränkung der Regulierung auf das „absolut Nötigste" schon für das TKG 1996: *Hefekäuser*, in: MMR 1999, 144 (152); grundsätzlich zustimmend: *Fuhr/Kerkhoff*, in MMR 1999, 213 (214 f.).

284 Vgl. Erwägungsgrund 14 Zugangsrichtlinie 2002/19/EG; auch *Husch/Kemmler/Ohlenburg*, in: MMR 2003, 139 (146).

285 Vgl. Erwägungsgrund 27 S. 1 Rahmenrichtlinie 2002/21/EG. Zum Verhältnis zwischen allgemeinem Wettbewerbsrecht und sektorspezifischer Regulierung siehe ausführlich *Schuster*, in: Beck'scher TKG-Kommentar, § 2 Rn. 32 ff., m. w. N.

286 Siehe auch *Kirchner*, in: Bundestags-Ausschussdrucksache 15(9)949, Anhang II, 247 (250).

besonders hohe Belastung abverlangt, um die Zugangsberechtigung zu gewähren.

IV. Anspruch auf Zugang

Aus Sicht der Anbieter von Telekommunikationsdienstleistungen ohne eigenes flächendeckendes Netz ist über die Reichweite der Verpflichtungsmöglichkeit hinaus ein weiterer Punkt von entscheidender Bedeutung. Für ihre eigene Rechtsverfolgung ist es wichtig, ob der Zugang so ausgestaltet ist, dass sie selbst einen Anspruch darauf haben, dass die RegTP von ihren Befugnissen in diesem Bereich mit der ihr zustehenden Reichweite tatsächlich Gebrauch macht. Um einen eigenen Anspruch auf ein derartiges behördliches Einschreiten aus der Verpflichtungsbefugnis ableiten zu können, müssten sich die möglichen Zugangsberechtigten auf sie als Anspruchsgrundlage mit entsprechendem Anspruchsinhalt stützen können.

1. Anspruch aus subjektivem öffentlichen Recht

Nach dem allgemeinen Verwaltungsrecht hat ein Rechtssubjekt einen Anspruch auf behördliches Einschreiten nur dann, wenn es als Anspruchsteller im konkreten Einzelfall auf ein subjektives öffentliches Recht gegenüber der Verwaltung verweisen kann[287]. Denn erst dann steht im Fall einer Entscheidung oder Nicht-Entscheidung der Behörde dem Anspruchsteller der Rechtsweg nach der Rechtsschutzgarantie des Art. 19 Abs. 4 S. 1 GG offen[288], da er seine Klagebefugnis nach § 42 Abs. 2 VwGO für die Erhebung einer Verpflichtungsklage nach § 42 Abs. 1 Alt. 2, § 113 Abs. 5 VwGO auf dieses subjektive öffentliche Recht stützen kann[289]. Ein hierfür erforderliches eigenes öffentliches Recht besteht darin, dass der Einzelne zur Verfolgung seiner eigenen Interessen kraft dieses Rechts vom Staat ein bestimmtes Verhalten verlangen kann[290]. Diese

---

[287] Vgl. statt vieler *Maurer*, § 8 Rn. 1 ff.; *Wolff/Bachof/Stober*, § 43 Rn. 1 ff.; für das Ordnungsrecht: *Schenke*, § 3 Rn. 104.

[288] Zum Drittschutz bei Selbstregulierung vgl. *Schmidt-Preuß*, in: VVDStRL 56 (1997), 160 (198).

[289] Statt vieler *v. Oertzen*, in: Redeker/v. Oertzen, § 42 Rn. 15 f.; zu Drittschutzkonstellationen nach dem TKG 1996 siehe auch *Wegmann*, S. 359 ff. Neben der Verpflichtungsklage kommen auch andere Klagearten in Betracht, deren Zulässigkeit aber bzgl. der Klagebefugnis ähnliche Anforderungen an den Kläger stellen.

[290] *Maurer*, § 8 Rn. 2.

Rechtsposition versetzt ihn in die Lage, eigenständig dem Hoheitsträger gegenüberzutreten und die Einhaltung der seine Interessen berührenden Vorschriften zu verlangen[291].

Im Öffentlichen Recht der staatlichen Aufsicht entstehen subjektive Rechte nur unter bestimmten Voraussetzungen[292]. Im Grundsatz wird der Staat durch seine Organe und seine Verwaltung nicht im Interesse eines Individuums, sondern ausschließlich im öffentlichen Interesse tätig. Allerdings können öffentliche und individuelle Interessen im Einzelfall ganz oder teilweise übereinstimmen. Dies ist insbesondere dann der Fall, wenn eine hoheitliche Handlung zumindest auch den Schutz des Individuums und seiner Interessen intendiert. Nach der Lehre vom subjektiven öffentlichen Recht entsteht ein solches demnach nur, wenn erstens eine zwingende Vorschrift des objektiven Rechts der Behörde die Befugnis zu der begehrten Handlung einräumt und zweitens diese Norm neben dem öffentlichen Interesse zumindest auch dem Interesse des Einzelnen zu dienen bestimmt ist[293]. Diese Anforderungen gelten auch im speziell geregelten Telekommunikationsrecht als Teil der öffentlich-rechtlichen hoheitlichen Wettbewerbsaufsicht[294].

Auf der Grundlage der Ermächtigungsnormen der Zugangsregulierung nach §§ 16 ff. TKG ist die RegTP zu unterschiedlichen Regulierungsmaßnahmen befugt. Danach kann sie auch weitreichende Verpflichtungen zur Gewährung von Zugang unter Einschluss von Infrastrukturveränderungen gegenüber Netzbetreibern auferlegen.

Einen Anspruch darauf, dass die RegTP diese Befugnis ausübt, hat der Einzelne mangels eines allgemeinen Gesetzesvollziehungsanspruchs aber nur, wenn

---

291 *Maurer*, § 8 Rn. 4.

292 Vgl. statt vieler *Maurer*, § 8 Rn. 1 ff.; *Wolff/Bachof/Stober*, § 43 Rn. 1 ff.; für das Ordnungsrecht: *Schenke*, § 3 Rn. 104.

293 Statt vieler *Maurer*, § 8 Rn. 6, 8.

294 *Geppert/Ruhle/Schuster*, Rn. 865; vgl. auch § 13 Abs. 3, § 137 TKG. Gerichtlicher Rechtsschutz für Streitigkeiten der öffentlich-rechtlichen Wettbewerbsaufsicht ist nach dem allgemeinen Wettbewerbsrecht nur ausnahmsweise dem ordentlichen Rechtsweg zugeordnet, § 63 GWB; siehe auch *Piepenbrock/Schuster*, in: CR 2002, 98 (105).
Entsprechend einer fraktionsübergreifenden Übereinkunft im Deutschen Bundestag im Gesetzgebungsverfahren zur TKG-Novelle sollte noch in der laufenden 15. Legislaturperiode (eigentlich bis 2006) die Rechtswegzuständigkeit an die Kartellgerichte der Zivilgerichtsbarkeit verwiesen werden, *Wissmann*, in: F.A.Z. v. 07.07.2004, S. 19.

und soweit diese materielle Befugnisnorm zumindest auch dem Schutz seiner Individualinteressen dienen soll. Die Frage des drittschützenden Charakters der Regelungen der Zugangsregulierung ist wie die Reichweite der eingeräumten Befugnis durch Auslegung der Vorschrift zu beantworten[295].

Im allgemeinen Verwaltungsrecht besteht zwar eine Vermutung für eine Anspruchsberechtigung, wenn eine Zivilperson durch das objektive Recht begünstigt wird. Diese Begünstigung muss aber darüber hinaus auch vom Gesetz bezweckt sein. Dieser intendierte Drittschutz muss sich nach allgemeiner Auffassung aus dem Gesetz und seinem Zweck selbst ergeben[296]. Eine bloß tatsächliche Betroffenheit im Sinne eines Reflexes der gesetzlichen Regelung reicht nicht aus[297]. Die Wettbewerber werden als alleinige Berechtigte für einen Zugang (§ 3 Nr. 32, § 21 Abs. 1 S. 1 TKG) herausgestellt und durch die Regulierungsbefugnisse der RegTP bezogen auf den Zugang begünstigt. Daher kommt es darauf an, ob ihre Interessen vom Schutzzweck der Norm erfasst sind.

Dem allgemeinen Wettbewerbsrecht des GWB wie wohl auch den speziellen Regelungen des TKG ist ein genereller Drittschutz fremd[298]. Vielmehr ist für jede kartellrechtliche Eingriffsnorm gesondert zu entscheiden, ob sie Drittschutz gewährt[299]. Im allgemeinen Kartellrecht ist ein Anspruch auf Einschreiten der Behörden daher überwiegend abgelehnt worden[300]. Dies galt bislang auch für

---

295 Siehe hierzu ausführlich *Schmidt-Aßmann*, in: Maunz/Dürig, Art. 19 Abs. 4 Rn. 128, 136 ff., m. w. N.

296 So die Schutznormtheorie der h. M.; vgl. etwa st. Rspr.: BVerwGE 1, 83 (83 f.); 66, 307 (308); 68, 58 (59); 80, 259 (260); jüngst auch BVerwG, in: DVBl. 2003, 403 (405); *Wolff/Bachof/Stober*, § 43 Rn. 17 ff.; a. A. aber *Henke*, S. 57 ff., der das Bestehen subjektiver Rechte nicht vom Willen des Gesetzgebers abhängig machen will.

297 BVerwG, in: DVBl. 2003, 403 (405); *Wolff/Bachof/Stober*, § 43 Rn. 8 ff.

298 *Möschel*, in: Immenga/Mestmäcker, § 19 Rn. 241.

299 *Möschel*, in: Immenga/Mestmäcker, § 19 Rn. 241, m. w. N.; für das Telekommunikationsrecht siehe BVerwG, in: DVBl. 2003, 403 (405); OVG Münster, in: MMR 1999, 553 (554); MMR 2002, 129 (130); VG Köln, in: MMR 2000, 227 (228 f.); 638 (639); wobei die Gerichte den Drittschutz der Entgeltregulierung nach dem TKG 1996 für die jeweilige Fallgestaltung unterschiedlich beurteilt haben. Drittschutz bejahend: *Schalast/Rößner*, in: WuW 2004, 595 (597 ff.), m. w. N.; *Ladeur*, in: CR 2000, 433 (438 ff.); *Schütz*, in: MMR 1999, Heft 8, S. V; *Schuster/Stürmer*, in: Beck'scher TKG-Kommentar, § 24 Rn. 81 ff.; *Ossenbühl*, in: ArchPT 1996, 207 (216 ff., insbesondere 220 f.), m. w. N.; ablehnend: *Mayen*, in: MMR 2000, 117 (119).

300 *Möschel*, in: Immenga/Mestmäcker, § 19 Rn. 241; *Ladeur*, in: CR 2000, 433 (436 ff.); jeweils m. w. N.

das Verbot des Missbrauchs einer marktbeherrschenden Stellung nach § 19 GWB[301] in Verbindung mit der Untersagungsbefugnis der Kartellbehörden nach § 32 GWB[302]. Als Begründung wird insbesondere angeführt, dass kein Bedürfnis für einen öffentlich-rechtlichen Anspruch auf behördliches Einschreiten besteht, da die zivilrechtlichen Sanktionsmöglichkeiten des Betroffenen nach § 33 GWB mit eigenen Schadensersatz- und Unterlassungsansprüchen jeden Dritten hinreichend schützen und andernfalls das kartellrechtliche Opportunitätsprinzip des § 32 GWB unterlaufen würde[303].

Diese Auslegungsbegründungen des allgemeinen Wettbewerbsrechts greifen jedoch bei der sektorspezifischen Wettbewerbsaufsicht in der Telekommunikation nicht. Einem Dritten stehen nach dem TKG gerade keine zivilrechtlichen Sanktionsmöglichkeiten zu. Eine dem § 33 GWB entsprechende Regelung wurde in das TKG auch bei der Novellierung nicht aufgenommen. Im Fall des missbräuchlichen Verhaltens von Unternehmen mit beträchtlicher Marktmacht sieht das Gesetz in § 43 TKG die Vorteilsabschöpfung durch die RegTP vor, ohne jedoch dem benachteiligten Wettbewerber einen Schadensersatz zu gewähren. Ferner gilt in der Aufsicht der Zugangsregulierung des TKG mangels besonderer Regelung auch nicht das Opportunitätsprinzip[304]. Da das TKG anders als das GWB gerade von der Abwesenheit von Wettbewerb ausgeht, wird der Regulierungsbehörde beim festgestellten Vorliegen von Wettbewerbsdefiziten nach dem Marktdefinitions- und -analyseverfahren im Regelfall kein Entschließungsermessen eingeräumt[305]. Vielmehr muss sie aufgrund des Legalitätsprinzips tätig werden.

---

301 Siehe insbesondere das allgemeine Diskriminierungsverbot beim Zugang zu Infrastruktureinrichtungen nach § 19 Abs. 1 i. V. m. Abs. 4 Nr. 4 GWB.

302 Vgl. BGH, in: WuW 1984, 620 (621 f.) (WuW/E-BGH 2058 ff.); 1996, 327 (328) (WuW/E-BGH 3035 f.); dens., in: ZIP 2001, 807 (807 f.); KG, in: WuW 1992, 858 (859) (WuW/E-OLG 4988 f.), auch bei Reduzierung des Entschließungsermessens; *Bechtold*, § 32 Rn. 5; *Bornkamm*, in: Langen/Bunte, § 32 Rn. 9; *Möschel*, in: Immenga/Mestmäcker, § 19 Rn. 240; jeweils m. w. N.

303 *Möschel*, in: Immenga/Mestmäcker, § 19 Rn. 241, m. w. N.; *Schultz*, in: Langen/Bunte, § 19 Rn. 178.

304 Siehe zu den Prinzipien der Einleitung von Verwaltungsverfahren allgemein statt vieler: *P. Stelkens/Schmitz*, in: Stelkens/Bonk/Sachs, § 22 Rn. 2 ff.

305 Dazu ausführlich sogleich unten unter 2.

Ganz entscheidend für die drittschützende Auslegung aber ist, dass das Telekommunikationsrecht in der Zugangsregulierung die Begünstigung der Wettbewerber durch Zugangsgewährung gerade bezweckt. Dies ist nämlich der Fall, wenn sich aus den individualisierenden Tatbestandsmerkmalen der Norm ein einschlägiger Personenkreis entnehmen lässt, der sich von der Allgemeinheit unterscheidet, wobei die Norm diesen nicht ausdrücklich nennen muss[306]. Die bisherigen Regelungen der §§ 33, 35 TKG 1996 zur Besonderen Missbrauchsaufsicht und zum Netzzugang[307] brachten diese intendierte Begünstigung eines abgegrenzten Kreises noch dadurch zum Ausdruck, dass sie als direkte Verpflichtungsnormen des Netzbetreibers gegenüber anderen Wettbewerbern ausgestaltet waren[308]. Hierauf konnten sich die Wettbewerber als unmittelbar Begünstigte berufen und sich bei einem Fehlverhalten des Netzbetreibers selbst an die RegTP mit ihrem Rechtsschutzbegehren wenden (§ 74 Abs. 1 TKG 1996)[309]. Bei einer Untätigkeit der Behörde standen ihnen weiterhin die Mittel des Verwaltungsverfahrens zur Verfügung.

Diese direkte Begünstigung aller Anbieter von Telekommunikationsdiensten zur Förderung des Wettbewerbs ist auch nach der Novellierung das Ziel der Regulierung. Denn die Wettbewerber sind als Begünstigte in der Definition des Zugangs in § 3 Nr. 32 TKG und in der Zielbestimmung der Entgeltregulierung in § 27 Abs. 1 TKG ausdrücklich herausgestellt[310]. Darüber hinaus sind die Wettbewerber nach § 21 Abs. 1 S. 1 Alt. 1 TKG mit einem eigenen Antragsrecht ausgestattet[311], mit dem sie Verfahren vor der RegTP zur Erteilung von Zugangsverpflichtungen zulasten des Netzbetreibers mit beträchtlicher Marktmacht selbständig nach § 134 Abs. 1 Alt. 2 TKG initiieren können. Ein solches Antragsrecht hat nur einen Wert, wenn gestellte Anträge gerichtlich durchsetzbar und nicht antragsgemäß ergangene Entscheidungen gerichtlich überprüfbar

---

306 BVerwGE 94, 151 (158); auch BVerwG, in: DVBl. 1987, 476 (477); 2003, 403 (405).

307 Zum umstrittenen systematischen Verhältnis der beiden Normen siehe Überblick bei *Holzhäuser*, in: MMR 2000, 466 (466 ff.), m. w. N.

308 Zum Überblick siehe *Holznagel/Enaux/Nienhaus*, S. 91 ff.

309 Zum Drittschutz bei Netzzugangsstreitigkeiten nach dem TKG 1996 siehe *Wegmann*, S. 359 ff.

310 Zu der möglichen Erweiterung für den Drittschutz als Konsequenz der Neuregelung siehe *Holznagel*, in: MMR 2003, 513 (516 f.).

311 Vgl. auch Begründung zum TKG-RegE zu § 19, in: Bundestags-Drucksache 15/2316, Anlage 1, S. 64. Demgegenüber sah § 16 Abs. 1 S. 1 TKG-RefE noch kein solches Antragsrecht vor.

sind[312]. Zu diesem Zweck ist der Schutz der Norm immer zumindest auch auf die Wettbewerber des verpflichteten Unternehmens und Anbieter anderer Leistungen zu erstrecken. Die Bestimmungen zur Marktregulierung sollen gerade nicht nur dem öffentlichen Interesse dienen, sondern darüber hinaus zugleich auch für eine Liberalisierung und Öffnung des Marktes die übrigen Marktteilnehmer begünstigen. Damit ist der Zugangsregulierung ein drittschützender Charakter auch für diejenigen zuzugestehen, die nicht selbst Adressaten der Regulierungsmaßnahme sind[313].

Diese Auslegung entspricht zudem auch den Vorgaben des europäischen Rechtsrahmens. Dieser sieht in Art. 4 Abs. 1 Rahmenrichtlinie im Hinblick auf Rechtsbehelfe vor, dass jedem Betroffenen einer Entscheidung der Regulierungsbehörde ein Rechtsbehelf im Hinblick auf diese Entscheidung eingeräumt werden muss. Aus diesem Grund muss es für einen Zugangsberechtigten möglich sein, auch im Fall des Nicht-Einschreitens der RegTP seine Rechte geltend zu machen. Daher muss die Regelung des TKG schon im Sinne des Gemeinschaftsrechts so ausgelegt werden, dass sie durch ihren drittschützenden Charakter umfassenden Rechtsschutz gegenüber der untätigen Behörde auch für Drittbetroffene gewährt[314].

2. Anspruchsinhalt und Handlungspflicht der Aufsichtsbehörde

In der Rechtsfolge ist dieser Anspruch eines Anbieters von Telekommunikationsdiensten darauf beschränkt, dass die RegTP zur Zugangsregulierung nur insoweit einschreiten muss, wie sie in der Situation zum Handeln tatsächlich verpflichtet ist. Die objektive Rechtspflicht der RegTP zum behördlichen Einschreiten kann sich ebenfalls nur aus der Ermächtigungsnorm der Zugangsregulierung nach § 21 Abs. 1 S. 1 TKG ergeben.

Mit dem Einräumen der gesetzlichen Befugnis, einem Netzbetreiber unter Umständen bestimmte Verpflichtungen zur Gewährung von Netzzugang aufzuerlegen, entsteht bei Vorliegen der tatbestandlichen Voraussetzungen allerdings zugleich die Pflicht für die RegTP, auch tatsächlich von ihren Befugnissen Ge-

312 *Schütz*, in: MMR 1999, Heft 8, S. V.
313 *Schalast/Rößner*, in: WuW 2004, 595 (603).
314 *Schalast/Rößner*, in: WuW 2004, 595 (603). So schon für den alten Rechtsrahmen bezogen auf das TKG 1996 *Ladeur*, in: CR 2000, 433 (441).

brauch zu machen. Bei Vorliegen aller formellen und materiellen gesetzlichen Anforderungen ist das Entschließungsermessen, ob die RegTP im Einzelfall tätig wird, im Regelfall vollständig reduziert[315]. Nach Durchführung des vorgeschalteten Verfahrens zur Ermittlung von Wettbewerbsdefiziten nach §§ 9 ff. TKG hat die RegTP nur noch die Möglichkeit, zum Ausgleich dieses Defizits dem Netzbetreiber mit beträchtlicher Marktmacht entsprechende Verpflichtungen aufzuerlegen. Eine Untätigkeit der Aufsichtsbehörde würde erhebliche Risiken für den Wettbewerb bedeuten[316]. Im Hinblick auf den Schutzzweck des TKG sind so gravierende Defizite und die daraus folgenden Risiken seitens der Aufsichtsbehörde nicht hinnehmbar und bedürfen daher einer Reaktion mit einer Regulierungsmaßnahme[317]. Andere Maßnahmen außerhalb des TKG, dem aus wettbewerbsrechtlicher Sicht und anhand der verfassungsrechtlichen Vorgaben missbilligten Zustand entgegen zu wirken, stehen der RegTP nicht zur Verfügung.

Diese Auslegung entspricht den Regelungen des neuen europäischen Rechtsrahmens, der die Regulierungsbehörden verpflichtet, Betreiber mit beträchtlicher Marktmacht der Zugangsregulierung zu unterwerfen (Art. 8 Abs. 2 i. V. m. Art. 12 Zugangsrichtlinie)[318]. Eine Umsetzungslücke würde entstehen, wenn im nationalen Recht das Eingreifen der Zugangsregulierung im Ermessen der Aufsichtsbehörde liegen würde. In der Rechtsfolge verbleibt der RegTP nur noch das Auswahlermessen hinsichtlich der konkreten Maßnahme nach dem nicht abschließenden Katalog des § 21 Abs. 2, 3 TKG oder anhand weiterer Verpflichtungsmöglichkeiten. In der Ermächtigungsnorm liegt demnach nicht nur

---

315 Folgerichtig sprechen die Stellungnahme des Bundesrats zum TKG-RegE v. 19.12.2003, in: Bundestags-Drucksache 15/2316, Anlage 2, S. 110, Ziff. 7.b), sowie *Möschel/Haug*, in: MMR 2003, 505 (506), und VATM, Stellungnahme zum TKG-RegE zu § 13, S. 12, nur vom Auswahlermessen. Siehe auch Gegenäußerung der Bundesregierung zu Ziff. 7.b) der Stellungnahme des Bundesrats zum TKG-RegE, in: Bundestags-Drucksache 15/2345, S. 2 („[...] prüfen, ob [...] Auswahlermessen [...] verdeutlicht werden kann."). Auch *Jochum*, in: MMR 2005, 161, 161 f., ohne vertiefte Ausführungen. A. A. Monopolkommission, Sondergutachten 40, Tz. 41, 56, die jedoch gerade wegen des eingeräumten Auswahlermessens in der Zugangsregulierung erhebliche Risiken für den Wettbewerb sieht und sich vehement gegen die Einräumung eines so weitreichenden Ermessens ausspricht, vgl. dies., a. a. O., Tz. 52, 54, 56.

316 Monopolkommission, Sondergutachten 40, Tz. 52, 54.

317 Siehe schon für § 33 Abs. 2 TKG 1996 BVerwGE 114, 160 (193).

318 Für die gemeinschaftsrechtlichen Regelungen: *Scherer*, in: K&R 2002, 329 (339); *Husch/Kemmler/Ohlenburg*, in: MMR 2003, 139 (146 Fn. 69); WAR, S. 5.

die Berechtigung, sondern zugleich die objektive Rechtspflicht der Verwaltung, bei Vorliegen der Voraussetzungen zur Regelung der Wettbewerbsaufsicht einzuschreiten.

Entsprechend der Handlungspflicht der RegTP richtet sich der Anspruch daher nur auf sachliche Bescheidung unter Ausübung des pflichtgemäßen Ermessens der Behörde bei der Auswahl der dem Netzbetreiber aufzuerlegenden Verpflichtungen (vgl. § 113 Abs. 5 S. 2, § 114 VwGO). Ein Antragsteller kann, soweit ihm ein eigenes öffentliches Recht zusteht, von der RegTP verlangen, bei Vorliegen der formellen und materiellen Voraussetzungen gegen einen Netzbetreiber mit beträchtlicher Marktmacht vorzugehen, um einen angemessenen Zugang zu gewährleisten. Hierbei steht der RegTP regelmäßig kein Entschließungsermessen dahingehend zu, ob sie überhaupt tätig wird. Sie muss dann von ihren Befugnissen nach § 21 Abs. 1 S. 1 TKG unter Beachtung der Abwägungsparameter und unter Berücksichtigung ihrer Verpflichtungsmöglichkeiten bei der Mittelauswahl Gebrauch machen. Dadurch sollen die Ansprüche von Wettbewerbern gegenüber Betreibern mit beträchtlicher Marktmacht stärker an die Erforderlichkeit der begehrten Leistung für einen funktionsfähigen Wettbewerb gekoppelt werden[319].

Nur im Einzelfall haben Wettbewerber und Anbieter wegen des der Behörde verbleibenden Auswahlermessens einen weitergehenden Anspruch auf Auferlegung einer konkreten Verpflichtung. Dieser wäre nach den allgemeinen Regeln des Verwaltungsrechts nur dann gegeben, wenn jede Wahl eines anderen Mittels den Anforderungen an eine pflichtgemäße Ermessensausübung nicht standhalten würde[320]. Nur in diesen besonderen Fällen wäre das Ermessen auf Null reduziert, so dass der RegTP nur eine Möglichkeit der Zugangsverpflichtung verbliebe, auf die sie von den Anspruchstellern verpflichtet werden könnte[321]. Diese Voraussetzungen sind aber angesichts der Vielfältigkeit der in § 21 Abs. 2 TKG nicht abschließend zur Verfügung gestellten möglichen Verpflichtungen nur in seltenen Ausnahmefällen erfüllt. Bei der Auswahl der Verpflichtungsmöglichkeiten aus den Beispielen des § 21 Abs. 3 TKG ist das Ermessen der RegTP

---

319 BMWA, Begründung zum TKG-RefE, Allgemeiner Teil, S. 2.
320 Zur Ermessensreduzierung siehe statt vieler *Maurer*, § 7 Rn. 7 f.
321 *Wegmann*, S. 363.

jedoch durch den Gesetzgeber bereits deutlich reduziert[322], so dass für diese Beispiele eher eine ausreichende Ermessensreduzierung und damit ein Anspruch auf eine konkrete Zugangsverpflichtung bestehen kann.

V. Die Umsetzung der Zugangsregulierung des Richtlinienpakets

An dieser Stelle soll noch auf die Umsetzung des neuen europäischen Rechtsrahmens für elektronische Kommunikationsnetze und -dienste in nationales Recht in Deutschland eingegangen werden[323]. Dabei würde eine umfassende Prüfung der Umsetzung in allen Einzelfragen weit über den für diese Arbeit gesteckten Rahmen hinausgehen[324]. Einige kurze Ausführungen und Hinweise zur Umsetzung der Vorgaben zu Verpflichtungsmöglichkeiten in der Zugangsregulierung sind jedoch für den Fortgang der Untersuchung und ihre Vollständigkeit wichtig.

Viele Passagen des Richtlinienpakets hat der deutsche Gesetzgeber in den Bestimmungen zur Zugangsregulierung im TKG anlässlich der Novellierung weitgehend wortgetreu übernommen. Er hat damit die Türen für eine Auslegung anhand der europäischen Vorgaben weit offen gelassen, so dass Umsetzungsdefizite seinerseits durch die Möglichkeit einer gemeinschaftsrechtskonformen Auslegung am Wortlaut insoweit begrenzt sind[325].

Darüber hinaus sieht der europäische Rechtsrahmen weitreichende Kompetenzen der Kommission zum Nachsteuern bei der Regulierung in den einzelnen Mitgliedstaaten vor. Sollten einzelne nationale Regulierungsbehörden ihre Be-

---

322 Sog. „Soll"-Vorschrift; siehe Begründung zum TKG-RegE zu § 19 Abs. 3, in: Bundestags-Drucksache 15/2316, Anlage 1, S. 65. Allgemein hierzu siehe statt vieler *Maurer*, § 7 Rn. 11 f.

323 Die Umsetzung in Deutschland erfolgte mit fast einjähriger Verspätung. Auf die Umsetzungsfristen der einzelnen Richtlinien und das anhängige Vertragsverletzungsverfahren wurde bereits oben in Kapitel 1 Fn. 7 hingewiesen.

324 Zum Umsetzungsbedarf in Deutschland aufgrund des neuen Rechtsrahmens siehe *Schütz/Attendorn/König*, Rn. 311 ff., insbesondere zur Zugangsregulierung Rn. 407 ff., 547, m. w. N.; auch *Koenig/Loetz/Neumann*, in: K&R 2003 Beilage 2; *Husch/Kemmler/Ohlenburg*, in: MMR 2003, 139 (139 ff.), m. w. N.; WAR, S. 1 ff..

325 Zur richtlinienkonformen Auslegung siehe statt vieler *Ruffert*, in: Callies/Ruffert, Art. 249 EGV Rn. 106 ff.

fugnisse in ihrem Verantwortungsbereich nur unzureichend anwenden und dadurch ein Ungleichgewicht der Marktregulierung innerhalb des Gemeinsamen Marktes bewirken, kann die Kommission von ihren Harmonisierungsbefugnissen nach Art. 6, 7 Rahmenrichtlinie Gebrauch machen[326]. Über diese Hintertür könnte es dann zu einer europäischen Regulierungsbehörde kommen, die von den Mitgliedstaaten bislang abgelehnt worden ist[327].

Allerdings sind auch im Bereich der Zugangsregulierung einige Umsetzungsdefizite des deutschen Gesetzgebers im TKG gerügt worden[328]. Das Richtlinienpaket des neuen europäischen Rechtsrahmens bedurfte gemäß Art. 249 Abs. 3 EGV der Umsetzung in nationales Recht. Dabei sind die Vorgaben der Richtlinien für jeden Mitgliedstaat im Hinblick auf das zu erreichende Ziel verbindlich[329].

Zu den gerügten, hier relevanten Umsetzungsdefiziten gehört, dass das TKG die Bandbreite des europäischen Gemeinschaftsrechts für die Regulierungsmöglichkeiten nicht ausgeschöpft hat[330]. Nach Art. 8 Abs. 3 Zugangsrichtlinie können die Regulierungsbehörden die Befugnis erhalten, bei Vorliegen außergewöhnlicher Umstände die Auferlegung von anderen als den vorgesehenen Regulierungsmaßnahmen bei der Kommission zu beantragen. Ein solches Antragsrecht der RegTP bei der Kommission ist im TKG nicht vorgesehen, so dass Regulierungsmaßnahmen außerhalb der gesetzlich bestimmten Regelungen nicht auferlegt werden können.

In der Umsetzung ins nationale Recht könnte sich ein weiteres Problem daraus ergeben, dass der deutsche Gesetzgeber gerade in der Zugangsregulierung der RegTP sehr weite Spielräume in ihrer Ermessensausübung eingeräumt hat. Wie bereits soeben ausgeführt steht ihr nach § 21 Abs. 1 S. 1 TKG bei der Aus-

---

[326] Vgl. ausführlich *Scherer*, in: K&R 2002, 273 (281 ff.).

[327] *Husch/Kemmler/Ohlenburg*, in: MMR 2003, 139 (146).

[328] Siehe Monopolkommission, Sondergutachten 40, Tz. 37 ff.; auch *Wissmann*, in: F.A.Z. v. 07.07.2004, S. 19.

[329] Zu den Anforderungen an eine Umsetzung von Richtlinien in nationales Recht siehe statt vieler *Ruffert*, in: Callies/Ruffert, Art. 249 EGV Rn. 46 ff.

[330] Monopolkommission, Sondergutachten 40, Tz. 37, wobei der Gesetzgeber die Kritik an der in § 20 Abs. 2, 3 TKG-RegE vorgesehenen unzureichenden Umsetzung von für den Zugangsanspruch besonders relevanten Transparenzverpflichtungen dann in § 20 TKG aufgenommen hat.

wahl der konkreten Verpflichtungsmaßnahme ein sehr weitreichendes Ermessen hinsichtlich der vielfältigen Regulierungsmittel zu[331]. Damit wurden die europäischen Vorgaben für eine flexible und dynamische Regulierung insoweit umgesetzt. Dabei wäre es begrüßenswert gewesen, wenn der Gesetzgeber deutlicher herausgestellt hätte, dass der RegTP bei Vorliegen der tatbestandlichen Voraussetzungen der Zugangsregulierung zwar kein Entschließungsermessen, aber ein weitreichendes Auswahlermessen zusteht[332]. Dadurch hätte Missverständnissen von vorn herein vorgebeugt werden können. Jedenfalls wurde damit aber der nationalen Regulierung in Deutschland die Flexibilität, die vom europäischen Rechtsrahmen für die Auswahl des Regulierungsmittels gefordert wird, verschafft. Allerdings stellt sich bei der Prüfung der nationalen Umsetzung das Problem, ob ein so weitreichendes Auswahlermessen aufgrund europäischer Vorgaben mit dem verfassungsrechtlichen Bestimmtheitsgebot des deutschen Grundgesetzes zu vereinbaren ist[333]. Danach ist der deutsche Gesetzgeber – auch bei der Umsetzung von Gemeinschaftsrecht – gehalten, die Verwaltung durch geeignete Gesetzgebung in ihren Entscheidungen zu disziplinieren und zu lenken. Er hat darauf hinzuwirken, dass die Folgen seiner Rechtssetzung aufgrund ihrer hinreichenden Bestimmtheit sowohl für die Verwaltung als auch für jeden Bürger vorhersehbar und abschätzbar sind. Wegen des Gesetzesvorbehaltes sind die wesentlichen Entscheidungen vom Parlament selbst zu treffen und der Behörde bestimmte generell-abstrakte Vorgaben für ihren Entscheidungsspielraum im Einzelfall vorzugeben. Nur hinreichend bestimmte gesetzliche Anweisungen ermöglichen eine gerichtliche Überprüfung der auf ihrer Grundlage vorgenommenen Verwaltungshandlungen. Zur Gewährleistung der Justitiabilität hat der Gesetzgeber die Grenzen der Bestimmtheit zu wahren[334].

Das hierfür erforderliche Maß an Bestimmtheit der gesetzlichen Regelung hängt auch im Telekommunikationsrecht von vielen unterschiedlichen Faktoren ab[335]. Auch wenn viele Konstellationen und Entwicklungen nach Fallgruppen

---

331 Siehe oben unter II., IV.1. und 2.

332 Siehe auch Gegenäußerung der Bundesregierung zu Ziff. 7.b) der Stellungnahme des Bundesrats zum TKG-RegE, in: Bundestags-Drucksache 15/2345, S. 2.

333 Näher dazu *Koenig/Loetz/Neumann*, in: K&R 2003 Beilage 2, S. 18 ff.; allgemein auch: *Sachs*, in: ders., Art. 20 Rn. 126 ff.

334 *Stern*, Staatsrecht I, § 20 IV 4. f) *β*)., m. w. N. aus der Rechtsprechung des Bundesverfassungsgerichts in Fn. 410.

335 *Koenig/Loetz/Neumann*, in: K&R 2003 Beilage 2, S. 18 ff.

schon im Gesetzgebungsverfahren vorhersehbar und damit abstrakt regelbar waren[336], sind die Anforderungen an den Bestimmtheitsgrad des TKG wegen der Unterschiedlichkeit der Regulierungsaufgaben angesichts der Vielfalt der Telekommunikationsmärkte und der Konstellationen im Wettbewerb nicht allzu hoch[337]. Den in der Zugangsregulierung des TKG verwandten unbestimmten Rechtsbegriffen und dem der RegTP eingeräumten Ermessen können hinreichend bestimmbare Vorgaben des Gesetzgebers an die RegTP für den Einzelfall entnommen werden. Eine Ausfüllung und Begrenzung der weitreichenden Spielräume kann auf den Grundlagen des allgemeinen Verwaltungsrechts erreicht werden. Zur genaueren Bestimmung der im Einzelfall zulässigen Regulierungsmittel könnte im Rahmen des allgemeinen Verwaltungsrechts auf den Grundsatz der Verhältnismäßigkeit zurückgegriffen werden. Dabei wird die weitergehende Untersuchung zeigen müssen, ob mit seiner Hilfe sowohl die notwendige flexible Auswahl angemessener Regulierungsmaßnahmen als auch eine Begrenzung der RegTP auf im Einzelfall bestimmbare Befugnisse erreicht werden kann. Eine genauere Ausgestaltung durch den Gesetzgeber auf Ebene des TKG entsprechend der Empfehlung der Monopolkommission[338] wäre zwar gerade auch wegen der aufgezeigten Gefahr der politischen Einflussnahme an vielen Stellen wünschenswert gewesen. Dennoch dürften die im TKG getroffenen Regelungen im Spagat zwischen den europäischen Vorgaben nach weitreichenden Entscheidungsfreiheiten der RegTP und dem verfassungsrechtlichen Bestimmtheitsgebot durch Ausfüllung mit dem allgemeinen Verwaltungsrecht beiden Seiten genügen.

E. Zusammenfassung

Das deutsche Telekommunikationsrecht dient der Überführung der Telekommunikationsmärkte vom ehemals staatlichen Monopol der Daseinsvorsorge zum Wettbewerb als präferierter Marktform. Für den Übergang hat sich der Gesetzgeber wegen der Besonderheiten der Telekommunikationsmärkte für eine sek-

---

[336] Monopolkommission, Sondergutachten 40, Tz. 42; *Koenig/Loetz/Neumann*, in: K&R 2003 Beilage 2, S. 19 f.

[337] *Koenig/Loetz/Neumann*, in: K&R 2003 Beilage 2, S. 19, m. w. N.

[338] Monopolkommission, Sondergutachten 40, Tz. 44.

torspezifische Regulierung entschieden. Diese hat sich an starken europäischen Vorgaben zur Marktöffnung zu orientieren. Mit der kürzlich erfolgten Novellierung des TKG auf der Grundlage des ebenfalls veränderten europäischen Rechtsrahmens ist der Telekommunikationssektor nach den grundlegenden Reformen der 1990er Jahre in die zweite Phase der Marktöffnung bzw. Liberalisierung getreten.

Das Recht auf Zugang im neuen Telekommunikationsrecht wurde dabei weiterentwickelt und stark verändert. Nach dem neuen europäischen Rechtsrahmen für elektronische Kommunikationsnetze und -dienste und dessen Umsetzung im novellierten TKG ist die Zugangsregulierung flexibler und damit dynamischer geworden. Wegen der Rückführung der Regulierung der Endnutzerleistungen hat sich der Schwerpunkt der angestrebten flexiblen Regulierung auf die Vorleistungen verlagert[339]. Die Zugangsregulierung zu diesen Vorleistungen hat an Bedeutung enorm gewonnen und wird den Schwerpunkt der künftigen Tätigkeit der RegTP in diesem Bereich bilden. Dazu wurden der RegTP weitergehende Befugnisse eingeräumt. Die RegTP hat beispielsweise die Befugnis, einen Netzbetreiber mit beträchtlicher Marktmacht zu Veränderungen in seiner Netzinfrastruktur einschließlich deren Instandhaltung zu verpflichten, sofern dies zur Gewährung von Zugang notwendig ist. Für den Zugangspetenten umfasst dieser Zugang im Grundsatz auch das Recht, von der RegTP zur effektiven Durchsetzung des Zugangsanspruchs die Auferlegung von Zugangsverpflichtungen gegenüber dem Zugangsverpflichteten zu verlangen.

Die RegTP wird bei ihren Entscheidungen entsprechend ihrer neuen, erweiterten Befugnisse nicht allein auf eine gefestigte eigene Entscheidungspraxis oder sektorspezifische Rechtsprechung zurückgreifen können. In ihrer Regulierungstätigkeit zur Wettbewerbsaufsicht ist sie bei der Abwägung vielmehr auf ihr Ermessen und die zugehörigen allgemeinen verwaltungsrechtlichen Grundsätze angewiesen. Dies gilt sowohl für den vertikalen Interessenausgleich in der zweipoligen Beziehung zwischen der RegTP und dem Zugangsverpflichteten als auch für den horizontalen Interessenausgleich im mehrpoligen Verhältnis, wo

---

339 Siehe ausdrücklich die Bestimmung zur Subsidiarität der Entgeltregulierung der Endnutzerleistungen in § 39 Abs. 1 S. 1 TKG; siehe auch Begründung zum TKG-RegE zu § 37, in: Bundestags-Drucksache 15/2316, Anlage 1, S. 70.

zusätzlich noch ein oder mehrere Wettbewerber als Antragsteller und Zugangspetent hinzutreten.

Die staatliche Lenkung des Wettbewerbs durch hoheitliche Maßnahmen muss sich an die allgemeinen Vorgaben staatlichen Handelns halten. Hierzu gehört im Telekommunikationsrecht der Grundsatz der schonenden Regulierung, wonach sich die Regulierungstätigkeit auf ein Mindestmaß des Erforderlichen beschränken soll. Zu seiner Ausfüllung in der Zugangsregulierung als einem Beispiel der Wettbewerbsaufsicht mag der Grundsatz der Verhältnismäßigkeit herangezogen werden können[340]. Er gehört zum gesicherten Instrumentarium des allgemeinen Verwaltungsrechts, auf das die RegTP mangels gefestigter Entscheidungspraxis bei Ausübung ihrer erweiterten Befugnisse zurückgreifen muss. Aus diesem Grund werden im nächsten Kapitel zunächst Inhalt, Struktur und Geltung des Grundsatzes der Verhältnismäßigkeit herausgestellt.

---

[340] Ohne Begründung auch: *Kirchner*, in: Bundestags-Ausschussdrucksache 15(9)949, Anhang II, 247 (250).

Kapitel 4:
Der Grundsatz der Verhältnismäßigkeit

A. Vorbemerkung

I. Bedeutung

Mit der Einführung des Art. 87f GG wurden die Märkte der Telekommunikation für den Wettbewerb und damit auch für die allgemeine Freiheit des Wirtschaftens geöffnet. Diese Öffnung hat jedoch zur Konsequenz, dass jede Beschränkung der Marktteilnehmer in dieser Freiheit durch den Staat der speziellen verfassungsrechtlichen Rechtfertigung bedarf. Dabei können sich der Gesetzgeber und andere staatliche Organe nicht mehr auf die Gemeinnützigkeit einer Maßnahme im Sinne der früheren Daseinsvorsorge in diesem Bereich berufen.

Vielmehr kann sich die Ausgestaltung des Rahmens des nationalen Telekommunikationsrechts und seine Anwendung nur auf spezielle verfassungsrechtliche oder gemeinschaftsrechtliche Erwägungen stützen. Grundsätzlich kann aber auf den Verfassungsrang des staatlichen Auftrages zur Infrastruktursicherung nach Art. 87f Abs. 1 GG verwiesen werden, wodurch unter Beachtung der Verhältnismäßigkeit insbesondere auch Eingriffe in die durch Grundrechte und Art. 87f Abs. 2 S. 1 GG gewährte wettbewerbs- und gewinnorientierte Entscheidungsfreiheit der Marktteilnehmer in der Telekommunikation legitimiert werden können[1]. Da mit dem Maßstab des Grundsatzes der Verhältnismäßigkeit das rechte Maß einer Eingriffsintensität in der Wettbewerbsaufsicht gefunden werden kann, rückt er in den Mittelpunkt dieser Untersuchung.

Nur wenige juristische Begriffe haben im deutschen Rechtsleben eine ähnliche Resonanz und Akzeptanz erfahren wie der Grundsatz der Verhältnismäßig-

---

1 *Windthorst*, in: Sachs, Art. 87f Rn. 24.

keit[2]. Mit Wurzeln seiner theoretischen Grundlagen bis weit in die Antike[3] erlangte der Grundsatz der Verhältnismäßigkeit im deutschen Recht über vernunftrechtliche Einflüsse der Aufklärung gegen Ende des 18. Jahrhunderts zunächst Bedeutung im Polizeirecht[4]. Dort wurde er eingesetzt und entwickelt, um das staatliche Handeln rechtlich zu begrenzen und zu kontrollieren[5]. Auf das Polizei- und Ordnungsrecht blieb er bis in die Anfangsjahre der Bundesrepublik Deutschland beschränkt, bevor er insbesondere durch die Rechtsprechung des Bundesverfassungsgerichts[6] neben dem Willkürverbot zum zentralen Verfassungsmaßstab aufstieg[7] und zu „einem der Kerngehalte des Rechtsstaates"[8] wurde. Bereits 1968 erklärte das Bundesverfassungsgericht[9] ohne nähere Begründung, belegt durch zahlreiche Zitate seiner Judikatur den Grundsatz der Verhältnismäßigkeit als „übergreifende Leitlinie allen staatlichen Handelns" mit Verfassungsrang zur allgemeinen Rechtsmeinung[10].

---

2 Zur Bedeutung des Grundsatzes der Verhältnismäßigkeit in anderen Rechtsordnungen vgl. statt vieler: Beiträge in *Kutscher/Ress/Teitgen/Ermacora/Ubertazzi*; *Clérico*, S. 251 ff.; *Zimmerli*, in: ZSR 97 (1978) Heft II, 1 (1 ff.); *Heinsohn*, S. 75 ff., 130 ff., 183 ff.; *Pache*, in: NVwZ 1999, 1033 (1033 ff.); vgl. auch den Eingriffsvorbehalt der Art. 8-11 EMRK und die daraus zu ziehenden Schlussfolgerungen bei *Bleckmann*, in: JuS 1994, 177 (178).

3 Nachgewiesen im Einzelnen durch *Wieacker*, FS Fischer, S. 874 ff.

4 Vgl. Ausführungen zum Polizeirecht von *Svarez* in seinen Kronprinzenvorträgen (1791-1792), abgedruckt bei *Conrad/Kleinheyer*, S. 39.

5 Vgl. ausführlich zu Entwicklung und historischen Grundlagen: *v. Krauss*, S. 6 ff.; *Huber*, in: ZSR 96 (1977) Heft I, 1 (4 ff.); *Remmert*, S. 8 ff.; *Heinsohn*, S. 27 ff., 52 ff.

6 Die zahlreichen Judikate des Bundesverfassungsgerichts sind nachgewiesen bei: *Grabitz*, in: AöR 98 (1973), 568 (568 ff.); *Wendt*, in: AöR 104 (1979), 414 (414 ff.), und später *Stern*, FS Lerche, S. 166 Fn. 4; so auch BVerfGE 90, 145 (172); 92, 191 (197); 92, 277 (325); 92, 365 (407); 94, 268 (284); 94, 372 (390); 95, 64 (84, 88 ff.); 96, 10 (21); 96, 171 (181); 97, 12 (26); 97, 228 (258 ff.); 97, 378 (385); 98, 17 (37); 98, 265 (308); 99, 202 (211); 99, 341 (352); 99, 367 (388); 100, 1 (41); 100, 313 (359 f., 373 ff., 390 ff.); 102, 1 (19 ff.); 102, 197 (213, 217 ff.); 103, 21 (40); 103, 197 (221 ff.); 103, 271 (287); 103, 293 (306 ff.); 103, 332 (366 f.); 104, 92 (110); 104, 337 (347 ff.); 104, 357 (364); 105, 17 (32, 34 ff.); 105, 279 (309).

7 *Stern*, Staatsrecht III/2, § 84 I 1.; vgl. auch bereits BVerwGE 5, 50 (52): „[...] so ist auch in dem gesamten übrigen Gebiet der Eingriffsverwaltung die Verhältnismäßigkeit einer Maßnahme zu den diese Maßnahme bestimmenden Faktoren im Hinblick auf Art. 19 GG fast zu einem dem Gleichheitssatz entsprechenden Grundrecht erhoben worden [...]."

8 *Kloepfer*, FS BVerwG, S. 329.

9 BVerfGE 23, 127 (133).

10 Formulierung übernommen durch das Bundesverwaltungsgericht in seine Rechtsprechung in BVerwGE 38, 68 (70).

Da dieser Grundsatz der staatlichen Machtbegrenzung und der Freiheitssicherung dienen soll, wird er in der Praxis auch vom Bundesverfassungsgericht im Schwerpunkt im Bereich der Grundrechte angewandt. Allerdings ist ein Vordringen in fast alle Rechtsgebiete zu beobachten[11]. Als „Schranken-Schranke" für alle Grundrechtsentscheidungen[12] scheint jeder hoheitliche Eingriff letztlich an ihm zu messen zu sein. Dabei birgt er die Möglichkeit in sich, mit seiner Hilfe scheinbar unbillige Ergebnisse korrigieren zu können[13]. Schon allein dies ist, neben der vielfältigen Literatur, ein sicheres Indiz für die tragende Bedeutung, die dem Grundsatz der Verhältnismäßigkeit als Prinzip mit Verfassungsrang derzeit in fast allen Rechtsgebieten beigemessen wird.

II. Terminologien

Da im Bereich des Grundsatzes der Verhältnismäßigkeit unterschiedliche Terminologien verwandt werden, ist zunächst die Klärung von Begriffen notwendig. Das Bundesverfassungsgericht war in seiner Rechtsprechung über die Jahre in den verwandten Begriffen schwankend[14]. In jüngeren Entscheidungen fasst es unter dem Oberbegriff des „Grundsatzes der Verhältnismäßigkeit" (im weiteren Sinne) die stufenartig aufeinander bezogenen Teilgrundsätze der „Geeignetheit", der „Erforderlichkeit" und der „Verhältnismäßigkeit im engeren Sinne" zusammen[15]. Dabei wird der Begriff des „Übermaßverbotes" nunmehr zumeist gleichbedeutend mit dem der Verhältnismäßigkeit im engeren Sinne benutzt[16].

---

11 *Ossenbühl*, FS Lerche, S. 153 f.

12 So *Gentz*, in: NJW 1968, 1600 (1601), m. w. N. aus der Rechtsprechung des Bundesverfassungsgerichts; *Bettermann/Loh*, in: BB 1969, 70 (70), mit Verweis auf BVerfGE 16, 194 (201 f.); *Stern*, Staatsrecht III/2, § 84 I 1.

13 BVerfGE 90, 145 (200); *Pieroth/Schlink*, Rn. 294.

14 *Hirschberg*, S. 23 ff.

15 Besonders deutlich seit BVerfGE 19, 330 (337); 21, 150 (155); heute noch in: BVerfGE 90, 145 (172 f.); 92, 277 (325); 95, 64 (88); 96, 10 (21, 23, 26); 97, 228 (258); 97, 378 (385, 387 f.); 99, 202 (211); 100, 313 (373); 104, 337 (347); 105, 17 (32, 34).

16 BVerfGE 14, 19 (22); 15, 226 (234); 18, 353 (362); 30, 250 (266); 90, 145 (173, 183, 214); 92, 277 (327); 95, 96 (140); 96, 10 (23, 26); kürzlich in: BVerfGE 105, 17 (36); allerdings gebrauchte das Bundesverfassungsgericht in einer jüngeren Entscheidung die Begriffe „Grundsatz der Verhältnismäßigkeit" und „Übermaßverbot" an verschiedenen Stellen jeweils als Oberbegriffe, BVerfGE 100, 313 (359, 373, 390 – Übermaßverbot); siehe auch BVerfGE 103, 21 (34).

Auch in der Literatur sind die verwandten Begriffe uneinheitlich[17]: So fasst *Lerche* „Erforderlichkeit" und „Verhältnismäßigkeit" unter der Oberbezeichnung des „Übermaßverbotes" zusammen, zu dem er den Teilgrundsatz der „Geeignetheit" ausdrücklich nicht zählt[18]. Wieder andere Begriffspaare verwendet *Grabitz*, der „Erforderlichkeit" und „Proportionalität" zur „Verhältnismäßigkeit" verbindet[19]. Diesem schließt sich *Langheineken* an, wobei er die „Tauglichkeit" als Teil der „Erforderlichkeit" einordnet[20]. Angelehnt an die Terminologie und die entwickelte dreiteilige Struktur des Bundesverfassungsgerichts haben einige Autoren die Verwendung von Begriffen wie „Übermaßverbot" als Synonym für den Grundsatz der Verhältnismäßigkeit als Oberbegriff[21] sowie „Zwecktauglich-

---

Dieser Terminologie hat sich auch das Bundesverwaltungsgericht angeschlossen und in BVerwGE 105, 178 (185), das Übermaßverbot ausdrücklich als Teil des Grundsatzes der Verhältnismäßigkeit bezeichnet, nachdem es beide noch in BVerwGE 38, 68 (70), unklar nebeneinandergestellt hatte.

Das Bundesverfassungsgericht hat neben dem Begriff des „Übermaßverbotes" auch den des „Untermaßverbotes" verwendet, BVerfGE 88, 203 (254 ff.); vgl. auch Sondervotum des Vizepräsidenten *Papier* und der Richterinnen *Graßhof* und *Haas*, in: BVerfGE 98, 265 (355). Danach muss angesichts der Pflicht des Staates zum Schutz der Grundrechte sein Handeln „für einen angemessenen und wirksamen Schutz ausreichend sein" (BVerfGE 88, 203 (254)), wobei „ausreichend" der Geeignetheit, „wirksam" der Erforderlichkeit und „angemessen" der Verhältnismäßigkeit im engeren Sinne entspricht, *Wegmann*, S. 138. Das Untermaßverbot entspricht insoweit dem Übermaßverbot als Oberbegriff der Teilgrundsätze für den Fall des staatlichen Unterlassens. Statt beim Staat jedoch ein „Zu-wenig" beim Handeln durch aktives Tun zu sehen, kann gleichwohl darin ein „Zuviel" beim Handeln durch Unterlassen gesehen werden, womit der zusätzliche Begriff des Untermaßverbotes entbehrlich bleibt.

17 Zur Uneinheitlichkeit des Sprachgebrauchs siehe *Hirschberg*, S. 19 ff.; *Jakobs*, Verhältnismäßigkeit, S. 8 ff.; *Stern*, Staatsrecht III/2, § 84 II 1.

18 *Lerche*, Übermaß, S. 21; siehe neuerdings aber S. X.

19 *Grabitz*, in: AöR 98 (1973), 568 (571).

20 *Langheineken*, S. 4 ff.; ebenso *Hirschberg*, S. 59 ff.

21 *Pieroth/Schlink*, Rn. 278; *Kloepfer*, FS BVerfG, S. 419; *ders.*, FS BVerwG, S. 330; *Scholz*, in: NJW 1983, 705 (709); zu Recht stellt *Haverkate*, S. 11 Anm. 38, heraus, dass der Begriff „Übermaßverbot" wegen unzutreffender Assoziationen mit Zuviel-Leistungen im Bereich des schützenden und leistenden Staatshandelns ungeeignet erscheint; die verwirrende Einführung des weiteren Begriffes „Untermaßverbot" macht dies deutlich (vgl. *Canaris*, in: AcP 184 (1984), 201 (228); BVerfGE 88, 203 (254 ff.)), wozu *Schlink*, FS BVerfG, S. 464, richtig feststellt, dass die hiermit verbundene Untersuchung methodisch gerade nichts anderes als die Verhältnismäßigkeit im engeren Sinne ist. Noch deutlicher stellt *Wegmann*, S. 137 ff., heraus, dass, wenn das Verhältnismäßigkeitsprinzip als eine Medaille gedacht wird, Über- und Untermaßverbot jeweils verschiedene Seiten dieser Medaille sind. Siehe auch soeben in Fn. 16.

keit“ für „Geeignetheit“[22], „Grundsatz der Notwendigkeit“[23] oder „des geringstmöglichen Eingriffs“[24] für „Erforderlichkeit“ und „Angemessenheit“[25] Proportionalität“[26] oder „Zumutbarkeit“[27] für die „Verhältnismäßigkeit im engeren Sinne“ vorgeschlagen. Hierdurch sollte vor allem die missverständliche doppelte Verwendung des Begriffs der Verhältnismäßigkeit im weiteren und im engeren Sinne durch das Bundesverfassungsgericht vermieden werden.

Die mangelnde begriffliche Einheitlichkeit soll jedoch nicht darüber täuschen, dass hinsichtlich der inhaltlichen konstitutiven Elemente des Grundsatzes der Verhältnismäßigkeit und seiner Reichweite, wie sie im Folgenden rekonstruiert werden, in der Rechtswissenschaft allgemein weite Übereinstimmung besteht[28]. Um eine einheitliche Terminologie einhalten zu können, werden für diese Arbeit die Begriffe aus der Rechtsprechung des Bundesverfassungsgerichts benutzt[29], so dass die Teilgrundsätze der „Geeignetheit“, der „Erforderlichkeit“ und des „Übermaßverbotes“ als Bestandteile des „Grundsatzes der Verhältnismäßigkeit“ zu untersuchen sind.

B. Der Grundsatz der Verhältnismäßigkeit und seine Teilgrundsätze

I. Inhalt und Struktur

Der Grundsatz der Verhältnismäßigkeit ist weder im Grundgesetz noch in anderen Gesetzen als Rechtsbegriff definiert. Er besagt in knapper Definition, dass bei staatlichem Handeln das Verhältnis von Mittel und Zweck als angemessen

---

22 *Lerche*, Übermaß, S. X; *v. Arnauld*, in: JZ 2000, 276 (280); *W. Schmidt*, in: NJW 1975, 1753 (1756); auch verkürzt als „Tauglichkeit“, so *ders.*, in: JZ 1976, 32 (32).

23 *Pieroth/Schlink*, Rn. 288; *v. Krauss*, S. 14.

24 *Ossenbühl*, in: DÖV 1976, 463 (469).

25 *Dechsling*, S. 5.

26 *Kloepfer*, FS BVerwG, S. 336; *Clérico*, S. 18 f., 22; *Stern*, Staatsrecht III/2, § 84 II 4.

27 *Kutscher/Ress/Teitgen/Ermacora/Ubertazzi* (Beitrag *Ress*), S. 13 f.

28 Auch *Schlink*, in: EuGRZ 1984, 457 (460 Fn. 17).

29 Zur Kritik an der Einbeziehung des Grundsatzes der Geeignetheit unter den Oberbegriff der Verhältnismäßigkeit wegen der zu den anderen Teilgrundsätzen unterschiedlichen logischen Struktur siehe *Grabitz*, in: AöR 98 (1973), 568 (571).

erscheinen muss[30]. Hierzu definiert das Bundesverfassungsgericht, dass nach dem Grundsatz der Verhältnismäßigkeit

> „eine Maßnahme zur Erreichung des angestrebten Zwecks geeignet und erforderlich sein muss [...]. Ferner darf der mit der Maßnahme verbundene Eingriff nicht außer Verhältnis zur Bedeutung der Sache stehen.“[31]

Dafür erfolgt die Prüfung mehrstufig nach den Kriterien der Geeignetheit, der Erforderlichkeit und des Übermaßverbotes (Verhältnismäßigkeit im engeren Sinne). Ausgangspunkt der Überlegungen ist demnach der angestrebte Zweck als fester Bezugspunkt des Verhältnismäßigkeitsmaßstabes.

1. Vorfrage des legitimen Zwecks

Die Frage der Verhältnismäßigkeit des angewandten Mittels stellt sich überhaupt nur, wenn ein zulässiger, also *legitimer Zweck* mit der Maßnahme verfolgt wird[32]. Ob ein Zweck vorhanden ist, und ob er vor der Rechtsordnung Bestand hat, ist eine Vorfrage, deren Bejahung Voraussetzung für die Anwendbarkeit des Grundsatzes der Verhältnismäßigkeit ist[33]. Da sie sich nicht unmittelbar auf das Mittel bezieht, fällt sie nicht in den eigentlichen Rahmen des Grundsatzes der Verhältnismäßigkeit und bedarf einer selbständigen Prüfung[34].

a. Der Zweck

Der Zweck einer Maßnahme beschreibt hierbei einen gewünschten Zustand, der erreicht werden soll. Abstrakt kann dieser idealiter mit der

---

30 So – statt vieler – *Wittig*, in: DÖV 1968, 817 (817); *Gentz*, in: NJW 1968, 1600 (1604).

31 BVerfGE 70, 278 (286), m. w. N.; 78, 38 (50).

32 Vgl. *Kloepfer*, FS BVerwG, S. 334.

33 So untersuchte z. B. das Bundesverfassungsgericht ausführlich, ob Gesundheitsschutz und Bewahrung vor Abhängigkeiten legitime Zwecke für ein Verbot des Cannabiskonsums sein können, BVerfGE 90, 145 (174 ff.).

34 *Langheineken*, S. 4; a. A. *Stern*, Staatsrecht III/2, § 84 II 2. a), der die Prüfung eines legitimen Zwecks „im Rahmen der Geeignetheit“ untersuchen will, sowie *Clérico*, S. 64 ff., die in Zweifelsfällen der Legitimität eine Notwendigkeit für eine Prüfung im Rahmen der Verhältnismäßigkeit (Übermaßverbot) sieht, da diese Zweifelsfälle gerade nicht ohne eine Abwägung gegenüber dem Mittel entschieden werden könnten.

„Erhöhung der Erfüllung eines Grundrechts oder kollektiven Gutes oder [der ...] Vermeidung einer weiteren Beeinträchtigung"[35]

dieser Güter beschrieben werden. Die Formulierung des verfolgten Zwecks ist grundsätzlich Aufgabe des Handelnden, wodurch die Zwecksetzung ein personalisierter Vorgang wird[36]. Die Intention des Gesetzgebers kann entweder aus dem Gesetzestext selbst, der Gesetzesbegründung oder aus dem Recht setzenden Kontext bzw. dem Gesetzgebungsverfahren entnommen werden. Verwaltungsträger sind als Rechtsanwender in ihren Entscheidungen weitestgehend an diese formulierten Zielvorgaben gebunden. Damit drängt der an dem Zweck ausgerichtete Grundsatz der Verhältnismäßigkeit zu einer hinreichend klaren Formulierung des Zwecks[37]. Durch die Zuweisung der Argumentationslast an den in Grundrechte eingreifenden Akteur, dass das von ihm verwandte Mittel zur Erreichung eines bestimmten Zwecks geeignet und erforderlich ist, kann sich dieser die Argumentation durch Rückgriff auf immer unbestimmtere Zwecke nicht erleichtern. Mit der Einführung immer unbestimmterer Zwecke steigen nämlich die Anforderungen an die Argumentation der Geeignetheit und Erforderlichkeit im selben Maße[38]. Denn je allgemeiner der Zweck ist, um so mehr Mittel sind geeignet und um so weniger Mittel sind erforderlich, um ihn zu erreichen.

Sind die Handlungszwecke unpräzise, vieldeutig, vage oder gar nicht formuliert, so ist es der ausführenden Verwaltung, dem überprüfenden Gericht oder dem handelnden Bürger belassen, durch Auslegung den Zweck zu bestimmen. Für die Anwendung des Grundsatzes der Verhältnismäßigkeit als Maßstab im Einzelfall reicht es daher aus, dass der Zweck für diese konkrete Situation bestimmbar ist[39]. Auf das Erfordernis, den zugrunde gelegten Zweck einer Maßnahme – auch im privatrechtlichen Bereich – möglichst genau zu beschreiben, um zu einer fundierten Aussage der Zweck-Mittel-Relation gelangen zu können, sei hier kurz hingewiesen[40]. Die Erörterung, wie und nach welchen Kriterien

---

35 *Clérico*, S. 30.
36 *Jakobs*, in: DVBl. 1985, 97 (97); *Dechsling*, S. 79 f.
37 *Kloepfer*, FS BVerwG, S. 340. *Haverkate*, S. 290 ff., sieht sogar ein „Zweckverdeutlichungsgebot", das als normative Vorbindung im Gebot der Verhältnismäßigkeit eingeschlossen sei.
38 *Schlink*, Abwägung, S. 204 f.
39 *Clérico*, S. 31 f.
40 Vgl. ausführlich zu diesem Problem *Zitscher*, in: BB 1983, 1285 (1291).

diese Auslegung des Zwecks einer Maßnahme im Einzelnen zu erfolgen hätte, ist für die Untersuchung in dieser Arbeit nicht relevant[41].

Bei einer Bestimmung des Zwecks ist anzumerken, dass auch jeder Zweck natürlich zugleich Mittel sein kann, um ein anderes höhergelegenes Ziel zu erreichen[42]. Der in erster Linie verfolgte Zweck sollte aber trotz dieses erkenntnistheoretischen Einwandes im Einzelfall konkret bestimmbar sein. Eine Anwendung des Grundsatzes der Verhältnismäßigkeit wird dadurch jedenfalls nicht beeinträchtigt[43]. Denn die Argumentation der Verhältnismäßigkeit wird gerade dort nicht erleichtert, wo der Verlagerung von Zwecken auf immer höhere Ebenen durch Grundrechte Schranken gesetzt sind[44].

Auch Fälle, in denen ein Rechtsanwender in seinem Handeln von dem vom Normgeber vorgegebenen Zweck abweichen sollte, bleiben dem Maßstab der Verhältnismäßigkeit weiter zugänglich. Die Verhältnismäßigkeitsprüfung knüpft nur an *einen* Zweck und *das* angewandte Mittel an, deren Relation sie überprüft. Der verfolgte Zweck, der der Prüfung der Verhältnismäßigkeit zugrunde gelegt wird, muss aber dafür nicht notwendigerweise für Rechtsanwender und Rechtsetzer identisch sein. Generell wird in der Rechtswissenschaft nicht gefordert, dass sich die staatlichen Akteure der drei Gewalten auf die vom Verfassungs- oder Gesetzgeber vorgegebenen Ziele bei der Verhältnismäßigkeitsprüfung beziehen[45].

Häufig werden mit einer staatlichen Maßnahme mehrere verschiedene Zwecke verfolgt. Dies ist im Grundsatz unproblematisch, denn selbst der Ge-

---

[41] Vgl. zur Problematik der subjektiven oder objektiven Teleologie: *Canaris*, Methodenlehre, S. 137 ff.; *Wank*, S. 36 ff.

[42] *Schlink*, Abwägung, S. 203 ff.; *Jakobs*, in: DVBl. 1985, 97 (97).

[43] *Clérico*, S. 31 f.

[44] Vgl. *Schlink*, Abwägung, S. 205 ff.

[45] *Dechsling*, S. 77 f.
Hieran knüpft sich allerdings die verfassungsrechtlich umstrittene Frage, inwieweit der Rechtsanwender den vom Rechtsetzer vorgegebenen Zweck austauschen oder ergänzen darf. Hierzu würde auch die Diskussion gehören, ob negative Folgen, die von den staatlichen Akteuren unbeachtet geblieben sind, in die Abwägung bei der Rechtsanwendung einfließen dürfen; vgl. zu beiden Fragestellungen *Dechsling*, S. 140 ff., m. w. N. Diese Fragen spielen jedoch für weitere Erörterungen in dieser Arbeit keine Rolle, da sie Struktur und Inhalt des Grundsatzes der Verhältnismäßigkeit nicht berühren, so dass sie hier ausgeklammert werden.

setzgeber ist verfassungsrechtlich nicht gehindert, bei dem Erlass von Gesetzen verschiedene Ziele nebeneinander zu verfolgen. Eine solche Kopplung von Gesetzeszwecken ist kein Missbrauch gesetzgeberischer Befugnisse[46]. Für die Prüfung der Verhältnismäßigkeit bedeutet dies, dass die verschiedenen Zwecke nicht isoliert betrachtet werden dürfen, sondern die gewählten Gestaltungsmittel vielmehr zusammenschauend an Haupt- und Nebenzwecken der Maßnahme zu messen sind[47].

b. Legitimität des Zwecks

Staatliches Handeln darf nur legitime Zwecke verfolgen[48]. Der angestrebte Zweck gilt dann als legitim, wenn er nicht im unauflösbaren Widerspruch zu dem für den jeweils Handelnden anzulegenden rechtlichen Maßstab steht[49]. Jeder Widerspruch ist auflösbar, sobald die einander gegenüber stehenden Rechtsgüter oder Ver- und Gebote einer ausgleichenden Abwägung zugänglich sind[50]. Die Frage der Legitimität des angestrebten Zwecks betrifft sowohl die in Grundrechte eingreifende Verwaltung und die Rechtsprechung als auch den eingreifenden bzw. zu Eingriffen ermächtigenden Gesetzgeber. Der Unterschied besteht jedoch im anzulegenden Maßstab. Der demokratisch legitimierte Gesetzgeber ist in der Auswahl der von ihm angestrebten Zwecke ungebundener und damit viel freier als die Verwaltung[51]. Er ist nur durch das Grundgesetz, insbesondere durch die Ver- und Gebote der Grundrechte, und die übergeordneten Rechtsprinzipien in seinen Zielvorgaben beschränkt, so dass ihm eine Vielzahl von Zwecken bleibt, die er in verfassungslegitimer Weise verfolgen kann. Illegitim sind demnach für ihn alle Zwecke, die durch die Normen der Verfassung ausdrücklich oder stillschweigend verboten sind[52]. Die Verwaltung

---

46 BVerfGE 30, 292 (318).
47 BVerfGE 30, 292 (318).
48 *Gentz*, in: NJW 1968, 1600 (1602); entgegen *Ossenbühl*, in: Jura 1997, 617 (618), gilt dies nicht nur für gesetzgeberisches Handeln.
49 Noch weiter gefasst von *Schlink*, Abwägung, S. 192, der für alle Gewalten die Legitimität eines Zwecks annimmt, wenn dieser nicht durch das Grundgesetz verboten ist.
50 Nach dieser Definition sind auch die von *Clérico*, S. 64 ff., problematisierten Zweifelsfälle der Illegitimität einer selbständigen Prüfung als Vorfrage zugänglich, da sie zwar einen legitimen Zweck darstellen, der aber eventuell nicht verfolgt werden darf, weil kein geeignetes Mittel zur Verfügung steht oder die hierzu geeigneten Mittel andere Rechtspositionen unverhältnismäßig einschränken.
51 *Schlink*, FS BVerfG, S. 450.
52 *Gentz*, in: NJW 1968, 1600 (1602).

und Rechtsprechung hingegen müssen neben der übergeordneten Verfassung auch die Wertungen der gesamten übrigen Rechtsordnung in ihrem Handeln berücksichtigen[53].

Daraus ergibt sich zusammenfassend folgendes Ergebnis: Nur, wenn gemessen an diesem jeweiligen Maßstab der Legitimität der jeweils handelnde staatliche Akteur einen nicht im unauflösbaren Widerspruch zur Rechtsordnung stehenden, also legitimen Zweck für sich in Anspruch nehmen kann, kann er sein Handeln durch Heranziehen des Grundsatzes der Verhältnismäßigkeit rechtfertigen bzw. bedarf es bei der gerichtlichen Überprüfung des Handelns des Rückgriffs auf diesen Grundsatz. Andernfalls würde das Handeln ohnehin einen Verfassungsverstoß darstellen und wäre unzulässig.

2. Der Grundsatz der Geeignetheit

Auf der ersten Stufe des Grundsatzes der Verhältnismäßigkeit ist zu prüfen, ob und wie weit ein grundrechtsbeschränkendes Handeln als Mittel zur Zweckerreichung geeignet ist[54]. Hierzu ist das konkret angewandte oder anzuwendende Mittel zu bestimmen. Allgemein drückt sich die Geeignetheit darin aus, dass Mittel und Zweck in einer qualitativ günstigen Relation stehen müssen, die die Zweckerreichung wahrscheinlicher macht.

a. Positive und komparative Interpretation

Die geforderte qualitativ günstige Beziehung des Mittels zum Zweck im Sinne einer Geeignetheit kann in diesem Zusammenhang positiv oder komparativ verstanden werden[55].

Nach der positiven Interpretation ist die Geeignetheit des Mittels bereits dann anzunehmen, wenn der erstrebte Erfolg durch die Maßnahme näher rückt, und erst zu verneinen, wenn die Maßnahme die Zielerreichung erschwert oder gar

---

[53] *Pieroth/Schlink*, Rn. 280.

[54] *Lerche*, Übermaß, S. X, betont die nunmehr in der Rechtswissenschaft erkannte Bedeutung des Grundsatzes der Geeignetheit.

[55] *Clérico*, S. 37 ff., wählt die Bezeichnung einer „schwachen" und einer „starken" Version des Gebotes der Geeignetheit.

keine Wirkungen in diese Richtung entfaltet[56]. Nach der Formel des Bundesverfassungsgerichts ist ein Mittel dann geeignet, wenn mit seiner Hilfe der erstrebte legitime Zweck gefördert werden kann[57]. Jedes mögliche Mittel wird also isoliert für sich auf seine Geeignetheit hin betrachtet.

Demgegenüber ist nach einer komparativen Interpretation die Geeignetheit des Mittels erst dann anzunehmen, wenn es unter allen Mitteln dasjenige ist, welches vergleichsweise den quantitativ größeren und qualitativ besseren Beitrag zur Zweckerreichung leisten kann als die übrigen zur Verfügung stehenden Mittel. Nach dieser Interpretation ist also ein Vergleich aller den Zweck mit positivem Effekt fördernden Mittel notwendig. Es darf nur das im Vergleich zu allen anderen verfügbaren Maßnahmen geeignetere Mittel gewählt werden. Die Wahl eines anderen zwar grundsätzlich geeigneten, aber weniger geeigneten Mittels als das geeignetste würde nicht ausreichen. Diese Interpretation fordert also die Optimierung der Zielförderung[58]. Sie birgt jedoch den argumentativen Nachteil, dass, wenn nur die geeignetste Maßnahme als geeignetes Mittel im Sinne der Verhältnismäßigkeit anzusehen wäre, dieses Mittel dennoch unverhältnismäßig sein könnte, wenn es etwa nicht erforderlich wäre oder andere Rechtsgüter übermäßig einschränken würde. Für eine Zweckverfolgung bliebe dann aber kein alternatives Mittel, da alle übrigen Mittel als nicht hinreichend geeignet im Sinne der komparativen Interpretation und damit ebenfalls als unverhältnismäßig einzuordnen wären. Argumentativ ließe sich ein Ausweg finden, indem bei der komparativen Geeignetheitsprüfung Mittel außer Betracht zu bleiben hätten, die aus anderen Gründen unverhältnismäßig sind. Dabei wäre letztlich eine Inzidentkontrolle erforderlich, die im Ergebnis der positiven Interpretation nahe käme. Dieser Ausweg wäre daher nur ein Umweg.

---

[56] Übernommene Definition aus dem Polizeirecht, *Stern*, Staatsrecht III/2, § 84 II 2., m. w. N. Dagegen wohl *v. Arnauld*, in: JZ 2000, 276 (280), der in Ablehnung eines umfassenden Gebots der Effizienz staatlichen Handelns auch untaugliche Mittel nicht *per se* als verfassungswidrig einstufen will.

[57] Erstmals ausdrücklich in: BVerfGE 30, 292 (316); dann st. Rspr. in: BVerfGE 33, 171 (187); 39, 210 (230); 40, 196 (222); 63, 88 (115); 67, 157 (173); 70, 278 (286); 77, 84 (108); 78, 38 (50); 90, 145 (172).

[58] *Clérico*, S. 37.

b. Entscheidungsmaßstab der Legislative und der Exekutive

In ihren Entscheidungen müssen sich die Organe der Legislative und der Exekutive in jedem konkreten Einzelfall für ein bestimmtes Mittel zur Erreichung des gesetzten Zwecks entscheiden[59]. Dabei entspräche es natürlich dem Ideal, wenn sie in ihren Entscheidungen immer auf das komparativ geeignetere Mittel zurückgreifen würden.

Jedoch erscheint dieses Ideal nur in seltenen Fällen realisierbar. Denn zum einen kann, wie oben erläutert, selbst das geeignetste Mittel aus anderen Gründen unverhältnismäßig sein. Zum anderen erfordert die Wahl eines Mittels zur Zweckerreichung für die handelnden Organe der Legislativen und der Exekutiven immer eine in die Zukunft gerichtete Entscheidung, die wegen der Ungewissheit zukünftiger Ereignisse und Entwicklungen in ganz bedeutendem Maße von Prognosen, basierend auf Einschätzungen, Wahrscheinlichkeiten und Risikogewichtungen, abhängig ist[60]. Die Prognose wird dabei entscheidend beeinflusst von dem betroffenen Sachbereich sowie von den Möglichkeiten der Informationsbeschaffung und Urteilsbildung. Aus diesem Grund steht es zum Zeitpunkt der Entscheidungsfindung nur selten fest, welches Mittel geeigneter als alle anderen ist. In der Praxis müssen sich deshalb beide Gewalten in den meisten Fällen an der positiven Interpretation der Geeignetheit festhalten. Die Geeignetheit fordert keine optimale Eignung, sondern verbietet primär ungeeignete Maßnahmen[61]. Gleichwohl können sich Legislative und Exekutive am Ideal der komparativen Geeignetheit orientieren.

c. Kontrolltiefe der Judikative

Wegen der Abhängigkeit von Prognosen in der Wahl des Mittels erfordert das Staatsgefüge mit einer klaren Gewaltenteilung zwischen den Trägern der einzelnen Gewalten eine differenzierte Abstufung der jeweiligen Entscheidungs- und Kontrollkompetenz[62]. Diesem trägt das Bundesverfassungsgericht in seiner

---

[59] Auf das Erfordernis der Legitimität des Mittels weisen zu Recht *Gentz*, in: NJW 1968, 1600 (1602), sowie *Schlink*, FS BVerfG, S. 451, hin. Dabei unterliegen auch hier wieder Verwaltung und Rechtsprechung einem strengeren Maßstab als der Gesetzgeber.

[60] *Schlink*, FS BVerfG, S. 453 f.; *Clérico*, S. 46 ff.

[61] *Kloepfer*, FS BVerwG, S. 334.

[62] Dieses komplexe Verhältnis der Staatsgewalten zueinander bedarf hier nicht intensiverer Betrachtung und wird daher nicht weiter untersucht.

Rechtsprechung mit der oben erwähnten Formel der positiven Geeignetheit Rechnung, indem es seine Kontrolltiefe an der Einschätzungsprärogative des Gesetzgebers ausrichtet und eine Beurteilung aus *Ex-ante*-Sicht vornimmt[63]. Diese hängt

> „von Faktoren verschiedener Art ab, im besonderen von der Eigenart des in Rede stehenden Sachbereichs, den Möglichkeiten, sich ein hinreichend sicheres Urteil zu bilden, und der Bedeutung der auf dem Spiel stehenden Rechtsgüter."[64]

Diese Kriterien bestimmen nämlich maßgeblich die Qualität der zum Zeitpunkt der Entscheidung abgegebenen Prognose. Die Kontrolltiefe des Gerichts orientiert sich dabei im Einzelfall an drei Maßstäben[65]: In einer Evidenzkontrolle können nur evident ungeeignete Mittel herausgefiltert werden; in einer Vertretbarkeitskontrolle wird die Mittelauswahl bloß auf die Vertretbarkeit der Entscheidung hin überprüft; und in einer intensivierten inhaltlichen Kontrolle ist das Gericht an die Rechtsauffassung des Gesetzgebers nur insoweit gebunden, als dass die getroffenen Wertungen und tatsächlichen Beurteilungen nicht widerlegbar sind[66]. Es kann also immerhin überprüfen, ob der entscheidende Akteur die ihm zur Verfügung stehenden Erkenntnismöglichkeiten ausgeschöpft hat, um ein möglichst geeignetes Mittel zur Abwendung von Gefahren von dem zu schützenden Rechtsgut auszuwählen. Nur in diesem Fall bezieht sich das Gericht auf das Ideal der komparativen Interpretation des Grundsatzes der Geeignetheit durch die Legislative und die Exekutive.

Unabhängig von diesem im Einzelfall anzulegenden Maßstab ist die verfassungsrechtliche Überprüfung einer Maßnahme nach der Formel des Bundesverfassungsgerichts in zweifacher Hinsicht eingeschränkt[67] und zugleich ist damit der Gestaltungsspielraum des Rechtsetzers und des Rechtsanwenders entsprechend erweitert:

Zum einen ist eine Maßnahme nicht schon deshalb als ungeeignet anzusehen, weil sie den erstrebten Erfolg nicht voll zu erreichen vermag. Vielmehr soll nach allgemeiner, auch vom Bundesverfassungsgericht vertretener Ansicht die teil-

---

63 *Hirschberg*, S. 64.
64 BVerfGE 50, 290 (332 f.).
65 BVerfGE 50, 290 (333), m. w. N.; später auch BVerfGE 88, 87 (96); 92, 365 (407).
66 BVerfGE 45, 187 (238).
67 *Grabitz*, in: AöR 98 (1973), 568 (572).

weise Verwirklichung des gesetzten Ziels ausreichen[68]. Hierbei prüft das Bundesverfassungsgericht, ob das Mittel „objektiv untauglich", „objektiv ungeeignet" oder „schlechthin ungeeignet" ist[69]. Diese Anwendung des Grundsatzes der Geeignetheit wurde in der Literatur überspitzt zu einem „Verbot der Ungeeignetheit" umformuliert[70].

Zum anderen wird vom Bundesverfassungsgericht nicht verlangt, dass das Mittel den Zweck im Zeitpunkt seiner eigenen Entscheidung auch tatsächlich fördert. Wegen der *Ex-ante*-Beurteilung fragt nämlich das Gericht, ob eine gesetzgeberische oder sonstige hoheitliche Maßnahme nach der Beurteilung der Gegebenheiten, die dem handelnden Organ bei der Vorbereitung seiner Maßnahme unter Ausschöpfung aller Erkenntnismöglichkeiten möglich war[71], als geeignet erscheint. Dabei gesteht das Bundesverfassungsgericht dem Normgeber in dessen Beurteilungsspielraum auch das Recht zum Irrtum über den Verlauf der künftigen Entwicklung zu, so dass die aufgrund einer Fehlprognose getroffene Maßnahme nicht schon allein deshalb verfassungswidrig ist bzw. wird. Es verlangt allerdings, dass in diesem Fall die Maßnahme entsprechend der Fehleinschätzung im Nachfassen korrigiert oder angepasst wird[72].

Im Ergebnis ist die Prüfung der Verhältnismäßigkeit auf der ersten Stufe in der Anwendung durch das Bundesverfassungsgericht in sachlicher und zeitlicher Hinsicht eingeengt. Es folgt damit in der Regel der positiven Interpretation des Grundsatzes der Geeignetheit. Nur in seltenen Fällen hat das Gericht bisher die Unverhältnismäßigkeit im Ergebnis mangels der Geeignetheit des Mittels festgestellt[73]. Wie eine Maßnahme zu beurteilen ist, die sich erst im Laufe der Entwicklung als ungeeignet erweist, kann aufgrund der *Ex-ante*-Beurteilung der Geeignetheit entgegen anderer Auffassungen nur eine Frage der Erforderlichkeit sein[74].

---

68 *Stern*, Staatsrecht III/2, § 84 II 2., m. w. N.
69 BVerfGE 16, 147 (181); 17, 306 (317); 19, 119 (126 f.); 30, 250 (263 f.).
70 *Langheineken*, S. 5.
71 BVerfGE 25, 1 (12); 30, 250 (263); 39, 210 (230).
72 BVerfGE 25, 1 (13); 49, 89 (130); 50, 290 (335); 92, 365 (397); vgl. *Stern*, Staatsrecht III/2, § 84 II 2., m. w. N.; *Grabitz*, in: AöR 98 (1973), 568 (572 f.); *Kutscher/Ress/Teitgen/Ermacora/Ubertazzi* (Beitrag *Ress*), S. 19.
73 So in BVerfGE 17, 306 (315 ff.); 19, 119 (126 f.); 55, 159 (165 ff.).
74 BVerfGE 90, 145 (182 f.); a. A. noch bei *Grabitz*, in: AöR 98 (1973), 568 (572).

3. Der Grundsatz der Erforderlichkeit

a. Allgemeine Aussagen

In der Verhältnismäßigkeitskontrolle muss das geeignete Mittel auch erforderlich sein, den angestrebten Zweck zu erreichen. Dieses Gebot des Einsatzes des milderen[75] unter mehreren mindestens gleich geeigneten Mitteln ist in diesem Zusammenhang ausschließlich in Bezug auf den angestrebten Zweck zu interpretieren[76]. Denn zur Überprüfung der Mittelwahl ist dem Gesetzgeber wegen seiner Gestaltungsfreiheit im Bereich der unter Gesetzesvorbehalt stehenden Grundrechte[77] eine Einschätzungs- und Entscheidungsprärogative in seinen Prognoseentscheidungen zuzugestehen[78]. Dementsprechend bedarf es auch nicht einer generellen Erforderlichkeit einer gesetzgeberischen Maßnahme als Voraussetzung[79], da der Gesetzgeber für jeden verfassungslegitimen Zweck tätig werden darf[80].

b. Rechtsprechung des Bundesverfassungsgerichts

Nach der Formel des Bundesverfassungsgerichts ist ein geeignetes Mittel erforderlich, wenn der staatliche Akteur

> „nicht ein anderes, gleich wirksames, aber das Grundrecht nicht oder doch weniger fühlbar einschränkendes Mittel hätte wählen können“[81],

oder

---

[75] Häufig wird sprachlich vereinfachend, aber ungenau, auch vom „mildesten“ Mittel oder „geringstmöglichen“ Eingriff gesprochen.

[76] *Grabitz*, in: AöR 98 (1973), 568 (573 f.); *Kutscher/Ress/Teitgen/Ermacora/Ubertazzi* (Beitrag *Ress*), S. 19 f.

[77] Vgl. dazu *Maunz*, in: Maunz/Dürig, Art. 70 Rn. 14 ff., 22 f.

[78] *Stern*, Staatsrecht III/2, § 91 V 3. a) ε); vgl. BVerfGE 50, 290 (332 f.).

[79] *Grabitz*, in: AöR 98 (1973), 568 (573).

[80] *Gentz*, in: NJW 1968, 1600 (1602).

[81] St. Rspr. seit BVerfGE 25, 1 (18); 30, 292 (316); vgl. auch BVerfGE 33, 171 (187); 39, 210 (230); 40, 196 (223); 45, 297 (335); 63, 88 (115); 67, 157 (176); 68, 193 (219 f.); 68, 272 (282); 70, 1 (28); 70, 278 (286); 73, 301 (319); 77, 84 (109); 78, 38 (50); 81, 156 (192); 83, 1 (18); 90, 145 (172); 95, 64 (88 f.); 97, 228 (258 f.); 97, 378 (388); 100, 313 (375); 105, 17 (36).

„das Ziel nicht auf eine andere, den Einzelnen weniger belastende Weise ebenso gut erreicht werden kann."[82]

Dieser Prüfung legt das Bundesverfassungsgericht zur Ermittlung der Erforderlichkeit einen doppelten Vergleich zugrunde, indem es erstens die geeigneten Mittel auf den Grad der durch sie erreichbaren Zweckförderung hin überprüft und zweitens die diesbezüglich auf gleicher oder höherer Stufe stehenden Mittel in Bezug auf den Grad der Intensität der durch sie ausgelösten nachteiligen Beeinträchtigungen vergleicht[83].

Auf der ersten Stufe der Prüfung sind die Mittel zu bestimmen, die den Zweck gleichermaßen fördern können. Diese Auswahl der Gleichgeeignetheit hat sich streng an demselben Zweck auszurichten[84]. Darunter fallen natürlich auch alle besser geeigneten Mittel. Dies ist die logische Konsequenz aus der positiven Interpretation des Grundsatzes der Geeignetheit, weil eine Verhältnismäßigkeitskontrolle auch die besser geeigneten Mittel einbeziehen muss. Zum prüfenden Vergleich der Erforderlichkeit dürfen jedoch keine weniger wirksamen Mittel herangezogen werden. Aus Praktikabilitätsgründen darf sich die Suche nach alternativen Mitteln wegen Knappheit von Zeit und verfügbaren Informationen auf naheliegende und wahrscheinlich wirksame Mittel beschränken[85]. Eine Bestimmung aller möglichen Mittel würde die Suche endlos werden lassen und verhindern, dass die staatlichen Akteure ihre Entscheidungen rechtzeitig und in angemessenen Zeiträumen treffen können. In seiner Überprüfung beschränkt sich das Bundesverfassungsgericht auf die im Verfahren aufgebrachten und sonst in Fachkreisen diskutierten Alternativen[86]. Wann eine gleiche oder bessere Eignung alternativer Mittel und damit deren Vergleichbarkeit vorliegt, lässt sich kaum abstrakt ermitteln[87]. Das Bundesverfassungsgericht bezieht seine Prüfung dabei auf alle Zweckarten unabhängig davon, ob diese als Haupt-, Neben-, Fern- oder Teilzweck verfolgt werden[88]. Daher prüft es auch

---

82 BVerfGE 38, 281 (302); 49, 24 (58); 49, 220 (233 f.); ähnlich BVerfGE 47, 109 (119); 81, 156 (193); 94, 268 (286); 100, 313 (391); 102, 197 (217).

83 In diese Richtung *Hirschberg*, S. 59 ff., deutlich S. 66; ausdrücklich: *Jakobs*, Verhältnismäßigkeit, S. 66 f., und *Clérico*, S. 75.

84 *Jakobs*, Verhältnismäßigkeit, S. 67.

85 Ausführlich *Clérico*, S. 77 f.

86 BVerfGE 40, 196 (223).

87 *Grabitz*, in: AöR 98 (1973), 568 (574 f.).

88 *Clérico*, S. 79, m. w. N.

konkret am Einzelfall, wobei sich selbst die dabei erörterten Gesichtspunkte nicht generalisieren lassen. Deshalb können aus seiner Rechtsprechung nur Anhaltspunkte für eine nicht gleichwertige Eignung gefunden werden. Derselbe Grad der Geeignetheit wird insbesondere verneint, wenn ein alternatives Mittel unter den Gesichtspunkten derselben Leistung[89], des gleichwertigen Beitrags zur Zweckerreichung[90] oder der gleichen Wirksamkeit bzw. Effektivität[91] den (mit-) erstrebten Zweck nicht in gleicher Weise wie das andere Mittel zu fördern vermag.

Auf der zweiten Stufe der Prüfung der Erforderlichkeit ist unter den alternativen Mitteln das mit der geringsten Beeinträchtigung für den einzelnen Betroffenen[92] verbundene zu wählen bzw. die Wahl dieses Mittels gerichtlich zu überprüfen. Das eingesetzte Mittel soll die geringsten Nachteile verursachen und so Beeinträchtigungen anderer Rechtsgüter vermeiden. Der Kreis der betroffenen und damit der für die Prüfung zu berücksichtigenden Rechtsgüter ist anhand des Gleichheitsgebotes des Art. 3 Abs. 1 GG zu bestimmen[93]. Der Maßstab des Vergleichs ist jeweils abhängig von der zu treffenden Regelung. Bei einer generellen Entscheidung ist daher auch die vom Mittel im Durchschnitt ausgehende Beeinträchtigung als Bezugsgröße zu wählen, während bei Einzelakten sich die Prüfung auf die von dem Mittel im konkreten Einzelfall verursachten Nachteile bezieht. Unproblematisch zu entscheiden sind die klaren Fälle des Mildevergleichs, in denen das alternative Mittel andere Rechtsgüter entweder eindeutig weniger oder eindeutig stärker als das eingesetzte Mittel beeinträchtigt[94]. Schwierig wird es jedoch dann, wenn die alternativen Mittel einerseits stärker, aber andererseits eben auch weniger einschränkend wirken. In diesen Fällen gesteht das Bundesverfassungsgericht wegen der Kompetenzverteilung in der

---

89 BVerfGE 25, 1 (20); 30, 292 (319).

90 BVerfGE 30, 292 (319); 81, 70 (91).

91 BVerfGE 16, 147 (173); 40, 196 (223); 90, 145 (182 f.).

92 Da der Grundsatz der Verhältnismäßigkeit der Begrenzung und Kontrolle staatlichen Handelns dienen und damit die Rechte des Individuums schützen soll, sind auch nur die Beeinträchtigungen der Betroffenen auf dieser Prüfungsstufe maßgeblich. Zu Forderungen, auch oder nur Nachteile für die Allgemeinheit einzubeziehen; vgl. *Jakobs*, Verhältnismäßigkeit, S. 68.

93 *Hirschberg*, S. 66 ff.; *Clérico*, S. 102 f.; *Kutscher/Ress/Teitgen/Ermacora/Ubertazzi* (Beitrag *Ress*), S. 20, unterstreichen die entscheidende Bedeutung der Bestimmung der Betroffenen für die Entscheidung anhand von BVerfGE 30, 292 (320 f.).

94 So z. B. BVerfGE 72, 26 (33), und 95, 173 (186).

Demokratie dem Gesetzgeber und gegebenenfalls der Verwaltung eine eigene Einschätzung darüber zu, unter mehreren geeigneten Mitteln eines oder mehrere als erforderlich auswählen zu können[95, 96]. Die Entscheidungsträger haben auch hier bei der Mittelauswahl für ihre Prognose einen Entscheidungsspielraum, den das Bundesverfassungsgericht zu berücksichtigen hat[97].

Wegen der Berücksichtigung dieser Einschätzungsprärogative orientiert sich die Kontrolltiefe des Bundesverfassungsgerichts auch bezüglich der gesamten Beurteilung der Erforderlichkeit eines Mittels wie für dessen Geeignetheit an den Maßstäben der Evidenzkontrolle, der Vertretbarkeitskontrolle und der intensivierten inhaltlichen Kontrolle[98]. Das Bundesverfassungsgericht verneint die Erforderlichkeit eines Mittels nur, wenn entweder aus der *Ex-ante*-Sicht feststeht, dass ein gleich wirksames, aber weniger eingreifendes Mittel verfügbar ist[99], oder sich nach einer Beurteilung *ex post* herausstellt, dass das gewählte Mittel im Vergleich zu anderen eine zu starke Einschränkung darstellt[100]. Darunter fällt auch, dass eine Maßnahme, die sich über die Zeit als ungeeignet erweist, dementsprechend durch die bei der Erforderlichkeit mögliche *Ex-post*-Betrachtung als Eingriff eingeordnet werden muss, der nicht (mehr) erforderlich ist. Allerdings ist es dafür nicht ausreichend, wenn der angestrebte Zweck nach einer gewissen Zeit nicht erreicht wird, ohne dass feststeht, dass die Aufhebung der Maßnahme als milderes Mittel den Zweck eher erreicht[101]. Angesichts der vom Bundesverfassungsgericht dem Gesetzgeber gewährten Freiheiten bei der Gestaltung muss sich die gerichtliche Prüfung der Verhältnismäßigkeit um so stärker von den ersten beiden Stufen auf das Übermaßverbot verlagern[102].

---

95 Widerspruch zu *Lerche*, Übermaß, S. 21, der annimmt, dass nur ein einziges von mehreren geeigneten Mitteln erforderlich sein kann. *Hirschberg*, S. 75, relativiert seine zuvor (S. 58 f.) hierüber getroffene Festlegung.

96 Aus diesem Grund ist es sprachlich genauer, von dem „milderen“ Mittel zu sprechen, weil dies die Relativität der Erforderlichkeitsprüfung und ihre Beschränkung auf die als gleichgeeignet festgestellten Mittel klarstellt.

97 *Grabitz*, in: AöR 98 (1973), 568 (574); BVerfGE 21, 150 (157); 30, 336 (347); 50, 290 (332 f.); 77, 84 (106); 170 (215); 88, 203 (262); 90, 145 (183); 99, 341 (354).

98 Ausführlich bei *Clérico*, S. 105 ff.

99 So in BVerfGE 17, 269 (279).

100 So in BVerfGE 21, 261 (270 f.); 99, 341 (354).

101 BVerfGE 90, 145 (182 f.) – Strafverfolgung gegenüber Freigabe von Cannabis.

102 *Stern*, Staatsrecht III/2, § 84 II 2. c).

Sollte sich kein gleichermaßen oder besser geeignetes Mittel bestimmen lassen, so muss das eine notwendigerweise als erforderlich gelten[103]. Denn ein Vergleich mit anderen Mitteln auf der zweiten Prüfungsstufe anhand des Erforderlichkeitskriteriums ist mangels Alternativen nicht möglich. Somit erübrigt sich die Erforderlichkeitsprüfung nicht im Ganzen[104], sondern wird nur dadurch verkürzt, dass deren zweite Prüfungsstufe entbehrlich ist[105]. Die Mühe der Suche nach gleichermaßen oder besser geeigneten Mitteln müsste sich der staatliche Akteur bzw. das Gericht gleichwohl machen[106].

c. Erwägungen in der Literatur

Im Rahmen der Diskussion um die Erforderlichkeitsprüfung sind in der Literatur einige Erwägungen dahingehend angestellt worden, die Analyse der juristischen Wertungsprobleme der Erforderlichkeit mit den Lösungsansätzen anderer Sozialwissenschaften, insbesondere mit der ökonomischen Wohlfahrtstheorie, zu verknüpfen[107]. Auch diese Wissenschaftsdisziplinen beschäftigen sich mit Bewertungen von Maßnahmen und Zuständen. Gerade in der Wohlfahrtsökonomie werden Kriterien zur Bewertung von Zuständen nach dem Gesichtspunkt der größtmöglichen Effizienz gesucht, um zu ermitteln, welche Distribution von Gütern und welche Allokation von Produktionsfaktoren als optimal und damit erstrebenswert anzusehen ist. In der rechtswissenschaftlichen Literatur sind in diesem Zusammenhang der Rückgriff auf das *Pareto*-Kriterium und auf das *Kaldor-Hicks*-Kriterium diskutiert worden. Allerdings ist selbst die langjährige Rechtsprechung des Bundesverfassungsgerichts mit ihren vielen Einzelfällen ohne einen Rückgriff auf diese Kriterien ausgekommen.

---

[103] BVerfGE 104, 337 (348); ohne nähere Begründung auch *Jakobs*, Verhältnismäßigkeit, S. 66; *Kreuz*, S. 42; *Clérico*, S. 75 f., 78 Fn. 249; wohl auch *Yi*, S. 115; a. A. *Stern*, Staatsrecht III/2, § 84 II 3. a), der ebenfalls ohne nähere Begründung annimmt, dass eine Prüfung der Erforderlichkeit bei nur einem einzigen zu berücksichtigenden Mittel zu einem anderen Ergebnis kommen könnte.

[104] Dies übersieht *Jakobs*, Verhältnismäßigkeit, S. 66; missverständlich bei *Yi*, S. 115; *Clérico*, S. 75 f., 78.

[105] *Kreuz*, S. 42, weist zu Recht darauf hin, dass durch diese Verkürzung die Interessen des Betroffenen in der Erforderlichkeitsprüfung dann keine Beachtung finden.

[106] So auch BVerfGE 104, 337 (348).

[107] Grundlegend: *Schlink*, Abwägung, S. 154 ff., insbesondere S. 178 ff.; darauf aufbauend: *Alexy*, S. 145 ff.; *Dechsling*, S. 51 ff., der allerdings die Abwägung im Rahmen der Erforderlichkeitsprüfung vornehmen will; *Sieckmann*, in: Homo oeconomicus X (1993), 461 (470 ff.); *Huster*, S. 432 ff.; *Jansen*, in: Der Staat 36 (1997), 27 (29 ff.).

Nach dem *Pareto*-Kriterium[108] liegt ein Zustand maximaler Wohlfahrt und somit ein Optimum dann vor, wenn durch eine Umverteilung von Gütern oder Produktionsfaktoren keine Wohlfahrtssteigerung möglich ist. Dies ist dann der Fall, wenn durch Umverteilung niemand besser gestellt werden kann, ohne dass zugleich ein anderer schlechter gestellt würde[109]. Eine Umverteilung, die also auch nur die geringste Beeinträchtigung der Position eines Individuums verursacht, wäre – auch bei enormen Zugewinnen für andere – gemessen am *Pareto*-Kriterium keine wohlfahrtsstiftende Maßnahme. Denn dieses Kriterium vermeidet es, interpersonelle Vergleiche des Nutzens verschiedener Individuen anzustellen und eventuelle Verluste und Zugewinne gegeneinander aufzurechnen.

Angewandt in der Erforderlichkeitsprüfung bedeutet dies, dass das erforderliche Mittel dadurch bestimmt werden würde, dass die (zumeist nur hypothetisch ermittelbaren) Zustände *nach* dem Einsatz der zur Verfügung stehenden Mittel anhand des *Pareto*-Kriteriums verglichen werden würden. Ein Mittel wäre demnach bei ausschließlicher Anwendung dieses Kriteriums nur dann erforderlich, wenn sich die Rechtsposition im Urzustand oder bei (hypothetischem) Einsatz eines oder mehrerer alternativer Mittel für irgend jemanden im Vergleich zum Zustand nach dem Einsatz des ins Auge gefassten oder angewandten Mittels schlechter darstellen würde[110].

In konsequenter Anwendung führt dies jedoch zu erheblichen Problemen. Zum einen stößt die Anwendung des *Pareto*-Kriteriums schon dann an Grenzen, wenn alle zur Verfügung stehenden Mittel verschiedene Vor- und Nachteile für unterschiedliche Rechtsgüter bringen[111]. Denn sobald mit allen möglichen Mitteln für irgend jemanden Verschlechterungen verbunden sind, wäre keines der Mittel *Pareto*-optimal und somit wäre keines erforderlich. Die hier an sich notwendige Bewertung für eine Prognoseentscheidung lässt das Kriterium nicht zu. Gerade staatliche Eingriffe im Grundrechtsbereich sind in der Regel mit – viel-

---

108 Entwickelt als Effizienzkriterium von *Vilfredo Pareto* in seiner Schrift „Manuel d'économie politique" im Jahr 1909.

109 Statt vieler siehe *Griffiths/Wall*, S. 437; *Schlink*, Abwägung, S. 181; *Rawls*, S. 57 ff.; *Koenig*, S. 448 f.

110 *Clérico*, S. 112.

111 Dies beruht auf der von *Schlink*, Abwägung, S. 173 f., als „radikal individualistische Vorstellung" bezeichneten Komponente des Kriteriums, da jedes Individuum getrennt betrachtet wird.

leicht auch nur marginalen – Einschränkungen für irgendein Rechtsgut verbunden[112], so dass es zu einer Blockade staatlichen Handelns käme[113]. Zum anderen trifft das Kriterium keine Aussage über Gerechtigkeit, da nach dem *Pareto*-Kriterium zum Beispiel auch ein Zustand von wenigen Reichen und vielen Hungernden optimal sein kann, wenn Verbesserungen der Hungernden nur zulasten der Reichen zu erreichen wären[114]. Das *Pareto*-Kriterium geht insoweit bereits von einer gerechten und ausgewogenen Ausgangslage aus[115]. Es trifft jedenfalls keine Aussage darüber, wem durch einen Interessenausgleich Verbesserungen zugute kommen sollen.

Um gerade interpersonelle Vergleiche bei der Bewertung einfließen lassen zu können (in dem erwähnten Beispiel mögen geringe Belastungen der Reichen den Hungernden existentielle Begünstigungen verschaffen können, die gesamtwirtschaftlich wohlfahrtsstiftend sind), wurde in der ökonomischen Theorie das *Kaldor-Hicks*-Kriterium[116] entwickelt. Dieses Kriterium besagt, dass ein Zustand auch dann vorzugswürdig ist, wenn die bei einigen Individuen entstehenden Zugewinne die bei anderen auftretenden Nachteile überwiegen und die Gewinner somit die Verlierer entschädigen könnten[117]. Dann führt diese Maßnahme näher an das *Pareto*-Optimum heran. Wichtig ist, dass die Entschädigung nur im Saldo möglich sein, aber nicht tatsächlich erbracht werden muss. Würde ein solcher Transfer durchgeführt, wäre der erreichte Zustand gegenüber dem ursprünglichen Zustand auch nach dem *Pareto*-Kriterium als optimal einzustufen, da niemand schlechter gestellt worden wäre.

In der Vergangenheit ist das Gebot der Erforderlichkeit als vermeintliches „modifiziertes *Kaldor-Hicks*-Kriterium" enttarnt worden[118]. Danach sei ein Mit-

---

[112] Fehlerhaft übersieht *Dechsling*, S. 53, 67 f., dass auch „der ursprüngliche Akt" (das angewandte Mittel) in den Vergleich mit einbezogen werden muss und nur dann erforderlich wäre, wenn dieser ebenfalls kein Rechtsgut mehr beeinträchtigt als der Urzustand oder die übrigen zur Verfügung stehenden Mittel.

[113] *Huster*, S. 433; ähnlich *Clérico*, S. 113.

[114] Dies beruht auf der von *Schlink*, Abwägung, S. 174, als „radikal konservative Vorstellung" bezeichneten Komponente des Kriteriums, da Änderungen nur bei Verbesserungen ohne Verschlechterungen optimal sein können.

[115] *Sieckmann*, in: Homo oeconomicus X (1993), 461 (472).

[116] Entwickelt von *Nicholas Kaldor* und *John R. Hicks* in zwei Aufsätzen im EJ 1939. Häufig auch nur als *Kaldor*-Kriterium bezeichnet, so *Griffiths/Wall*, S. 438.

[117] Statt vieler *Stobbe*, S. 375 f., 557 f.; *Griffiths/Wall*, S. 438; *Koenig*, S. 448.

[118] So von *Dechsling*, S. 68.

tel dann erforderlich, wenn es die mit seinem Einsatz verbundenen Nachteile am besten im Vergleich zu allen übrigen möglichen Mitteln durch die erreichten Vorteile kompensieren könne. Die Modifikation des Kriteriums liege darin, dass sich unter „Konservierung der selbständigen Zwecke" die Kompensation nur auf die „unselbständigen Zwecke" erstrecken können soll[119]. Ein verfolgter Zweck sei dann selbständig, wenn er auch ohne Vergleich mit einer Entscheidungsalternative eine Begünstigung darstelle. Demgegenüber seien unselbständige Zwecke die relativ geringen negativen Folgen einer Maßnahme im Sinne von Nebenwirkungen, die zunächst nachteilig erscheinen, aber im Vergleich zu den Nebenwirkungen alternativer Maßnahmen als weniger beeinträchtigend angesehen werden und deshalb im Vergleich als vorteilhaft erscheinen können. Die Konservierung der selbständigen Zwecke führe dazu, dass Alternativen, die diese Mindestanforderung nicht erfüllen, von vornherein ausgeschlossen seien. Die Kompensation zwischen den unselbständigen Zwecken entspräche einer Abwägung[120].

Auch die Anwendung des *Kaldor-Hicks*-Kriteriums im Rahmen des Grundsatzes der Erforderlichkeit wirft erhebliche Probleme auf. Einerseits ist die Bewertung und die Saldierung von Rechtspositionen ungleich schwieriger als die des Nutzens materieller Güter eines Warenkorbes in der Ökonomie. Zwar haben auch Güter wie Grundrechte für unterschiedliche Individuen unterschiedliche Bedeutung, was auf den Nutzen eines Warenkorbs auch zutreffen dürfte. Aber eine ordinale Bewertung und damit eine Vergleichbarkeit derartiger Güter für abstrakt generelle Regelungen erscheint undurchführbar. In der Praxis wären erhebliche Informationsasymmetrien zu überwinden[121].

Andererseits wird auf der Ebene der Erforderlichkeit, wie bei der Geeignetheit, vom handelnden Akteur eine Prognoseentscheidung verlangt. Eine wertende Abwägung ist an dieser Stelle gerade nicht notwendig, weil es in der Erforderlichkeit allein um die Prognose geht, ob das eingesetzte Mittel für die Betroffenen weniger belastend ist als alle ebenfalls als geeignet erachteten Alternativen. Bei der Prognose handelt es sich um objektive Wahrheit, die sich in

---

[119] *Dechsling*, S. 68.
[120] Zum Ganzen siehe *Dechsling*, S. 54 ff., 63 ff.
[121] *Stobbe*, S. 375 f.

der Zukunft als wahr oder falsch herausstellen kann. Im Gegensatz dazu sind Bewertungen subjektive Entscheidungen, die argumentativ um Zustimmung oder Ablehnung werben[122]. Diese subjektiven Wertungen sollten deshalb nicht mit der Erforderlichkeit vermengt werden.

Im Ergebnis erscheint die Anwendung der Kriterien der Wohlfahrtsökonomie im Rahmen der Erforderlichkeit nur mit Einschränkungen hilfreich. Beide Kriterien sind nämlich nur Effizienzkriterien, die nicht notwendigerweise mit der Idee der Gerechtigkeit, der der Grundsatz der Verhältnismäßigkeit entspringt, einhergehen und daher nicht vollständig Gerechtigkeitserwägungen ersetzen können[123]. Das *Pareto*-Kriterium vermag keinen alleinigen Entscheidungsmaßstab für die Erforderlichkeit einer Maßnahme zu bieten. Denn wie dargelegt, ist nicht jedes Mittel, welches in einer konkreten Situation erforderlich wäre, zugleich und notwendigerweise auch *Pareto*-optimal. Andererseits ist jedoch jedes Mittel, das im Vergleich zu den Alternativen *Pareto*-optimal ist, zugleich erforderlich. Insoweit kann das wohlfahrtsökonomische Kriterium ein Kriterium für die Erforderlichkeitsprüfung, aber nicht das alleinige, sein.

Im Gegensatz dazu würde die Anwendung des *Kaldor-Hicks*-Kriteriums die Erforderlichkeit nicht besser bestimmen lassen. Denn dadurch würde die Prüfung der Erforderlichkeit um eine Abwägung erweitert[124], die sinnvollerweise erst auf der Stufe des Übermaßverbotes erfolgen sollte. Innerhalb des Gebotes der Erforderlichkeit kann es wegen seiner aufgezeigten Schwächen nicht generell als inhaltliche Entscheidungshilfe dienen. Darüber hinaus mögen beide Kriterien im Verfassungsleben ähnlich wie in der Wohlfahrtsökonomie eine imperative Bedeutung dahingehend haben, dass bei der Möglichkeit der Besserstellung einer einzelnen Rechtsposition ohne oder unter geringerer Beeinträchtigung einer anderen diese Besserstellung zur Stärkung von Grundrechtspositionen geboten sein mag[125].

---

122 *Schlink*, FS BVerfG, S. 455.

123 *Huster*, S. 433 ff.

124 Ähnlichkeiten zwischen beiden Abwägungen gibt auch *Dechsling*, S. 68, zu, wobei er die Prüfung auf der Ebene des Übermaßverbotes für inhaltlich weitergehend hält.

125 In diese Richtung auch *Clérico*, S. 113.

4. Das Übermaßverbot (Grundsatz der Verhältnismäßigkeit im engeren Sinne)

a. Allgemeine Aussagen

Auf der dritten Stufe wird die staatlich getroffene Maßnahme an dem Übermaßverbot oder der sogenannten Verhältnismäßigkeit im engeren Sinne gemessen[126]. Zur Überprüfung einer geeigneten und erforderlichen Maßnahme auf ihre Übereinstimmung mit dem Übermaßverbot ist nach überwiegender Auffassung eine mehrpolige Abwägung durch den Rechtsetzer oder Rechtsanwender notwendig[127], die durch einen interpersonellen Vergleich vorgenommen wird.

Bezieht sich die Erforderlichkeit auf die Relation zwischen einem festgelegten Zweck und einem oder mehreren Mitteln, so betrifft das Übermaßverbot unter dem Aspekt des Zweck-Mittel-Verhältnisses die Zuordnung zweier Variablen[128]. Diese beiden Größen – Zweck und Mittel – dürfen nicht außer Verhältnis zueinander stehen[129]. Bei einer solchen vergleichenden Abwägung werden die positiven und die negativen Auswirkungen der Maßnahme in die Waagschalen geworfen, um zu ermitteln, ob die Wichtigkeit der Realisierung des angestrebten positiven Zwecks die Intensität der damit einhergehenden negativen Beeinträchtigungen rechtfertigt. Die Feststellung, dass eine Maßnahme geeignet und erforderlich ist, um einen legitimen Zweck zu erreichen, reicht für eine Rechtfertigung von Grundrechtsbeschränkungen nicht aus[130]. In diesen Prüfungsstufen ist alleiniger Bezugspunkt der Prüfung der verfolgte Zweck. Nur im Hinblick darauf wird die Maßnahme mit ihrer positiven Eignung und ihrer Erforderlichkeit als milderes Mittel untersucht, was in der Regel zu einer Rechtfertigung der vollen Durchsetzung des öffentlichen Interesses führt[131]. Ein abwägender Vergleich unter normativen Gesichtspunkten mit den Auswirkungen auf andere Rechtsgüter steht aus und ist der Prüfung des Übermaßverbotes vorbehalten. Die Notwendigkeit einer Wertung wird auch aus dem Prinzipien-

---

[126] Zum gleichbedeutenden Begriff des „Untermaßverbotes“ siehe bereits oben in Fn. 16, 21.
[127] *Dechsling*, S. 7, m. w. N.
[128] Schon *Lerche*, Übermaß, S. 19; *Hesse*, Rn. 72.
[129] Ständige Formulierung seit BVerfGE 7, 377 (407).
[130] *Clérico*, S. 140.
[131] *Wendt*, in: AöR 104 (1979), 414 (455).

charakter der Grundrechte gefolgert[132]. Um Fällen mit gegensätzlich laufenden Grundrechten verschiedener Betroffener gerecht zu werden, bedarf es als Ausgleich einer wertenden Abwägung[133]. Maßstab der Abwägung ist das verfassungsrechtliche Gewicht der jeweiligen Güter[134].

b. Die Abwägung des Bundesverfassungsgerichts

Den Sinn des Übermaßverbotes in seinem Prüfungsaufbau beschreibt das Bundesverfassungsgericht in einer jüngeren Entscheidung wie folgt:

> „Die dritte Stufe der Verhältnismäßigkeitsprüfung hat vielmehr den Sinn, die als geeignet und erforderlich erkannten Maßnahmen einer gegenläufigen Kontrolle im Blick darauf zu unterwerfen, ob die eingesetzten Mittel unter Berücksichtigung der davon ausgehenden Grundrechtsbeschränkungen für den Betroffenen noch in einem angemessenen Verhältnis zu dem dadurch erreichbaren Rechtsgüterschutz stehen. Die Prüfung am Maßstab des Übermaßverbotes kann demgemäß dazu führen, dass ein an sich geeignetes und erforderliches Mittel des Rechtsgüterschutzes nicht angewandt werden darf, weil die davon ausgehenden Beeinträchtigungen der Grundrechte des Betroffenen den Zuwachs an Rechtsgüterschutz deutlich überwiegen, so dass der Einsatz des Schutzmittels als unangemessen erscheint."[135]

Damit unterstreicht das Gericht einerseits die Notwendigkeit der Fortsetzung der Verhältnismäßigkeitsprüfung über die Geeignetheit und die Erforderlichkeit hinaus. Andererseits macht es deutlich, dass die Abwägung auf der dritten Stufe einzelfallabhängig und ergebnisoffen vorzunehmen ist.

In seiner Rechtsprechung greift das Bundesverfassungsgericht bei der Anwendung des Grundsatzes der Verhältnismäßigkeit auf verschiedene Formulierungen des Übermaßverbotes zurück[136]. Es formuliert zum einen positiv, dass Zweck und Mittel in einem angemessenen oder vernünftigen Verhältnis stehen müssen. Zum anderen wird negativ gefordert, dass die Maßnahme die Betroffenen nicht übermäßig oder unzumutbar belasten dürfe. Auch die im Einzelfall in den Entscheidungen verwandten Begriffspaare der Bezugsgrößen für die Prü-

---

[132] *Borowski*, S. 119.
[133] *Alexy*, S. 75 ff., 104, nimmt sogar ein weitergehendes Optimierungsgebot für Prinzipien an; a. A. *Borowski*, S. 76 ff.
[134] *Wendt*, in: AöR 104 (1979), 414 (456).
[135] BVerfGE 90, 145 (185).
[136] Nachgewiesen bei *Clérico*, S. 144 f.

fung des Übermaßverbotes sind uneinheitlich[137]. Diese unterschiedlichen Formulierungen dürfen jedoch nicht darüber hinwegtäuschen, dass der Anwendung des Übermaßverbotes durch das Bundesverfassungsgericht immer die gleiche formelle Struktur der Abwägung zugrunde liegt[138].

In der Verhältnismäßigkeitskontrolle erfolgt auf der Stufe des Übermaßverbotes eine Gesamtabwägung zwischen der Schwere des Eingriffs und dem Gewicht sowie der Dringlichkeit der ihn rechtfertigenden Gründe. Ausgangspunkt ist die Frage, ob die Grenze der Vernünftigkeit, der Angemessenheit bzw. der Zumutbarkeit für die Betroffenen gewahrt ist, so dass sie die Maßnahme nicht übermäßig belastet[139]. Diese Formulierungen legen den Gedanken nahe, dass auf dieser Stufe mit diesem Grundsatz eine letzte, absolut feststehende Schranke für staatliche Maßnahmen, insbesondere im Grundrechtsbereich, aufgerichtet würde. Erst bei eingehender Betrachtung wird deutlich, dass auch das Übermaßverbot wie der Grundsatz der Erforderlichkeit wegen der variablen Bezugsgrößen nur einen relativen Maßstab hat[140]. Demzufolge kann es eine feste Grenze des Übermaßes nicht geben, da sich die Grenze der Vernünftigkeit, der Angemessenheit oder der Zumutbarkeit an den Bezugsgrößen ausrichtet, deren Gewicht und damit deren Verhältnis sich nur nach den Umständen des Einzelfalls bestimmen lässt.

Wann eine Maßnahme verhältnismäßig ist, lässt sich abstrakt noch weniger sagen, als das für die Erforderlichkeit möglich ist. Deshalb gibt das Bundesverfassungsgericht in seiner Rechtsprechung wiederum nur Anhaltspunkte. Bei seiner Prüfung der Einhaltung des Übermaßverbotes scheint sich das Bundesverfassungsgericht an drei Richtpunkten zu orientieren[141]: Der erste Punkt ist die Intensität des Eingriffs. Je empfindlicher eine Regelung in die Rechtsstellung

---

137 Nachgewiesen bei *Bettermann*, S. 51. So werden z. B. Ertrag und Aufwand, Nutzen und Schaden, Angriff und Abwehr, angerichteter Schaden und Gefahr gegenübergestellt.

138 *Clérico*, S. 146.

139 BVerfGE 30, 292 (316); 33, 171 (187 f.); 33, 240 (244, 246 f.); 36, 47 (59); 37, 1 (19, 22); 38, 61 (92); 39, 210 (234); 40, 196 (227); 41, 251 (264); 41, 378 (395); 46, 120 (145); 53, 135 (144); 61, 291 (312); 67, 157 (178); 68, 272 (282); 71, 183 (197); 78, 77 (85); 79, 256 (270); 81, 70 (92); 81, 156 (194); 83, 1 (19); 90, 145 (173); 92, 277 (327); 92, 365 (407); 94, 372 (393); 96, 10 (21); 100, 313 (375 f.); 102, 197 (220); 104, 337 (349 f.); 105, 17 (36); teilweise m. w. N.

140 *Grabitz*, in: AöR 98 (1973), 568 (575); *Albrecht*, S. 72.

141 *Grabitz*, in: AöR 98 (1973), 568 (581); zustimmend: *Dechsling*, S. 24, Anm. 89.

des einzelnen eingreift, desto stärker müssen die Interessen des Gemeinwohls sein, denen diese Regelung zu dienen bestimmt ist[142]. Der zweite Richtpunkt umfasst Gewicht und Dringlichkeit der Gemeinwohlinteressen, wobei hier in Umkehr des ersten Punktes größeres Gewicht oder Dringlichkeit einen stärkeren Eingriff rechtfertigen[143]. Als dritter Richtpunkt sind die in den Grundrechten geschützten Individualinteressen selbst zu nennen. Da auch sie unterschiedliches Gewicht haben, gewinnen sie Einfluss auf das Verhältnis des Mittels zum Zweck[144].

c. Übermaßverbot und Zumutbarkeit

Mit dem Verhältnis des Übermaßverbotes zum Begriff der Zumutbarkeit hat sich die rechtswissenschaftliche Literatur an verschiedenen Stellen beschäftigt[145]. Diese Aufgabe stellt sich auch immer wieder aufs Neue aufgrund der schon oben erwähnten terminologischen Uneinheitlichkeit und Ungenauigkeit selbst in der Rechtsprechung des Bundesverfassungsgerichts, bei denen der Begriff der Zumutbarkeit auch immer wieder eine Rolle spielt[146].

Das Zumutbarkeitskriterium ist dadurch gekennzeichnet, dass es einseitig bezogen auf den Betroffenen angewandt wird[147]. Begrifflich kann damit die im Rahmen des Übermaßverbotes vorzunehmende Abwägung der Belastung einer Rechtsposition unter Berücksichtigung der personenspezifischen Umstände der Betroffenen umschrieben werden. Daher ist die Zumutbarkeit Bestandteil des Übermaßverbotes[148]. Eine Prüfung des Übermaßverbotes ohne Berücksichtigung individueller Umstände und Belastungen wäre unvollständig. Ebenso muss in die Beurteilung der Zumutbarkeit auch der mit der Maßnahme verfolgte Zweck

---

[142] Vgl. etwa BVerfGE 11, 30 (44); 30, 292 (317 f.); 92, 365 (407).
[143] Vgl. dazu BVerfGE 30, 292 (324); letztlich auch BVerfGE 90, 145 (185); 92, 277 (327 f.).
[144] Vgl. BVerfGE 17, 306 (313 f.); 20, 150 (159); 90, 145 (185).
[145] Vgl. z. B. *Lücke*, in: DÖV 1974, 769 (769 ff.); *Langheineken*, S. 17 ff.; *Hirschberg*, S. 97 ff.; *Ossenbühl*, FS GfR, S. 315 ff.; *Jakobs*, Verhältnismäßigkeit, S. 93 ff.; *Albrecht*, S. 76 ff., 110 ff.; *Dechsling*, S. 9 ff.; *Schlink*, FS BVerfG, S. 451 ff.
[146] Vgl. *Schlink*, FS BVerfG, S. 452.
[147] So schon *Lücke*, in: DÖV 1974, 769 (771).
[148] So auch *Zimmerli*, in: ZSR 97 (1978) Heft II, 1 (16 f.); *Dechsling*, S. 13; *Clérico*, S. 223 ff.; a. A. *Lücke*, in: DÖV 1974, 769 (770 f.); *Jakobs*, Verhältnismäßigkeit, S. 96.

einfließen[149]. Eine Maßnahme, die eine Rechtsposition unzumutbar verkürzt, verstößt gegen das übergeordnete Übermaßverbot, da sie den Betroffenen übermäßig belastet. Dabei liegt der Zumutbarkeit wie auch dem Übermaßverbot keine starre Opfergrenze zugrunde[150]. Vielmehr muss in gleicher Weise das Limit des Zumutbaren für jeden Einzelfall relativ zur jeweiligen Sachlage neu bestimmt werden, so dass die Wertungen aller betroffener Interessen implizit einfließen und die genaue Grenzziehung bestimmen. In diesem Zusammenhang erscheint die häufig im Rahmen des Übermaßverbotes wiederkehrende Verwendung des Begriffes der Zumutbarkeit problematisch, da es sich in der Sache oft um eine Proportionalitätsprüfung mit Abwägung handelt[151].

d. Ergänzungen und Erwägungen in der Literatur

In der Literatur ist die Meinung vertreten worden, dass das Bundesverfassungsgericht in seiner Judikatur gar keine Abwägung im Rahmen des Übermaßverbotes vornähme[152]. Streng genommen würde das Bundesverfassungsgericht nicht abwägen, da es keine eigene Prüfung anhand einer eigenen Gewichtung durchführe. Statt dessen beschränke es sich auf eine Zumutbarkeitskontrolle im Hinblick auf die Wahrung einer einseitigen Mindestposition des Betroffenen durch die von dem handelnden Akteur vorgenommene Wertung.

Dieser These ist die überwiegende Ansicht der Literatur entgegengetreten[153]. Ihrer Ansicht nach nimmt das Bundesverfassungsgericht sehr wohl eine Abwägung vor, die als interpersoneller Nutzenvergleich ausgestaltet und, wie bereits erwähnt, auch unabdingbar ist. Denn bei einem Verzicht auf eine normative Wertung könnte sich der Grundrechtsschutz nicht in der gebotenen Breite entfalten. Alternativ müssten bei einem Verzicht auf eine Abwägung im Rahmen des Übermaßverbotes die Wertungen in die Prüfung der Erforderlichkeit einfließen. Dies würde jedoch diese Prüfungsstufe in unzweckmäßiger Weise belasten[154]. Zu diesem Streit hat das Bundesverfassungsgericht selbst nicht eindeutig

---

149 *Dechsling*, S. 11.
150 So auch *Hirschberg*, S. 100; *Dechsling*, S. 10 f.
151 Eingehend bei *Albrecht*, S. 72 ff., insbesondere S. 73 Fn. 246, m. w. N.
152 *Schlink*, Abwägung, S. 79, 95, 125 f., 192.
153 Nachweise bei *Dechsling*, S. 14 Fn. 43.
154 *Hirschberg*, S. 172 ff.

Stellung bezogen. So werden aus seiner Rechtsprechung heraus zum Teil beide Auffassungen begründet[155].

Insgesamt ist die rechtswissenschaftliche Literatur in diesem Zusammenhang bemüht, den Vorgang der Abwägung zu konkretisieren und damit das gefundene Ergebnis vorhersehbar zu machen[156]. Hierzu sind Abwägungsregeln entwickelt worden, deren gemeinsamer Kern unter Heranziehung der Regeln von personellen Präferenzen und Indifferenzen als allgemeine Regel der Abwägung wie folgt formuliert werden kann:

> „Je höher der Grad der Nichterfüllung oder Beeinträchtigung des einen Prinzips ist, um so größer muss die Wichtigkeit der Erfüllung des anderen sein."[157]

Diese Regel stellt klar, dass es im Abwägungsprozess einer Gewichtung zweier gegenläufiger Prinzipien bzw. Rechtspositionen bedarf, die in Einklang zu bringen sind, ohne dass sich ein Prinzip notwendigerweise auf seine Mindestposition zurückstufen lassen muss. Diese allgemeine Regel kann weitergehend allgemein für verschiedene Fallgruppen präzisiert und ergänzt werden[158], was für diese Arbeit jedoch ohne Bedeutung ist.

Das Aufstellen von Abwägungsregeln entspringt der Erkenntnis, dass das Gleichbehandlungsgebot des Grundgesetzes und das aus dem Rechtsstaatsprinzip abgeleitete Gebot der Rechtssicherheit eine Gleichheit und Vorhersehbarkeit im Abwägungsvorgang fordern. In gleichen Fällen muss eine gleiche Abwägung zu dem gleichen Ergebnis führen[159]. Die primär aus der Rechtsprechung des Bundesverfassungsgerichts abgeleiteten Regeln können dabei mittlerweile auf eine große Zahl von Einzelfallentscheidungen gestützt werden, die sich durch die vorgenommenen Gewichtungen der Rechtspositionen in den konkreten Einzelfällen zu einem dichten Netz verfestigt haben[160], vergleichbar dem *Case Law* des angelsächsischen Rechtskreises. Dabei geben diese Fälle Präjudizien, ohne

---

[155] Detaillierte Darstellung des Streitstandes bei *Dechsling*, S. 13 ff.

[156] Vgl. insbesondere die angegebenen Schriften von *Schlink* (Abwägung), *Alexy*, *Dechsling*, *Yi* sowie *Clérico*, aber auch von *Leisner*.

[157] Zu Herleitung und Formulierung dieser Regel vgl. *Alexy*, S. 145 ff.

[158] Vgl. hierzu *Clérico*, S. 168 ff.

[159] *Alexy*, S. 152, und *Clérico*, S. 152 f., nennen dies die „Universalisierbarkeit" der Abwägung.

[160] Vgl. *Borowski*, S. 97.

der Abwägung eine starre Festlegung überzustülpen. Durch die auf ein solches System begründete Abwägung können somit Lösungen, die einerseits Gerechtigkeit im Einzelfall und andererseits eine notwendige Verallgemeinerung zulassen, gefunden werden[161].

5. Verhältnis und Vergleich der Teilgrundsätze

Das Verhältnis der Teilgrundsätze des Grundsatzes der Verhältnismäßigkeit machen das Bundesverfassungsgericht sowie die rechtswissenschaftliche Literatur schon durch die strikt eingehaltene Prüfungsreihenfolge deutlich. Die Grundsätze bauen in der Form aufeinander auf, dass die Einhaltung des Gebotes der Geeignetheit auf der ersten Stufe Voraussetzung für die folgenden Prüfungsstufen ist[162]. Die Anwendung eines ungeeigneten Mittels würde in jedem Fall nicht erforderlich sein und die Betroffenen in ihren Rechtspositionen übermäßig beeinträchtigen, da eine Förderung des Zwecks gar nicht möglich ist. Die Einhaltung des Übermaßverbotes durch eine Maßnahme lässt sich zwar logisch unabhängig von ihrer Erforderlichkeit, nicht aber von ihrer Geeignetheit ergründen[163].

Wegen des stufenartigen Aufbaus des Grundsatzes der Verhältnismäßigkeit und der niemals superlativen Interpretation der Teilgrundsätze kann es immer mehrere verhältnismäßige Mittel geben. Denn auf jeder Prüfungsstufe muss nicht notwendigerweise die geeignetste, mildeste oder am wenigsten einschränkende Maßnahme gewählt werden. Die Auswahl der verhältnismäßigen Mittel wird um so größer je weiter die Einschätzungsprärogative reicht, die dem handelnden staatlichen Akteur zuzugestehen ist.

Weiterhin ergibt die vergleichende Betrachtung der Teilgrundsätze, dass die Prüfung der Erforderlichkeit als doppelter Vergleich *mehrerer* Mittel durchgeführt wird, während die der beiden anderen Grundsätze mit Blick auf nur *ein* Mittel und *einen* Zweck erfolgt[164]. Außerdem wird in den Grundsätzen der Ge-

---

[161] *Clérico*, S. 152.
[162] *Kreuz*, S. 42, *Langheineken*, S. 6 f.
[163] *Langheineken*, S. 7.
[164] *Jakobs*, Verhältnismäßigkeit, S. 65, 77. Auf die unterschiedliche logische Struktur von Geeignetheit und Erforderlichkeit hat bereits *Grabitz*, in: AöR 98 (1973), 568 (571), hingewiesen.

eignetheit und der Erforderlichkeit eine am Maßstab der Einschätzungsprärogative des handelnden Akteurs ausgerichtete Prüfung auf empirischer Grundlage vorgenommen[165], so dass den Gerichten bei der Überprüfung nur eine eingeschränkte Kontrolltiefe verbleibt. In vielen Fällen kann es deshalb nur zum gerichtlichen Verbot offensichtlich ungeeigneter und evident nicht erforderlicher Mittel kommen. Diese Grundsätze können auch nie die Verfolgung eines bestimmten legitimen öffentlichen Zieles, sondern höchstens die Vornahme einer bestimmten Maßnahme im Hinblick auf dieses Ziel verbieten[166]. Im Gegensatz dazu kann nach dem Übermaßverbot schon die Verfolgung eines an sich legitimen Zwecks verfassungswidrig sein, wenn hiermit notwendigerweise die unverhältnismäßige Beeinträchtigung eines anderen Rechtsguts verbunden ist.

Der aber wohl fundamentalste Unterschied zwischen dem zweiten und dem dritten Teilgrundsatz ist, dass der Grundsatz der Erforderlichkeit die Frage des milderen Vorgehens zur Erreichung des gleichen Erfolges betrifft, die Einhaltung des Übermaßverbotes dagegen darauf zielt, ob die Belastung *relativ* im Verhältnis zur Bedeutung des angestrebten Erfolges von allzu großem Gewicht ist[167].

II. Geltung des Grundsatzes der Verhältnismäßigkeit

Nachdem Inhalt und Struktur des Grundsatzes der Verhältnismäßigkeit rekonstruiert sind, untersucht der folgende Abschnitt die Reichweite seiner Geltung. Seine allgemeine Geltung bestimmt sich auch in der Wettbewerbsaufsicht nach seiner verfassungsrechtlichen Herleitung und seiner rechtstheoretischen Qualität.

1. Verfassungsrechtliche Herleitung

Obwohl der Grundsatz der Verhältnismäßigkeit in dieser Form trotz seines Eingangs in zahlreiche Normen[168] keine ausdrückliche Positivierung im Grundge-

[165] Vgl. *Schlink*, in: EuGRZ 1984, 457 (460).
[166] *Pohl*, S. 23; *Hirschberg*, S. 148; *Jakobs*, Verhältnismäßigkeit, S. 65.
[167] *Bender*, in: NJW 1955, 938 (938).
[168] Nachweise bei: *v. Krauss*, S. 14; *Stern*, Staatsrecht III/2, § 84 IV 2.

setz gefunden hat, wird ihm allgemein Verfassungsrang eingeräumt[169]. Dies kann nämlich mit zahlreichen, teilweise kohärenten Argumenten zur verfassungsrechtlichen Herleitung des Grundsatzes belegt werden. Er wird als ungeschriebenes Recht als Bestandteil der geltenden und verbindlichen Rechtsordnung angesehen. Denn das Recht ist

> „nicht mit der Gesamtheit der geschriebenen Gesetze identisch. Gegenüber der positiven Satzung der Staatsgewalt kann [...] ein Mehr an Recht bestehen, das seine Quelle in der Rechtsordnung als einem Sinnganzen findet."[170]

Abgesehen von der Einigkeit über das dogmatische Ergebnis ist jedoch die Frage der Herleitung und Begründung im Einzelnen umstritten[171].

a. In der Rechtsprechung des Bundesverfassungsgerichts

Das Bundesverfassungsgericht leitet in frühen Entscheidungen den Grundsatz der Verhältnismäßigkeit zum Teil aus den Grundrechten[172], generell aber aus dem Rechtsstaatsprinzip der Art. 20 Abs. 3, Art. 28 Abs. 1 S. 1 GG her[173]. Danach ergibt sich der Grundsatz aus diesem Prinzip, im Grunde bereits aus dem Wesen der Grundrechte selbst. Diese dürfen als Ausdruck des allgemeinen Freiheitsanspruches des Bürgers gegenüber dem Staat von der öffentlichen Gewalt nur insoweit eingeschränkt werden, als es zum Schutz öffentlicher Interessen unerlässlich ist[174]. Später findet sich noch die Aussage, dass er als übergreifende Leitregel allen staatlichen Handelns zwingend aus dem Rechtsstaatsprinzip herzuleiten sei[175]. Eine nähere Begründung wurde für diese „formelhaft

---

169 In einigen jüngeren Landesverfassungen ist der Grundsatz positiviert: Art. 5 Abs. 2 S. 1 BbgVerf.; Art. 20 Abs. 2 S. 1 S-AVerf.; Art. 42 Abs. 4 S. 1 ThürVerf. Siehe auch die positiv-rechtliche Normierung des Grundsatzes der Erforderlichkeit im Gemeinschaftsrecht in Art. 5 Abs. 3 EGV, was überwiegend als Normierung des Grundsatzes der Verhältnismäßigkeit mit allen seinen Teilgrundsätzen verstanden wird; vgl. *Calliess*, in: Calliess/Ruffert, Art. 5 EGV Rn. 45, m. w. N.; *Schütte*, in: Wiedemann, § 49 Rn. 243 f.

170 BVerfGE 34, 269 (287).

171 Ausführliche Darstellung des Streitstandes mit Begründungen der Positionen bei *Dechsling*, S. 83 ff.; *Jakobs*, Verhältnismäßigkeit, S. 28 ff.; *v. Arnauld*, in: JZ 2000, 276 (276 ff.).

172 So in BVerfGE 7, 377 (404); 25, 269 (292).

173 In BVerfGE 6, 389 (439); 8, 71 (80); 11, 234 (239); 14, 19 (23 f.); 16, 194 (202) noch in diese Richtung gehend; seit BVerfGE 17, 306 (313 f.) ausdrücklich.

174 BVerfGE 19, 342 (348 f.).

175 BVerfGE 20, 45 (49 f.); 23, 127 (133 f.).

verfestigte Judikatur“[176] nie gegeben. Zumindest der Grundsatz der Erforderlichkeit und das Übermaßverbot sind als Konkretisierungen des weitergehenden Prinzips des „Maßvollen“ und „Maßstabsgerechten“ Ausdruck der Gerechtigkeitsidee, zu der auch das Rechtsstaatsprinzip zählt[177].

In einer jüngeren Entscheidung weicht das Gericht hiervon etwas ab, wenn es auf eine Ableitung aus dem Rechtsstaatsprinzip *und* den Freiheitsrechten[178] verweist – ebenfalls ohne nähere Begründung. Aufgrund dieser Ableitung aus dem Grundgesetz wurde dem Grundsatz der Verhältnismäßigkeit von Beginn an durch das Bundesverfassungsgericht Verfassungsrang zugesprochen, um ihn entscheidungsbegründend heranziehen zu können[179].

b. Andere Begründungsansätze

Nach der Aufnahme des Grundsatzes der Verhältnismäßigkeit in die Argumentation zunächst des Bayerischen Verfassungsgerichtshofes[180] und dann des Bundesverfassungsgerichts sowie des Bundesverwaltungsgerichts[181] herrscht in der Literatur zumindest darüber Einigkeit, dass der Grundsatz Verfassungsrang besitzt[182]. In der Herleitung gibt es allerdings viele verschiedene Ansichten, die sich auf einen oder eine Verbindung mehrerer Artikel des Grundgesetzes berufen. Besonders häufig werden die Wesensgehaltsgarantie nach Art. 19 Abs. 2 GG, aber auch das Gebot der Menschenwürde und die Grundrechtsbindung aus Art. 1 Abs. 1 und 3 GG, die allgemeine Handlungsfreiheit nach Art. 2 Abs. 1 GG, das Gleichheitsgebot aus Art. 3 Abs. 1 GG und das Rechtsstaatsprinzip aus Art. 20 Abs. 3 GG angeführt. Andere wollen ähnlich dem Bundesverfassungsgericht nicht einzelne Artikel, sondern das Gesamtgefüge der Grundrechte oder des Grundgesetzes bzw. allgemeine Gerechtigkeitsüberlegungen heranziehen. Letztlich werden aber diese Meinungen weniger im Streit, als vielmehr neben-

---

176 *Schneider*, FS BVerfG, S. 391.

177 Vgl. z. B. BVerfGE 3, 225 (237); 7, 89 (92); 20, 323 (331); 33, 367 (383); zum Ganzen auch *Grabitz*, in: AöR 98 (1973), 568 (584).

178 BVerfGE 90, 145 (173).

179 Ausdrücklich in: BVerfGE 19, 342 (348).

180 Vgl. BayVerwGHE 1, II. Teil, 81 (83, 91 ff.).

181 Grundlegend: BVerwG 5, 50 (52).

182 Ganz h. M.; vgl. *Stern*, Staatsrecht III/2, § 84 I 4. c); *Hesse*, Rn. 318 ff.; dagegen wohl einzig: *Forsthoff*, Industriegesellschaft, S. 137 ff.; *Peters*, S. 12 ff., 15; *Medicus*, in: AcP 192 (1992), 35 (54).

einander stehend vertreten, da sie sich nicht gegenseitig ausschließen. Eine andere Ansicht lehnt diese Verweise als Geltungsgrund ab und will das Verhältnismäßigkeitsprinzip aus dem dynamischen materiellen Regel-Ausnahme-Verhältnis der Freiheitsrechte begründen[183]. Im Ergebnis wird die wesentliche Frage des Verfassungsranges ganz überwiegend von allen Ansichten bejaht.

2. Rechtstheoretische Qualität

Die rechtstheoretische Qualität des Grundsatzes der Verhältnismäßigkeit ist nicht eindeutig festgelegt. Auch die Rechtsprechung des Bundesverfassungsgerichts vermeidet eine eindeutige Qualifizierung. Immerhin lassen seine Bezeichnung als „Grundsatz" (vereinzelt auch als „Prinzip")[184], seine Ableitung aus dem Rechtsstaatsprinzip und die Tatsache, dass ihm Verfassungsrang beigemessen wird, Rückschlüsse auf das rechtstheoretische Vorverständnis zu[185]. Nähere Begründungen hat das Bundesverfassungsgericht aber nicht gegeben, um wohl schwierige rechtstheoretische Untersuchungen zu vermeiden, die letztlich nicht zu seinen Aufgaben gehören[186]. In dieser Arbeit soll auf die rechtstheoretische Qualität des Grundsatzes der Verhältnismäßigkeit zumindest so weit eingegangen werden, als es für die Begründung seiner Anwendbarkeit hilfreich und erforderlich ist[187].

a. Rechtsgrundsatz oder Rechtssatz

In jeder Rechtsordnung gelten gewisse oberste Rechtsquellen, die sich als Ableitung aus dem Prinzip der Gerechtigkeit im Hinblick auf ganz allgemeine,

---

[183] So *v. Arnauld*, in: JZ 2000, 276 (280).

[184] Vgl. Entscheidungen aus jüngerer Zeit: BVerfGE 78, 38 (50); 78, 77 (85 – Prinzip); 80, 137 (153, 159); 90, 145 (172); 92, 191 (197); 92, 277 (325); 94, 268 (284); 94, 372 (390); 95, 64 (84, 88); 96, 10 (21); 96, 171 (181); 97, 12 (26); 97, 228 (258); 97, 378 (385); 98, 17 (37, 42); 98, 265 (308); 99, 202 (211); 99, 341 (352); 100, 313 (359, 373, 390); 102, 1 (19); 102, 197 (213, 217); 103, 21 (40); 103, 197 (222); 103, 271 (287 – Prinzip); 103, 293 (306); 103, 332 (367); 104, 92 (110); 104, 337 (347); 104, 357 (364 – Gebot); 105, 17 (32 – Prinzip, 34 – Grundsatz); 105, 279 (309).

[185] Hieraus folgert *Grabitz*, in: AöR 98 (1973), 568 (581 ff.), den Grundsatzcharakter im Verständnis des Bundesverfassungsgerichts über den Grundsatz der Verhältnismäßigkeit.

[186] *Stern*, Staatsrecht III/2, § 84 I 5. a).

[187] Ausführlichere Darlegungen in der monografischen Literatur bei: *Lerche*, Übermaß, S. 315 ff.; *Grabitz*, in: AöR 98 (1973), 568 (581 ff.); *Hirschberg*, S. 213 ff.; *Jakobs*, Verhältnismäßigkeit, S. 45 ff.; *Alexy*, S. 100 f.; *Clérico*, S. 20 f.

typische Situationen des menschlichen Zusammenlebens ergeben[188]. Deshalb erschöpft sich die Rechtsordnung nicht in subsumtionsfähigen Regelsätzen aus Tatbestand und Rechtsfolge entsprechend einem positivistischen Kodifikationsideal, sondern hat noch andere Bestandteile, die nur zum Teil dem positiven Recht angehören, zum anderen überpositive Geltung besitzen[189]. Diese werden allgemein Rechtsgrundsätze oder auch synonym Rechtsprinzipien genannt[190].

Nach der herkömmlichen Lehre unterscheiden sich diese Grundsätze von Rechtssätzen oder Normen in mehrerer Hinsicht[191]: Zum einen verfügen sie über unterschiedliche logische Strukturen[192]. Während die Norm einen bestimmten Tatbestand mit einer Rechtsfolge verknüpft, müssen Rechtsgrundsätze zu ihrer Anwendung erst tatbestandlich verfestigt und normativiert werden. Grundsätze bedürfen der Abwägung als Ausgleich, um mehrere (variable) Größen in Einklang zu bringen[193]. Sie verlangen die Durchsetzung ihres Optimierungsgegenstandes relativ auf das rechtlich und tatsächlich Mögliche[194]. Zum anderen setzt die Anwendung von Normen deren Gültigkeit voraus, während Grundsätze als *rationes legis* aus sich selbst heraus gelten [195]. Das führt dazu, dass Grundsätze

---

188 Grundlegend: *H. J. Wolff*, FS Jellinek, S. 37 ff.

189 *Grabitz*, in: AöR 98 (1973), 568 (582).

190 Für Rechtsprechung des Bundesverfassungsgerichts siehe etwa: BVerfGE 78, 38 (50); 78, 77 (85); 80, 137 (153, 159); 90, 145 (172); 92, 191 (197); 92, 277 (325); 105, 17 (32, 36) sowie weitere Nachweise in Fn. 184; beispielhaft: *Zippelius*, Staatsrecht, § 13 I 2, § 13 III 6; *Hirschberg*, S. 207 ff.; *Wendt*, in: AöR 104 (1979), 414 (448 ff.); *Canaris*, Methodenlehre, S. 308 Fn. 102; dagegen differenziert *Larenz*, FS Nikisch, S. 300 f., weiter zwischen „Grundsatz" und „Prinzip", wobei jedoch beide ineinander übergehen.

191 Vgl. dazu *Vogel*, S. 67 ff. Nach einer vordringenden Lehre, begründet von *Alexy*, S. 71 ff., sind die „Normen" des positiven Rechts in „Regeln" und „Prinzipien" aufzuteilen. Prinzipien bestimmen, dass etwas in einem relativ auf die rechtlichen und tatsächlichen Möglichkeiten möglichst hohen Maße realisiert werden soll. Im Sinne von Optimierungsgeboten können sie in unterschiedlichem Grad erfüllt werden, wobei die Reichweite ihrer Erfüllung von gegenläufigen Normen abhängt. Im Gegensatz dazu können Regeln nur entweder angewandt und vollständig befolgt werden oder nicht. Sie enthalten Festsetzungen über das rechtlich Mögliche nach einem „Ganz-oder-gar-nicht-Modus".

192 *Larenz*, FS Wilburg, S. 223.

193 *Lerche*, Übermaß, S. XXVII, 315 f., will jedoch den Begriff des Rechtsgrundsatzes so verstehen, dass aus diesen zwar unmittelbar anwendbare Rechtssätze entstehen könnten, sie selbst aber nur mittelbare Rechtsquellen darstellen. Wie bereits erwähnt sieht *Alexy*, S. 75 f., hier sogar Raum für ein Optimierungsgebot; krit. *Borowski*, S. 76 ff.

194 *Borowski*, S. 121.

195 *Jakobs*, Verhältnismäßigkeit, S. 48; auch *Larenz*, FS Wilburg, S. 223, für „Prinzipien", die er von den „Grundsätzen" unterscheidet (vgl. *ders.*, FS Nikisch, S. 300).

anders als Normen generell nicht angewendet werden müssen, wenn alle Voraussetzungen vorlägen, sondern nur angewendet werden können[196]. Sie dürfen sogar sachgerecht durchbrochen werden, insbesondere um gegenläufige Rechtsgrundsätze nicht zu beschränken[197].

Nach dieser Einteilung wird der Grundsatz der Verhältnismäßigkeit ganz überwiegend als Rechtsgrundsatz angesehen[198]. Auch wenn dies oftmals ohne nähere Begründung festgestellt wird, liegt diesem Ergebnis die Erwägung zugrunde, dass der Grundsatz der Verhältnismäßigkeit mit seinen Teilgrundsätzen keinen konkreten Tatbestand aufstellt, der eine bestimmte Rechtsfolge setzt. Vielmehr gibt er gerade keinen vollständigen Tatbestand und keine unmittelbaren Rechtsfolgen vor, sondern bedarf weiterer Konkretisierung. Denn er gebietet die Realisierung einer in Frage stehenden Position in Relation zu den rechtlichen und tatsächlichen Rahmenbedingungen, ohne die Vergleichsgrößen selbst vorzugeben[199]. Ferner konkurriert der Grundsatz der Verhältnismäßigkeit mit anderen Grundsätzen, hinter denen er auch zurücktreten kann. Er führt nämlich zu einer unterschiedlichen Rechtfertigung eines grundrechtlich relevanten Eingriffs durch das öffentliche Interesse in Abhängigkeit von dem betroffenen Grundrecht[200]. Dementsprechend unterliegt seine Geltung nicht einem „Ganz-oder-garnicht- Modus“. Letztlich ist jedoch die Einordnung des Grundsatzes der Verhältnismäßigkeit immer abhängig von den jeweils zugrunde gelegten Rechtsquellen- und Rechtserkenntnistheorien unter Berücksichtigung ihrer jeweiligen spezifischen Axiome und Begriffsbildungen[201].

---

196 *Hirschberg*, S. 214; ähnlich *Alexy*, S. 71 ff.

197 *Jakobs*, Verhältnismäßigkeit, S. 48.

198 *Grabitz*, in: AöR 98 (1973), 568 (583 f.); *Hirschberg*, S. 213 ff.; *Kutscher/Ress/Teitgen/Ermacora/Ubertazzi* (Beitrag *Ress*), S. 15; *Vogel*, S. 77; *Jakobs*, Verhältnismäßigkeit, S. 53 Fn. 297; *v. Krauss*, S. 52, will ihm eine Doppelnatur als Grundsatz und als Grundrecht ähnlich dem Gleichheitssatz einräumen (krit. *Huber*, in: ZSR 96 (1977) Heft I, 1 (19); *Jakobs*, a. a. O., S. 52 ff.); im Ergebnis auch *Jakobs*, a. a. O., S. 58, der jedoch in seinen begründenden Ausführungen die verschiedenen Ansätze der Rechtsquellentheorien verschwimmen lässt.

199 *Jakobs*, Verhältnismäßigkeit, S. 54.

200 Vgl. *Wendt*, in: AöR 104 (1979), 414 (448 ff.).

201 *Lerche*, Übermaß, S. XXVIII. So bezeichnet *Alexy*, S. 100 Fn. 84, den Grundsatz der Verhältnismäßigkeit nach seinem Verständnis als „Regel“ und nicht als „Prinzip“, da er nicht gegen etwas anderes abgewogen werde und somit selbst kein Optimierungsgebot im Sinne eines „Prinzips“ sei; vgl. auch *Haverkate*, S. 11; *Clérico*, S. 21; krit. *Jakobs*, Ver-

b. Rechtssatzförmige und offene Prinzipien

In der Literatur werden diese Rechtsgrundsätze bzw. -prinzipien noch weiter in rechtssatzförmige und offene Prinzipien unterschieden[202]. Rechtssatzförmige Prinzipien liegen, ohne ausdrücklich ausgesprochen zu sein, als Grundregel gesetzlichen Regelungen zugrunde, oder sie fungieren als wiederkehrende Teile von Normen, die auch über einzelne Rechtsgebiete hinaus Geltung beanspruchen[203]. Dagegen weisen offene Prinzipien keinen Normcharakter auf. Sie gehen als Leitgedanken oder Rechtfertigungsgründe erst durch richterliche Methoden der Rechtsfortbildung ins positive Recht ein[204]. Der Verfassungsrang alleine lässt eine Zuordnung der einzelnen Teilgrundsätze nicht zu.

Dadurch, dass die Grundsätze der Geeignetheit und der Erforderlichkeit durch Umlage auf einen bestimmten Sachverhalt Einzelergebnisse ohne Zwischenschaltung selbständig konkretisierender Sätze erzielen, gelten sie als rechtssatzförmig[205]. Nur deshalb kann sie das Bundesverfassungsgericht auch unter konditionaler Verknüpfung von Tatbestand und Rechtsfolge umschreiben[206]. Für das Übermaßverbot stellt das Bundesverfassungsgericht keine derartige Verbindung her. Da es hierbei lediglich Gesichtspunkte für die Orientierung bei der Abwägung darlegt, wird dieser Teilgrundsatz nicht rechtssatzförmig ausgebildet, sondern weist die rechtliche Qualität eines offenen Prinzips auf[207].

---

hältnismäßigkeit, S. 52 ff. *Lerche*, a. a. O., S. 315 f., will dem von ihm untersuchten Grundsatz der Erforderlichkeit und dem Übermaßverbot unmittelbaren Rechtssatzcharakter einräumen, weil sich mit ihnen Einzelergebnisse gewinnen ließen, ohne dass es einer Zwischenschaltung selbständig konkretisierender Rechtssätze erfordere (krit. für das Übermaßverbot *Canaris*, Methodenlehre, S. 309; *Jakobs*, a. a. O., S. 54).

202 Begriffe nach *Canaris*, Methodenlehre, S. 307 f.; dagegen wählt *Esser*, S. 75, die Ausdrücke „immanent" und „informativ".

203 *Canaris*, Methodenlehre, S. 307 f.; *Grabitz*, in: AöR 98 (1973), 568 (582).

204 *Canaris*, Methodenlehre, S. 307 f.; *Esser*, S. 69 ff.; *Grabitz*, in: AöR 98 (1973), 568 (582).

205 *Lerche*, Übermaß, S. 315 f.; *Canaris*, Methodenlehre, S. 308 f.; *Grabitz*, in: AöR 98 (1973), 568 (583); wohl auch *v. Krauss*, S. 41.

206 *Grabitz*, in: AöR 98 (1973), 568 (583), m. w. N.

207 *Canaris*, Methodenlehre, S. 309; auch *Grabitz*, in: AöR 98 (1973), 568 (583), mit den Begriffen der Entscheidungs- und Verfahrensregel.

c. Standort innerhalb der Normenhierarchie

Der Standort des Grundsatzes der Verhältnismäßigkeit innerhalb der Normenhierarchie ergibt sich aus dem ihm zugestandenen Verfassungsrang. Damit steht er in der Rechtsquellenordnung auch an höchster Stelle.

Gleichwohl haben in der Anwendung die positiven Rechtssätze Vorrang vor dem Grundsatz der Verhältnismäßigkeit, der als Rechtsgrundsatz nur eine subsidiäre Rechtsquelle ist[208]. Er ist jedoch als solche wegen seines Verfassungsranges maßgeblich für deren teleologische Auslegung, insbesondere von unbestimmten Rechtsbegriffen und Ermessenserwägungen, sowie für gesetzesimmanente und gesetzesübersteigende Rechtsfortbildung[209].

3. Folgerungen für die Reichweite der Geltung

Aufgrund seiner Eigenschaft als Rechtsgrundsatz und seines Verfassungsranges gilt der Grundsatz im gesamten Bereich des Rechts[210]. Somit müssen alle Rechtsnormen unterverfassungsrechtlicher Art zur Vermeidung ihrer Rechtswidrigkeit in ihrer Ausgestaltung, aber auch in ihrer Anwendung dem Grundsatz der Verhältnismäßigkeit genügen[211]. Als Geltungsadressaten sind an erster Stelle nach dem Grundgesetz alle staatliche Gewalt (Art. 1 Abs. 1 S. 2 GG) sowie insbesondere Gesetzgebung, vollziehende Gewalt und Rechtsprechung (Art. 1 Abs. 3, Art. 20 Abs. 3 GG) zu nennen. Eine Aussage über seine Bindungswirkung, insbesondere von Privatrechtssubjekten im Verhältnis einzelner Wettbewerber im Markt untereinander, ist damit jedenfalls noch nicht getroffen. Vielmehr ist streng zwischen seiner allgemeinen Geltung auch im Wettbewerbsrecht und seiner eventuellen speziellen Anwendbarkeit zu trennen.

---

[208] *H. J. Wolff*, FS Jellinek, S. 47.
[209] *Vogel*, S. 80.
[210] *Jakobs*, Verhältnismäßigkeit, S. 55.
[211] *Jakobs*, Verhältnismäßigkeit, S. 128.

C. Würdigung des Grundsatzes der Verhältnismäßigkeit

I. Seine Leistung für die juristische Argumentation

Mit Hilfe des Grundsatzes der Verhältnismäßigkeit kann der Gedanke des rechten Maßes und des Maßvollen in die Entscheidung der öffentlichen Gewalt einfließen. Er öffnet so die Entscheidung für die damit untrennbar verbundene Gerechtigkeitsidee[212], wodurch abschließend unbillige Ergebnisse korrigiert werden können. Im Hinblick auf die Fallgerechtigkeit bildet die Betrachtungsweise dieses Grundsatzes das Korrelat zum Gleichbehandlungsgebot des Gleichheitssatzes. Beide Betrachtungsweisen schließen sich nicht aus, sondern ergänzen und kontrollieren einander. Sie dürften somit die allgemeinsten Kategorien sein, deren sich unser Rechtsdenken bedienen kann[213].

Innerhalb der Falllösung gibt der Grundsatz der Verhältnismäßigkeit eine Prüfungsstruktur vor, die auf seinen drei Stufen eine juristische Bewertung des Mittels und der Zweck-Mittel-Relation erlaubt. Diese Bewertung kann durch die Anbindung an einen Zweck rational erfolgen. Eben aus diesem Grund ist er für staatliche Eingriffe in Schutzbereiche der Grundrechte eine brauchbare Argumentationsgrundlage, sofern er auf allen Stufen scharf und nicht nur als Hülle für andere Argumente und Abwägungen gebraucht wird. Der Grundsatz der Verhältnismäßigkeit bietet hierfür eine rationale Abwägungsformel, die jedoch kein Obersatz ist, unter den subsumiert werden könnte[214].

II. Kritik am Grundsatz der Verhältnismäßigkeit

Die am häufigsten genannte Gefahr im Zusammenhang mit dem Grundsatz der Verhältnismäßigkeit ist die der Überdehnung seiner Anwendung[215]. Seine scheinbar unaufhaltsame Ausbreitung wird darauf zurückgeführt, dass er als Element der Gerechtigkeitsidee keine Gegner, sondern höchstens Kritiker seines

---

[212] *Canaris*, Methodenlehre, S. 307.

[213] *Hirschberg*, S. 247.

[214] *Schlink*, Abwägung, S. 195. Zu Recht bezweifeln daher auch *Kutscher/Ress/Teitgen/Ermacora/Ubertazzi* (Beitrag *Ress*), S. 30, dass der Grundsatz eine echte Auslegungsregel sei.

[215] Vgl. *Kutscher/Ress/Teitgen/Ermacora/Ubertazzi* (Beitrag *Ress*), S. 33 ff.; *Scholz*, in: NJW 1983, 705 (709 f.).

unkontrollierten Gebrauchs habe[216]. Die Befürchtung der Überdehnung ist schon vor Jahren mit der Feststellung verbunden worden, dass sein Wert dadurch zu verschwimmen drohe, bevor er recht begriffen werden könne[217]. Schon die Zusammenstellung seiner Anwendungsfelder wirkt fragmentarisch und erweckt demzufolge den Eindruck der Beliebigkeit[218]. In einer Überdehnung werden insbesondere zwei Gefahren gesehen: eine nivellierende Wirkung auf die Grundrechte und eine Machtverschiebung im Gefüge der Staatsfunktionen.

1. Nivellierende Wirkung auf Grundrechte

Zum ersten würde der Grundsatz bei übermäßiger Anwendung eine nivellierende Wirkung auf die Grundrechte entfalten, wodurch die Bedeutung von Substanz und Aussagekraft der einzelnen Grundrechte im Großen und Ganzen zurückgehe und sich das Gewicht auf mehr oder minder durchgehende rechtsstaatliche Anforderungen verlagere, in denen Elemente des Grundsatzes der Verhältnismäßigkeit wiederzuerkennen seien[219]. Der Grundsatz der Verhältnismäßigkeit führe also – im Übermaß verwendet – zu einer „Knochenerweichung der Rechtsordnung“[220] insgesamt und letztlich zu einem Verlust an Strukturen und Rechtssicherheit.

Für diese Wirkung sind zwei Begründungsansätze geliefert worden. Der erste geht davon aus, dass im Verfassungsrecht insbesondere in der Rechtsprechung ein Abwägen als vergleichendes Gewichten von Individual- und Gemeinschaftsinteressen gar nicht erfolge und auch methodisch verfehlt wäre. Die Anwendung der Verhältnismäßigkeit müsse sich auf Zweck, Geeignetheit, Erforderlichkeit und die Wahrung einer verfassungsrechtlichen Mindestposition beschränken. Dabei sei aber eine Konvergenz der Auslegungsregeln, die zu den verschiedenen Grundrechten unter dem Grundsatz der Verhältnismäßigkeit ent-

---

[216] *Ossenbühl*, FS Lerche, S. 156.
[217] *Lerche*, Übermaß, S. 7.
[218] *Kutscher/Ress/Teitgen/Ermacora/Ubertazzi* (Beitrag *Ress*), S. 29.
[219] *Lerche*, Koll. Spanner, S. 33; ausführlich dazu: *Wendt*, in: AöR 104 (1979), 414 (415 ff.); *Schlink*, Abwägung, S. 47; *Schwabe*, S. 319 ff. Zur Verdeutlichung vgl. *Bettermann/Loh*, in: BB 1969, 70 (70 ff.), die die Frage der betroffenen Grundrechte (Art. 2 Abs. 1 GG oder auch Art. 12 Abs. 1 und Art. 14 GG) für die Prüfung der Verfassungsmäßigkeit des Absicherungsgesetzes offen lassen, da es ohnehin auf eine Prüfung am Maßstab der Verhältnismäßigkeit hinauslaufe.
[220] *Ossenbühl*, FS Lerche, S. 157.

wickelt wurden, hin zu einer Entdifferenzierung in ein allgemeines Freiheitsrecht zu erkennen[221]. Der andere Ansatz geht von einem diametral entgegengesetzten Verständnis aus, indem er betont, dass der Verhältnismäßigkeitsgrundsatz gerade aufgrund seiner Interessen- und Güterabwägung bei einer Anwendung für alle Grundrechte zu einer Einebnung ihrer unterschiedlichen Gewährleistungsvorbehalte führe. Damit könne letztlich eine einzelne Garantienorm den Schutz von Freiheit und sonstigen Gütern der Person genauso wirksam gewährleisten[222]. Erst aufgrund dieser Feststellungen wurde das Problem einer etwaigen nivellierenden Wirkung in seiner ganzen Schärfe erkannt und in die Diskussion gebracht[223].

2. Machtverschiebung im Gefüge der Staatsfunktionen

Zweitens gehe mit einer unkontrollierten Anwendung eine Machtverschiebung im Gefüge der Staatsfunktionen einher[224]. Mit dem Grundsatz der Verhältnismäßigkeit sei der Judikativen ein Mittel an die Hand gegeben, mit dem bei der Kontrolle durch Auslegung gesetzgeberische oder behördliche Zwecke vereitelt werden könnten. Da es bei den Überlegungen zur Verhältnismäßigkeit dem Anwender überlassen bleibt, was er zu ihrem Gegenstand mache, könnte die Meinung des Gerichts die Vorstellungen des Gesetzgebers zunächst unbemerkt ersetzen und selbst zur Grundlage der Entscheidung werden[225]. So kann jede politische Kontroverse über den Grundsatz der Verhältnismäßigkeit als rechtliches Problem rekonstruiert werden[226], wodurch die Gefahr der Politisierung der Justiz bestünde [227]. Diese Beliebigkeit der Wahl, die nicht nur diesem Grundsatz eigen ist, ist aber nicht zu vermeiden und solange völlig unbedenklich, wie sie

---

[221] So *Schlink*, Abwägung, S. 48 ff. (insbesondere 78 f., 95), 154 ff., 201 ff.

[222] So *Schwabe*, S. 319 ff., 445 f.

[223] *Wendt*, in: AöR 104 (1979), 414 (422).

[224] *Ossenbühl*, FS Lerche, S. 157.

[225] Dieser Missbrauch ist auch von Richtern des Bundesverfassungsgerichts selbst kritisiert worden; vgl. Sondervotum der Richter *Klein*, *Kirchhof* und *Winter* zum Spionage-Urteil, in: BVerfGE 92, 277 (341): „Die Berufung auf den Verhältnismäßigkeitsgrundsatz dient [...] dem Senat nur als begriffliche Hülle für Überlegungen, die mit den gefestigten rechtlichen Maßstäben für die Anwendung dieses Prinzips nicht zu erfassen sind und seine Konturen verschwimmen lassen."

[226] *Schlink*, FS BVerfG, S. 464 f.

[227] *Forsthoff*, Industriegesellschaft, S. 137 ff., und *Peters*, S. 15, wollen dies vermeiden, indem sie den Verfassungsrang des Grundsatzes wegen seines Widerspruchs zum Prinzip der Gewaltenteilung ablehnen.

bei der Arbeit mit dem Grundsatz bewusst einbezogen wird[228]. Immer wenn Verwaltung und Gerichte diesen allgemeinen Grundsatz als Maßstab heranziehen, müssen sie daher sorgfältig darauf achten, dass sie sich mit ihren Überlegungen nicht an die Stelle des Gesetzgebers stellen. Die gestufte Entfaltung des Grundsatzes der Verhältnismäßigkeit auf der Ebene der Rechtsetzung und der Rechtsanwendung entsprechend der verfassungsrechtlichen Entscheidungs- und Kontrolltiefe spiegelt dann die differenzierte Kompetenzverteilung der rechtsstaatlichen Ordnung des Grundgesetzes wider[229].

In dieselbe Richtung zielt auch die Kritik an einer doppelten Verhältnismäßigkeitskontrolle in einer Gerichtsentscheidung[230]. Wenn gerichtlich zunächst das Gesetz und dann dessen Anwendung im Einzelfall am Grundsatz der Verhältnismäßigkeit gemessen werden, sei die zweite Prüfung übertrieben und entbehrlich[231]. Der Gesetzgeber habe bei der Fassung des Gesetzes bereits eine abschließende Abwägung zwischen dem Eingriff in individuelle Rechtsgüter und den Gemeinwohlinteressen getroffen. Wenn diese generelle Abwägung der Verhältnismäßigkeit genüge, könne eine nochmalige Abwägung der Anwendung bei Vorliegen der Tatbestandsvoraussetzungen kein anderes Ergebnis haben. Daher müsse das Gericht zur Wahrung der Gewaltenteilung auf eine doppelte Prüfung verzichten.

3. Schlussfolgerung

Obwohl der Grundsatz der Verhältnismäßigkeit in jüngerer Zeit zunehmend Gegenstand der Kritik geworden ist, zeigt allein seine selbstverständliche Anwendung in der Praxis, dass er aus unserer Rechtsordnung kaum wegzudenken ist. Denn wenn als Ergebnis dieser zum Teil – gerade für die zugrunde gelegten Einzelfälle – berechtigten Kritik der Grundsatz der Verhältnismäßigkeit nicht mehr als allgemeiner Rechtssatz, sondern nur noch in seinen gesetzlichen Positivierungen angewandt würde, wäre nichts gewonnen. Als Folge würde entweder der Inhalt des Grundsatzes unter anderem Namen weitergebraucht werden, oder das Pendel würde bei ersatzloser Streichung in das andere Extrem strikt

---

[228] *Hirschberg*, S. 229.
[229] Vgl. *Kloepfer*, FS BVerwG, S. 329.
[230] Z. B. BVerfGE 92, 191 (197 ff., 199 ff.); 92, 277 (317 f., 325 ff.).
[231] So *Schneider*, FS BVerfG, S. 402 f.

begrifflichen Denkens umschlagen. Dann wäre ein Rückgriff auf den Gedanken der Verhältnismäßigkeit wieder notwendig.

Insgesamt erscheint es wichtig, dass die Anwender des Grundsatzes der Verhältnismäßigkeit die Gefahren sehen, die sich wohl auch in einigen Entscheidungen der staatlichen Gewalt in der Vergangenheit realisiert haben. Dabei trifft aber der Kern der Kritik lediglich die Eigenart des Grundsatzes. Nur weil er als Rechtsgrundsatz im gesamten Recht gilt und Ausdruck der allgemeinen Gerechtigkeitsidee ist, von der unsere Rechtsordnung getragen wird, birgt er die oben genannten Gefahren naturgemäß in sich.

D. Zusammenfassung

Aufgrund der Untersuchung von Inhalt und Struktur des Grundsatzes der Verhältnismäßigkeit wird deutlich, dass er insbesondere durch die Rechtsprechung des Bundesverfassungsgerichts generell keine Leerformel geblieben ist. Das Bundesverfassungsgericht hat ihm in seinen Entscheidungen immer wieder eine Form gegeben und Inhalte zugeordnet, um mit diesem Grundsatz seiner Eigenart entsprechend das positive Recht auflockern zu können. Daher hat er auch zu Recht seinen festen Platz in der judikativen Argumentation, die von der Legislative sowie von der Exekutive übernommen worden ist.

Aufgrund seines Verfassungsranges gilt der Grundsatz der Verhältnismäßigkeit als konstitutionelles Prinzip im gesamten Recht. Er ist demnach in allen Rechtsgebieten insbesondere im Verhältnis Staat – Bürger im Grundsatz anwendbar. Die Kritik am Grundsatz der Verhältnismäßigkeit muss im Zusammenhang mit seiner Anwendung dahingehend ernst genommen werden, dass in jedem Fall zunächst seine Anwendbarkeit eingehend untersucht wird, bevor er auf allen drei Stufen mit seinen Teilgrundsätzen scharf angewandt wird, ohne die Grenze der Gewaltenteilung zu überschreiten. Auf diesem Grat werden sich Rechtsanwender und Rechtsetzer immer, also auch in der Wettbewerbsaufsicht, bewegen müssen.

Kapitel 5: Grundlagen der Anwendung der Verhältnismäßigkeit in der Zugangsregulierung

A. Anwendbarkeit des Grundsatzes der Verhältnismäßigkeit

I. Bisherige Praxis der Anwendung

In der Praxis findet eine Anwendung des Grundsatzes der Verhältnismäßigkeit in fast allen Rechtsgebieten statt[1]. Trotz seiner zentralen Rolle in unserem Rechtssystem unterliegt seine Anwendbarkeit dabei Grenzen. Diese beiden Aspekte der bisherigen Anwendungspraxis sollen in diesem Abschnitt dargestellt werden.

1. Im Bereich des Öffentlichen Rechts

Das älteste Anwendungsfeld des Grundsatzes der Verhältnismäßigkeit im deutschen Recht ist das Öffentliche Recht, im speziellen das Polizeirecht. Dort wurde der Grundsatz entwickelt, um die Freiheitssphäre des Einzelnen vor staatlichen hoheitlichen Eingriffen abzugrenzen und zu schützen[2]. Hier hat er seine erste Positivierung im Preußischen Allgemeinen Landrecht in der Generalklausel des Polizeirechts gefunden[3]. Im Laufe der Zeit wurden ihm im Verwaltungsrecht alle hoheitlichen Maßnahmen unterworfen, die in subjektive Rechte des Bürgers eingreifen. Dabei wurde die Anwendung in so unterschiedliche Ordnungsbereiche der Eingriffsverwaltung wie dem Ausländerrecht, dem Disziplinarrecht, dem Steuerrecht, dem Wehrrecht und dem Umweltrecht ausge-

---

[1] Vgl. dazu grundlegend: *Hirschberg*, S. 25 ff., m. w. N.; Überblick bei *Ossenbühl*, FS Lerche, S. 153 f.

[2] *Ossenbühl*, FS Lerche, S. 152.

[3] § 10 II 17 PreußALR beschränkte die Polizei darauf, die „nöthigen Anstalten" zu treffen; ausführlich zur Geschichte des Grundsatzes: *Wieacker*, FS Fischer, S. 867 ff.; *Hirschberg*, S. 2 ff.; *Schneider*, FS BVerfG, S. 393 ff.; *Heinsohn*, S. 3 ff.

dehnt[4]. Insbesondere wirtschaftslenkende Maßnahmen werden zur Rechtfertigung und zur Beschränkung staatlichen Handelns dem Verhältnismäßigkeitsprinzip unterworfen[5].

In diesem Zuge hat er auch Eingang in das Wettbewerbsrecht gefunden. In § 24 Abs. 6 S. 3 GWB in der Fassung der 2. bis 5. GWB-Novelle war der Grundsatz der Verhältnismäßigkeit ausdrücklich erwähnt[6]. Trotz des veränderten Wortlauts seit der Novellierung gilt er weiterhin im GWB[7] und hat eine Ausprägung in mehreren Normen erfahren[8]. Bei der Auslegung der Normen der Missbrauchskontrolle wie auch der Fusionskontrolle ist er von den Kartellbehörden heranzuziehen[9]. Vor allem durch Bundesverfassungsgerichts[10] und die

---

4 *Hirschberg*, S. 25 ff.; *Jakobs*, Verhältnismäßigkeit, S. 67 ff. (Atomrecht). Nachweise aus der Rechtsprechung des Bundesverwaltungsgerichts bei *Kloepfer*, FS BVerwG, S. 332.

5 *Kutscher/Ress/Teitgen/Ermacora/Ubertazzi* (Beitrag *Ress*), S. 28.

6 *Richter*, in: Wiedemann, § 21 Rn. 140. § 24 Abs. 6 S. 3 GWB a. F. wurde mit der 2. GWB-Novelle eingeführt (Zweites Gesetz zur Änderung des GWB v. 03.08.1973, BGBl. I S. 917; GWB in der Fassung der Bekanntmachung v. 04.04.1974, BGBl. I S. 869), galt auch bis nach der 5. GWB-Novelle fort (siehe GWB in der Fassung der Bekanntmachung v. 20.02.1990, BGBl. I S. 235) und wurde durch die 6. GWB-Novelle neu gefasst (Sechstes Gesetz zur Änderung des GWB v. 26.08.1998, BGBl. I S. 2521; GWB in der Fassung der Bekanntmachung v. 26.08.1998, BGBl. I S. 2546).

7 So ausdrücklich die Begründung zur 6. GWB-Novelle zu § 41 Abs. 3, in: Bundestags-Drucksache 13/9720, S. 60.

8 Als Ausfluss des Grundsatzes der Verhältnismäßigkeit gelten z. B. § 5 GWB, *Hirschberg*, S. 33 Fn. 189, ebenso wie § 36 Abs. 1 Hs. 2 und § 40 Abs. 3 GWB, *Richter*, in: Wiedemann, § 20 Rn. 151, § 21 Rn. 72, 95.

9 Zur Anwendung in der Missbrauchskontrolle insbesondere nach § 19 Abs. 4 Nr. 4 GWB siehe *Haus*, in: NVwZ 2002, 432 (435); in der Fusionskontrolle siehe *Richter*, in: Wiedemann, § 20 Rn. 119, § 21 Rn. 140.

10 *Schlink*, FS BVerfG, S. 444. Der anfänglich nur punktuelle Rückgriff auf den Grundsatz der Verhältnismäßigkeit, zumeist nur auf einen der Teilgrundsätze, wird in frühen Entscheidungen deutlich: Beschränkung staatlicher Eingriffe in die gemeindliche Selbstverwaltung auf das zeitlich und sachlich Notwendige in BVerfGE 1, 167 (178); Grundsatz der Angemessenheit des Mittels im Polizeirecht in BVerfGE 2, 1 (79); gerechtes Verhältnis der angedrohten Strafe zur Schwere der Tat und zum Verschulden des Täters wegen des Rechtsstaatsprinzips in BVerfGE 6, 389 (439). In BVerfGE 3, 383 (399) – Unterschriftenquorum, wird der Grundsatz der Verhältnismäßigkeit zum ersten Mal wörtlich erwähnt. Auf seiner Grundlage entwickelte das Bundesverfassungsgericht seine sog. Drei-Stufen-Theorie zur Berufsfreiheit nach Art. 12 Abs. 1 GG, die Wechselwirkungslehre zur Meinungsfreiheit nach Art. 5 Abs. 2 GG sowie seine hieran angelehnte Rechtsprechung zur Inhalts- und Schrankenbestimmung nach Art. 14 Abs. 1 S. 2 GG; vgl. hierzu BVerfGE 7, 377 (402 ff.); 7, 198 (208 f.); 14, 263 (277 f.); auch *Stern*, Staatsrecht III/2, § 84 III 5., m. w. N.

Rechtsprechung anderer Gerichte[11] wurde diese Entwicklung der sich ausdehnenden Anwendung vorangetrieben.

Mittlerweile hat sich seine Anwendung auch auf die Leistungsverwaltung ausgedehnt[12]. Dies wird nicht zuletzt mit der vielfach schwierigen Abgrenzung zwischen Eingriff und Leistung begründet[13]. Die Anwendung geht hier inzwischen nicht nur soweit, dass in diesem Bereich neben der Leistungsgewähr zugleich Eingriffe vorgenommen werden, sondern auch dahin, dass es z. B. bei Subventionen um reine Leistungen des Staates geht[14]. Der Grundsatz der Verhältnismäßigkeit wird hierbei auch eingesetzt, um einen gerechten Ausgleich zwischen den Interessen einzelner Bürger (z. B. Nachbarn im Baurecht) zu finden. Er limitiert die Verwaltung in den ihr zugestandenen Beurteilungsspielräumen und in ihrer Ermessensausübung[15]. Im Einzelfall kann es dadurch sogar zu einer Reduzierung des Beurteilungsspielraumes oder des Ermessens der Behörde auf Null kommen[16].

Über die Zeit emanzipierte sich der Grundsatz der Verhältnismäßigkeit von der Beschränkung auf das Verwaltungsrecht in der Ermessensausübung[17]. Aufgrund seiner Anziehungs- und Überzeugungskraft erhielt er vor allem über seine Anwendung in der Rechtsprechung des Bundesverfassungsgerichts Eingang ins

---

11 Zur Anwendung des Grundsatzes der Verhältnismäßigkeit in der Rechtsprechung des Bundesverwaltungsgerichts siehe *Kloepfer*, FS BVerwG, S. 329 ff., sowie in der Rechtsprechung des Gerichtshofes der Europäischen Gemeinschaften siehe *Kischel*, in: EuR 2000, 380 (380 ff.).

12 Zur dabei eintretenden Änderung in seiner Struktur vgl. *Kirchhof*, FS Lerche, S. 144.

13 *Kutscher/Ress/Teitgen/Ermacora/Ubertazzi* (Beitrag *Ress*), S. 27.

14 Grundlegend dazu: *Haverkate*, S. 11 ff.; vgl. auch *Jakobs*, Verhältnismäßigkeit, S. 154 ff.; *Ossenbühl*, FS Lerche, S. 153 f.; krit. dazu: *Mußgnug*, in: VVDStRL 47 (1989), 113 (126 ff.).

15 *Jarass*, in: Jarass/Pieroth, Art. 20 Rn. 81. *Dechsling*, S. 37, meint, dass als Ermessen ohnehin nur das bezeichnet werden könne, was nach Anwendung des Verhältnismäßigkeitsgrundsatzes noch übrig bliebe; der Grundsatz beschränke also nicht das Ermessen, sondern definiere es. Das Ergebnis ist allerdings gleich.

16 Vgl. statt vieler *Maurer*, § 7 Rn. 24 f.

17 Zu seiner Anwendung im Strafrecht auf alle Regelungen der Strafbarkeit, des Strafprozesses und des Vollzugs vgl. *Ossenbühl*, FS Lerche, S. 154, m. w. N.; auch BVerfGE 21, 220 (225 ff.). Gegen eine Anwendbarkeit im Strafrecht: *Scholz*, in: NJW 1983, 705 (709 f.), da allein das Legalitätsprinzip gelten soll.

Verfassungsrecht[18]. Maßgeblich hierfür waren die verfassungsgerichtlichen Kontrollen des gesetzgeberischen Handelns unter Anwendung des Grundsatzes auf immer mehr Wirkungsfeldern. Seine Bindungswirkung entfaltet er nunmehr als anerkannter Teil der verfassungsmäßigen Ordnung und Bestandteil der Grundrechtsdogmatik sowohl einerseits für den Gesetzgeber als auch andererseits als geltendes Recht für jeden untergesetzlichen Verordnungsgeber und die Verwaltung allgemein und die Rechtsprechung (Art. 1 Abs. 3, Art. 20 Abs. 3 GG) [19]. Alle sind an den Grundsatz der Verhältnismäßigkeit wegen seiner Geltung und enormen Bedeutung im Bereich der Grundrechte bei jeder grundrechtsbeschränkenden Maßnahme gebunden. Für die ohne Gesetzesvorbehalt ausgestalteten Grundrechte bildet er eine verfassungsimmanente Schranke[20]. Für die unter Gesetzesvorbehalt stehenden Grundrechte begrenzt er über die Wesensgehaltsgarantie des Art. 19 Abs. 2 GG hinaus die gesetzgeberische Eingriffsbefugnis[21]. Diese Anwendung bezieht sich sowohl auf staatliches Handeln als auch auf eben solches Unterlassen[22].

2. Im Bereich des Privatrechts

Auch das Privatrecht kann sich der Wirkung des Grundsatzes der Verhältnismäßigkeit nicht entziehen. Staatliche Gewalt ist über das Verfassungsrecht auch im Privatrecht an die Grundrechte und somit an den Grundsatz der Verhältnismäßigkeit gebunden (Art. 1 Abs. 3, Art. 20 Abs. 3 GG). Im Privatrecht bildet der Grundsatz der Verhältnismäßigkeit durch seine verfassungsrechtliche Geltung einen Maßstab für den Ausgleich zwischen einander zuwiderlaufenden, aber prinzipiell gleichrangigen Rechtspositionen[23]. In diesem Sinne wird er von der staatlichen Gewalt zur Regelung zivilrechtlicher Rechtsverhältnisse angewendet.

---

18 Vgl. hierzu *Held-Daab*, S. 186 ff.; krit. noch *Forsthoff*, Industriegesellschaft, S. 137 ff.; *Medicus*, in: AcP 192 (1992), 35 (54), will ihn nur als Interpretationsmethode von Verfassungsrecht einsetzen, was aber im Ergebnis nach seiner Ansicht keinen großen Unterschied bewirkt.

19 Von *Kloepfer*, in: ZG 1988, 289 (297 f.), plastisch als „Abstraktion des Verwaltungsrechts“ beschrieben.

20 Zu Entstehung und Inhalt der Lehre von verfassungsimmanenten Schranken vgl. *Jarass*, in: Jarass/Pieroth, Vorb. vor Art. 1 Rn. 45 ff.

21 Krit. dazu *Medicus*, in: AcP 192 (1992), 35 (50).

22 *Borowski*, S. 115. Siehe zum sog. Untermaßverbot bereits oben in Kapitel 4 Fn. 16, 21.

23 *Medicus*, in: AcP 192 (1992), 35 (60 f.).

Im Schwerpunkt ist das Rechtsgebiet des Privatrechts jedoch dadurch gekennzeichnet, dass sich zwei oder mehr Grundrechtsträger als Privatrechtssubjekte gleichberechtigt mit ihren Interessen gegenüberstehen. Staatliche Akteure treten insoweit allenfalls zur Rechtsetzung, Streitschlichtung oder mit fiskalischen Verwaltungsaufgaben hinzu. Im Verhältnis der privaten Grundrechtsträger gilt die Privatautonomie. Diese Freiheit wird durch das Privatrecht in Form von einfachgesetzlichen Regelungen ausgeformt und beschränkt. Neben der frühen Positivierung in einigen Rechtfertigungsgründen hat der Grundsatz der Verhältnismäßigkeit aufgrund des ihm zugestandenen Verfassungsranges insbesondere über die zivilrechtlichen Generalklauseln Eingang in das materielle Zivilrecht mit unmittelbarer Anwendung auf Privatrechtssubjekte gefunden[24]. Denn in ihrer Auslegung werden diese Klauseln durch die staatliche Werteordnung mitgeprägt, so dass auch das Verhältnismäßigkeitsprinzip auf die durch sie geregelten zivilrechtlichen Beziehungen ausstrahlt. Die Geltung des Grundsatzes der Verhältnismäßigkeit im privaten Rechtsverhältnis orientiert sich an der Geltung der Grundrechte und des Rechtsstaatsprinzips. Nur wo die von ihnen garantierten Freiheiten gelten, kann auch die aus diesen Prinzipien abgeleitete Verhältnismäßigkeit Eingriffe durch Private gegenüber anderen Privaten begrenzen.

Da für das Rechtsstaatsprinzip seinem Wesen nach in der Privatrechtsbeziehung kein Raum ist, kommt es für die Bindungswirkung an den Grundsatz der Verhältnismäßigkeit allein auf die Reichweite der Geltung der Grundrechte im Privatrecht an. Diese ist jedoch im Einzelnen äußerst umstritten[25]. Nach dem Wortlaut des Grundgesetzes werden Privatrechtssubjekte von der allgemeinen Bindungswirkung der Art. 1 Abs. 1 S. 2, Abs. 3, Art. 20 Abs. 3 GG gerade nicht erfasst[26]. Aus diesem Grund kann der Grundsatz der Verhältnismäßigkeit wie

---

24 *Kutscher/Ress/Teitgen/Ermacora/Ubertazzi* (Beitrag *Ress*), S. 28; vgl. grundlegend: BVerfGE 7, 198 (198, 206 f.).

25 Zum Streit im Einzelnen vgl. *Diedrichsen*, in: AcP 198 (1998), 171 (171 ff.), m. w. N.; *Dreier*, in: ders., Vorb. Rn. 57 ff.; *Dürig*, in: Maunz/Dürig, bis zur 41. Lfg., Art. 1 Rn. 127 ff., m. w. N.; grundlegend: *Dürig*, FS Nawiasky, S. 157 ff.
Nach *Schwabe*, S. 211 ff., sei die Fragestellung der Drittwirkung nur ein „Scheinproblem", da der Staat durch das Handeln seiner Gewalten die Privatrechtsbeziehungen aktiv oder durch Duldung gestalte und dabei über Art. 1 Abs. 3 GG an die Grundrechte gebunden sei. Zur Kritik vgl. *Alexy*, S. 416 ff.

26 *Canaris*, in: JuS 1989, 161 (161). Nur Art. 9 Abs. 3 S. 2 GG spricht eine unmittelbare Nichtigkeit von privatrechtlichen Abreden zum Ausschluss der Koalitionsfreiheit aus.

die Grundrechte also keinesfalls in allen privaten Rechtsbeziehungen Geltung und Anwendung beanspruchen. Demgegenüber wurde mit der sogenannten Lehre von der unmittelbaren Drittwirkung der Grundrechte[27] vorgebracht, dass die Ordnungsgrundsätze des Grundgesetzes auch in die privaten Rechtsbeziehungen hineinreichen würden, weil sie nur so im sozialen Leben der Bürger umfassend verwirklicht und garantiert werden könnten[28]. Auch wenn sich diese Lehre nicht allgemein durchgesetzt hat[29], so wird sie teilweise für besondere Konstellationen angewandt. Diesen Konstellationen ist gemeinsam, dass sie sich durch ein privatrechtliches Ungleichgewicht auszeichnen. Die soziale Übermacht auf einer Seite der privaten Rechtsbeziehung führe zu einer faktischen und rechtlichen Überlegenheit, die der dem Staat eingeräumten und durch Grundrechte beschränkten Machtbefugnis vergleichbar sei. Aufgrund dieser Vergleichbarkeit sei eine analoge Anwendung der Grundrechte[30] in diesem Rechtsverhältnis zum Sozialausgleich geboten.

Die Bedeutung des Grundsatzes der Verhältnismäßigkeit in seiner praktischen Anwendung im Privatrecht ist daher in den verschiedenen Bereichen von sehr unterschiedlichem Gewicht, wobei er besonders in den Sonderrechtsgebieten außerhalb des zivilrechtlichen Kernbereichs Anwendung findet[31]. Besondere Bedeutung hat er im Arbeitsrecht[32] und mangels gesetzlicher Regelungen ver-

---

27 Nachweis der profiliertesten Vertreter bei: *Canaris*, in: AcP 184 (1984), 201 (203); vgl. auch *Stern*, Staatsrecht III/1, § 76 II 1. Auch das Bundesarbeitsgericht, ursprünglich ein profilierter Verfechter und Anwender dieser Lehre, hat sich inzwischen von ihr abgewandt, BAGE 48, 122 (134 f., 138); auch BAGE 52, 88 (98).

28 Ausführungen zu dieser Lehre statt vieler bei: *Dürig*, FS Nawiasky, S. 165 ff.; *Canaris*, in: JuS 1989, 161 (162); *Medicus*, in: AcP 192 (1992), 35 (43 ff.); *Dreier*, in: ders., Vorb. Rn. 59.

29 Eine so weitreichende Wirkung würde die ebenfalls vom Grundgesetz und den Grundrechten gewollte ausgedehnte Privatautonomie einebnen und über Gebühr einschränken, indem die Freiheitsrechte zu einem umfassenden Pflichtenkanon umgewandelt würden, *Dreier*, in: ders., Vorb. Rn. 59; auch *Böckenförde*, in: F.A.Z. v. 03.09.2003, S. 33. Nachweise dieser herrschenden Lehre bei *Stern*, Staatsrecht III/1, § 76 II 2., mit Entscheidungen des Bundesverfassungsgerichts in Fn. 225.

30 Nur darum kann es bei unmittelbarer Anwendung gehen; vgl. *Canaris*, in: JuS 1989, 161 (161).

31 *Kutscher/Ress/Teitgen/Ermacora/Ubertazzi* (Beitrag *Ress*), S. 28 f.; *Hirschberg*, S. 32 ff., m. w. N.

32 Vgl. etwa zur früheren st. Rspr. der Arbeitsgerichte: BAGE 1, 185 (191 ff.); 4, 240 (242 f.); 13, 168 (174); grundlegend: BAGE 23, 292 (292 ff.).

stärkt im Arbeitskampfrecht erlangt[33]. Im Ergebnis kann man demnach keinesfalls von einer durchgängigen Anwendbarkeit des Grundsatzes der Verhältnismäßigkeit im Zivilrecht sprechen. Privatrechtssubjekte haben ihn in ihren gleichberechtigten Beziehungen mit anderen außerhalb der Positivierungen nur in den Bereichen zu beachten, in die die Grundrechte mit ihrer Werteordnung hineinstrahlen. Auch im Rahmen des Übergangs vom Monopol auf den Telekommunikationsmärkten kommt es dabei angesichts der Konkurrenzsituation und der dominierenden Stellung der ehemaligen Monopolistin auf die Grundrechtspositionen des einzelnen Marktteilnehmers an.

3. Grenzen der Anwendung

Die Grenzen der Anwendung des Grundsatzes der Verhältnismäßigkeit spiegeln sich selbst in der Rechtsprechung des Bundesverfassungsgerichts trotz – oder gerade wegen – ihrer Reichhaltigkeit kaum wider. Wann das Gericht den Grundsatz der Verhältnismäßigkeit anwenden muss oder nur darf oder es ihm gar verboten ist, wird in der einzelfallorientierten Rechtsprechung nicht herausgestellt[34]. In der Literatur finden sich lediglich ausführliche Darstellungen zur Frage, auf welchen Feldern der Grundsatz in welchem Maße angewendet wird[35]. Da seine umfassende Geltung aber von seiner Anwendbarkeit zu unterscheiden ist[36], wäre es besonders von Interesse, wo er als Prüfungsmaßstab hinzugezogen werden *muss*, und wo er *nicht* hinzugezogen werden *darf*. Die Gerichte selbst schweigen hierzu, da sie die Anwendung des Grundsatzes der Verhältnismäßigkeit in ihren Entscheidungen in der Regel gar nicht begründen.

---

[33] Ausführlich bei *Auffermann*, S. 91 ff.; *Kreuz*, S. 46 ff.

[34] Als die Regel bestätigende Ausnahme stellt das Bundesverfassungsgericht in BVerfGE 81, 310 (338), fest, dass der Grundsatz der Verhältnismäßigkeit auf das Bund-Länder-Verhältnis nicht anwendbar sei; hierzu noch offen BVerwGE 67, 321 (324 f.); vgl. aber *Schlink*, FS BVerfG, S. 446, 449 Fn. 11; krit. auch *Sommermann*, in: v. Mangoldt/Klein/Starck, Art. 20 Rn. 307 f.
In einer jüngeren Entscheidung in BVerfGE 105, 61 (71), betont das Bundesverfassungsgericht seine Rechtsansicht, dass die allgemeine Wehrpflicht wegen ihrer verfassungsrechtlichen Verankerung nicht am Grundsatz der Verhältnismäßigkeit zu messen ist.

[35] So zum Atomrecht bei: *Jakobs*, Verhältnismäßigkeit, S. 167 ff.; zu Art. 12 Abs. 1 S. 2 GG bei: *Langheineken*, S. 112 ff.; zum Arbeitskampfrecht bei: *Kreuz*, S. 44 ff.; *Groggert*, S. 3 ff.; *Mösch*, S. 6 ff.; zum Sozialversicherungsrecht bei: *Auffermann*, S. 217 ff.; *Wick*, S. 43 ff.; allgemein bei: *Hirschberg*, S. 25 ff.; *Groggert*, S. 135 ff.

[36] Siehe oben unter Kapitel 4 B.II.3.

In der rechtswissenschaftlichen Literatur liegt eine eingehende allgemeine Untersuchung in diesem Bereich zur Zeit nicht vor[37]. Lediglich zu einzelnen Ausschnitten werden verschiedene Auffassungen diskutiert[38]. Dennoch lassen sich anhand der gefestigten Struktur die Voraussetzungen für eine Anwendung des Grundsatzes der Verhältnismäßigkeit allgemein formulieren. Wie bereits in Kapitel 4 B.I.1. ausgeführt, kann auf diesen Grundsatz nur bei der Verfolgung eines legitimen Zwecks zurückgegriffen werden[39]. In diesen Fällen ist er lediglich dann heranzuziehen, wenn ein staatlicher Akteur eine Entscheidung trifft, für die kollidierende subjektive Rechte, von denen keines von vorn herein den alleinigen Vorrang beanspruchen kann, im Hinblick auf die Zweckverfolgung durch Abwägung in Einklang gebracht werden müssen. Daraus folgt, dass bei Entscheidungen, die aus anderen Gründen in die eine oder die andere Richtung ergehen müssen oder können, ein Rückgriff auf das Verhältnismäßigkeitsprinzip unnötig und damit unzulässig wäre. Seine Anwendung setzt also voraus, dass kollidierende subjektive Rechte, von denen keines den alleinigen Vorrang beanspruchen kann, im Hinblick auf die Verfolgung eines legitimen Zwecks durch Abwägung in Einklang gebracht werden können.

II. Anwendbarkeit in der Regulierung der Telekommunikation

Angesichts dieser bisherigen Anwendungspraxis steht der Anwendbarkeit des Grundsatzes der Verhältnismäßigkeit in der Regulierung der Telekommunikation nichts entgegen. In der Regulierung sind Rechtspositionen der verschiedenen Wettbewerber und Marktteilnehmer mit den Regulierungszielen des TKG auszubalancieren. Keines dieser subjektiven Rechte und keine der involvierten

---

37 Auch die jüngeren angegebenen Schriften zum Grundsatz der Verhältnismäßigkeit von *Clérico* und *Yi* übergehen Ausführungen zu dessen Anwendbarkeit, da sie von seiner umfassenden Geltung ausgehen.

38 So vertritt *Gentz*, in: NJW 1968, 1600 (1606), dass das Verhältnismäßigkeitsprinzip immer, aber auch nur dann zur Anwendung kommen könne, wenn es sich um Ermessensentscheidungen handele. Dem hält *Dechsling*, S. 37, entgegen, dass wegen der Ableitung aus dem Grundgesetz als Ermessen ohnehin nur das, was nach Anwendung des Verhältnismäßigkeitsgrundsatzes noch übrig bliebe, bezeichnet werden könne. Ganz anders schränkt *Lerche*, Übermaß, S. 140 ff., 350 f., die Anwendung ein, indem der Grundsatz nicht bei allen Grundrechten gleich stark wirken soll; vielmehr seien Abstufungen zu beachten. *Scholz*, in: NJW 1983, 705 (709), will die Anwendbarkeit prinzipiell nur Freiheitseingriffen vorbehalten.

39 Siehe *Kloepfer*, FS BVerwG, S. 334.

berechtigten Interessen genießt absoluten Vorrang vor allen übrigen Positionen. Aus diesem Grund bewegt sich ein Einsatz des Grundsatzes der Verhältnismäßigkeit innerhalb der bisherigen Anwendungsbereiche.

In einigen Regelungen des Telekommunikationsrechts ist der Grundsatz der Verhältnismäßigkeit oder einzelne seiner Teilgrundsätze integriert. Dabei ist an erster Stelle Art. 8 Abs. 1 S. 2 Rahmenrichtlinie zu nennen:

> „Die Maßnahmen [der nationalen Regulierungsbehörden] müssen in einem angemessenen Verhältnis zu diesen Zielen [der folgenden Absätze] stehen."

Damit werden die Mitgliedstaaten aufgefordert, ihre Regulierungsbehörden in ihrer Tätigkeit an den Grundsatz der Verhältnismäßigkeit zu binden. Diese Hinweise finden sich auch in der Zugangsrichtlinie. Art. 8 Abs. 1 Zugangsrichtlinie spricht von Regulierungsmaßnahmen „im erforderlichen Umfang". An anderer Stelle wird auf die einzuhaltende Angemessenheit des Zugangs und der Verpflichtungen hingewiesen (Erwägungsgrund 6, 19, Art. 5 Abs. 1 Zugangsrichtlinie). In Art. 5 Abs. 3 Zugangsrichtlinie wird vorgegeben, dass die Verpflichtungen auf Zugangsgewähr und Zusammenschaltung unter anderem „verhältnismäßig" sein müssen[40]. Art. 8 Abs. 4 Zugangsrichtlinie führt dazu aus, dass Verpflichtungen, die Netzbetreibern mit beträchtlicher Marktmacht im Rahmen der Zugangsregulierung auferlegt werden, im Hinblick auf die Regulierungsziele „angemessen und gerechtfertigt" sein sollen. Ferner legt auch Art. 17 Abs. 1, 2 Universaldienstrichtlinie fest, dass im Fall der Regulierung der Endkundenmärkte bei einem Wettbewerbsdefizit und Ungeeignetheit von Regulierungsmaßnahmen auf der Vorleistungsebene nach der Zugangsregulierung die getroffenen Maßnahmen „geeignet" sowie „verhältnismäßig und gerechtfertigt" sein müssen.

Auch in der Festlegung von Abwägungsparametern in § 21 Abs. 1 S. 2 TKG deutet sich ein Bezug des deutschen Gesetzgebers auf den Grundsatz der Ver-

---

[40] Art. 5 Abs. 3 Zugangsrichtlinie 2002/19/EG lautet: „Die gemäß den Absätzen 1 und 2 auferlegten Verpflichtungen [für einen angemessenen Zugang und eine geeignete Zusammenschaltung sowie die Interoperabilität der Dienste] müssen objektiv, transparent, verhältnismäßig und nichtdiskriminierend sein; [...]."

hältnismäßigkeit, insbesondere auf das Übermaßverbot, an[41]. Danach soll die Regulierungsbehörde prüfen, ob die Zugangsverpflichtung „in einem angemessenen Verhältnis" zu den Regulierungszielen des TKG steht. Auch die abschließende Aufzählung von wenigen Gründen der Zugangsverweigerung in § 21 Abs. 4 TKG weist auf eine vom Gesetzgeber intendierte Abwägung hin, die es der Verwaltung bei Vorliegen anderer Umstände ermöglicht, über die konkrete Zugangsverpflichtung zu entscheiden[42]. In § 20 Abs. 2 TKG ist die Verhältnismäßigkeit als Grenze der Befugnis zur Transparenzverpflichtung ausdrücklich genannt.

Trotz der somit generell anzunehmenden Anwendbarkeit des Grundsatzes der Verhältnismäßigkeit in der Regulierung der Telekommunikation sind darüber hinaus jedoch zwei besondere Aspekte zu untersuchen: einerseits seine Anwendbarkeit auf die Entscheidungen der RegTP als staatlicher Wirtschaftsaufsichtsbehörde und andererseits seine Anwendbarkeit in den Geschäftsentscheidungen der Telekommunikationsunternehmen, insbesondere der DT AG als ehemaliger Monopolistin und anderer vergleichbarer Unternehmen in teilweisem Staatseigentum.

1. Bindung der Regulierungsbehörde

Aus den obigen Ausführungen ergibt sich, dass die RegTP als Element der staatlichen Verwaltung unmittelbar über Art. 1 Abs. 1 S. 2, Abs. 3, Art. 20 Abs. 3 GG an die Grundrechte, das Rechtsstaatsprinzip und damit auch an den Grundsatz der Verhältnismäßigkeit gebunden ist[43]. Gleiches trifft auch auf die Gerichte zu, die für den Rechtsschutz gegen Entscheidungen der RegTP zuständig sind.

---

41 *Kirchner*, in: Bundestags-Ausschussdrucksache 15(9)949, Anhang II, 247 (249). Siehe auch Art. 12 Abs. 2 Zugangsrichtlinie 2002/19/EG, der mit § 21 Abs. 1 S. 2 TKG umgesetzt wurde.

42 Von einer Abwägung der Rechte des Infrastruktureigentümers und der Rechte anderer Diensteanbieter auf Zugang zu Einrichtungen, auf die diese zur Bereitstellung ihrer Dienste angewiesen sind, geht auch der europäische Rechtsrahmen in Erwägungsgrund 19 S. 1 Zugangsrichtlinie 2002/19/EG ausdrücklich aus.

43 Siehe auch *Reinke*, S. 113; *Kirchner*, in: Bundestags-Ausschussdrucksache 15(9)949, Anhang II, 247 (250).

In diesem Zusammenhang stellt sich jedoch die Frage, ob sich tatsächlich alle Marktteilnehmer auf diese Bindung berufen können. Gerade die von der Regulierung betroffenen Unternehmen sind zumeist als juristische Personen des Privatrechts organisiert. Gemäß Art. 19 Abs. 3 GG steht ihnen der Schutz der Grundrechte und damit der daraus abgeleitete Schutz des Verhältnismäßigkeitsprinzips nur zu, soweit die Grundrechte *ihrem Wesen nach* auf die in Frage stehende *inländische* juristische Person anwendbar sind. Danach ist grundsätzlich von einer Grundrechtsberechtigung inländischer juristischer Personen des Privatrechts auszugehen[44]. Jedoch könnten zwei Gruppen von Telekommunikationsunternehmen von der Bindungswirkung ausgenommen sein: Unternehmen mit staatlicher Beteiligung, insbesondere die DT AG, sowie ausländische Unternehmen.

a. Gegenüber juristischen Personen mit staatlicher Beteiligung

Grundrechtsschutz kann eine inländische juristische Person wie die DT AG nur insoweit in Anspruch nehmen, als die Grundrechte ihrem Wesen nach auf sie anwendbar sind (Art. 19 Abs. 3 GG). Die DT AG kleidet sich seit dem 1. Januar 1995 in die privatrechtliche Rechtsform einer AG[45]. An dieser Gesellschaft ist der Bund derzeit direkt und indirekt mit ca. 43 % der Aktien noch zu einem erheblichen Anteil beteiligt[46]. Auch wenn dieser Anteil in Zukunft durch Aktienverkäufe und Kapitalerhöhungen weiter sinken wird, wirft die gesellschafts-

---

[44] Bereits BVerfGE 3, 383 (390); statt vieler siehe *Jarass*, in: Jarass/Pieroth, Art. 19 Rn. 14; *Stern*, Staatsrecht III/1, § 71 IV 1.; jeweils m. w. N. Nachweise aus der Judikatur des Bundesverfassungsgerichts bei *Krüger/Sachs*, in: Sachs, Art. 19 Fn. 172 zu Rn. 58.

[45] Vgl. § 1 PostUmwG, verkündet als Art. 3 PTNeuOG v. 14.09.1994, BGBl. I S. 2340; siehe auch § 1 Abs. 1 der Satzung der DT AG, veröffentlicht als Anhang zu § 11 Abs. 2 PostUmwG in BGBl. I 1994 S. 2350.

[46] Durch den Börsengang der DT AG im November 1996 im Rahmen einer Kapitalerhöhung sank der Bundesanteil auf ca. 74 %; vgl. *v. Arnauld*, in: DÖV 1998, 437 (444). Durch eine weitere Kapitalerhöhung zur Emission im Juni 1999 und den Verkauf von Aktien aus dem Paket der KfW im Juni 2000 reduzierte sich der direkte und indirekte Bundesanteil weiter auf ca. 58 %; vgl. *Wegmann*, S. 184. Im Rahmen der Übernahme der U.S.-amerikanischen Telefongesellschaft *VoiceStream plc.* im Tausch gegen eigene Aktien der DT AG aus einer weiteren Kapitalerhöhung verlor der Bund nach Abschluss der Transaktion im Jahr 2001 seine Mehrheitsbeteiligung. Er hält nunmehr direkt über die BAnstPT und indirekt über seine Anteilsmehrheit von 80 % an der KfW Bankengruppe noch ca. 43 % der Anteile an der DT AG. Zur Entwicklung des Aktienbesitz des Bundes siehe auch EG-Kommission, in: WuW 2004, 218 (219) – Ortsnetz DT AG (WuW/E EU-V 908 ff.); aktuelle Angaben zur Aktionärsstruktur unter www.telekom.de.

rechtliche Beteiligung öffentlich-rechtlicher Körperschaften im Hinblick auf die Grundrechtsberechtigung eines solchen Unternehmens Probleme auf. Im Telekommunikationsmarkt ist hiervon nicht allein die DT AG betroffen[47]. Auch andere Telekommunikationsunternehmen haben in ihrem Eigentümerkreis deutsche öffentlich-rechtliche Körperschaften. Dies trifft vor allem auf die Telefongesellschaften der Versorgungsunternehmen zu, die vielfach Kommunen, Gebietskörperschaften[48] oder gar Bundesländer als Anteilseigner der Konzerngesellschaft haben[49].

Öffentliche Unternehmen[50], deren Anteile als sogenannte Eigengesellschaften ausschließlich der öffentlichen Hand gehören, sind unabhängig von ihrer Rechtsform vom Grundrechtsschutz ausgeschlossen, soweit sie Aufgaben und Funktionen der öffentlichen Verwaltung erfüllen[51]. Diese Gesellschaften sind nur eine besondere Erscheinungsform der öffentlichen Hand, in der die Ver-

---

47 Trotz zahlreicher Beteiligungen der öffentlichen Hand an verschiedenen Telekommunikationsunternehmen wird dieser Aspekt häufig übersehen und das Problem nur einseitig für die DT AG diskutiert; vgl. etwa *Braun*, S. 82 ff.

48 Zur beschränkten Zulässigkeit der Betätigung kommunaler Körperschaften als Anteilseigner von Telekommunikationsunternehmen siehe *Möstl*, in: BayVBl. 1999, 547 (547 ff.), m. w. N.

49 Beispiele:
- Die NetCologne Gesellschaft für Telekommunikation mbH, Köln, betreibt ein Telekommunikationsnetz im Regierungsbezirk Köln. Sie befindet sich über indirekte Beteiligungen im Alleineigentum der öffentlichen Hand. Anteilseigner sind mit 64,9 % die Gas-, Elektrizitäts- und Wasserwerke (GEW) Köln AG, mit 25,1 % die Stadtsparkasse Köln und mit 10 % die Kreissparkasse Köln. Die Stadt Köln hält direkt und über indirekte Beteiligung alle Anteile an der GEW Köln AG. Die Anteile an den beteiligten Sparkassen werden von örtlichen Kommunen und Gebietskörperschaften gehalten.
- Die Arcor AG & Co. KG, Eschborn, gilt als führender Wettbewerber der DT AG mit einem deutschlandweiten Komplettangebot im Festnetzbereich. Das Unternehmen wurde auf der Grundlage des firmeneigenen Telekommunikationsnetzes der Deutsche Bahn AG gegründet. Die Deutsche Bahn AG hält an der Arcor AG & Co. KG einen Anteil von 18 %. Sie steht selbst vollständig im Eigentum des Bundes. Im Ergebnis ist der Bund auf diese Weise indirekt zu 18 % an der Arcor AG & Co. KG beteiligt.

Vgl. Angaben zu ordentlichen Mitgliedern unter der Webseite des Verbandes der Anbieter von Telekommunikations- und Mehrwertdiensten e. V. (VATM) unter www.vatm.de; zu NetCologne auch *Hanf*, S. 24.

50 Zu diesem Begriff siehe *Huber*, in: v. Mangoldt/Klein/Starck, Art. 19 Rn. 294; *Wirth*, in: JA 1998, 820 (820); krit. *Schliesky*, S. 129.

51 Vgl. *Huber*, in: v. Mangoldt/Klein/Starck, Art. 19 Rn. 294; *Krüger/Sachs*, in: Sachs, Art. 19 Rn. 110; *v. Arnauld*, in: DÖV 1998, 437 (449); vgl. auch BVerfGE 21, 362 (369 f.); 45, 63 (78 f.), m. w. N.; 68, 193 (211 f.); 70, 1 (15 ff.); BVerfG, in: NJW 1990, 1783 (1783); 1996, 584 (584).

waltung ohnehin an die Grundrechte gebunden bleibt und sich auch in dieser Form nicht auf Grundrechte berufen kann[52]. Für eine Grundrechtsberechtigung bleibt wegen der eigenen Grundrechtsbindung kein Raum, da beides zwei Seiten derselben Medaille sind[53]. Dieses Ergebnis lässt sich jedoch auf Eigengesellschaften und gemischt-wirtschaftliche Unternehmen[54] im Telekommunikationsbereich, an denen die öffentliche Hand – hinsichtlich letzterer in sehr unterschiedlicher Höhe – beteiligt ist, nicht pauschal übertragen[55]. Gegen eine pauschale Übertragung auf gemischt-wirtschaftliche Unternehmen spricht bereits, dass einerseits diese häufig keine öffentlichen Aufgaben wahrnehmen[56] und dass andererseits ihre Organe nach dem Gesellschaftsrecht dem Unternehmensinteresse und nicht allein der öffentlichen Hand – selbst als Hauptanteilseignerin – verpflichtet sind[57]. Ferner erscheint ein Versagen der Grundrechtsberechtigung für diese Unternehmen mit öffentlicher Mehrheits- oder Minderheitsbeteiligung aus Gründen der Rechtssicherheit angesichts der schwierigen Abgrenzung von Funktionen und der Veränderungen von Eigentumsverhältnissen unsicher. Dies

---

52 BVerfGE 21, 362 (370); 45, 63 (80).

53 So *Huber*, in: v. Mangoldt/Klein/Starck, Art. 19 Rn. 293; siehe auch BVerfGE 21, 362 (370); anerkannte Ausnahmen sind wegen ihrer grundrechtstypischen Gefährdungslage öffentlich-rechtliche Körperschaften wie Universitäten und Fakultäten, Religionsgemeinschaften sowie Rundfunkanstalten, die sowohl grundrechtsberechtigt als auch -verpflichtet sein können; vgl. *Stern*, Staatsrecht III/1, § 71 VII 3. a), § 72 IV 5. Zu möglichen weiteren Ausnahmen vgl. *Krüger/Sachs*, in: Sachs, Art. 19 Rn. 98 ff. Diese Ausnahmen verallgemeinert *v. Arnauld*, in: DÖV 1998, 437 (450), unzutreffend, wenn er für alle gemischtwirtschaftlichen Unternehmen einerseits die Grundrechtsbindung bei einem staatlichen Eigentumsanteil von über 75 % annimmt, aber andererseits zugleich für alle Fälle eine Grundrechtsberechtigung bejaht.

54 Zu diesem Begriff siehe *Dreier*, in: ders., Art. 19 III Rn. 49; *Stern*, Staatsrecht III/1, § 71 VII 6. c); *Scholz*, FS W. Lorenz, S. 218 ff.

55 Daher für eine regelmäßige Annahme der Grundrechtsberechtigung: *Püttner*, Öffentliche Unternehmen, S. 120 f.; *Schmidt-Aßmann*, FS Niederländer, S. 388 f., 393 ff.; *Scholz*, FS W. Lorenz, S. 213 ff.; jeweils m. w. N. Vgl. zur Grundrechtsberechtigung gemischt-wirtschaftlicher Unternehmen auf der Ebene des Gemeinschaftsrechts *Tettinger*, FS Börner, S. 629 ff.

56 So stellte das Bundesverfassungsgericht insbesondere auf die Funktion der Tätigkeit des Unternehmens ab; vgl. BVerfGE 45, 63 (78 f.); 68, 193 (211 f.); BVerfG, in: NJW 1990, 1783 (1783). Zur Kritik an dieser funktionsbezogenen Argumentation siehe *Schmidt-Aßmann*, FS Niederländer, S. 389.

57 Vgl. *Kühne*, in: JZ 1990, 335 (336), mit Kritik an BVerfG, in: NJW 1990, 1783 (1783); *Scholz*, FS W. Lorenz, S. 217.

ist im Hinblick auf einen möglichst umfassenden Grundrechtsschutz für die privaten Anteilseigner nicht zu rechtfertigen[58].

Neben diesen allgemeinen Argumenten gegen eine Versagung der Grundrechtsberechtigung für gemischt-wirtschaftliche Unternehmen entsprechend der Einordnung öffentlicher Unternehmen spricht speziell im Telekommunikationsbereich auch nunmehr die in Art. 87f Abs. 1 GG festgelegte Differenzierung zwischen Infrastrukturgewährleistung und Leistungserbringung für einen umfassenden Grundrechtsschutz aller Telekommunikationsunternehmen nach Art. 19 Abs. 3 GG[59]. Telekommunikationsunternehmen nehmen nach der Verfassung nunmehr keine alleinige öffentliche Aufgabe mehr wahr[60]. Sie sind unabhängig von ihrer Eigentümerstruktur auch als Eigengesellschaften oder gemischt-wirtschaftliche Unternehmen allein privatwirtschaftlich tätig[61]. Diese Tätigkeit mag zwar im öffentlichen Interesse liegen[62], die öffentliche Aufgabe in diesem Bereich beschränkt sich aber auf die Sicherstellung der Leistungserbringung und verbietet sogar das Angebot von Telekommunikationsleistungen in eigener

---

58 Vgl. *Stern*, Staatsrecht III/1, § 71 VII 6. c), m. w. N.; *Wegmann*, S. 185.

59 Dieses Ergebnis steht im Einklang mit der Rechtsprechung des Bundesverfassungsgerichts. In seinem Kammerbeschluss aus dem Jahr 1989, BVerfG, in: NJW 1990, 1783 (1783), verneinte es die Grundrechtsberechtigung eines Energieversorgungsunternehmens, welches zu 72 % im Besitz der Freien und Hansestadt Hamburg war, mit der Begründung, dass neben dem staatlichen Mehrheitsbesitz gerade die Funktion des Unternehmens „der Wasser- und Energieversorgung zu den typischen, die Daseinsvorsorge betreffenden Aufgaben der kommunalen Gebietskörperschaften“ gehöre. Im Gegensatz zu Energieversorgungsunternehmen, die nach § 4 Abs. 1 i. V. m. § 1 EnWG zu einem Betrieb ihres Versorgungsnetzes zur Daseinsvorsorge verpflichtet sind (vgl. *Büdenbender*, EnWG, § 4 Rn. 15 ff.), existiert eine solche Pflicht oder Verpflichtungsmöglichkeit für Telekommunikationsunternehmen nicht. Aus diesem Grund ist im Energierecht eine andere Einordnung geboten; vgl. *Behrends*, S. 183 ff.

60 Nach Art. 87 Abs. 1 GG a. F. gehörte die Telekommunikation noch zum Bereich staatlicher Daseinsvorsorge. Der Vorgängerin der DT AG, der Deutsche Bundespost TELEKOM, war daher die Grundrechtsberechtigung noch zu versagen; vgl. dazu *Stern*, Staatsrecht III/1, § 71 VII 6. b) γ).

61 Von der Infrastrukturgewährleistung zu unterscheiden ist die Leistungserbringung, die nach Art. 87f Abs. 2 S. 1 GG ausschließlich privatwirtschaftlich erfolgt; vgl. *Wegmann*, S. 186.

62 Zu Recht differenziert *Scholz*, in: FS W. Lorenz, S. 222, zwischen öffentlichem Interesse und öffentlicher Aufgabe; so unterscheidet auch die Begründung zum Gesetzentwurf der Fraktionen CDU/CSU, SPD und F.D.P. zum TKG 1996 zu § 49 Abs. 2, in: Bundestags-Drucksache 13/3609, S. 49, zwischen Zweck und Aufgabe.

staatlicher Verwaltung[63]. Dienstleistungen im Bereich der Telekommunikation sind private Tätigkeiten[64].

Im Ergebnis wird der Staat in seinen verschiedenen Formen durch die Eigengesellschaften und die gemischt-wirtschaftlichen Unternehmen unter seiner Beteiligung im Telekommunikationsbereich nicht zur Erfüllung öffentlicher Aufgaben tätig[65]. Diesen Unternehmen kann daher die Grundrechtsberechtigung schon wegen ihrer fehlenden staatlichen Funktion unabhängig von der Höhe der staatlichen Beteiligung nicht abgesprochen werden[66]. Sie befinden sich in der-

---

63 Zu den verfassungsrechtlichen Vorgaben des Art. 87f GG siehe oben unter Kapitel 3 C.II.1.

64 Ausdrücklich: *Schmidt-Bleitreu*, in: Schmidt-Bleibtreu/Klein, Art. 87f Rn. 1.

65 Dies scheint *Lerche*, in: Maunz/Dürig, Art. 87f Fn. 46 zu Rn. 70, zu übersehen, wenn er unter Verweis auf den oben angeführten Kammerbeschluss des Bundesverfassungsgerichts, BVerfG, in: NJW 1990, 1783 (1783), annimmt, dass die DT AG nicht grundrechtsberechtigt sei, da sie staatliche Infrastrukturaufgaben wahrnehme. Nach der Trennung von Infrastrukturgewährleistung und Leistungserbringung in Art. 87f GG werden die Nachfolgeunternehmen der Deutschen Bundespost ausschließlich in der Leistungserbringung privatwirtschaftlich tätig. Die Infrastrukturgewährleistung bleibt staatliche Aufgabe, der der Staat über die Schaffung von Rahmenbedingungen für den Telekommunikationsmarkt und über die Regulierung selbst nachkommt (vgl. *Lerche*, a. a. O., Rn. 73), wobei er sich seines Einflusses innerhalb der DT AG bedienen kann (vgl. *Lerche*, a. a. O., Rn. 117), ihr aber nicht die Aufgaben übertragen darf (vgl. Art. 87f Abs. 2 S. 2 GG; *Wirth*, in: JA 1998, 820 (823)), was er auch nicht getan hat. Erst eine echte Beleihung ließe für eine privatrechtliche Person die Grundrechtsberechtigung entfallen; vgl. *Krüger/Sachs*, in: Sachs, Art. 19 Rn. 111; *Jarass*, in: Jarass/Pieroth, Art. 19 Rn. 15.

66 Siehe bereits VG Berlin, in: MMR 1998, 164 (165 ff.); VG Köln, in: K&R 1999, 91 (95 f.), bestätigt durch BVerwGE 114, 160 (189); für die Deutsche Post AG ausdrücklich offen gelassen durch BVerfG, in: NZA 1999, 815 (815).
Einhellig zustimmend das jüngere Schrifttum im Ergebnis für die DT AG teilweise auch mit anderen Begründungen: *Uerpmann*, in: v. Münch/Kunig, Art. 87f Rn. 11a, m. w. N.; *Kutzschbach*, S. 125; *Barden*, S. 148 f., m. w. N.; *Wegmann*, S. 186 f., m. w. N.; *v. Arnauld*, in: DÖV 1998, 437 (450 f.); *Müller-Using/Lücke*, in: MMR 1998, 168 (168); *Stern/Dietlein*, in: ArchPT 1998, 309 (316 f.), m. w. N.; *Schoch*, in: VVDStRL 57 (1998), 158 (191); *Fuhr/Kerkhoff*, in: MMR 1998, 6 (9); *Stern*, in: DVBl. 1997, 309 (310); *Spoerr/Deutsch*, in: DVBl. 1997, 300 (302); *Gramlich*, in: CR 1997, 65 (71); *Fehling*, in: AöR 121 (1996), 59 (91); für die Deutsche Post AG ebenso: *Barden*, S. 77 ff.; *Wirth*, in: JA 1998, 820 (822 f.), m. w. N. in Fn. 2.
A. A. noch *Gersdorf*, S. 71 ff., sowie *Bullinger*, in: ZUM 1997, 281 (283), die wegen des damaligen alleinigen bzw. mehrheitlichen Aktienbesitzes des Bundes nur einen allmählichen Übergang der DT AG vom Adressaten zum Träger von Grundrechten sahen. Diese Ansichten wurden jedoch vor Aufhebung des Monopols zum 1. Januar 1998 geäußert, als die DT AG noch als einziges Unternehmen die Exklusivrechte inne hatte. Da es zu diesem Zeitpunkt noch keinen Wettbewerb gab, erfüllte sie faktisch allein die öffentliche Aufgabe der Infrastrukturgewährleistung nach Art. 87f GG. Mit Verlust der Kapitalmehrheit des

selben grundrechtlichen Gefährdungslage wie ihre Wettbewerber, so dass ihnen in dieser Situation auch derselbe Schutz zu gewähren ist. Sie können sich demnach auch auf den Grundsatz der Verhältnismäßigkeit zum Schutz ihrer Rechte berufen, so dass die RegTP auch ihnen gegenüber entsprechend gebunden ist.

b. Gegenüber ausländischen juristischen Personen

Ebenso bedarf die Bindung der RegTP gegenüber ausländischen Telekommunikationsunternehmen an den Grundsatz der Verhältnismäßigkeit der besonderen Untersuchung. Das Grundgesetz schließt ausländische juristische Personen generell vom materiellen Grundrechtsschutz aus[67]. Dieses Ergebnis folgt aus dem Wortlaut des Art. 19 Abs. 3 GG sowie aus seiner Entstehungsgeschichte[68].

Die praktischen Auswirkungen für die Bindung der RegTP sind jedoch vernachlässigbar. Denn bezüglich des Merkmals „inländisch" scheint eine gemeinschaftsrechtskonforme Auslegung wegen des Diskriminierungsverbotes des Art. 12 EGV geboten[69]. Die erweiternde Auslegung des Verfassungstextes auf das Gebiet der EU lässt sich durch Verweis auf die Übertragung von Hoheitsrechten nach Art. 23, 24 GG rechtfertigen. Dieser Akt einer materiellen Verfassungsänderung unterliegt nicht dem Inkorporationsgebot des Art. 79 Abs. 1 S. 1 GG und berührt im Einklang mit der Ewigkeitsgarantie des Art. 79 Abs. 3 GG nicht den Wesensgehalt der Verfassung[70]. Im Ergebnis wäre es nach dieser Auffassung zulässig, den Begriff des „Inlands" auf die EU und den Geltungsbereich

---

Bundes an der DT AG dürften auch die Vertreter dieser Gegenansicht der Grundrechtsberechtigung der DT AG im Ergebnis zustimmen; vgl. nunmehr *Gersdorf*, in: v. Mangoldt/Klein/Starck, Art. 87f Rn. 84.

67 Ganz h. M.: vgl. *Pieroth/Schlink*, Rn. 148 f.; *Dreier*, in: ders., Art. 19 III Rn. 35; *Huber*, in: v. Mangoldt/Klein/Starck, Art. 19 Rn. 310; *Stern*, Staatsrecht III/1, § 71 VI 6. b); *Rüfner*, in: Isensee/Kirchhof, Bd. V, § 116 Rn. 57; *Isensee*, ebenda, § 118 Rn. 45; *Jarass*, in: Jarass/Pieroth, Art. 19 Rn. 17; schon BVerfGE 18, 441 (447), bzgl. Prozessgrundrecht; 21, 207 (208), bzgl. U.S.A.; 23, 229 (236), bzgl. Frankreich. Es werden im Grundsatz nur die Prozessgrundrechte gewährt; krit. *Krüger*, in: Sachs, Art. 19 Rn. 49 f.

68 Siehe dazu *Dreier*, in: ders., Art. 19 III Rn. 10, 35; *Isensee*, in: Isensee/Kirchhof, Bd. V, § 118 Rn. 45.

69 So *Dreier*, in: ders., Art. 19 III Rn. 14, 35; *Huber*, in: v. Mangoldt/Klein/Starck, Art. 19 Rn. 324 f.; *Jarass*, in: Jarass/Pieroth, Art. 19 Rn. 17a; *Krüger*, in: Sachs, Art. 19 Rn. 55.

70 *Dreier*, in: ders., Art. 19 III Rn. 14; *Huber*, in: v. Mangoldt/Klein/Starck, Art. 19 Rn. 327. Zu den Grenzen des Inkorporationsgebotes und zur Ewigkeitsgarantie vgl. *Pieroth*, in: Jarass/Pieroth, Art. 79 Rn. 3, 6.

des EGV auszudehnen[71]. Dementsprechend könnten sich fast alle im deutschen Telekommunikationsmarkt tätigen Unternehmen – zumindest über ihr operativ zuständiges Tochterunternehmen für dieses selbst[72] – auf einen umfassenden Grundrechtsschutz berufen.

Teilweise wird jedoch eine erweiternde Auslegung des Art. 19 Abs. 3 GG mit dem Argument abgelehnt, dass gerade die hiervon begünstigten juristischen Personen über das Völkerrecht direkt durch die EMRK oder das Europäische Gemeinschaftsrecht einen gleichwertigen Schutz genießen, auch wenn damit kein nationaler Grundrechtsstatus verbunden ist[73].

Aber selbst außereuropäische juristische Personen, die auch nach der erweiternden gemeinschaftsrechtskonformen Auslegung keinen eigenen Grundrechtsschutz genießen, sind nicht rechtlos. Sie werden gegenüber aller staatlichen Gewalt in Deutschland in gleichem Maße durch das Rechtsstaatsprinzip aus Art. 20 Abs. 3 GG geschützt[74]. Über diesen Weg steht ihnen ein Verweis auf den Grundsatz der Verhältnismäßigkeit ebenfalls offen. Das Verhältnismäßigkeitsprinzip wurzelt nicht allein in den Grundrechten, sondern wird in gleicher Weise – zumeist sogar kumulativ – aus dem Rechtsstaatsprinzip hergeleitet[75]. Art. 20 Abs. 3 GG bindet also die RegTP in jedem Fall auch gegenüber allen ausländischen juristischen Personen an den Grundsatz der Verhältnismäßigkeit.

---

71 Maßgeblich war bisher der Ort der Verwaltung der Gesellschaft nach der sog. Sitztheorie; vgl. etwa *Stern*, Staatsrecht III/1, § 71 VI 3.; *Huber*, in: v. Mangoldt/Klein/Starck, Art. 19 Rn. 313 ff. Inwieweit sich hieran etwas durch die jüngere Rechtsprechung des Gerichtshofes der Europäischen Gemeinschaften ändern wird (EuGH, in: Rs. C-212/97, Slg. 1999, I-1459 – Centros; Rs. C-208/00, Slg. 2002, I-9919 – Überseering; Rs. C-167/01, Slg. 2003, I-10155 – Inspire Art), ist noch offen.

72 So etwa *Huber*, in: v. Mangoldt/Klein/Starck, Art. 19 Rn. 318.

73 Vgl. *Stern*, Staatsrecht III/1, § 71 VI 6. b) γ); *Isensee*, in: Isensee/Kirchhof, Bd. V, § 118 Rn. 47; ähnlich *Rüfner*, ebenda, § 116 Rn. 59; wohl auch *Pieroth/Schlink*, Rn. 148; BVerfGE 23, 229 (236).

74 Vgl. *Stern*, Staatsrecht III/1, § 71 VI 6. b) β); *Isensee*, in: Isensee/Kirchhof, Bd. V, § 118 Rn. 47.

75 Siehe oben unter Kapitel 4 B.II.1.

2. Bindung der Telekommunikationsunternehmen, insbesondere der Deutsche Telekom AG

Von der grundsätzlich anzunehmenden Bindung der RegTP an den Grundsatz der Verhältnismäßigkeit gegenüber allen Marktteilnehmern ist die Fragestellung zu unterscheiden, ob auch einzelne Telekommunikationsunternehmen ihrerseits mit ihren Managementorganen in ihrer Geschäftstätigkeit an den Grundsatz der Verhältnismäßigkeit gebunden sind. Eine solche Bindung könnte vor allem für die DT AG bestehen, kommt aber auch für andere Unternehmen mit staatlicher Beteiligung in Betracht[76].

Zur Beantwortung dieser Fragestellung ist die Bindung dieser Unternehmen an die Grundrechte zu untersuchen[77]. Da die Unternehmen, wie oben ausgeführt, in den privatrechtlichen Beziehungen zu anderen Marktteilnehmern jedenfalls nicht Adressaten des Rechtsstaatsprinzips sind, kann eine Bindung an das Verhältnismäßigkeitsprinzip nur über eine Bindung an die Grundrechte des Grundgesetzes begründet werden.

Rechtssubjekte in privater Rechtsform wie beispielsweise die Telekommunikationsunternehmen sind grundsätzlich nicht an die Grundrechte gebunden, da diese gerade auch ihnen als Abwehrrechte gegenüber dem Staat zustehen[78]. Als Ausnahme hiervon ist den privatrechtlichen Eigengesellschaften jedenfalls bei Erfüllung öffentlicher Aufgaben im Rahmen des Verwaltungsprivatrechts[79] eine Grundrechtsbindung aufzuerlegen[80].

Die Beziehung der privaten Rechtssubjekte wird durch die Privatautonomie bestimmt, auch wenn einer der Beteiligten faktisch in der Lage sein sollte, dem

---

76 Siehe oben in Fn. 49.

77 Hiervon unabhängig bleibt die Frage, inwieweit Telekommunikationsunternehmen, an denen – in welcher Form auch immer – ausländische öffentlich-rechtliche Körperschaften beteiligt sind, eventuell an die von diesem ausländischen Staat gewährten Grundrechte bei ihrer Tätigkeit in Deutschland gebunden sind.

78 Vgl. statt vieler *Dreier*, in: ders., Art. 1 III Rn. 24.

79 Zu diesem Begriff siehe grundlegend: *Siebert*, FS Niedermeyer, S. 220 ff., 229 ff.; auch *Wolff/Bachof/Stober*, § 23 Rn. 29 ff.

80 Allgemeine Meinung: vgl. BGHZ 52, 325 (327 ff.), für Art. 3 GG; *Dreier*, in: ders., Art. 1 III Rn. 51 f.; *Höfling*, in: Sachs, Art. 1 Rn. 94, 96; jeweils m. w. N. Nicht generell für Eigengesellschaften *Püttner*, Öffentliche Unternehmen, S. 119.

Staat vergleichbar einseitig Rechtsfolgen zu setzen[81]. Wegen der Ablehnung der allgemeinen unmittelbaren Drittwirkung der Grundrechte in Privatrechtsbeziehungen reichen die Grundrechte in dieses Verhältnis generell nur über die Schutzpflicht des Staates gegenüber den einzelnen Privatrechtssubjekten hinein. Diese Schutzpflicht ist darauf gerichtet, die umfängliche Entfaltung des Grundrechtsschutzes auch außerhalb des unmittelbaren staatlichen Einflussbereiches zu gewährleisten[82]. Die öffentliche Gewalt ist aufgerufen, die Möglichkeit der Grundrechtsverwirklichung auch im rein privatrechtlichen Verhältnis in Mindestgrenzen zu wahren[83]. Allerdings bedarf nicht jede zivile Ungleichgewichtslage des Ausgleichs durch staatliche Eingriffe. Es kann daher allgemein allenfalls ein Anspruch gegenüber dem Staat bestehen, eigene Grundrechtspositionen gegenüber anderen Privaten insbesondere in Verhältnissen eines strukturellen Ungleichgewichts „zu schützen und zu fördern"[84]. Der Staat muss seiner Schutzpflicht auch innerhalb seiner Eigengesellschaften und der gemischt-wirtschaftlichen Unternehmen nachkommen. Dabei ist er verpflichtet, im Rahmen seiner Rechte und seines Einflusses als Anteilseigner auf das betreffende Unternehmen und sein Management einzuwirken[85]. In seinen Maßnahmen steht der staatlichen Gewalt aber ein äußerst weites, wenn auch abgestuftes Entscheidungsermessen im Rahmen ihrer jeweiligen Möglichkeiten zu. Eine unmittelbare Wirkung der Grundrechte im Verhältnis gleichberechtigter Privatrechtssubjekte ist damit nicht angelegt. Die Grundrechte können nur mittelbar als objektive Wertmaß-

---

81 *Büdenbender/Heintschel v. Heinegg/Rosin*, Rn. 73.

82 Zu den aus den Grundrechten resultierenden Schutzpflichten vor Übergriffen durch Private vgl. Ausführungen bei *Dreier*, in: ders., Vorb. Rn. 62 ff. Siehe auch BVerfGE 81, 242 (242, 254 ff.), wo das Gericht den Gesetzgeber wegen der nachhaltigen Störung der Vertragsparität zwischen einem Handelsvertreter und dem Unternehmer zur Beschränkung ihrer Privatautonomie verpflichtet hat; Handelsvertreter bedürfen des Schutzes des Gesetzgebers wegen der hohen wirtschaftlichen Abhängigkeit von dem Unternehmer, um ihre grundrechtliche Berufsfreiheit diesem gegenüber behaupten zu können.

83 Vgl. zur Rechtsprechung des Bundesverfassungsgerichts zur Drittwirkung der Grundrechte z. B. BVerfGE 7, 198 (205 ff.); 25, 256 (263); 30, 173 (187 f.); 32, 311 (316 ff.); 81, 242 (253 ff.); 89, 214 (229 f.); ausdrücklich in: BVerfGE 35, 202 (221) – Lebach: „Diese [...] zu Maßnahmen der öffentlichen Gewalt entwickelten Grundsätze müssen entsprechend beachtet werden, wenn es sich um eine gerichtliche Entscheidung über kollidierende Interessen nach Vorschriften des Privatrechts handelt."

84 So die häufig gebrauchte Formulierung, siehe *Dreier*, in: ders., Vorb. Rn. 62. Zum Anspruch auf Einwirkung innerhalb gemischt-wirtschaftlicher Unternehmen siehe *Püttner*, in: DVBl. 1975, 353 (356 f.).

85 Vgl. *Höfling*, in: Sachs, Art. 1 Rn. 96, m. w. N.; *Wegmann*, S. 189; *Püttner*, Öffentliche Unternehmen, S. 120; ausführlich: *ders.*, in: DVBl. 1975, 353 (354 ff.).

stäbe über die wertausfüllungsfähigen und -bedürftigen Rechtsbegriffe in das Zivilrecht wirken[86].

Eine Grundrechtsbindung der Eigengesellschaften sowie der gemischt-wirtschaftlichen Unternehmen im Telekommunikationssektor – wie beispielsweise der DT AG – ist spiegelbildlich zu der Gewährung der Grundrechtsberechtigung abzulehnen[87]. Die privatwirtschaftlich organisierten Unternehmen mit öffentlicher und privater Beteiligung können nach den Maßstäben des Verwaltungsprivatrechts nicht an die Grundrechte gebunden werden[88]. Die im Verwaltungsprivatrecht für eine Grundrechtsbindung privatrechtlicher Betriebe vorgebrachten Argumente[89] greifen in diesem Fall nicht.

Erstens ist die Erbringung von Telekommunikationsleistungen für die Öffentlichkeit nach Art. 87f GG keine öffentliche Aufgabe, sondern allein die Sicherstellung dieser Leistungen[90]. Sie fällt damit aus dem unmittelbaren Anwendungsbereich des Verwaltungsprivatrechts heraus und ist gegebenenfalls erwerbswirtschaftliche Tätigkeit des Staates[91]. Zweitens vermag diese erwerbswirtschaftliche Tätigkeit keine Grundrechtsbindung zu begründen[92]. Nach Art. 87f Abs. 2 S. 1 GG ist es dem Staat sogar untersagt, Dienstleistungen im Telekommunikationsbereich in eigener Verwaltung zu erbringen. Der Staat hat

---

86 *Büdenbender/Heintschel v. Heinegg/Rosin*, Rn. 73.

87 So auch mit teilweise anderen Begründungen einhellig das jüngere Schrifttum: *Uerpmann*, in: v. Münch/Kunig, Art. 87f Rn. 11b; *Gersdorf*, in: v. Mangoldt/Klein/Starck, Art. 87f Rn. 87 f.; *Wegmann*, S. 187 ff.; *Gramlich*, in: CR 1996, 102 (108); wohl auch *Stern*, in: DVBl. 1997, 309 (310). Abweichend sieht *v. Arnauld*, in: DÖV 1998, 437 (442 ff.), eine Grundrechtsbindung für die Nachfolgeunternehmen nur, solange der Bundesanteil über 75 % liegt, so dass zwar nicht mehr die DT AG verpflichtet wäre (siehe S. 445 f.), aber andere Unternehmen mit sehr hohem Staatsanteil (siehe oben in Fn. 49). A. A. noch *Meyer-Arndt*, in: ZUM 1996, 757 (765 f.); wohl auch *Bullinger*, in: ZUM 1997, 281 (283), der allerdings – ebenso wie später BVerwG, in: DÖD 1998, 231 (232), für die Deutsche Post AG – mit der inzwischen aufgegebenen Mehrheitsbeteiligung des Bundes an der DT AG argumentiert.

88 So allgemein: *Dreier*, in: ders., Art. 1 III Rn. 52; *Höfling*, in: Sachs, Art. 1 Rn. 96; *Püttner*, Öffentliche Unternehmen, S. 119 f.; *Rüfner*, in: Isensee/Kirchhof, Bd. V, § 117 Rn. 49. Zustimmend auch *Stern*, Staatsrecht III/1, § 74 IV 5. b) γ) γγ), und *Jarass*, § 12 Rn. 26, für die hier relevanten Minderheitsbeteiligungen.

89 Vgl. statt vieler *Wolff/Bachof/Stober*, § 23 Rn. 32 ff.

90 Siehe oben unter 1.a. sowie Kapitel 3 C.II.1.

91 So auch *Wegmann*, S. 188. Vgl. zur Einteilung des Verwaltungshandelns statt vieler *Höfling*, in: Sachs, Art. 1 Rn. 94.

92 *Uerpmann*, in: v. Münch/Kunig, Art. 87f Rn. 11b.

gar nicht mehr die Wahl der Form, mit der er durch Wahl einer privaten Rechtsform den Grundrechtsschutz der Bürger etwa verkürzen könnte[93]. Drittens spricht sich das Grundgesetz in Art. 87f Abs. 2 S. 1 GG eindeutig für einen Wettbewerb im Telekommunikationsbereich aus, an dem auch die Nachfolgeunternehmen der Deutschen Bundespost gleichberechtigt teilnehmen. Hierbei wäre es aber widersinnig, die Eigengesellschaften und gemischt-wirtschaftlichen Unternehmen im Wettbewerb dadurch zu benachteiligen, dass sie selbst an die Grundrechte gebunden werden[94]. Zu guter letzt hält der Bund inzwischen weder direkt noch indirekt eine Mehrheit an der DT AG, so dass sein Einfluss auf das Management und das Unternehmen nicht mehr über den eines Großaktionärs hinausgeht. An diesem Ergebnis ändert auch die Übertragung des ehemaligen Sondervermögens der Deutsche Bundespost TELEKOM auf gesetzlicher Grundlage nichts[95].

Im Ergebnis sind mangels öffentlicher Aufgabe und Funktion daher die Marktteilnehmer in der Telekommunikation und ihr Management nicht an den Grundsatz der Verhältnismäßigkeit gebunden.

B. Ableitung eines Anwendungsmaßstabes aus den Grundrechten

I. Bedeutung der Grundrechte als Entscheidungsmaßstab

Wegen des umfassenden Schutzes durch die Grundrechte des Grundgesetzes unterliegt der Staat bei seinem Handeln der Grundrechtsbindung (Art. 1 Abs. 3 GG). Auch regulatorische Eingriffe seitens des Staates, die die Gestaltung ihrer wirtschaftlichen Beziehungen den Wettbewerbern einseitig hoheitlich vorgeben, sind an den Grundrechten zu messen und bedürfen gegebenenfalls der Rechtfertigung, soweit sich die Betroffenen auf diese Grundrechte berufen können[96]. Denn die Wettbewerbsaufsicht ist dadurch gekennzeichnet, dass das betroffene Unternehmen durch eine *per* Gesetz oder Einzelakt auferlegte Verpflichtung belastet wird und einer oder mehrere seiner (potentiellen) Wettbewerber dadurch

---

[93] So auch *Wegmann*, S. 188.
[94] Schon *Stern*, in: DVBl. 1997, 309 (310); auch *Wegmann*, S. 189 f.
[95] Hiermit begründet *Meyer-Arndt*, in: ZUM 1996, 757 (766), vor allem die von ihm hergeleitete Grundrechtsbindung der DT AG.
[96] *Uerpmann*, in: v. Münch/Kunig, Art. 87f Rn. 12a.

sogar begünstigt werden[97]. In der Zugangsregulierung wird die RegTP gegenüber den Netzbetreibern als Aufsichtsbehörde wirtschaftslenkend tätig. Sie begrenzt die wirtschaftliche Handlungsfreiheit des betroffenen Unternehmens. Für die Zugangspetenten wirkt sich die Zugangsregulierung demgegenüber erweiternd auf ihre wirtschaftlichen Handlungsoptionen aus.

Die Wettbewerbsaufsicht berührt aufgrund ihrer wirtschaftslenkenden, eingreifenden Maßnahmen den betroffenen Marktteilnehmer in seinen freiheitsgewährenden Grundrechten. Als relevante Grundrechte des Netzbetreibers, der von der Regulierung durch eine Zugangsverpflichtung belastet wird, kommen in erster Linie die Eigentumsgarantie, die Berufsfreiheit und – soweit daneben anwendbar – die allgemeine Handlungsfreiheit sowie der Gleichheitssatz in Betracht[98]. Durch die Verpflichtung zur Zugangsgewährung könnte der Schutzbereich dieser Grundrechte betroffen sein. Auch der Zugangspetent könnte sein Begehren und seine Argumentation auf Grundrechtspositionen stützen. Für ihn kommen ebenfalls insbesondere die wirtschaftsbezogenen Grundrechte in Betracht. Wegen ihrer Vernetzung und eventuellen Gegenläufigkeit sind die Grundrechtspositionen der Beteiligten bei der Wettbewerbsaufsicht und speziell der Zugangsregulierung zu berücksichtigen. Aus diesem Netzwerk der Grundrechtspositionen[99] ergeben sich erst die Höhen und Tiefen der Grundrechtsposition des Einzelnen. Daraus ergibt sich die Möglichkeit, aus der Systematik von Schutzbereich, Eingriff und Rechtfertigung[100] einen Anwendungsmaßstab für die Verhältnismäßigkeit in der Wettbewerbsaufsicht als Schranken-Schranke[101] zu entwickeln.

---

[97] Bezogen auf die Durchleitung in Energienetzen bezeichnet *Schmidt-Preuß*, in: AG 1996, 1 (6), diese Situation als „eigentumsrechtliches und wettbewerbspolitisches Paradox".

[98] Vgl. BGH, in: WuW 1995, 311 (322) – Gasdurchleitung (WuW/E BGH 2953 ff.); *Eisenblätter*, S. 67, m. w. N.; *v. Jacobs*, S. 175 ff.; *Gramlich*, in: CR 1997, 65 (71). Mangels Regulierung der übermittelten Inhalte scheiden Meinungsfreiheit und Freiheit der Massenmedien gemäß Art. 5 Abs. 1 GG aus; *Kutzschbach*, S. 133 f.

[99] Vgl. dazu auch *Kutzschbach*, S. 141 ff.

[100] Siehe hierzu statt vieler *Sachs*, in: ders., vor Art. 1 Rn. 77.

[101] Zu diesem Begriff siehe *Pieroth/Schlink*, Rn. 274 ff.

II. Grundrechtspositionen des Zugangsverpflichteten

1. Eigentumsgarantie nach Art. 14 Abs. 1 S. 1 Grundgesetz

a. Vermögenswerte Rechtspositionen als maßgeblicher Schutzbereich

Der personelle Schutzbereich der Eigentumsgarantie nach Art. 14 Abs. 1 S. 1 GG ist im Hinblick auf die Netzbetreiber eröffnet. Netzbetreiber sind in Deutschland alle in der Form der juristischen Person organisiert. Die grundrechtliche Eigentumsgarantie kann ihrem Wesen nach gemäß Art. 19 Abs. 3 GG gerade auch inländischen juristischen Personen zustehen[102]. Die grundsätzliche Möglichkeit der Grundrechtsberechtigung auch für den Fall der DT AG als gemischt-wirtschaftliches Unternehmen wurde oben bereits festgestellt[103]. Ausländische Unternehmen genießen für ihren Netzbetrieb in Deutschland über die internationalen Regelungen einen vergleichbaren Schutz, wie bereits oben zur Grundrechtsberechtigung ausländischer juristischer Personen ausgeführt wurde[104]. Das Problem ist ohnehin eher theoretischer Natur, da alle von der Zugangsregulierung betroffenen Betreiber eines Telekommunikationsnetzes in Deutschland ihr Geschäft regelmäßig über eine deutsche Betreibergesellschaft führen. Alle in Deutschland ansässigen Marktteilnehmer können sich daher auf die Eigentumsgarantie des Grundgesetzes berufen.

Der sachliche Schutzbereich dieses Grundrechts umfasst allgemein alle gegenwärtig gehaltenen Rechtspositionen, soweit sie seitens der Rechtsordnung als vermögenswerte Positionen anerkannt und dadurch eigentumsfähig sind[105]. Vom Grundrecht geschützt werden über das bloße Behalten der Rechtsposition hinaus auch deren Nutzung und Verfügungsbefugnis nach eigenverantwortlicher Entscheidung[106]. Kern der Eigentumsgarantie sind damit seine Privatnützigkeit und

---

[102] Vgl. statt vieler *Depenheuer*, in: v. Mangoldt/Klein/Starck, Art. 14 Rn. 190, m. w. N.

[103] Siehe oben unter A.II.1.a., m. w. N.; auch BVerwGE 114, 160 (189).

[104] Siehe oben unter A.II.1.b.; z. B. für U.S.-amerikanische Unternehmen BGH, in: VersR 1980, 715 (717).

[105] BVerfGE 24, 367 (396); 53, 257 (290 f.); 58, 300 (336).

[106] BVerfGE 52, 1 (30); 79, 292 (304); 83, 201 (208 f.); 88, 366 (377); 89, 1 (6); *Schmidt-Preuß*, in: AG 1996, 1 (6); *Wendt*, in: Sachs, Art. 14 Rn. 41. Siehe ausdrücklich „Gebrauch" in Art. 14 Abs. 2 S. 2 GG.

Verfügungsfähigkeit sowie die Ausschließungsbefugnis des Eigentümers[107]. Es liegt in der Disposition des Eigentümers, sein Eigentum selbst zu nutzen, anderen zur Nutzung zu überlassen oder es auch nicht zu nutzen[108]. Außerdem erkennt die wohl überwiegende Auffassung in Rechtsprechung[109] und Literatur[110] das Recht am eingerichteten und ausgeübten Gewerbebetrieb als geschützte Rechtsposition an. Geschützt wird das Recht auf Fortführung des Betriebes nach bisherigem Geschäftsmodell und Umfang aufgrund bereits getroffener betrieblicher Maßnahmen[111]. Der Unternehmer ist jedoch nicht bezüglich der Rahmenbedingungen, seiner Marktstellung oder seiner Erwerbschancen geschützt, da es insoweit am ausschließlichen Bezug zu seinem einzelnen Unternehmen und damit an einer eigenen vermögenswerten Rechtsposition fehlt[112].

Daher unterliegt die Infrastruktur jedes Netzbetreibers, der auf Zugangsgewährung verpflichtet werden kann, grundsätzlich dem Schutzbereich der Eigentumsgarantie[113]. Auch die Nichtnutzung vakanter Netzteile oder Kapazitäten wird im Grundsatz vom Schutz der Eigentumsgarantie erfasst[114], es sei denn, dass der Gebrauchsverzicht allein zur Schädigung anderer Marktteilnehmer bzw.

---

[107] Grundlegend: BVerfGE 24, 367 (389 f.); auch 68, 361 (367); 72, 175 (193); 78, 58 (71); 83, 201 (208); 97, 350 (370 f.); *Bryde*, in: v. Münch/Kunig, Art. 14 Rn. 61; *Wendt*, in: Sachs, Art. 14 Rn. 69; *Papier*, in: Maunz/Dürig, Art. 14 Rn. 13.

[108] BVerfGE 81, 29 (34); BVerfG, in: NJW 1989, 972 (973).

[109] Grundlegend: BGHZ 23, 157 (162 f.); auch BGHZ 45, 150 (155); 78, 41 (44); 98, 341 (351); 111, 349 (355 f.); BVerwGE 36, 248 (249); 62, 224 (226); 81, 49 (54); BVerfGE 1, 264 (276 ff.); offen gelassen: BVerfGE 51, 193 (221 f.); 66, 116 (145); 68, 193 (222 f.); 77, 84 (118); 81, 208 (227 f.). Siehe hierzu *Depenheuer*, in: v. Mangoldt/Klein/Starck, Art. 14 Rn. 135 f.

[110] *Papier*, in: Maunz/Dürig, Art. 14 Rn. 95 ff.; *Depenheuer*, in: v. Mangoldt/Klein/Starck, Art. 14 Rn. 135; *Jarass*, in: Jarass/Pieroth, Art. 14 Rn. 10; jeweils m. w. N. A. A. *Wieland*, in: Dreier, Art. 14 Rn. 44.

[111] BGHZ 78, 41 (45); 98, 341 (351); jeweils m. w. N.; *Jarass*, in: Jarass/Pieroth, Art. 14 Rn. 26.

[112] BVerfGE 77, 84 (118); *Depenheuer*, in: v. Mangoldt/Klein/Starck, Art. 14 Rn. 137. Art. 14 Abs. 1 GG vermittelt nur Bestandsschutz, nicht Erwerbsschutz; ausdrücklich: BGHZ 92, 34 (46), m. w. N.

[113] *Wegmann*, S. 190 f.; *Reinke*, S. 110 f.; *Holznagel/Koenig*, S. 70; *Fehling*, in: AöR 121 (1996), 59 (90), m. w. N. aus dem Energierecht; auch *Schmidt-Preuß*, in: AG 1996, 1 (5 f.); BGH, in: WuW 1995, 311 (322) – Gasdurchleitung (WuW/E BGH 2953 ff.).

[114] *Haus*, Zugang, S. 183; für das Energierecht: *Schmidt-Preuß*, in: AG 1996, 1 (6, 8), mit Differenzierungen; a. A. wohl *Schwintowski*, in: WuW 1999, 842 (852).

zur eigenen Absatzsicherung erfolge[115]. Dies gilt in jedem Fall für den zivilrechtlichen Eigentümer eines Netzes[116]. Darüber hinaus gilt gleiches für den bloßen Betreiber ohne zivilrechtliches Eigentum am Netz, dem ebenfalls die Zugangsverpflichtung auferlegt werden kann[117]. Allein die Nutzung mit dem ausschließlichen Netzbetrieb und die damit verbundenen Rechte stellen eine eigene vermögenswerte Rechtsposition dar, die von der grundrechtlichen Eigentumsgarantie geschützt wird[118]. Sofern mit der herrschenden Meinung die verfassungsrechtliche Absicherung des eingerichteten und ausgeübten Gewerbebetriebes bejaht wird, sind die Netzbetreiber auch dadurch geschützt.

b. Eigentumsrelevante Beschränkung

Diesen Schutzbereich kann die Befugnis zur Zugangsverpflichtung zugunsten anderer Wettbewerber beschränken. Durch die Pflicht zur Gewährung von Zugang zum eigenen Netz wird dieser sachliche Schutzbereich im Grundsatz verkürzt. Zwar bleibt das Sacheigentum in seinem Kern unberührt[119]. Aber aufgrund der Zugangsgewährung ist der Netzbetreiber entgegen der Privatnützigkeit und der Verfügungs- bzw. Ausschließungsbefugnis als wesentlicher Strukturelemente des Schutzbereichs verpflichtet, sein Netz mit einem bestimmten anderen Anbieter zu teilen[120]. Das Netz ist für den Betreiber selbst nicht mehr voll für die eigene Tätigkeit bzw. Untätigkeit oder zur Überlassung an von ihm ausgewählte Dritte nutzbar. Der Netzbetreiber wird in seiner eigenen Entscheidung zur Nutzung, zur Verfügung und im Fall von erforderlichen Infrastrukturveränderungen sogar zur Weiterentwicklung seines Netzwerkes eingeschränkt. Dadurch werden seine als eigentumsfähig anzuerkennenden Rechtspositionen bezogen auf das von ihm betriebene Netz, aber auch bezogen auf seinen einge-

---

115 *Eilmansberger*, in: EuZW 1992, 625 (630 f.); *Schmidt-Preuß*, in: AG 1996, 1 (8); siehe auch *Papier*, in: BB 1997, 1213 (1216).

116 Daher können daran, dass auch das Eigentum der DT AG an ihrem Netz von Art. 14 Abs. 1 S. 1 GG geschützt wird, keine Zweifel bestehen; *Wegmann*, S. 190 f.

117 Dies übersieht *Kutzschbach*, S. 131, 143, schon für das TKG 1996.

118 Zu den Anforderungen an bloße obligatorische Vermögensrechte wie der ausschließlichen Nutzungsbefugnis oder des Besitzes zur Einbeziehung in den Schutzbereich des Art. 14 Abs. 1 S. 1 GG siehe *Wieland*, in: Dreier, Art. 14 Rn. 38 f.; *Papier*, in: Maunz/Dürig, Art. 14 Rn. 201 f.; jeweils m. w. N.; auch BVerfGE 89, 1 (6 ff.).

119 *Schmidt-Preuß*, in: AG 1996, 1 (6).

120 Nicht-teilen-wollen als Wesensbestandteil des Eigentums und zugleich als rechtlich missbilligte Zugangsverweigerung, *Haus*, Zugang, S. 187.

richteten und ausgeübten Gewerbebetrieb beeinträchtigt. Dies gilt sowohl für die DT AG und andere marktmächtige Unternehmen, die einer weitgehenden Regulierung unterliegen, als auch für alle anderen Betreiber, die zumindest die Zusammenschaltungsverpflichtung befolgen müssen[121].

Andererseits kann eine eigentumsrelevante Beschränkung überhaupt nur insoweit vorliegen, als dass der Netzbetreiber zuvor bereits eine entsprechende Rechtsposition bezogen auf sein Netz erworben hatte. Die Eigentumsgarantie schützt – wie soeben ausgeführt – den Bestand des Erworbenen. Ihre Reichweite bemisst sich danach, welche Befugnisse dem Eigentümer im Zeitpunkt der konkreten hoheitlichen Maßnahme zustehen[122]. Gerade einem anderen Netzbetreiber als der DT AG werden derartige Befugnisse häufig von Anfang an gar nicht zugestanden haben. Diese Betreiber haben ihre Netze erst nach Inkrafttreten des TKG 1996 zu einem Zeitpunkt errichtet bzw. erworben, als das Eigentum an ihrem Netz bereits unter einem gesetzlichen Zugangsregime stand und durch diese Inhaltsbestimmung schon begrenzt war. Sie hatten also nie ein Netz, welches frei von Beschränkungen durch Zugangsverpflichtungen zur Etablierung von Wettbewerb war. Gleiches gilt für die Aufnahme des Geschäftsbetriebes zum Betrieb von Telekommunikationsleitungen für die Öffentlichkeit, der bis 1998 dem Monopol unterlag. Dabei war ebenfalls von Beginn an klar, dass für dieses Geschäftsmodell bis auf weiteres eine sich verändernde Regulierung gelten würde. In diesen Fällen mangelt es schon an einer eigentumsrelevanten Beschränkung durch die gesetzlichen Bestimmungen des TKG.

Lediglich die DT AG entstand bereits zum 1. Januar 1995 aus dem Geschäftsbereich der Deutsche Bundespost TELEKOM[123]. Das Eigentum an dem damals noch mit Exklusivrechten aus dem Telefondienstmonopol[124] ausgestat-

---

[121] *Wegmann*, S. 191 f. Allgemein für Nutzungs- und Durchleitungsrechte: *Depenheuer*, in: v. Mangoldt/Klein/Starck, Art. 14 Rn. 140; *Papier*, in: BB 1997, 1213 (1215).
[122] BVerfGE 31, 275 (284); 58, 300 (336); 70, 191 (201); *Wendt*, in: Sachs, Art. 14 Rn. 45.
[123] Vgl. § 1 PostUmwG, verkündet als Art. 3 PTNeuOG v. 14.09.1994, BGBl. I S. 2340.
[124] So die Formulierung durch § 1 Abs. 4 FAG, angefügt im Rahmen der Postreform I durch Art. 3 PostStrukG v. 08.06.1989, BGBl. I S. 1026.

teten Netz erhielt sie im Rahmen dieser Umwandlung[125]. Bis zur Aufhebung des Monopols war die DT AG jedoch allein verpflichtet, die Versorgung auf der Grundlage ihres Netzes sicherzustellen[126], so dass auch sie damals schon nicht unbeschränktes Eigentum an ihrem Netz hatte und darüber nicht nach eigenem Belieben hätte verfügen können[127]. Als diese Beschränkung aufgehoben wurde, trat zugleich die entsprechende Zugangsregulierung des TKG 1996 in Kraft. Die damals geltende Beschränkung wurde also unmittelbar durch die Folgeregelung abgelöst. Ohnehin waren die Schritte der Marktöffnung und Regulierung durch den europäischen Rechtsrahmen vorgezeichnet und bereits vor Inkrafttreten des TKG 1996 absehbar[128]. Insoweit fehlt es also an einem schutzwürdigen Vertrauen zum Zeitpunkt der Eigentumserlangung[129]. Im Ergebnis sind daher auch bei der DT AG eigentumsrelevante Rechtspositionen bezogen auf den Netzbetrieb, die bei der Zugangsregulierung beeinträchtigt werden könnten, kaum denkbar[130].

---

125 Vgl. § 2 Abs. 1 PostUmwG, verkündet als Art. 3 PTNeuOG v. 14.09.1994, BGBl. I S. 2340. Ohne nähere Begründung geht das Bundesverwaltungsgericht in BVerwGE 114, 160 (193), abweichend sogar davon aus, dass die DT AG Eigentum an ihrem Netz frühestens mit ihrem Börsengang im November 1996 und der Aufhebung der Exklusivrechte zum 1. Januar 1998 erlangt habe.
Zu Unrecht geht *Moritz*, in: CR 1998, 13 (16), von der Rechtsunwirksamkeit des Eigentumserwerbs der DT AG an ihrem Netz wegen eines angeblichen Verstoßes gegen die aus Art. 87f Abs. 2 GG abgeleitete Chancengleichheit aller Anbieter aus. An der Rechtmäßigkeit der Übertragung durch Legislativakt bestehen keine begründeten Zweifel, *Stern/Dietlein*, in: ArchPT 1998, 309 (321); davon geht auch BVerwGE 114, 160 (193), aus.

126 Diese durchweg geltenden rechtlichen und faktischen Verfügungsbeschränkungen für das Netz der DT AG und ihrer Rechtsvorgänger übersehen *Stern/Dietlein*, in: ArchPT 1998, 309 (322), wenn sie in diesem Zusammenhang von einem „vormals weithin unbelasteten Netzeigentum“ ausgehen.

127 Siehe zur Auswirkung der Nutzung des Rechtsvorgängers auf die Eigentumsposition des aktuellen Eigentümers auch *Fehling*, in: AöR 121 (1996), 59 (84), der allerdings zutreffend klarstellt, dass für die öffentlichen Schienen- und Versorgungsnetze kein Gemeingebrauch im Sinne des öffentlichen Sachenrechts ohne ausdrückliche Widmung angenommen werden kann.

128 *Fuhr/Kerkhoff*, in: MMR 1998, 6 (10).

129 Vgl. dazu Rechtsprechung des Bundesgerichtshofes zur Stilllegung von Wirtschaftsbetrieben nach der Wiedervereinigung in BGHZ 133, 265 (268 ff.).

130 So im Ergebnis auch BVerwGE 114, 160 (192 f.); *Fuhr/Kerkhoff*, in: MMR 1998, 6 (10 f.); *Kühling*, S. 487 f. A. A. mit wenig überzeugender Begründung wegen unzutreffender Bewertung der Ausgangslage (siehe oben in Fn. 126) *Stern/Dietlein*, in: ArchPT 1998, 309 (327).

Eine eigentumsrelevante Beschränkung liegt auch nicht insoweit vor, als dass die Zugangsverpflichtungen des TKG über die vorherige gesetzliche Regelung im TKG 1996 hinausgehen. Innerhalb der Befugnis zur Inhalts- und Schrankenbestimmung nach Art. 14 Abs. 1 S. 2 GG ist dem Gesetzgeber auch eine Veränderung des Regulierungskonzeptes gestattet, solange die geltenden und für den Eigentümer absehbaren Belastungsgrenzen nicht überschritten werden[131]. Insgesamt wurde im Telekommunikationsrecht das Regime der Marktregulierung beibehalten und nur innerhalb dessen die einzelnen Befugnisse neu ausgestaltet. Es wurde eine Verschiebung von der Regulierung der Endnutzermärkte auf die Vorleistungsmärkte vorgenommen[132]. Wesentliches Element der Regulierung der Vorleistungsmärkte ist die Zugangsregulierung, die im Zuge der Verschiebung in ihrer Reichweite verstärkt, aber auch flexibler ausgestaltet wurde[133]. Der Gesetzgeber hat demnach im TKG bei der Novellierung entsprechend den europäischen Vorgaben den Schwerpunkt innerhalb des Regulierungsregimes neu gesetzt. Eine weitergehende Beschränkung des Eigentums am bestehenden Netz war damit nicht verbunden. Die durch Art. 14 GG gewährleistete Rechtssicherheit in Bezug auf das Eigentum ist nicht gestört, da kein schützenswertes Vertrauen der betroffenen Netzbetreiber verletzt wurde[134].

Nichtsdestotrotz kann sich der betroffene Netzbetreiber auf die Eigentumsgarantie nach Art. 14 Abs. 1 GG berufen und ist dadurch in seiner Nutzung und Verfügung über sein Netz geschützt. Diese Grundrechtsposition ist daher in der Wettbewerbsaufsicht für eine Abwägung der unterschiedlichen Interessen mit ihrem verfassungsrechtlichen Gewicht zu berücksichtigen. Im Ergebnis liegt aber keine eigentumsrelevante Beschränkung durch die Zugangsregulierung vor, soweit sie gar nicht in den aktuellen Bestand der Eigentumspositionen der Marktteilnehmer eingreift. Das Regulierungsregime mit seinen Zugangsverpflichtungen war seit der Marktöffnung Bestandteil des Telekommunikationsrechts und bestimmte seitdem den Inhalt des Eigentums an dem danach errichteten bzw. erworbenen Netz und an dem darauf bezogenen Geschäftsbetrieb

---

[131] *Fehling*, in: AöR 121 (1996), 59 (89 f.).

[132] *Husch/Kemmler/Ohlenburg*, in: MMR 2003, 139 (144). Siehe auch oben unter Kapitel 3 C.II.3., E.

[133] Siehe oben unter Kapitel 3 D.

[134] Vgl. zum eigentumsrechtlichen Vertrauensschutz BGHZ 78, 41 (45 f.), m. w. N.; 133, 265 (268).

gemäß Art. 14 Abs. 1 S. 2 GG. Auch für das zuvor errichtete Netz der DT AG galten vor der Marktöffnung andere, ähnlich weitgehende Beschränkungen, die durch die gesamte Regulierungssystematik abgelöst wurden.

Eine Beschränkung eigentumsrelevanter Rechtspositionen ist jedoch jedenfalls dann denkbar, wenn der Netzbetreiber zu Infrastrukturveränderungen an seinem Netz verpflichtet wird[135]. In diesem Fall betrifft die Verpflichtung nicht nur die Gestaltung und Nutzung des Netzes selbst, sondern vor allem auch das geschützte Eigentum an den Investitionsmitteln, die für die Infrastrukturveränderung aufgebracht werden müssen. Die Investitionsmittel werden vom Eigentumsbegriff und als Betriebsmittel des Gewerbebetriebes von seinem Schutzbereich erfasst[136]. Vorgaben für die Verwendung dieser Mittel beschränken den Rahmen der unternehmerischen Investitionsentscheidung und verkürzen dadurch die Verfügungsmöglichkeiten. Eine solche Beschränkung entfällt nicht dadurch, dass dem Netzbetreiber hierfür ein angemessenes Entgelt zufließen soll[137]. Die Eigentumsgarantie bezieht sich auf den Bestand der konkreten Eigentumsposition und nicht auf die Äquivalenz von Vermögenswerten.

c. Verfassungsmäßige Inhalts- und Schrankenbestimmung

Im TKG hat der Gesetzgeber jeweils den Inhalt und die Schranken des Eigentums des Netzbetreibers an seinem Netz bestimmt. Es handelt sich dabei inhaltlich nicht um eine Enteignung, die an Art. 14 Abs. 3 GG zu messen wäre[138]. Eine Enteignung entzieht durch konkret-individuellen Eingriff final ganz oder teilweise ein bestimmtes vermögenswertes Recht. Demgegenüber zeichnet sich eine Inhalts- und Schrankenbestimmung nach dem Bundesverfassungsgericht

---

135 So auch *Koenig/Kühling/Winkler*, in: WuW 2003, 228 (240 f.), die allerdings nicht klar zwischen dem Eigentum am Netz und dem an den Investitionsmitteln differenzieren. Ebenso pauschal für das allgemeine Wettbewerbsrecht *Möschel*, in: Immenga/Mestmäcker, § 19 Rn. 206 Fn. 1097.

136 *Papier*, in: Maunz/Dürig, Art. 14 Rn. 95; BGHZ 23, 157 (162 f.); 45, 150 (155); 67, 190 (192); 78, 41 (44 ff.); 81, 21 (33); 92, 34 (37); 134, 1 (25); BGH, in: VersR 1980, 715 (717).

137 *Stern/Dietlein*, in: ArchPT 1998, 309 (322).

138 Davon geht auch das Bundesverwaltungsgericht in BVerwGE 114, 160 (192 f.), aus. So bereits auch *Fuhr/Kerkhoff*, in: MMR 1998, 6 (10), für das Entbündelungsgebot nach dem TKG 1996. Auch: *Stern/Dietlein*, in: ArchPT 1998, 309 (322 ff.); *Wegmann*, S. 192; *Holznagel/Koenig*, S. 70 f.; *Kühling*, S. 486 f.; *Haus*, Zugang, S. 181 ff. (für die Zugangsregeln des allgemeinen Wettbewerbsrechts).

dadurch aus, dass sie die Rechte und Pflichten des Eigentümers generell und abstrakt festlegt[139]. Die Zugangsregulierung im TKG regelt die eigentumsbeschränkende Zugangsverpflichtung allgemein für alle Netzbetreiber[140]. Sie entzieht dem einzelnen Netzbetreiber keinesfalls seine Rechtsposition an dem Netz, seinem Geschäftsbetrieb oder seinen Investitionsmitteln, sondern definiert lediglich in besonderen Konstellationen seine Pflichten und gestaltet dadurch sein Eigentum fort. Die Zugangsregulierung ist Bestandteil der Marktordnung in der Telekommunikation zur Herstellung von Wettbewerb und dient der umfassenden Versorgung mit Dienstleistungen der Telekommunikation[141].

Eine weitergehende neue Beschränkung des Eigentums – soweit sie überhaupt vorliegt – kann der Staat in einer zulässigen Inhalts- und Schrankenbestimmung nach Art. 14 Abs. 1 S. 2 GG vornehmen, die den Anforderungen des Grundgesetzes an ein verfassungsmäßiges Gesetz genügen muss. Die formellen Anforderungen werden durch die gesetzlichen Regeln der Zugangsregulierung erfüllt[142]. Sie beruhen auf einem ordnungsgemäß zustande gekommenen Parlamentsgesetz, ursprünglich dem TKG 1996, heute dem TKG. Angesichts der Gesetzgebungskompetenz[143] und des Gesetzgebungsverfahrens[144] bestehen am

---

[139] Zur Abgrenzung siehe BVerfGE 52, 1 (27); 58, 137 (144 f.); 58, 300 (330); 72, 66 (76). Zu den Unterscheidungskriterien zwischen Inhalts- und Schrankenbestimmung und Enteignung siehe im Überblick *Pieroth/Schlink*, Rn. 923; *Jarass*, in: Jarass/Pieroth, Art. 14 Rn. 36, 70 ff.

[140] Zur Problematik des getarnten Einzelfallgesetzes im Hinblick auf Art. 19 Abs. 1 S. 1 GG und die derzeitige alleinige Anwendbarkeit der Zugangsverpflichtungen auf die DT AG siehe *Reinke*, S. 114 ff.; *Stern/Dietlein*, in: ArchPT 1998, 309 (325 f.), m. w. N.

[141] *Wegmann*, S. 192.

[142] Zu dieser formellen Anforderung an eine Inhalts- und Schrankenbestimmung aus Art. 14 Abs. 1 S. 2 GG siehe *Depenheuer*, in: v. Mangoldt/Klein/Starck, Art. 14 Rn. 208; *Pieroth/Schlink*, Rn. 928; *Jarass*, in: Jarass/Pieroth, Art. 14 Rn. 37. Siehe auch speziell für das TKG: *Husch/Kemmler/Ohlenburg*, in: MMR 2003, 139 (146).

[143] Insbesondere Art. 73 Nr. 7, Art. 87f GG; alle Kompetenznormen sind im Einzelnen aufgeführt in der Begründung zum TKG-RegE, Allgemeiner Teil, Ziff. 4., in: Bundestags-Drucksache 15/2316, Anlage 1, S. 55.

[144] Siehe zum Gesetzgebungsverfahren zum TKG: Gesetzentwurf der Bundesregierung, in: Bundesrats-Drucksache 755/03; Protokoll der 792. Sitzung v. 17.10.2003 (Überweisung an Ausschüsse); Protokoll der 793. Sitzung des Bundesrats v. 07.11.2003 (Fristverlängerung); Protokoll der 795. Sitzung des Bundesrats v. 19.12.2003 (Stellungnahme des Bundesrats zum TKG-RegE, in: Bundestags-Drucksache 15/2316, Anlage 2, S. 109 ff.); TKG-RegE, in: Bundestags-Drucksache 15/2316, Anschreiben des Bundeskanzlers v. 12.01.2004 mit Anlage 1, S. 3 ff.; Gegenäußerung der Bundesregierung v. 14.01.2004 zur Stellungnahme des Bundesrats zum TKG-RegE, in: Bundestags-Drucksache 15/2345;

ordnungsgemäßen Zustandekommen keine Zweifel. Darüber hinaus erfüllen die Regelungen auch die Anforderungen des Rechtsstaats- und Demokratieprinzips. Danach ist der Gesetzgeber verpflichtet, alle wesentlichen Entscheidungen über die Beschränkungen mit hinreichender Bestimmtheit selbst im Gesetz zu treffen[145]. In den Zugangsregeln des TKG ist der Gesetzgeber diesem Gebot durch eine sektorspezifische und sachbezogene Ausformulierung insbesondere durch Abwägungsparameter und einen Beispielskatalog (vgl. § 21 TKG) nachgekommen[146]. Dabei ist auch die Möglichkeit der verfassungskonformen Auslegung eröffnet[147], so dass eine Rechtspositionen der Betroffenen in ausreichendem Maß gewahrt werden können.

Bei der Ausgestaltung der Inhalts- und Schrankenbestimmung hat der Gesetzgeber in materieller Hinsicht einerseits die Interessen des betroffenen Netzbetreibers und andererseits die im Grundgesetz in Art. 14 Abs. 2 GG ebenfalls festgelegte Sozialpflichtigkeit des Eigentums zu berücksichtigen[148]. Für die DT AG als ehemaliger Monopolistin gilt dabei, dass ihr unter dem Schutz des Monopols und mit erheblichen öffentlichen Mitteln errichtetes Netz zunächst

---

1. Lesung des Bundestags am 15.01.2004, in: Bundestags-Plenarprotokoll 15/86, S. 7511 ff. (Überweisung an Ausschüsse; ergänzt am 30.01.2004, in: Bundestags-Parlamentsprotokoll 15/89, S. 7881); Öffentliche Anhörungen des Bundestags-Ausschusses für Wirtschaft und Arbeit (9. Ausschuss) v. 09.02.2004, in: Bundestags-Ausschussdrucksache 15(9)949; Beschlussempfehlung und Bericht des Bundestags-Ausschusses für Wirtschaft und Arbeit (9. Ausschuss) v. 10.03.2004, in: Bundestags-Drucksache 15/2674 und 15/2679; *2. und 3. Lesung des Bundestags* am 12.03.2004, in: Plenarprotokoll 15/98, S. 8763 ff.; Bundesrats-Drucksache 200/04 (Überweisung an Ausschüsse); Protokoll der 798. Sitzung des Bundesrats v. 02.04.2004, in: Bundesrats-Drucksache 200/04 (Beschluss) und Bundestags-Drucksache 15/2907 (*Anrufung des Vermittlungsausschusses*); Beschlussempfehlung des Vermittlungsausschusses v. 05.05.2004, in: Bundestags-Drucksache 15/3063, zugleich Anlage zu Bundesrats-Drucksache 379/04 (*Änderungsvorschlag*); Beschluss des Bundestags am 06.05.2004, in: Plenarprotokoll 15/108, S. 9771 (*Annahme*); Beschluss des Bundesrats am 14.05.2004, in: Protokoll der 799. Sitzung (*Zustimmung*); *Gegenzeichnung der Bundesregierung* und *Ausfertigung durch den Bundespräsidenten* am 22.06.2004; *Verkündung* am 25.06.2004 in BGBl. I S. 1190; Inkrafttreten am 26.06.2004 bzw. bei Erlass einer entsprechenden Rechtsverordnung.

[145] Grundsätze der Bestimmtheit und der Wesentlichkeit; siehe hierzu: Monopolkommission, Sondergutachten 40, Tz. 42; *Koenig/Loetz/Neumann*, in: K&R 2003 Beilage 2, S. 17 ff. Allgemein auch: *Sommermann*, in: v. Mangoldt/Klein/Starck, Art. 20 Abs. 1 Rn. 263 ff., 279 ff.; *Sachs*, in: ders., Art. 20 Rn. 126 ff.; *Haus*, Zugang, S. 207 f.; jeweils m. w. N.

[146] Siehe hierzu bereits oben unter Kapitel 3 D.V.

[147] *Holznagel/Koenig*, S. 77 ff., m. w. N. zur Rechtsprechung zum TKG 1996.

[148] Vgl. BVerfGE 20, 351 (356): Sozialpflichtigkeit als Gesamtheit der Beschränkungen des Eigentums.

einer intensiven Sozialpflicht unterlag[149]. Es konnte also zugunsten öffentlicher Interessen stärker herangezogen werden als die später ausschließlich mit privaten Mitteln im Wettbewerb errichteten Netze der Wettbewerber. Für das Maß der Sozialpflichtigkeit waren allerdings die bedeutenden Verbindlichkeiten, die die DT AG übernommen hat[150], ebenfalls zu berücksichtigen. Diese auf der Entstehung und der Übertragung des Netzeigentums begründete besondere Sozialpflichtigkeit hat jedoch über die Zeit erheblich abgenommen. Gründe dafür liegen in dem zunehmenden Grad der Privatisierung der DT AG, dem laufenden Wertverlust des 1995 übernommenen Netzes, der sich in berechtigten Abschreibungen auf die Infrastruktur ausdrückt, und die seither getätigten Investitionen der DTAG in ihr Netz aus ihren eigenen Mitteln[151]. Die so vormals begründete höhere Intensität der Sozialpflicht bezogen auf das Netz der DT AG wird daher stetig und in zunehmendem Maß erodiert, bis sie das Normalmaß erreicht haben wird.

Darüber hinaus wird eine allgemeine erhöhte Sozialpflichtigkeit des Eigentums an Leitungsnetzen für alle Netzbetreiber angenommen[152]. Dies ergäbe sich aus dem besonderen sozialen Bezug der Versorgung über das Netz sowie seiner sozialen Funktion. Nutzung und Verfügung über das Eigentum bleiben nicht allein in der Sphäre des Eigentümers, wenn Belange anderer berührt werden, die auf die Nutzung des Eigentumsobjekts angewiesen sind[153]. Wegen der Besonderheiten der Netzwerkökonomie sind Dritte zur eigenen wirtschaftlichen Betätigung auf die Nutzung des Netzes angewiesen. Dieser Aspekt kommt für den einzelnen Netzbetreiber um so stärker zum Tragen je weitreichender sein Netz

---

149 BVerwGE 114, 160 (192); auch *Holznagel/Koenig*, S. 75 f.; offen gelassen VG Köln, in: MMR 1999, 238 (243); a. A. wegen der zugleich übernommenen Verbindlichkeiten *Stern/Dietlein*, in: RTkom 1999, 2 (5 f.); *Wegmann*, S. 194. Zur Frage, inwieweit die eigene Leistung für den Eigentumsschutz relevant ist, siehe auch *Kühling*, S. 492 ff.; *Hermes*, S. 477 ff.
Gleiches müsste konsequenterweise mit minderer Intensität auch für andere Kommunikationsnetze gelten, die mit öffentlichen Mitteln errichtet worden sind, z. B. für das Netz der Arcor AG & Co. KG, soweit die Deutsche Bahn AG ihr Netz eingebracht hat.

150 Vgl. § 2 Abs. 2 PostUmwG, verkündet als Art. 3 PTNeuOG v. 14.09.1994, BGBl. I S. 2340; auch *Wegmann*, S. 194.

151 Siehe auch *Kühling*, S. 495 f.

152 *Papier*, in: BB 1997, 1213 (1215); *Fehling*, in: AöR 121 (1996), 59 (88 ff., 91 f.), m. w. N.; zustimmend *Stern/Dietlein*, in: RTkom 1999, 2 (6 f.); *Wegmann*, S. 196, m. w. N.

153 BVerfGE 37, 132 (140); 50, 290 (340 f.); 68, 361 (368); 84, 382 (385).

und damit sozial bedeutsamer im Vergleich zu allen übrigen Netzen ist[154]. Ohnehin ist der Aufbau eines Netzes nur möglich, weil den Netzbetreibern vom Staat eigentumsrelevante Rechte an Grundstücken Dritter übertragen wurden[155]. Das Telekommunikationsrecht gestattet den Netzbetreibern mit der Lizenz des TKG 1996 oder heute auf schriftlichen Antrag zugleich die Nutzung von Wegerechten und privaten Grundstücken für ihre Telekommunikationsleitungen[156]. Demzufolge konnten die Netzbetreiber ihr Eigentum an dem Netz nur dadurch erwerben, dass die Rechte Dritter am Grundeigentum zu ihren Gunsten beschränkt wurden.

Im Bereich der Telekommunikation kommt dem Gesetzgeber ohnehin ein weiter Gestaltungsspielraum zu. Nach Ansicht des Bundesverfassungsgerichts darf der Gesetzgeber bei der Neuordnung eines Rechtsgebietes den bisherigen Eigentumsrechten nach Art. 14 Abs. 1 S. 2 GG einen neuen Inhalt geben und sogar die nach dem alten Recht mögliche Entstehung neuer Rechte für die Zukunft ausschließen[157]. Der Gesetzgeber ist also keinesfalls darauf beschränkt alte Rechte zu erhalten und nur im Rahmen einer Entschädigung nach Art. 14 Abs. 3 GG zu beschneiden[158]. Ferner weist die Grundrechtsausübung durch die betroffenen Telekommunikationsunternehmen einen geringen personalen Bezug auf[159]. Auch wenn sich die Unternehmen auf ihre Eigentumsposition am Netz berufen können, steht diese Grundrechtsposition in keinem unmittelbaren Zu-

---

154 Für *Fehling*, in: AöR 121 (1996), 59 (72), nähert sich das Mitbenutzungsrecht eines Dritten einer Sozialisierung der Infrastruktur an, jedoch ohne den Eigentumsübergang des Art. 15 GG.

155 Auch *Fehling*, in: AöR 121 (1996), 59 (89).

156 Vgl. § 69 Abs. 1 TKG (unentgeltliche Übertragung der Wegerechte), § 76 TKG (Nutzung von Grundstücken) sowie Vorgängervorschriften § 50 Abs. 2, § 57 TKG 1996. Die unentgeltliche Übertragung des Wegerechts war von den Kommunen aufgrund ihres Eigentums und der Straßenbaulast an vielen öffentlichen Wegen umstritten; dazu *Spoerr*, in: Trute/Spoerr/Bosch, § 50 Rn. 4. Zur Duldungspflicht Privater bei Nutzung und Beeinträchtigung ihres Grundstücks als Inhalts- und Schrankenbestimmung siehe BVerfG, in: NJW 2001, 2960 (2960 ff.); BGHZ 145, 16 (22 ff.); *Schütz*, in: Beck'scher TKG-Kommentar, § 57 Rn. 44.

157 BVerfGE 70, 191 (201 f.); 83, 201 (212); ähnlich auch BVerfGE 78, 58 (75). Zustimmend auch *Jarass*, in: Jarass/Pieroth, Art. 14 Rn. 45; *Wendt*, in: Sachs, Art. 14 Rn. 150a, 154.

158 *Papier*, in: Maunz/Dürig, Art. 14 Rn. 309; *Reinke*, S. 111; *Fuhr/Kerkhoff*, in: MMR 1998, 6 (10).

159 *Holznagel/Koenig*, S. 74 f.

sammenhang mit der Sicherung der persönlichen Freiheit der Inhaber der Telekommunikationsunternehmen[160].

Im Ergebnis bedarf wegen des Schutzes des Eigentums der Netzbetreiber an ihrem Netz durch die Eigentumsgarantie die dieses Grundrecht beschränkende Zugangsregulierung der Rechtfertigung als Inhalts- und Schrankenbestimmung. Hierzu muss die Zugangsregulierung in den Grundsatz der Verhältnismäßigkeit eingebettet werden. Es sind die eigentumsrechtlichen Abwägungspositionen des verpflichteten Netzbetreibers und dessen sich veränderndes Maß an Sozialpflichtigkeit aus seinem Eigentum zu beachten. Die Nutzung des eigenen Netzes durch Dritte kann also qualitativ und quantitativ begrenzt werden. Durch die korrespondierende Entgeltregulierung soll gewährleistet werden, dass der Netzbetreiber eine zum wirtschaftlichen Wert adäquate Gegenleistung erhält und ein Anreiz zu weiteren Infrastrukturinvestitionen aller Marktteilnehmer erhalten bleibt[161].

2. Berufsausübungsfreiheit nach Art. 12 Abs. 1 Grundgesetz

a. Schutzbereich der einheitlichen Berufsfreiheit

Das einheitliche Grundrecht der Berufsfreiheit nach Art. 12 Abs. 1 GG steht systematisch in Idealkonkurrenz zur Eigentumsgarantie. Mangels Exklusivität kann ein und dieselbe Maßnahme an beiden Grundrechten zu messen sein, sofern der Schutzbereich berührt wird[162]. Als komplementäre Grundrechte sind sie die zwei Säulen der individuellen wirtschaftlichen Freiheit. Einerseits schützt die Eigentumsgarantie den Bestand des Erworbenen und andererseits die Berufsfreiheit die mit der beruflichen Tätigkeit verbundenen Erwerbsmöglichkeiten[163].

Auf die grundrechtlich gesicherte Berufsfreiheit können sich nur Deutsche im Sinne von Art. 116 GG berufen, so dass der personelle Schutzbereich eingeschränkt ist. Für ausländische Netzbetreiber stellt sich hier das oben bereits im Rahmen der Grundrechtsberechtigung für ausländische juristische Personen

---

160 Vgl. hierzu Rechtsprechung in BVerfGE 50, 290 (340 f.).
161 *Reinke*, S. 111 f.
162 Statt vieler: *Scholz*, in: Maunz/Dürig, Art. 12 Rn. 138, m. w. N.; *Papier*, ebenda, Art. 14 Rn. 222.
163 BVerfGE 95, 173 (187 f.), m. w. N.; *Papier*, in: Maunz/Dürig, Art. 14 Rn. 222.

aufgeworfene Problem der Schutzbereichseröffnung[164]. Auch wenn sich daher einzelne Marktteilnehmer auf dieses Grundrecht nicht unmittelbar beziehen können, so erhalten sie gegebenenfalls doch annähernd gleichwertigen Schutz über die wirtschaftlichen Grundfreiheiten des EGV bzw. über die allgemeine Handlungsfreiheit nach Art. 2 Abs. 1 GG[165]. Wie bereits zum personellen Schutzbereich zu Art. 14 GG ausgeführt, ist die praktische Relevanz jedoch gering, da sich alle von der Zugangsregulierung betroffenen Betreiber eines Telekommunikationsnetzes in Deutschland über ihre deutschen Betreibergesellschaften auf die im Grundgesetz verankerte Berufsfreiheit berufen können. Die Berufsfreiheit ist ihrem Wesen nach gemäß Art. 19 Abs. 3 GG insbesondere auch auf wirtschaftlich tätige juristische Personen anwendbar und kann korporativ ausgeübt werden[166].

Der sachliche Schutzbereich der Berufsfreiheit bezieht sich auf jede Tätigkeit, die auf Dauer angelegt ist und der Schaffung und Aufrechterhaltung einer Lebensgrundlage dient[167]. Er schützt und konkretisiert die Freiheit, jede geeignete Tätigkeit als Beruf zu ergreifen und zur Grundlage der eigenen Lebensführung zu machen[168]. In diesem weiten Sinne ist das Betreiben eines Telekommunikationsnetzes ebenso als Beruf anzusehen[169]. Der Schutzbereich umfasst zugleich die positive wie negative Berufswahl und die Ausübung dieses Berufes. Zur Berufsausübung gehört die Freiheit der Entscheidung darüber, Rechtsgeschäfte einzugehen oder nicht abzuschließen sowie ein Unternehmen nach eige-

---

164 *Manssen*, in: v. Mangoldt/Klein/Starck, Art. 12 Rn. 259 f.; *Wieland*, in: Dreier, Art. 12 Rn. 66.

165 Zum Problem des Rückgriffs auf Art. 2 Abs. 1 GG für Ausländer bei sog. Deutschengrundrechten siehe unten unter 3.a.

166 Trotz des individualrechtlich-personalen Ansatzes der Berufsfreiheit ausdrücklich st. Rspr.: BVerfGE 50, 290 (363); auch BVerfGE 30, 292 (312), m. w. N.; BVerwGE 114, 160 (190), setzt dies stillschweigend voraus. Siehe *Wieland*, in: Dreier, Art. 12 Rn. 64; *Manssen*, in: v. Mangoldt/Klein/Starck, Art. 12 Rn. 261. Die früher in diesem Zusammenhang diskutierte Ansicht, dass sich Großunternehmen wegen der Individualität der Berufsfreiheit auf dieses Grundrecht nicht berufen könnten, ist mehrfach widerlegt worden und wird mittlerweile ganz herrschend abgelehnt; vgl. *Scholz*, in: Maunz/Dürig, Art.12 Rn. 33 ff.; *Rittstieg*, in: Alternativkommentar, Art. 12 Rn. 157 f.; *Manssen*, in: v. Mangoldt/ Klein/Starck, Art. 12 Rn. 262; jeweils m. w. N.

167 St. Rspr. seit BVerfGE 7, 377 (397), wo die Grundlagen zur Auslegung von Art. 12 GG gelegt wurden.

168 St. Rspr.: BVerfGE 7, 377 (397); 59, 302 (315); 82, 209 (223).

169 Dieses Ergebnis setzt auch das Bundesverwaltungsgericht in BVerwGE 114, 160 (189 f.) voraus; siehe auch *Wegmann*, S. 197.

nen Vorstellungen zu führen, jedoch nur, sofern sich diese Entscheidungen unmittelbar auf einen bestimmten Beruf beziehen oder die Beschränkungen dieser Entscheidungen zumindest eine objektiv berufsregelnde Tendenz aufweisen[170]. Nur in diesem Fall verdrängt die Berufsfreiheit mit ihren sogenannten funktionstypischen Annexfreiheiten als *lex specialis* die allgemeine Handlungsfreiheit nach Art. 2 Abs. 1 GG mit ihren gleichgerichteten Garantien[171].

Die Zugangsregulierung im Telekommunikationssektor weist für die betroffenen Netzbetreiber eine berufsregelnde Tendenz auf[172]. Aufgrund dieser Regelung und der daraus resultierenden Verpflichtungen und Verpflichtungsmöglichkeiten werden Entscheidungen der Unternehmensführung in dem gewichtigen Bereich der Netznutzung und -gestaltung reglementiert. Diese Einschränkungen sind so gravierend, dass sie von den betroffenen Netzbetreibern notwendigerweise in ihren Geschäftsmodellen und in der Unternehmensorganisation berücksichtigt werden müssen. Dadurch wirken sie sich unmittelbar auf die Ausübung der wirtschaftlichen Tätigkeit und damit direkt auf die Berufsausübung aus.

b. Eingriff in den eröffneten Schutzbereich

Da das Grundrecht der einheitlichen Berufsfreiheit eine möglichst unbeschränkte berufliche Betätigung gewährleisten soll, ist bereits jede Regelung als Eingriff zu werten, die bewirkt, dass eine berufliche Tätigkeit nicht in der gewünschten Weise ausgeführt werden kann[173]. Abhängig von der Intensität des Eingriffs sind drei Stufen zu unterscheiden: Eingriffe in die Berufsausübung, in die subjektive Berufswahl und in die objektive Berufswahl[174]. Die Übergänge der Stufen sind fließend, da sich aus einer Berufsausübung möglicherweise erst ein neues Berufsbild entwickeln kann und somit die Beschränkung der Ausübung zugleich die Berufswahl behindern würde. Ferner kann ein Kontrahierungszwang dazu führen, dass ein Unternehmer einen neuen Beruf aufnehmen

---

[170] St. Rspr.: BVerfGE 95, 267 (302); 97, 228 (254); auch BVerwGE 114, 160 (190). Siehe auch *Manssen*, in: v. Mangoldt/Klein/Starck, Art. 12 Rn. 70, m. w. N.
[171] Für die Vertragsfreiheit: *Scholz*, in: Maunz/Dürig, Art. 12 Rn. 131.
[172] Im Ergebnis auch BVerwGE 114, 160 (190).
[173] BVerfGE 34, 252 (256); 59, 302 (315); 75, 284 (292); 82, 209 (223).
[174] Grundlegend: BVerfGE 7, 377 (405 ff.).

muss, der sich aus dem Rechtsgeschäft zwangsläufig ergibt und den er bislang gar nicht ausgeübt hatte[175].

Bei Beschränkungen und Verpflichtungen, die den Grundrechtsberechtigten mit berufsregelnder Tendenz zum Abschluss bestimmter Rechtsgeschäfte drängen bzw. ihn von bestimmten abhalten, liegt in jedem Fall zumindest ein Eingriff in die Berufsausübung vor[176]. Die Bestimmungen zur Zugangsregulierung verkürzen gerade diesen Schutzbereich der Berufsausübung der Netzbetreiber[177]. Die Netzbetreiber sind aufgrund der gesetzlichen Zusammenschaltungsregulierung verpflichtet, ein entsprechendes Angebot abzugeben und eine Zusammenschaltungsvereinbarung bei entsprechender Nachfrage zu schließen (Kontrahierungszwang, § 16 TKG). Ähnlich ist der Eingriff in der Regulierung des allgemeinen Zugangs, wo die Netzbetreiber zu Gewährung von Zugang durch Einzelakt der RegTP verpflichtet werden können (§ 21 TKG). Den Netzbetreibern ist dadurch die freie Entscheidung über das „ob“ und zu einem gewissen Teil auch über das „wie“ von bedeutenden Vertragsabschlüssen über den Rahmen des zwingenden Zivilrechts hinaus verwehrt.

Über die Einschränkung der Vertragsfreiheit hinaus wird auch in andere funktionstypische Annexfreiheiten der Berufsausübung eingegriffen[178]. Dazu zählt die Wettbewerbsfreiheit der Netzbetreiber. Unabhängig von ihrer dogmatischen Einordnung[179] ist ein Eingriff in die Wettbewerbsfreiheit dann gegeben, wenn der Staat das Verhalten der Marktteilnehmer im Wettbewerb regelt und ein Wettbewerber in der Ausübung seiner beruflichen Tätigkeit dadurch behindert wird[180]. Es gibt dadurch zwar keinen Schutz vor Wettbewerb, aber es besteht ein Schutz davor, die eigenen Wettbewerber im Markt durch eigene Leistung för-

---

175 Vgl. *Haus*, Zugang, S. 200 f. Zum Zusammenhang der Prägung von Berufsbildern zur Berufswahl durch die Ausübung siehe *Scholz*, in: Maunz/Dürig, Art. 12 Rn. 263.

176 BVerwGE 114, 160 (190), mit Verweis auf BVerfGE 81, 156 (188 f.), und 99, 202 (211); *Wegmann*, S. 198; *Holznagel/Koenig*, S. 79 f. Für das allgemeine Kartellrecht: *Haus*, Zugang, S. 202.

177 So auch BVerwGE 114, 160 (190).

178 Vgl. *Stern/Dietlein*, in: ArchPT 1998, 309 (319 ff.).

179 Zur umstrittenen Einordnung des Schutzes der Wettbewerbsfreiheit unter Art. 2 oder 12 GG siehe stellvertretend *Scholz*, in: Maunz/Dürig, Art. 12 Rn. 79 f., 136 f.; *Manssen*, in: v. Mangoldt/Klein/Starck, Art. 12 Rn. 67; *Kunig*, in: v. Münch/Kunig, Art. 2 Rn. 29; *Gubelt*, ebenda, Art. 12 Rn. 93; jeweils m. w. N.

180 BVerfGE 32, 311 (317); 46, 120 (137 f.); 82, 209 (223 f.); 86, 28 (37).

dern zu müssen[181]. Die direkte Hilfestellung zugunsten der Wettbewerber durch den Zugang zum Netz des verpflichteten Betreibers greift somit in dessen Wettbewerbsfreiheit ein. Ferner wird er in seiner unternehmerischen Kommunikationsfreiheit beschränkt. Die Netzbetreiber müssen den Zugangspetenten Informationen über den technischen Zugang und die Grundlagen ihrer Kostenrechnung offen legen (Transparenzgebot, § 20 TKG).

An dieser Stelle ist noch die Frage zu klären, ob durch diese Eingriffe in die Berufsausübung zugleich auch die Berufswahl der betroffenen Netzbetreiber eingeschränkt wird. Ein Eingriff in die negative Berufswahl durch Verpflichtung zur Aufnahme einer bislang nicht ausgeübten Tätigkeit ist nach den gesetzlichen Regelungen wohl nicht denkbar. Adressaten der Zugangsregulierung sind ausschließlich Betreiber öffentlicher Telekommunikationsnetze. Es kann also kein Unternehmen, welches über ein Netz verfügt, dieses aber z. B. derzeit nicht in Betrieb hat, verpflichtet werden, anderen Zugang zu gewähren und zu diesem Zweck zugleich das Netz in Betrieb zu setzen. Erst dadurch würde der Zwang zur Aufnahme des Berufes des Netzbetreibers ausgeübt werden. Lediglich wenn man den Weiterverkauf von Vorleistungen aus dem Netzbetrieb, zu dem die Netzbetreiber durch die Zugangsregulierung verpflichtet werden können, als eigenständiges Berufsbild begreift, könnte darin die Verpflichtung zur Aufnahme eines neuen Berufes gesehen werden[182]. Gegen diese Ansicht spricht jedoch, dass die Tätigkeit des Verkaufs von Vorleistungen nur ausgeübt werden kann, wenn als Voraussetzung der Leistungserbringung ein eigenes Netz betrieben wird. Die nach dieser Ansicht unzutreffend als eigenständiges Berufsbild aufgefasste Tätigkeit ist lediglich ein möglicher Bestandteil des Berufes des Netzbetreibers. Im Ergebnis greifen die Regeln der Zugangsregulierung daher nur in die Berufsausübung des betroffenen Netzbetreibers ein[183].

c. Rechtfertigung des Eingriffs in die Berufsausübung

Zur Rechtfertigung bedürfen solche Eingriffe in die Berufsausübung nach Art. 12 Abs. 1 S. 2 GG einer gesetzlichen Grundlage, die ihrerseits den Anforde-

---

[181] *Scholz*, in: Maunz/Dürig, Art. 12 Rn. 304.
[182] So vertreten von *Stern/Dietlein*, in: ArchPT 1998, 309 (320 f.).
[183] Im Ergebnis auch *Kutzschbach*, S. 130; *Holznagel/Koenig*, S. 81 f.

rungen an den Vorbehalt eines grundrechtsbeschränkenden Gesetzes genügt[184]. Wie zu Art. 14 GG bereits ausgeführt, bestehen keine Bedenken, dass das TKG als relevante Eingriffs- und Ermächtigungsnorm insoweit diesen formellen Erfordernissen genügt[185].

In materieller Hinsicht sind nach dem Argumentationsschema der Drei-Stufen-Theorie des Bundesverfassungsgerichts die Beschränkungen der Berufsausübung vom Grundgesetz nur zugelassen, soweit sie auf sachgerechten und vernünftigen Erwägungen des Gemeinwohls beruhen und die berufliche Betätigung nicht unverhältnismäßig einschränken[186]. Hierzu hat das Bundesverfassungsgericht festgestellt, dass für die Berufsausübungsfreiheit die Rechtslage derjenigen der Inhalts- und Schrankenbestimmung nach Art. 14 Abs. 1 S. 2 GG entspricht und der Grundrechtsschutz aus Art. 12 GG insoweit nicht weiter reicht[187].

Das Grundgesetz gibt in Art. 87f GG das Verfassungsziel vor, im Bereich der Telekommunikation flächendeckend für angemessene und ausreichende Dienstleistungen durch ein Angebot im offenen privatwirtschaftlichen Wettbewerb zu sorgen. Zur Erreichung dieses Zieles ist die Transformation der Märkte vom Monopol zu einer Struktur des chancengleichen Wettbewerbs über einen längeren Zeitraum notwendig. Dazu ist es unabdingbar, dass der Missbrauch wirtschaftlicher Machtstellungen in einzelnen Märkten unterbunden und bestehende Machtstellungen aus Zeiten des Monopols abgebaut werden. Mit dieser klaren Zielsetzung hat der verfassungsändernde Gesetzgeber seine Überlegungen zum Gemeinwohl im Hinblick auf die Öffnung des Telekommunikationsbereichs in das Grundgesetz inkorporiert[188]. Zu dem Gesicht des Wettbewerbs in der arbeitsteiligen Wirtschaft gehört es, dass zumeist die Freiheit des einen in der Berufsausübung mit Beschränkungen derselben Freiheit für den anderen ver-

---

184 St. Rspr.: BVerfGE 85, 248 (256 f.).

185 Siehe oben unter 1.c.

186 St. Rspr. seit BVerfGE 7, 377 (404 ff.); auch BVerfGE 81, 156 (188); 94, 372 (389 f.); 95, 173 (183); 97, 228 (255); 98, 265 (298); 99, 202 (211).

187 Für den Fall der Mitbestimmung: BVerfGE 50, 290 (364); vgl. auch BVerfGE 8, 71 (79 ff.); 21, 150 (160). Ausdrücklich für Netzbetreiber: *Wegmann*, S. 198; auch *Holznagel/ Koenig*, S. 80 f.; *Kühling*, S. 486.

188 Zur Wettbewerbsordnung als Gemeinwohlbelang siehe *Papier*, in: BB 1997, 1213 (1216); *Breuer*, in: Isensee/Kirchhof, Bd. VI, § 148 Rn. 22.

bunden ist. Die Abwehr des Missbrauchs wirtschaftlicher Machtstellungen ist also grundsätzlich eine legitime Schranke der Berufsfreiheit[189].

Diese Zielsetzung nimmt das TKG insbesondere auch in den Bestimmungen zur Zugangsregulierung auf. Damit bewegt sich das TKG mit seiner Zugangsregulierung innerhalb der Belange des verfassungsrechtlich manifestierten Gemeinwohls, die geeignet sind, die Eingriffe in die Berufsausübung zu rechtfertigen[190]. Die Regelungen beachten in ihrer Ausgestaltung auch den Grundsatz der Verhältnismäßigkeit[191]. Zugang ist nur zu gewähren, wenn der Netzbetreiber über beträchtliche Marktmacht verfügt und kein sachlicher Verweigerungsgrund gemäß § 21 Abs. 4 TKG geltend gemacht werden kann[192]. Durch die abgestufte Regelungssystematik und die flexiblen Befugnisse der RegTP bei der Regulierung werden unzumutbare Härten schon durch die gesetzliche Regelung vermieden. Dennoch ist die Berufsfreiheit der Netzbetreiber bei der Regulierung umfassend zu berücksichtigen. Dies gilt um so mehr, als dass die Netzbetreiber häufig in ihrer Eigentumsgarantie gar nicht berührt werden und sich daher zur Abwehr als spezielles Grundrecht allein auf die Berufsfreiheit berufen können.

3. Allgemeine Handlungsfreiheit nach Art. 2 Abs. 1 Grundgesetz

a. Anwendbarkeit

Die wirtschaftliche allgemeine Freiheit und mit ihr die Privatautonomie, insbesondere die Vertragsfreiheit, sowie die Wettbewerbsfreiheit werden im Grundrechtskatalog des Grundgesetzes auch durch die allgemeine Handlungsfreiheit nach Art. 2 Abs. 1 GG geschützt[193]. Wegen des weiten Verständnisses dieser gewährten Freiheit zur Gewähr eines lückenlosen Grundrechtsschutzes ist die Vorschrift als Auffangtatbestand zu sehen, der nur dann zur vollen Anwendung

---

[189] *Haus*, Zugang, S. 203.

[190] So auch BVerwGE 114, 160 (191).

[191] Vgl. auch BVerwGE 114, 160 (191).

[192] Darüber hinaus können vom Zugangsverpflichteten zum eigenen Schutz in einem engen Rahmen auch individuelle Verweigerungsgründe geltend gemacht werden, wie z. B. fehlende Vertragserfüllung oder mangelnde Kreditwürdigkeit seitens des Zugangspetenten; vgl. für das TKG 1996 *Piepenbrock*, in: Beck'scher TKG-Kommentar, § 33 Rn. 60, m. w. N. aus der Rechtsprechung des Bundesgerichtshofes; zustimmend *Schulz-Jander*, S. 147 f.; *Kühling*, S. 262.

[193] BVerfGE 8, 274 (328); 95, 267 (303), m. w. N.; 103, 197 (215). Siehe dazu auch *Starck*, in: v. Mangoldt/Klein/Starck, Art. 2 Abs. 1 Rn. 136 ff.

kommt, wenn ein spezielleres Freiheitsrecht nicht einschlägig ist[194]. Eine Anwendbarkeit ist ausgeschlossen, wenn ein Verhalten vom Schutzbereich eines anderen Grundrechts erfasst wird und gemessen daran verfassungsmäßig ist[195]. Aus diesem Grund werden die Wirtschaftsfreiheiten wie die Vertrags- und Wettbewerbsfreiheit auch speziell durch Art. 12, 14 GG geschützt, sofern deren Schutzbereich eröffnet ist[196].

Die grundsätzliche Anwendbarkeit der subsidiären allgemeinen Handlungsfreiheit bei Ausländern, die vom personellen Schutzbereich des speziellen Deutschengrundrechts der Berufsfreiheit ausgenommen sind[197], wird von der überwiegenden Auffassung bejaht[198].

b. Gerechtfertigter Eingriff in Privatautonomie und Wettbewerbsfreiheit

Auch in den Fällen, in denen für die Anwendung der allgemeinen Handlungsfreiheit noch Raum bleibt, gilt letztlich im Ergebnis nichts anderes als für die speziellen wirtschaftlichen Grundrechte. Im Fall ihrer Anwendbarkeit können Eingriffe in den Schutzbereich der allgemeinen Handlungsfreiheit auf Grundlage des TKG gerechtfertigt sein.

Der personelle Schutzbereich der allgemeinen Handlungsfreiheit ist weit gefasst. Er umfasst gerade auch juristische Personen[199]. In ihren sachlichen Schutzbereich sind unter anderen die Privatautonomie mit der Vertragsfreiheit und die

---

194 Grundlegend: BVerfGE 6, 32 (36 ff.); ausdrücklich: BVerfGE 32, 98 (107). Statt vieler: *Dreier*, in: ders., Art. 2 I Rn. 22, 66; *Kunig*, in: v. Münch/Kunig, Art. 2 Rn. 12. Speziell zum Verhältnis zu Art. 12, 14 GG siehe *Di Fabio*, in: Maunz/Dürig, Art. 2 Abs. 1 Rn. 80 f., 116, 172, 225; *Starck*, in: v. Mangoldt/Klein/Starck, Art. 2 Abs. 1 Rn. 72 ff., mit Hinweisen auf die teilweise inkonsequente Rechtsprechungspraxis des Bundesverfassungsgerichts.

195 *Pieroth/Schlink*, Rn. 369. Explizit bezogen auf die Vertragsfreiheit: BVerfGE 8, 274 (328).

196 Vgl. dazu *Dreier*, in: ders., Art. 2 I Rn. 24; *Wieland*, in: Dreier, Art. 12 Rn. 61, 82 f., 128, Art. 14 Rn. 153; *Di Fabio*, in: Maunz/Dürig, Art. 2 Abs. 1 Rn. 81, 103.

197 Siehe oben unter 2.a.

198 *Jarass*, in: Jarass/Pieroth, Art. 2 Rn. 10; *Murswiek*, in: Sachs, Art. 2 Rn. 139 f.; Nachweise zum Streitstand bei *Dreier*, in: ders., Art. 2 I Rn. 31.

199 Statt vieler: BVerfGE 10, 89 (99); 15, 235 (239); 19, 206 (215); 23, 12 (30); *Di Fabio*, in: Maunz/Dürig, Art. 2 Abs. 1 Rn. 10; *Starck*, in: v. Mangoldt/Klein/Starck, Art. 2 Abs. 1 Rn. 45.

Wettbewerbsfreiheit eingebettet[200]. Durch Art. 2 Abs. 1 GG werden Rechtssubjekte insbesondere auch in ihrer Freiheit desjenigen wirtschaftlichen Handelns geschützt, welches nicht bereits aufgrund eigentumsrechtlicher Verfestigung oder durch die Merkmale des Berufes erfasst wird[201]. Soweit also die speziellen Grundrechte der Eigentumsgarantie und der Berufsausübungsfreiheit mit ihren sachlichen Schutzbereichen nicht berührt sind, kann der Schutzbereich der wirtschaftlichen allgemeinen Handlungsfreiheit eröffnet sein.

Ein Eingriff in diesen weiten Schutzbereich liegt jedenfalls in jeder staatlichen imperativen Regelung in Form eines Gebotes oder eines Verbotes[202]. Eine solche einseitige Regelung findet sich im Telekommunikationsrecht sowohl in dem gesetzlichen Gebot zur Zusammenschaltung als auch in der behördlichen Verpflichtung zur Gewährung von Zugang (§§ 16, 21 TKG). Entsprechend den Ausführungen zur Eigentumsgarantie und zur Berufsfreiheit kann dadurch der Schutzbereich der allgemeinen Handlungsfreiheit bezogen auf Privatautonomie, insbesondere Vertragsfreiheit, und Wettbewerbsfreiheit verkürzt werden.

Dem weiten Schutzbereich der allgemeinen Handlungsfreiheit entspricht jedoch spiegelbildlich die Geringfügigkeit der materiellen Anforderungen an eine Rechtfertigung eines Eingriffs durch die sogenannte Schrankentrias des Art. 2 Abs. 1 GG[203]. Ein Eingriff kann demnach durch Rechte anderer, die verfassungsmäßige Ordnung oder Sittengesetze legitimiert werden. Zur verfassungsmäßigen Ordnung zählt die gesamte verfassungsmäßige Rechtsordnung, die sich aus der Summe aller Rechtsnormen ergibt, die formell und materiell mit der Verfassung übereinstimmen[204]. Insoweit stellt die Rechtfertigung eines Eingriffs in die wirtschaftliche allgemeine Handlungsfreiheit für das TKG und die auf seiner Grundlage handelnde Aufsichtsbehörde keine weitergehenden grund-

---

200 *Dreier*, in: ders., Art. 2 I Rn. 24; *Jarass*, in: Jarass/Pieroth, Art. 2 Rn. 4; *Erichsen*, in: Isensee/Kirchhof, Bd. VI, § 152 Rn. 56 ff.; *Di Fabio*, in: Maunz/Dürig, Art. 2 Abs. 1 Rn. 77, 92, 101 ff., 116 ff., m. w. N. aus der Rechtsprechung des BVerfG.

201 *Di Fabio*, in: Maunz/Dürig, Art. 2 Abs. 1 Rn. 81.

202 *Dreier*, in: ders., Art. 2 I Rn. 34; *Murswiek*, in: Sachs, Art. 2 Rn. 79; *Jarass*, in: Jarass/ Pieroth, Art. 2 Rn. 11; *Kunig*, in: v. Münch/Kunig, Art. 2 Rn. 18.

203 *Kunig*, in: v. Münch/Kunig, Art. 2 Rn. 22; zustimmend: *Di Fabio*, in: Maunz/Dürig, Art. 2 Abs. 1 Rn. 39.

204 St. Rspr. seit BVerfGE 6, 32 (32, 37 ff.); *Starck*, in: v. Mangoldt/Klein/Starck, Art. 2 Abs. 1 Rn. 23; *Kunig*, in: v. Münch/Kunig, Art. 2 Rn. 22; *Erichsen*, in: Isensee/Kirchhof, Bd. VI, § 152 Rn. 31 ff.; *Dreier*, in: ders., Art. 2 I Rn. 38.

rechtlichen Hürden als die speziellen Grundrechte auf. In formeller Hinsicht bestehen an der Verfassungsmäßigkeit der Gesetzgebung zum TKG keine Zweifel. In materieller Hinsicht ist auch im Rahmen der allgemeinen Handlungsfreiheit bei der Gesetzgebung wie auch der Gesetzesanwendung der Grundsatz der Verhältnismäßigkeit zu beachten[205]. Dabei sind die ausgleichenden Abwägungen ähnlich wie im Rahmen von Art. 12 und 14 GG nach denselben Kriterien vorzunehmen. Insofern ergeben sich aus der allgemeinen Handlungsfreiheit keine Besonderheiten für einen Anwendungsmaßstab des Grundsatzes der Verhältnismäßigkeit in der Wettbewerbsaufsicht.

4. Allgemeiner Gleichheitssatz nach Art. 3 Abs. 1 Grundgesetz

a. Schutzbereich im wettbewerblichen Umfeld

Der allgemeine Gleichheitssatz des Grundgesetzes garantiert, dass bestimmte Normadressaten im Vergleich zu anderen Normadressaten nicht anders behandelt werden, es sei denn, dass zwischen beiden Gruppen Unterschiede von solcher Art und solchem Gewicht bestehen, die eine ungleiche Behandlung rechtfertigen[206]. Jede staatliche Gewalt ist an die Einhaltung dieses Gebotes gebunden (Art. 1 Abs. 3 GG)[207]. Das Gebot wird von der Rechtsanwendungsgleichheit des Wortlauts auch auf die Rechtsetzungsgleichheit und damit auf den Gesetzgeber übertragen[208]. Das Gleichheitsgebot ist auch im Rahmen der wirtschaftlichen Freiheitsrechte zu berücksichtigen[209], so dass das Bundesverfassungsgericht seine Prüfung im Bereich des Wirtschaftsrechts zumeist in erster Linie an diesen

---

[205] Statt vieler: *Starck*, in: v. Mangoldt/Klein/Starck, Art. 2 Abs. 1 Rn. 28 f.; *Murswiek*, in: Sachs, Art. 2 Rn. 101; *Kunig*, in: v. Münch/Kunig, Art. 2 Rn. 24; *Dreier*, in: ders., Art. 2 I Rn. 46.

[206] St. Rspr.: BVerfGE 55, 72 (88); 60, 123 (133 f.); 81, 1 (8); 81, 108 (118); 81, 156 (205); 82, 60 (86); 82, 126 (146); 83, 238 (337); 84, 133 (157); 85, 191 (210); 85, 238 (244 f.); 87, 234 (255); 98, 1 (12); 101, 239 (269); 102, 41 (54); 104, 126 (144 f.); 105, 313 (352); jeweils m. w. N.

[207] *Heun*, in: Dreier, Art. 3 Rn. 39 ff.

[208] BVerfGE 1, 14 (52); *Kloepfer*, Gleichheit, S. 25 ff., 29 ff.; *Zippelius*, in: VVDStRL 47 (1989), 7 (11); *Schoch*, in: DVBl. 1988, 863 (873), m. w. N.; *Heun*, in: Dreier, Art. 3 Rn. 39, m. w. N.

[209] BVerfGE 25, 236 (251); 34, 71 (78 f.); 39, 210 (237).

ausrichtet[210]. Die Freiheitsrechte enthalten bereits Differenzierungskriterien für die Gleichheitsprüfung[211].

Bei der Anwendung des Gleichbehandlungsgebotes ist auf den jeweiligen Lebens- und Sachbereich abzustellen[212]. Angewandt auf die Wettbewerbsaufsicht bedeutet dieses Verständnis des Gleichheitssatzes, dass für alle am Wettbewerb beteiligten Marktteilnehmer gleiche Spielregeln als unverzichtbare Voraussetzung für einen unverfälschten Wettbewerb gelten müssen. Im Grundsatz sollen alle Marktteilnehmer aufgrund der Rahmenbedingungen im Markt die gleichen Chancen auf wirtschaftlichen Erfolg haben[213]. Nach dem allgemeinen Gleichheitssatz können unterschiedliche Gruppen dann ungleich behandelt werden, wenn sie wegen sachlicher Gründe tatsächlich unterschiedlich sind. Bei Vorliegen eines solchen Grundes kann auch ein Ausgleich zwischen leistungsschwächeren und leistungsstärkeren Marktteilnehmern zugunsten der ersten Gruppe als legitimes Ziel staatlicher Wirtschaftspolitik gerechtfertigt sein[214]. Diese Maßnahmen können unter dem Gesichtspunkt der Chancengleichheit nicht nur gestattet, sondern sogar ausdrücklich geboten sein[215]. Bei der Rechtsanwendung bindet sich die Wettbewerbsbehörde durch ihre geübte Praxis innerhalb der gesetzlichen Bestimmungen selbst, falls sie über einen längeren Zeitraum eine kohärente Auslegungs- und Anwendungspraxis verfolgt[216].

Trotz seiner Ausgestaltung als ausdrückliches Menschenrecht ist der allgemeine Gleichheitssatz seinem Wesen nach über Art. 19 Abs. 3 GG auch auf inländische juristische Personen anwendbar[217].

---

210 *Heun*, in: Dreier, Art. 3 Rn. 77.

211 *Starck*, in: v. Mangoldt/Klein/Starck, Art. 3 Abs. 1 Rn. 275.

212 BVerfGE 25, 269 (292); 35, 348 (357); 60, 123 (134).

213 Sog. Chancengleichheit im Wettbewerb; siehe *Starck*, in: v. Mangoldt/Klein/Starck, Art. 3 Abs. 1 Rn. 43.

214 Ausdrücklich: BVerfGE 19, 101 (114); 23, 50 (59 f.); 37, 1 (24); 39, 210 (237); zustimmend: *Starck*, in: v. Mangoldt/Klein/Starck, Art. 3 Abs. 1 Rn. 43, 75.

215 Bezogen auf die Telekommunikationsmärkte siehe *Trute*, in: Trute/Spoerr/Bosch, § 2 Rn. 15.

216 *Dürig*, in: Maunz/Dürig, Art. 3 Abs. 1 Rn. 428 ff.

217 Schon BVerfGE 3, 383 (390); 4, 7 (12); 99, 367 (389); *Starck*, in: v. Mangoldt/Klein/Starck, Art. 3 Abs. 1 Rn. 219. Zur Gleichbehandlung ausländischer juristischer Personen siehe *dens.*, a. a. O., Rn. 220.

b. Rechtfertigung von Ungleichbehandlungen

In der Zugangsregulierung des Telekommunikationsrechts werden unterschiedliche Gruppen von Marktteilnehmern unterschiedlich behandelt. Zwar trifft die Zusammenschaltungsverpflichtung alle Betreiber öffentlicher Telekommunikationsnetze. Demgegenüber werden abhängig von der Marktanalyse die allgemeinen Zugangsverpflichtungen nur Netzbetreibern mit beträchtlicher Marktmacht auferlegt, während andere Netzbetreiber hiervon verschont bleiben und eventuell sogar durch eigene Zugangsrechte begünstigt werden (§ 21 TKG). Damit wird die Gruppe der Netzbetreiber mit beträchtlicher Marktmacht gegenüber der Gruppe derjenigen mit geringerem Markteinfluss vom Gesetz und seiner Anwendung unterschiedlich behandelt.

Diese asymmetrische Regulierung durch ausdrückliche Ungleichbehandlung und damit Belastung bedarf der Rechtfertigung[218]. Die Rechtfertigung für eine Ungleichbehandlung unterschiedlicher Gruppen von Marktteilnehmern in der Wettbewerbsaufsicht der Telekommunikation kann insbesondere für die Zugangsregulierung in der besonderen Situation dieser Märkte und den Handlungsalternativen gesehen werden. Während des Übergangs von monopolistischen Strukturen zu einem chancengleichen Wettbewerb sind die ehemalige Monopolistin DT AG und die seit der Marktöffnung hinzugetretenen Netzbetreiber in völlig unterschiedlichen Marktpositionen. Die DT AG hatte aus Zeiten des Monopols ein flächendeckendes Netz übernommen, über das sie als einziger Marktteilnehmer alle Haushalte in Deutschland erreichen konnte und weiterhin kann. Ihre neuen Wettbewerber können diese Infrastruktur nur mit großer zeitlicher Verzögerung aufbauen, soweit eine Duplizierung überhaupt für sie ökonomisch sinnvoll ist. Dem umfassenden Netz der DT AG kommt noch immer eine Basisfunktion für Telekommunikationsleistungen zu[219]. Solange noch keine oder unzureichende wettbewerbliche Strukturen erreicht worden sind, besteht ein hinreichender sachlicher Grund für die Ungleichbehandlung[220]. Aufgrund dieser strukturellen Defizite kann die hoheitliche Wettbewerbsaufsicht einige Markt-

---

[218] Zu dem Modell der asymmetrischen Regulierung im TKG siehe *Schuster*, in: Beck'scher TKG-Kommentar, § 2 Rn. 9 ff., insbesondere Rn. 22 f. Zum Begriff siehe auch *Trute*, in: Trute/Spoerr/Bosch, § 2 Rn. 15.

[219] *Stern/Dietlein*, in: RTkom 1999, 2 (7 f.); *Hermes*, S. 249.

[220] *Reinke*, S. 103 ff.

teilnehmer durchaus anders als andere Marktteilnehmer stellen. Von besonders marktmächtigen Unternehmen kann ein größerer Beitrag zur Etablierung und zum Erhalt von Wettbewerb eingefordert werden als von kleineren Unternehmen.

Dabei ist jedoch innerhalb der Gruppe der leistungsstärkeren Marktteilnehmer die Belastung entsprechend dem Gleichheitssatz gleichmäßig zu verteilen[221]. Dementsprechend muss sich die aufsichtsrechtliche Marktbeobachtung auf alle Unternehmen dieser Gruppe erstrecken und darf sich nicht einseitig auf die ehemalige Monopolistin konzentrieren, nachdem andere Marktteilnehmer in Teilbereichen gleichfalls bedeutende Marktanteile erreicht haben.

Allerdings reicht zur Rechtfertigung nicht jeder vernünftige sachliche Grund aus[222]. Vielmehr muss der Rechtfertigungsgrund in einem angemessenen Verhältnis zum Eingriff in das Gleichbehandlungsgebot stehen[223]. Als Maßstab für die Kontrolldichte wird hierzu der Grundsatz der Verhältnismäßigkeit angewandt[224]. Im Fall der Zugangsregulierung ist insbesondere an ihm zu messen, in wie weit es angemessen ist, dass die den marktmächtigen Unternehmen auferlegten Lasten auch ausdrücklich den kleineren Unternehmen und damit ihren direkten Konkurrenten zugute kommen. Die Differenzierungskriterien für die Verhältnismäßigkeitsprüfung ergeben sich aus den Freiheitsrechten des betroffenen Netzbetreibers sowie des begünstigten Zugangsberechtigten. Auch insoweit ergeben sich für den Anwendungsmaßstab des Verhältnismäßigkeitsgrundsatzes keine Ergänzungen aufgrund des Gleichheitssatzes.

---

[221] Siehe hierzu im allgemeinen Wettbewerbsrecht: KG, in: WuW 1979, 333 (339 f.) (WuW/E OLG 2053 ff.); *Möschel*, in: Immenga/Mestmäcker, § 19 Rn. 239.

[222] *Heun*, in: Dreier, Art. 3 Rn. 19.

[223] BVerfGE 81, 208 (224); 82, 126 (146), m. w. N.

[224] BVerfGE 99, 367 (388). Schon *Kloepfer*, Gleichheit, S. 54 ff.; auch Sondervotum des Richters *Katzenstein*, in: BVerfGE 74, 9 (30). Vgl. dazu im Einzelnen *Heun*, in: Dreier, Art. 3 Rn. 24 ff.; *Gubelt*, in: v. Münch/Kunig, Art. 3 Rn. 14 f.; auch ohne ausdrückliche Nennung *Reinke*, S. 105 f.

III. Grundrechtspositionen des Zugangspetenten

1. Verfassungsrechtliche Legitimationsgrundlage für die Zugangsgewährung

Bevor die Frage der möglichen Grundrechtspositionen des Zugangspetenten untersucht werden kann, ist zu klären, auf welcher verfassungsrechtlichen Grundlage ihm überhaupt ein Zugangsanspruch gewährt wird. Erst dann lässt sich analysieren, inwieweit der Zugangspetent aus dieser Legitimationsgrundlage des Staates eigene Rechte ableiten kann.

Der Staat kann für seine Begrenzung der Wettbewerbsfreiheit in der Telekommunikation auf das Sozialstaatsprinzip in Verbindung mit dem Wettbewerbsgebot des Art. 87f GG als verfassungsrechtliche Legitimationsgrundlage zurückgreifen[225]. Das in Art. 20 Abs. 1 GG verankerte Sozialstaatsprinzip der Verfassung begründet eine Staatszielbestimmung, deren Zielsetzung von allen Staatsorganen verfolgt werden muss[226]. Im sozialen Staat verbessert der Staat aktiv gestaltend die Rahmenbedingungen für die grundrechtliche Freiheitsbetätigung seiner Bürger, wozu namentlich auch die Förderung ihrer wirtschaftlichen Chancengleichheit zählt[227]. Darüber hinaus ist in der Gewährleistungsverantwortung des Staates nach Art. 87f GG festgelegt, dass Telekommunikationsleistungen im Wettbewerb erbracht werden sollen. Der Staat ist also im Rahmen seiner sozialen Ordnungsfunktion aufgerufen, den Ordnungsrahmen für einen solchen Wettbewerb über die Marktöffnung hinaus zu bestimmen.

Aufgrund seiner Ordnungsverantwortung im Markt muss der Staat bei offensichtlicher Unausgewogenheit auch innerhalb der Privatrechtsbeziehungen seiner Bürger regelnd und schützend tätig werden[228]. Dabei darf nicht aus dem Blick verloren werden, dass vor der Marktöffnung jede grundrechtliche Betätigung auf Telekommunikationsmärkten ausgeschlossen war. Diese Beschrän-

---

[225] *Kubiciel*, S. 92 ff., m. w. N.; *Eisenblätter*, S. 79 f., 83 ff.

[226] Ausführlich: *Sachs*, in: ders., Art. 20 Rn. 46 ff.; *Sommermann*, in: v. Mangoldt/Klein/Starck, Art. 20 Abs. 1 Rn. 97 ff.

[227] *Sommermann*, in: v. Mangoldt/Klein/Starck, Art. 20 Abs. 1 Rn. 106; siehe auch Kompetenznorm in Art. 74 Abs. 1 Nr. 16 GG.

[228] Vgl. hierzu die Rechtsprechung des Bundesverfassungsgerichts zum Handelsvertreter, BVerfGE 81, 242 (242, 254 ff., insbesondere 255), und zur Bürgschaft, BVerfGE 89, 214 (234 f.).

kung wurde erst durch die Marktöffnung abgemindert, so dass den Zugangspetenten tatsächlich über die letzten zehn Jahre kontinuierlich ein Mehr an Möglichkeiten zur Grundrechtsausübung zugewachsen ist.

2. Kein Grundrecht auf Zugang

Bei der Zugangsregulierung treten den bereits ausgeführten Grundrechtspositionen des Netzbetreibers möglicherweise gleichrangige Grundrechte des Zugangspetenten gegenüber. Hierbei rücken vor allem die Berufsfreiheit des Zugangspetenten nach Art. 12 Abs. 1 GG und subsidiär seine allgemeine Handlungsfreiheit nach Art. 2 Abs. 1 GG ins Blickfeld. Hieraus könnte sich eventuell ein Grundrecht auf Zugang ableiten lassen. Erst durch die Rechte auf Zugang zu bestehenden Netzen ist den Zugangspetenten in vielen Fällen die Betätigung als Telekommunikationsunternehmer möglich. Durch die Zugangsregulierung werden insoweit die Voraussetzungen für eine Grundrechtsausübung geschaffen[229]. Sie sichern die Entstehung und schützen anschließend den Bestand der Möglichkeit zur Grundrechtsausübung[230].

Der Schutzbereich der genannten Grundrechte umfasst jedoch im Grundsatz keinen Leistungsanspruch gegenüber dem Staat auf Teilhabe an der Infrastruktur anderer Marktteilnehmer[231]. Bei den Grundrechten handelt es sich in erster Linie um Abwehrrechte gegenüber dem Staat, woraus nicht notwendigerweise ein umfassender Schutzanspruch gegenüber dem Staat auf ein bestimmtes Einschreiten bei Ungleichgewichtslagen zwischen seinen Bürgern folgt. Erst wenn der Staat zum Einschreiten verpflichtet wäre und nur eine einzige Handlungsoption frei von Ermessensfehlern wäre, hätte der Betroffene einen Anspruch auf konkret diese Handlung. Diese Ermessensreduzierung ist angesichts der Weite des gesetzgeberischen Ermessens nur in seltenen Ausnahmesituationen gegeben. Es ist eine Entscheidung des Staates, wie er die Märkte, insbesondere auch die der Telekommunikation, ordnen will[232]. Lange Zeit konnte er diese Märkte als Monopol in eigener Regie versorgen und damit jede grundrechtliche Betätigung

---

229 *Kühling*, S. 489.

230 Siehe hierzu *Kloepfer*, Grundrechte, S. 17 ff., 86 ff.

231 *Wegmann*, S. 198 ff.; ähnlich auch *Haus*, Zugang, S. 185; *Reinke*, S. 113; für das Energierecht: *Papier*, in: BB 1997, 1213 (1217); *Schmidt-Preuß*, in: RdE 1996, 1 (6), „kein Grundrecht auf Durchleitung".

232 Siehe oben unter Kapitel 2 A.II.

in diesem Bereich von vornherein ausschließen[233]. Wenn sich der verfassungsändernde Gesetzgeber nunmehr für mehr Wettbewerb auf den Märkten für Telekommunikation entschieden hat, so unterliegt seine Entscheidung zur Umsetzung seiner weitreichenden Prärogative der Einschätzung, Wertung und Gestaltung, innerhalb derer er die Weichen für die Zukunft stellen kann[234]. Allein aus dem nunmehr geltenden Wettbewerbsprinzip können neue Marktteilnehmer keine Privatdrittnützigkeit des bestehenden Netzes zu ihren Gunsten aufgrund der Sozialbindung des Netzeigentums beanspruchen[235]. Eine solche kommt nur soweit in Betracht, als die hinreichend bedeutsamen öffentlichen Interessen reichen.

Bei der Ausgestaltung muss der Gesetzgeber die Belange und Interessen aller privaten Marktteilnehmer abwägen. Es darf nicht zu einer einseitigen Bevorzugung oder Benachteiligung kommen. Dies gebietet schon der Gleichheitssatz. Zur Entstehung und Aufrechterhaltung von Wettbewerb ist eine intensive Wettbewerbsaufsicht durch den Staat notwendig[236]. Insoweit ist der Gesetzgeber zum Handeln verpflichtet, um die Märkte nach der Marktöffnung nach den verfassungsrechtlichen Vorgaben aus Art. 87f GG neu zu ordnen. Der Staat kann wegen der verfassungsrechtlichen Entscheidung für den Wettbewerb nicht untätig bleiben, sondern muss geeignete und ausreichende Maßnahmen ergreifen[237]. Bezogen auf das wettbewerbliche Umfeld bei der Neustrukturierung eines vormals als staatliches Monopol organisierten Marktes bedeutet dies, dass dem Staat eine Schutzpflicht gegenüber den neuen Marktteilnehmern zukommt[238]. Die spezifische Schutzpflicht aus der Situation der Marktöffnung geht mit der allgemeinen grundrechtlichen Schutzpflicht einher[239]. Der Staat soll die neuen Rahmenbedingungen für ein Marktumfeld mit möglichst ausgewogenen Startchancen schaffen. Die Vorteile der DT AG als ehemaliger Monopolistin sind zumindest so weit auszugleichen, dass ihre Wettbewerber rein tatsächlich

[233] BVerfGE 46, 120 (145 ff.) – Direktruf; vgl. oben in Kapitel 2 Fn. 79. Siehe auch *Eisenblätter*, S. 68 ff.
[234] Vgl. BVerfGE 56, 54 (80 ff.); 77, 170 (214 f.); 77, 381 (405).
[235] *Haus*, Zugang, S. 185.
[236] Siehe oben unter Kapitel 2 C.
[237] BVerfGE 56, 54 (71, 80 ff.); 77, 170 (214 f.).
[238] *Wegmann*, S. 201; *Kutzschbach*, S. 180 f.; ähnlich: *Stern/Dietlein*, in: RTkom 1999, 2 (7).
[239] *Wegmann*, S. 135 f.

gleichberechtigt in Wettbewerb treten und damit ihre wirtschaftlichen Grundrechte effektiv ausüben können.

Zur Erfüllung dieser Pflicht bedarf es der konkreten Ausgestaltung im Rahmen des freien gesetzgeberischen Ermessens[240]. In seinem Ermessen zur Entscheidungsfindung muss er die Möglichkeiten der Grundrechtsausübung für neue Marktteilnehmer berücksichtigen und daraufhin die Rahmenbedingungen entsprechend anpassen. Die Ausübung der Berufsfreiheit nach Art. 12 GG ist für den Zugangspetenten angemessen zu gewährleisten[241]. Der Gesetzgeber hat dabei auch die Möglichkeit des Ergreifens eines neuen Berufes gemäß der Wahlfreiheit nach Art. 12 Abs. 1 GG zu eröffnen, sofern keine ausreichenden Gründe mehr entgegen stehen[242]. Gerade in diesem Zusammenhang kann eine Beteiligung der neuen Marktteilnehmer an den monopolistischen Strukturen, die auf die zum Teil privatisierte Monopolistin DT AG übertragen worden sind, im Wege der Zugangsregulierung ein gebotener und ausreichender Abbau der bisher geltenden Beschränkungen sein[243]. Der Abbau ist dann als ausreichend anzusehen, wenn er auch die berechtigten Belange der Neueinsteiger im Markt innerhalb des öffentlichen Interesses am gesamten Marktumfeld angemessen berücksichtigt. Die staatlichen fiskalischen Interessen aufgrund seiner direkten und indirekten Beteiligungen an Telekommunikationsunternehmen dürfen allerdings kein Leitbild für die Regulierungstätigkeit sein. Der Staat muss seine Doppelrolle sauber trennen und darf die unterschiedlichen Interessen nicht vermengen. Der Staat ist jedoch wegen seines freien Ermessens nicht darauf beschränkt oder festgelegt, eine Verpflichtung zur Gewährung der Mitbenutzung fremder Infrastruktureinrichtungen einzuführen. Er ist lediglich daran gebunden, die berechtigten Belange der Neueinsteiger zu aussichtsreicher Teilnahme an der Neuordnung dieser Märkte zu berücksichtigen und angemessen zu würdigen[244]. Mit der Zugangsregulierung steht ihm hierzu ein legitimes Mittel zur Verfügung[245]. Denn es ist ihm grundsätzlich gestattet, seinem Auftrag mit einer Marktregulie-

---

240 Siehe ausführlich: *Isensee*, in: Isensee/Kirchhof, Bd. V, § 111 Rn. 162.
241 *Kühling*, S. 489.
242 Vgl. *Kutzschbach*, S. 130 f., 179 f.
243 Vgl. auch *Papier*, in: BB 1997, 1213 (1218); *Wegmann*, S. 200 f.
244 *Eisenblätter*, S. 87 f.; *Wegmann*, S. 201.
245 *Stern/Dietlein*, in: RTkom 1999, 2 (8).

rung zulasten marktbeherrschender Unternehmen zugunsten der leistungsschwächeren Markteinsteiger nachzukommen[246].

Obwohl es also keinen Anspruch auf die staatliche Gewährleistung des Zugangs gibt, müssen daher im Ergebnis die grundrechtlichen Positionen der Zugangspetenten ebenfalls im Rahmen des Grundsatzes der Verhältnismäßigkeit in die Prüfung einfließen[247]. Sie erlangen bei der Interessenabwägung ihre Bedeutung.

C. Auswirkungen auf die Anwendung

Für die Anwendung des Grundsatzes der Verhältnismäßigkeit wurde nachgewiesen, dass er in der Wettbewerbsaufsicht, speziell auch in der Zugangsregulierung des Telekommunikationsrechts, umfassend herangezogen werden kann. Er wurde bereits vom Gesetzgeber bei der Formulierung der Regulierungssystematik des TKG berücksichtigt. Dies entspricht den Vorgaben des Gemeinschaftsrechts nach einer schonenden Regulierung[248]. Durch die Verfassung ist der Staat in seinem hoheitlichen Handeln auf diesem Gebiet mit allen seinen Organen an den Grundsatz der Verhältnismäßigkeit gebunden. Der Staat kann ihn im Rahmen der Eingriffs- wie auch der Leistungsverwaltung sowie zum Ausgleich in Bürger-Bürger-Beziehungen einsetzen. Die verfassungsrechtliche Bindungswirkung gilt gegenüber allen Marktteilnehmern, insbesondere auch gegenüber der DT AG als ehemaliger Monopolistin und anderen gemischt-wirtschaftlichen Unternehmen oder Eigengesellschaften sowie gegenüber ausländischen Unternehmen. Demgegenüber sind die Netzbetreiber als Marktteilnehmer selbst nicht an den Grundsatz der Verhältnismäßigkeit gebunden.

Aus den Grundrechten der beteiligten Marktteilnehmer der Zugangsregulierung lässt sich ein Maßstab für die Anwendung des Grundsatzes der Verhältnismäßigkeit entwickeln. Wegen des Vorbehaltes des Gesetzes der bei der Zu-

---

[246] Ausdrücklich: BVerfGE 19, 101 (114); 23, 50 (59 f.); 37, 1 (24); 39, 210 (237); zustimmend: *Starck*, in: v. Mangoldt/Klein/Starck, Art. 3 Abs. 1 Rn. 43, 75.

[247] Ebenfalls in diese Richtung: *Wegmann*, S. 200.

[248] Erwägungsgrund 6, Art. 8 Zugangsrichtlinie 2002/19/EG; siehe auch oben unter Kapitel 3 B.III.2. und D.III.5.

gangsregulierung einschlägigen Grundrechte bedarf die staatliche Wettbewerbsaufsicht auf der ersten Ebene einer generell-abstrakten gesetzlichen Ermächtigungsgrundlage, bei deren allgemeiner Ausformulierung der Gesetzgeber an den Grundsatz der Verhältnismäßigkeit gegenüber den regulierten Unternehmen gebunden ist[249]. Auf der zweiten Ebene hat die RegTP als ausführende Verwaltungsbehörde diese Ermächtigungsgrundlage unter Beachtung des Grundsatzes der Verhältnismäßigkeit auf den konkreten Einzelfall anzuwenden[250]. Der Schwerpunkt der materiellen grundrechtlichen Prüfung liegt dabei auf beiden Ebenen auf der Verhältnismäßigkeit[251].

Innerhalb dieser Prüfung der Verhältnismäßigkeit kommt es zu einer Güterabwägung[252], in die jeweils die eigenen betroffenen Grundrechtspositionen der Netzbetreiber als der Zugangsverpflichteten einfließen. Maßstab sind in erster Linie die wirtschaftlichen Grundrechte der Eigentumsgarantie und der Berufsfreiheit, da sich aus den sonstigen Grundrechten – soweit diese kumulativ oder mangels spezieller Schutzbereichseröffnung alternativ anwendbar sind – kein anderer Maßstab ergibt. Innerhalb der Eigentumsgarantie des Art. 14 Abs. 1 GG ist zu beachten, dass es sich bei der Zugangsregulierung um eine Inhalts- und Schrankenbestimmung nach Art. 14 Abs. 1 S. 2 GG handelt. Grundrechtlich relevante Beschränkungen können nur insoweit vorliegen, als dass der betroffene Netzbetreiber tatsächlich eine entsprechende Eigentumsposition vor der konkreten Regulierungsmaßnahme erlangt hatte. Dies ist wegen des mit der Marktöffnung eingeführten umfassenden Regulierungsregimes oftmals zweifelhaft. Allerdings können einige Verpflichtungsmöglichkeiten, insbesondere die zu Infrastrukturveränderungen, über das Eigentum am Netz hinaus geschützte Eigentumspositionen bezogen auf die Investitionsmittel des Netzbetreibers beschränken. Bei den Anforderungen an die Rechtfertigung der Beschränkung des Netzeigentums durch Zugangsregulierung ist dessen Sozialpflichtigkeit zu berücksichtigen. Für eine hohe Sozialpflichtigkeit der DT AG bezogen auf ihr Netz sprechen dessen besonderer sozialer Bezug aufgrund seiner anhaltenden

---

249 Zur Bindung des Gesetzgebers siehe oben unter A.I.1.; im Überblick bei *Pieroth/Schlink*, Rn. 269 ff., 279 ff.

250 Zur Bindung der Verwaltung siehe oben unter A.I.1.

251 *Kutzschbach*, S. 143; *Reinke*, S. 113 f.; *Fehling*, in: AöR 121 (1996), 59 (91), für Art. 14 GG.

252 Siehe allgemein oben unter Kapitel 4 B.I.4.; auch *Reinke*, S. 113 f.

Schlüsselposition sowie – mit abnehmender und inzwischen spürbar reduzierter Intensität – dessen Errichtung mit zu Zeiten des Monopols erwirtschafteten Mitteln. Ähnliche Erwägungen würden für jeden anderen Netzbetreiber mit beträchtlicher Marktmacht gelten. Darüber hinaus wird mit der Zugangsregulierung in jedem Fall die Berufsausübung der Netzbetreiber beschränkt. Insofern bedürfen alle Maßnahmen der verfassungsrechtlichen Rechtfertigung durch Verweis auf einen sachgerechten und vernünftigen Grund des Gemeinwohls, der die berufliche Betätigung gemessen daran nicht unverhältnismäßig einschränkt. Der Gesetzgeber hat einige dieser Bezugspunkte bereits in seinem nicht abschließenden Katalog der Abwägungsparameter in § 21 Abs. 1 S. 2 TKG konkret ausgeformt.

Auf der anderen Seite der Abwägung stehen die eventuell gegenläufigen Grundrechtspositionen der Zugangspetenten sowie öffentliche Gemeinwohlinteressen. Auch wenn die Zugangspetenten für sich kein eigenes Recht auf Zugang als Leistungsanspruch aus dem Grundgesetz herleiten können, hat der Staat bei seinem hoheitlichen Handeln dennoch ihre Grundrechtspositionen im Rahmen seiner Schutzpflicht zu berücksichtigen. Zusammen mit dem Gemeinwohl bestimmen sie die zulässige Reichweite der Belastung des Netzbetreibers durch die Zugangsregulierung. Dabei kann der Zugangspetent für sich den grundrechtlichen Schutz seiner Berufsfreiheit nach Art. 12 GG ins Feld führen. Auch wenn daraus kein unmittelbares Zugangsrecht folgt, so ist ihm doch durch den Ordnungsrahmen des Wettbewerbs eine möglichst weitgehende Berufsausübung und -wahl zu ermöglichen. Das Gemeinwohl richtet sich an den verfassungsrechtlichen Vorgaben des Art. 87f GG aus. Danach sind die Telekommunikationsmärkte privatwirtschaftlich, also im Wettbewerb zu organisieren. Zur Erreichung dieser Zielsetzung ist die Marktöffnung mit einer intensiven Wettbewerbsaufsicht notwendig. Der Marktzutritt neuer Wettbewerber als Netzbetreiber oder als Anbieter sonstiger Dienste erfordert, dass sie über den Zugang zu bestehenden Netzen die Endnutzer erreichen können. In der Wettbewerbsaufsicht ist durch die RegTP eine schonende Regulierung auch im Zugangsbereich herzustellen, die einerseits die Berufsfreiheit der Zugangspetenten und andererseits die Berufsausübung und gegebenenfalls das Eigentum der betroffenen Netzbetreiber unter Beachtung der Interessen des Gemeinwohls möglichst weitgehend zur Geltung verhilft.

Der Einfluss des Grundsatzes der Verhältnismäßigkeit auf das Ergebnis des vertikalen und des horizontalen Interessenausgleichs in der zweipoligen wie auch in der mehrpoligen Beziehung in der Zugangsregulierung soll im folgenden Kapitel untersucht werden.

Kapitel 6:
Zugangsregulierung und Verhältnismäßigkeit

A. Spannungsfeld der Zugangsregulierung

Die Untersuchung hat gezeigt, dass für die Entstehung und Aufrechterhaltung von Wettbewerb auf den ehemals monopolistischen Märkten für Telekommunikation eine Wettbewerbsaufsicht in Form der Regulierung notwendig ist. Diese Regulierung kann insbesondere auf der Vorleistungsebene äußerst wirkungsvoll bei der Gewährung von Netzzugang ansetzen. Die Regulierungstätigkeit steht bei der Auswahl der Regulierungsmaßnahmen jedoch in dem Spannungsfeld zwischen der grundsätzlich im Wettbewerb gewünschten gesellschaftlichen Selbstregulierung durch die Kräfte des Marktes und der notwendigen hoheitlichen Steuerung des Staates[1].

Entsprechend dem Ziel der regulierten Selbstregulierung nach den Vorgaben des TKG für die Zugangsregulierung kann die RegTP als zuständige Aufsichtsbehörde ihre Befugnisse einerseits zum vertikalen Interessenausgleich in der zweipoligen Beziehung sowie andererseits auf Antrag eines Wettbewerbers zum horizontalen Interessenausgleich in der mehrpoligen Beziehung einsetzen. Nach dem europäischen Rechtsrahmen ist dabei allen Anbietern von Telekommunikationsdienstleistungen ein *angemessener* Zugang zu öffentlichen Netzen anderer Anbieter zu gewährleisten[2]. Der vorzunehmende Interessenausgleich erfordert von der RegTP eine Abwägung[3]. In der Abwägung ist die RegTP an den Grundsatz der Verhältnismäßigkeit mit dem aus den Grundrechtspositionen der Beteiligten abgeleiteten Anwendungsmaßstab gebunden. Zu welchen Ergebnissen diese Anwendung führt, wird in diesem Kapitel untersucht.

---

1 *Wegmann*, S. 366.
2 Siehe Erwägungsgrund 6, Art. 5 Abs. 1 Zugangsrichtlinie 2002/19/EG.
3 Siehe Erwägungsgrund 19 Zugangsrichtlinie 2002/19/EG.

B. Vorfragen der Anwendung der Verhältnismäßigkeit

I. Voraussetzungen für ein eigenständiges behördliches Einschreiten

Auf der Grundlage der Ermächtigungsnorm des § 21 Abs. 1 S. 1 Alt. 2 TKG kann die RegTP aus eigenem Entschluss gegenüber einem Netzbetreiber tätig werden. Die tatbestandlichen Voraussetzungen beziehen sich zum einen auf den Zugangsverpflichteten und zum anderen auf den Zugangsberechtigten.

1. Zugangsverpflichteter

Zugangsverpflichtete können nur Betreiber eines öffentlichen Telekommunikationsnetzes sein, die über beträchtliche Marktmacht verfügen. Als Betreiber gelten nach den Vorgaben des Gemeinschaftsrechts alle Unternehmen, die unabhängig von ihrem zivilrechtlichen Eigentum öffentliche Telekommunikationsnetze oder Netzteile bereitstellen[4]. Zu den Telekommunikationsnetzen gehören nach der weiten Definition des § 3 Nr. 27 TKG alle technischen Systeme zur Übertragung von Signalen unabhängig von der Übertragungstechnik und den übertragenen Inhalten. Über das Merkmal „öffentlich" werden abgeschlossene Netze, die besonderen Nutzergruppen vorbehalten sind, von der Zugangsregulierung ausgenommen.

Ferner muss das verpflichtete Betreiberunternehmen beträchtliche Marktmacht inne haben. Die relevanten Telekommunikationsmärkte, die für eine Regulierung in Betracht kommen, werden im Verfahren zur Marktdefinition gemäß § 10 Abs. 1 TKG von der RegTP festgelegt[5]. Auch wenn sich der Gesetzestext zur Zugangsregulierung nicht ausdrücklich festlegt, auf welchen relevanten Markt sich die Feststellung beträchtlicher Marktmacht beziehen muss, kommen doch ausschließlich der Gesamtmarkt der Übertragungsleistungen oder einzelne seiner Teilmärkte in Betracht[6]. Der Gesamtmarkt kann im speziellen Fall in räumlicher und bzw. oder in sachlicher Hinsicht weiter eingeengt werden. Allen

---

4 Siehe Art. 2 lit. c) i. V. m. Erwägungsgrund 3 Zugangsrichtlinie 2002/19/EG; auch oben unter Kapitel 3 B.III.2.

5 Zu den Kriterien zur Feststellung eines Regulierungsbedarfs siehe *Doll/Nigge*, in: MMR 2004, 519 (521 ff.), m. w. N.

6 Siehe hierzu *Kühling*, S. 245 ff. Zum Stand der Diskussion zu anderen Zugangsvorschriften vgl. *dens.*, S. 241 ff.

übrigen Märkten der Telekommunikation fehlt die erforderliche Sachnähe zu der in Frage stehenden Zugangsgewährung als notwendige Vorleistungen. Dementsprechend wäre eine Verpflichtung auf Zugang zum Netz aufgrund der Marktmächtigkeit auf einem ganz anderen Teilmarkt nicht in der Lage, Wettbewerb gerade auf diesem Markt zu fördern. Da mangels der Marktmacht auf dem Zugangsmarkt die Vorleistungen auch von anderen Anbietern nachgefragt werden können, würde den Zugangsverpflichteten eine entsprechende Pflicht unangemessen belasten. Eine derartige Verpflichtung würde jedenfalls den Grundsatz der Verhältnismäßigkeit verletzen, da sie schon nicht erforderlich wäre, um den maßgeblichen Zweck der Wettbewerbs- und Infrastrukturförderung zu erreichen.

Nach der Fiktion des § 11 Abs. 1 S. 5 TKG kann jedoch ausnahmsweise die marktmächtige Stellung auf einem bestimmten Markt auch für einen benachbarten Markt angenommen werden, wenn die Möglichkeit besteht, dass die Marktmacht auf dem einen Markt auf den anderen benachbarten Markt übertragen oder zur Stärkung des Einflusses auf diesem Markt genutzt werden kann. Aus diesem Grund kann beträchtliche Marktmacht auf dem für die Zugangsregulierung relevanten Markt der Übertragungsleistungen auch dann angenommen werden, wenn das betreffende Unternehmen auf einem eng verknüpften vor- oder nachgelagerten Markt über eine beträchtliche Marktmacht verfügt. Auch in diesem Fall wäre es ein zulässiger Adressat der gesetzlichen Zugangsverpflichtungen.

Ob eine beträchtliche Marktmacht auf einem Markt vorliegt, richtet sich nach dem Ergebnis der Marktanalyse (§ 3 Nr. 4 i. V. m. § 11 Abs. 1 S. 3-5 TKG)[7]. Beträchtliche Marktmacht liegt danach vor, wenn sich ein Unternehmen aufgrund seiner wirtschaftlichen Stellung im Markt weitgehend unabhängig von Wettbewerbern und Endnutzern verhalten kann. Ein wichtiger Indikator für die Bestimmung der beträchtlichen Marktmacht sind die jeweiligen Marktanteile der Wettbewerber. Der maßgebliche Schwellenwert ist dabei einheitlich nach den gemeinschaftsrechtlichen Vorgaben im Wettbewerbsrecht zur Marktbeherrschung, die wegen Art. 14 Abs. 2 Rahmenrichtlinie in die Regulierung der Telekommunikation zu übertragen sind, im Allgemeinen bei einem Marktanteil von

---

[7] Siehe oben unter Kapitel 3 C.II.3.

40 % anzusetzen[8]. Bei Marktanteilen von weniger als 25 % sind bei der notwendigen Gesamtbetrachtung hingegen regelmäßig keine Marktbeherrschung und damit keine Ausübung beträchtlicher Marktmacht festzustellen. In dem Zwischenbereich bedarf es einer Gesamtschau unter Würdigung weiterer Kriterien[9]. Diese Werte liegen der einschlägigen Fallpraxis der Europäischen Kommission und der Rechtsprechung der Europäischen Gerichte (EuGH und EuG) zu Art. 82 EGV zugrunde[10]. Angesichts des immer noch hohen Marktanteils der DT AG von über 40 % auf fast allen Märkten für Vorleistungen ist sie demnach bis auf weiteres auf den meisten Märkten nach wie vor der Regulierung unterworfen[11].

Darüber hinaus darf der Zugangsverpflichtete nicht zur Verweigerung des Zugangs nach § 21 Abs. 4 S. 1 TKG berechtigt sein. Als abschließende sachliche Weigerungsgründe zählt das Gesetz die Aufrechterhaltung der Netzintegrität und die Sicherheit des Netzbetriebs auf[12]. Zur Abwehr einer Zugangsverpflichtung müssten die vorliegenden Weigerungsgründe vom Netzbetreiber substantiiert dargelegt werden, wobei sie gegebenenfalls am Maßstab objektiver Kriterien überprüft werden (§ 21 Abs. 4 S. 2 TKG)[13].

---

8 *Klotz*, in: MMR 2003, 495 (497), der auf die noch unzureichende Umsetzung im TKG-RefE durch bloßen Verweis auf § 19 Abs. 2, 3 GWB hinwies.

9 Vgl. Hinweis in VATM, Stellungnahme zum TKG-RegE zu § 11 Abs. 1 S. 4, S. 11 f., unter Verweis auf Leitlinien 2002/C165/03 der Kommission zur Marktanalyse und Ermittlung beträchtlicher Marktmacht nach dem gemeinsamen Rechtsrahmen für elektronische Kommunikationsnetze und -dienste, ABl. C 165 v. 11.07.2002, S. 6-31, Tz. 75 mit dortiger Fn. 77.

10 Leitlinien 2002/C165/03 der Kommission zur Marktanalyse und Ermittlung beträchtlicher Marktmacht nach dem gemeinsamen Rechtsrahmen für elektronische Kommunikationsnetze und -dienste, ABl. C 165 v. 11.07.2002, S. 6-31, Tz. 70, 75.

11 Berichte der RegTP, insbesondere Tätigkeitsbericht 2002/2003, S. 33 und 35 (Fern- und Nahverbindungen), 38 f. (Auslandsverbindungen), 39 f. (Ortsverbindungen); *Junghanns*, S. 122 ff., insbesondere S. 137 f.; *Salger/Traugott*, in: Beck'scher TKG-Kommentar, § 32 Rn. 37; für eine weitgehende Rückführung der Regulierung und Entlassung der DT AG in die allgemeine Wettbewerbsaufsicht *Doll/Nigge*, in: MMR 2004, 519 (524).

12 Darüber hinaus können vom Zugangsverpflichteten zum eigenen Schutz in einem engen Rahmen auch individuelle Verweigerungsgründe geltend gemacht werden, wie z. B. fehlende Vertragserfüllung oder mangelnde Kreditwürdigkeit seitens des Zugangspetenten; vgl. für das TKG 1996 *Piepenbrock*, in: Beck'scher TKG-Kommentar, § 33 Rn. 60, m. w. N. aus der Rechtsprechung des Bundesgerichtshofes; zustimmend *Schulz-Jander*, S. 147 f.; *Kühling*, S. 262.

13 Begründung zum TKG-RegE zu § 19 Abs. 4, in: Bundestags-Drucksache 15/2316, Anlage 1, S. 66.

2. Zugangsberechtigter

Dem zur Zugangsgewährung Verpflichteten steht im Tatbestand des § 21 Abs. 1 S. 1 TKG der Zugangsberechtigte als Begünstigter gegenüber. Dabei muss es sich um ein anderes Unternehmen handeln, welches die mit dem Zugang bereitgestellten Einrichtungen oder Dienste zum Zwecke der eigenen Erbringung von Telekommunikationsdiensten nutzt[14]. Der Begünstigte muss also seinerseits selbst Anbieter von Diensten gegen Entgelt sein, die ganz oder überwiegend in der Übertragung von Signalen über Telekommunikationsnetze bestehen[15]. Dabei gelten verbundene Unternehmen im Sinne des allgemeinen Wettbewerbsrechts als ein Unternehmen im Sinne der Vorschrift[16], so dass beispielsweise auch andere Konzernteile als das Tochterunternehmen mit der Sparte der Telekommunikationsdienste durch die Zugangsberechtigung begünstigt werden können.

II. Besonderheiten für ein behördliches Tätigwerden auf Antrag

Für ein Tätigwerden der RegTP, welches nach § 21 Abs. 1 S. 1 Alt. 1 TKG von Dritten durch ihren Antrag bei der RegTP veranlasst wird, gelten ebenfalls die subjektiven Anforderungen an die Personen des Zugangsverpflichteten und des Zugangsberechtigten, wie sie soeben für die Alternative des eigenständigen behördlichen Einschreitens ausgeführt wurden. Außerdem dürfen gleichfalls die Weigerungsgründe nach § 21 Abs. 4 S. 1 TKG nicht zugunsten des zu verpflichtenden Netzbetreibers vorliegen.

Darüber hinaus bedarf es jedoch eines ausdrücklichen Antrags mit hinreichender Bestimmtheit bezüglich der begehrten Zugangsleistung[17]. Aufgrund eines solchen Antrags wird das Verfahren bei der RegTP durch die zuständige Beschlusskammer eingeleitet (§ 134 Abs. 1 TKG). Als Antragsberechtigte kommen aus praktischer Sicht nur Unternehmen in Betracht, die selbst oder über ihre Konzernstruktur die subjektiven Anforderungen an einen Zugangsberech-

---

[14] Vgl. Definition des Zugangs in § 3 Nr. 32 TKG.

[15] Vgl. Definition der Telekommunikationsdienste in § 3 Nr. 24 TKG.

[16] Vgl. Definition des Unternehmens in § 3 Nr. 29 TKG.

[17] Zu den allgemeinen Anforderungen an einen Antrag zur Eröffnung eines Verwaltungsverfahrens siehe *P. Stelkens/Schmitz*, in: Stelkens/Bonk/Sachs, § 22 Rn. 30 ff.; speziell zum Verfahren bei der RegTP siehe *Kerkhoff*, in: Beck'scher TKG-Kommentar, § 74 Rn. 7; *Mayen*, in: Scheuerle/Mayen, § 74 Rn. 35 ff.

tigten erfüllen. Auch wenn das TKG an die Person des Antragstellers keine ausdrücklichen Anforderungen stellt und somit grundsätzlich jedermann die Möglichkeit zur Antragstellung einräumt, kann nur ein auch potentiell Zugangsberechtigter in diesem Zusammenhang ein subjektives öffentliches Recht geltend machen, welches die RegTP zum Tätigwerden verpflichtet[18]. Nur dieser Kreis der potentiell aufgrund der Zugangsverpflichtung Begünstigten hat ein berechtigtes Interesse am Einschreiten der RegTP und könnte ein Tätigwerden der RegTP über die Antragstellung hinaus notfalls auch gerichtlich durchsetzen. Für andere Personen fehlt regelmäßig das berechtigte Interesse, den Zugang für einen Dritten durchzusetzen, der eigentlich selbst den Antrag stellen könnte[19].

III. Wettbewerbs- und Infrastrukturförderung als legitimer Zweck

Der Zweck, zu dem die Aufsichtsbehörde ihre Kompetenzen in der Zugangsregulierung einsetzen darf und muss, ist der RegTP vom Gesetzgeber des TKG vorgegeben. Er hat im Gesetz in §§ 1 und 2 TKG den Gesetzeszweck und die Regulierungsziele definiert. An diese Vorgaben ist die RegTP in ihrem Handeln gebunden und muss ihre Entscheidungen daran ausrichten[20]. Neben der flächendeckenden Gewährleistung von angemessenen und ausreichenden Dienstleistungen soll die gesamte Regelungssystematik des Gesetzes gemäß § 1 TKG der Förderung des Wettbewerbs und einer leistungsfähigen Infrastruktur im Bereich der Telekommunikation dienen. Mit diesen Zweckvorgaben ist jeweils ein gewünschter Zustand beschrieben, der mit Hilfe des TKG und seiner Regelungen erreicht werden soll. Beide Zwecke der Förderung und der Gewährleistung stehen hierbei gleichberechtigt nebeneinander[21].

---

[18] Siehe hierzu oben unter Kapitel 3 D.IV.1.

[19] Als Ausnahme hiervon wäre aber der Zugangsantrag eines Gesellschafters eines Telekommunikationsunternehmens zugunsten dieses Unternehmens statthaft, wenn die Gesellschaft selbst – aus welchen Gründen auch immer – keinen eigenen Antrag stellen kann oder will.

[20] Vgl. hierzu bereits zum TKG 1996 *Reinke*, S. 123 f.

[21] Siehe Begründung zum TKG-RegE zu § 1, in: Bundestags-Drucksache 15/2316, Anlage 1, S. 56.

Als gemeinsamen Steuerungsansatz für die Zweckerreichung hat der Gesetzgeber gemäß § 1 TKG eine technologieneutrale Regulierung vorgesehen[22]. Mit ihrer Hilfe soll die Entstehung und Aufrechterhaltung von Wettbewerb sowie die Leistungsfähigkeit der Infrastruktur und dadurch zugleich – wie oben gezeigt – der Zweck der Infrastrukturgewährleistung gefördert werden[23]. Zur Verfolgung des angegebenen Gesetzeszwecks sind für diesen Mitteleinsatz mehrere Regulierungsziele definiert, die den übergeordneten Gesetzeszweck als Zielvorgabe präzisieren[24]. Die ebenfalls untereinander gleichberechtigten Regulierungsziele sind in § 2 Abs. 2 TKG aufgeführt. Demnach soll die Regulierung unter anderem die Sicherstellung eines chancengleichen Wettbewerbs und die Förderung nachhaltig wettbewerbsorientierter Telekommunikationsmärkte bewirken (§ 2 Abs. 2 Nr. 2 TKG) sowie effiziente Infrastrukturinvestitionen fördern und Innovationen unterstützen (§ 2 Abs. 2 Nr. 3 TKG). Mit der Festlegung auf diese Regulierungsziele wird die Regulierung als vorgesehener Steuerungsansatz auf den Gesetzeszweck der Wettbewerbs- und Infrastrukturförderung ausgerichtet.

An der Legitimität dieses verfolgten Zwecks der Wettbewerbs- und Infrastrukturförderung bestehen keine begründeten Zweifel. Er steht nicht in einem unauflösbaren Widerspruch zur Rechtsordnung. Insbesondere bewegt er sich im Rahmen der Verfassung. Das Grundgesetz selbst gibt die Zielsetzung vor, die Nachfolgeunternehmen der Deutschen Bundespost zu privatisieren (Art. 143b GG) und die Dienstleistungen im Bereich der Telekommunikation, deren ausreichende und angemessene Erbringung flächendeckend zu gewährleisten ist, daneben auch durch neue private Anbieter erbringen zu lassen (Art. 87f Abs. 1, 2 GG)[25]. Das Grundgesetz hat sich damit auf die Marktordnung des Wettbewerbs auf den Telekommunikationsmärkten festgelegt[26]. Es hat dem Gesetzgeber den Auftrag gegeben, einen Übergang dieser Märkte von der Monopolversorgung in

---

22 Für die weitgehend gleichlautende Regelung des TKG 1996 und den Begriff der Regulierung vgl. *Trute*, in: Trute/Spoerr/Bosch, § 1 Rn. 10 ff., m. w. N.

23 Siehe oben unter Kapitel 3 C.II.3.

24 Zu dieser Systematik bereits im TKG 1996 siehe *Eisenblätter*, S. 109; *Reinke*, S. 58 ff. Zu Recht weist *Schuster*, in: Beck'scher TKG-Kommentar, § 2 Rn. 3, auf die systematisch unglückliche Formulierung der beiden §§ 1 und 2 TKG 1996 wegen der inhaltlichen Wiederholung hin, die in den §§ 1 und 2 TKG beibehalten wurde.

25 BVerwGE 114, 160 (191).

26 *Holznagel/Koenig*, S. 71; *Koenig/Loetz/Neumann*, in: K&R 2003 Beilage 2, S. 34. Zu den verfassungsrechtlichen Vorgaben siehe bereits oben unter Kapitel 3 C.II.1.

wettbewerbliche Strukturen zu organisieren und den Wettbewerb auf diesen Märkten zu fördern. Aus diesem Grund ist der Staat durch seine Organe nicht nur befugt, sondern sogar aufgerufen, entsprechende Regelungen und Einzelanweisungen zu treffen.

Der mögliche Konflikt dieses Zwecks mit anderen verfassungsrechtlichen Vorgaben, der sich eventuell aus anderen Bestimmungen und Schutzgeboten des Grundgesetzes – insbesondere aus individuellen Grundrechten – ergeben könnte, ist grundsätzlich auflösbar. Die einander gegenüber stehenden Rechtspositionen der verschiedenen Marktteilnehmer sowie die Belange des Gemeinwohls können durch Abwägung in einen Ausgleich gebracht werden. Die betroffenen öffentlichen Interessen als Belange des Gemeinwohls sind nicht von solchem Gewicht, dass sie von vorn herein Vorrang genießen würden. In diesen Belangen spiegelt sich auch das Bestreben des Zugangspetenten nach gleichen Wettbewerbschancen wider. Weder der Zugangspetent noch der betroffene Netzbetreiber können für sich absolute Rechtspositionen in Anspruch nehmen, die nicht einer ausgleichenden Abwägung zugänglich wären. Die Grundrechte der Beteiligten stehen der Verfolgung des angegebenen Zwecks nicht entgegen[27]. Der Staat ist bei der ihm von der Verfassung übertragenen Aufgabe der Öffnung der Telekommunikationsmärkte nicht von vornherein daran gehindert, zum Ausgleich die leistungsstärkeren Marktteilnehmer zur Leistungserbringung für leistungsschwächere Marktteilnehmer heranzuziehen[28]. Damit kann sich der Staat im Handeln seiner drei Gewalten im Rahmen der Zugangsregulierung auf den legislativ festgelegten Gesetzeszweck der Förderung von Wettbewerb und Infrastruktur (§ 1 TKG) und die dafür definierten Regulierungsziele (§ 2 Abs. 2 TKG), insbesondere der Sicherstellung eines chancengleichen Wettbewerbs und Förderung nachhaltig wettbewerbsorientierter Märkte sowie der Förderung der Infrastrukturinvestitionen (§ 2 Abs. 2 Nr. 2, 3 TKG), als legitimen Zweck stützen.

---

[27] Siehe oben unter Kapitel 5 B.II. und III.

[28] Vgl. BVerfGE 19, 101 (114); 23, 50 (59 f.); 37, 1 (24); 39, 210 (237).

C. Verhältnismäßigkeit im vertikalen Interessenausgleich

I. Charakter der zweipoligen Beziehung als hoheitliche Zugangsverpflichtung

Gemäß § 21 Abs. 1 S. 1 Alt. 2 TKG kann die RegTP von Amts wegen als hoheitliche Aufsichtsbehörde gegenüber einem bestimmten Netzbetreiber mit beträchtlicher Marktmacht tätig werden. Im Rahmen der Marktregulierung kann sie ihn aus eigenem Entschluss zur Gewährung von Zugang in einer bestimmten Form verpflichten. Diese zweipolige Beziehung zwischen der RegTP und dem betroffenen Telekommunikationsunternehmen ist durch ein klares Über- und Unterordnungsverhältnis gekennzeichnet. Dieses vertikale Verhältnis ist charakteristisch für die klassische Eingriffsverwaltung[29]. Die RegTP begrenzt dabei im Rahmen ihrer Verwaltungstätigkeit die wirtschaftliche Handlungsfreiheit des betroffenen Unternehmens.

In ihrer Entscheidung steht der RegTP bezüglich der konkreten Verpflichtung ein Auswahlermessen zu[30]. Bei der Ermessensausübung hat die RegTP einerseits die öffentlichen Interessen des Gemeinwohls und andererseits die berechtigten Interessen des Zugangsverpflichteten zu berücksichtigen. Aus Sicht des betroffenen Netzbetreibers geht es dabei um die Abwehr einer konkreten Beschränkung seiner wirtschaftlichen Handlungsfreiheit. Diese wird durch die direkte und imperative Verpflichtung seitens der RegTP eingeengt. Für den Staat konzentriert sich der Interessenausgleich darauf, ob und inwieweit die von ihm vorgenommene Beschränkung zur Erreichung des legitimen Zwecks seiner Regulierungstätigkeit gerechtfertigt und somit rechtmäßig ist.

In diesem zweipoligen Verhältnis besteht die Aufgabe der RegTP darin, beide Interessenpositionen in Ausgleich zu bringen. Bildlich handelt es sich beim Eingriff im Über- und Unterordnungsverhältnis um einen vertikalen Interessenausgleich.

---

29 Zum Eingriff als klassischem Mittel hoheitlicher Verwaltungstätigkeit siehe *Schmidt-Bleibtreu*, in: Schmidt-Bleibtreu/Klein, Art. 19 Rn. 24; *Starck*, in: v. Mangoldt/Klein/Starck, Art. 1 Abs. 3 Rn. 195.

30 Siehe hierzu bereits oben unter Kapitel 3 D.II. und IV.1.

II. Auswahl einer angemessenen Verpflichtung von Amts wegen

Sofern die oben genannten Voraussetzungen zu einem Eingreifen seitens der RegTP vorliegen, hat sie in der Rechtsfolge bei Anwendung ihrer gesetzlichen hoheitlichen Befugnisse zur Regulierung darauf zu achten, dass sie den Verpflichteten nicht unverhältnismäßig belastet. Dem Zugangsberechtigten ist nicht weniger, aber auch nicht mehr als ein *angemessener* Zugang zu gewähren[31]. Dementsprechend muss die Behörde bei der Auswahl ihrer Verpflichtung im Rahmen der Verhältnismäßigkeit sicherstellen, dass die erteilte Verpflichtung zur Erreichung des legitimen Zwecks der Wettbewerbs- und Infrastrukturförderung sowie der einzelnen Regulierungsziele geeignet und erforderlich ist und darüber hinaus gegenüber dem Zugangsverpflichteten nicht gegen das Übermaßverbot verstößt. Im Rahmen der generellen Anwendbarkeit des Grundsatzes der Verhältnismäßigkeit auch in der Zugangsregulierung hat die RegTP dabei den in Kapitel 5 entwickelten verfassungsrechtlichen Anwendungsmaßstab zu beachten.

1. Geeignetheit der Verpflichtung

Das angewandte Mittel der Verpflichtung eines Marktteilnehmers auf Zugangsgewährung im Rahmen der Zugangsregulierung muss zur Erreichung oder zumindest zur Förderung des verfolgten legitimen Zwecks der Wettbewerbs- und Infrastrukturförderung geeignet sein. Auf der Grundlage des europäischen Rechtsrahmens hat der deutsche Gesetzgeber für die Erreichung des von ihm bestimmten Zwecks das Mittel der technologieneutralen Regulierung festgelegt (§ 1 TKG)[32]. Eine Definition des Begriffes der Regulierung wurde dabei – entgegen dem TKG 1996 – in das TKG nicht übernommen.

Der Begriff der Regulierung wird in der juristischen wie auch in der ökonomischen Literatur sehr unterschiedlich verwandt[33]. Seine Interpretation reicht von einem Oberbegriff für jede staatliche Wirtschaftslenkung bis zur Festlegung auf eine bestimmte Form der staatlichen Wirtschaftsaufsicht mit jeweils unterschiedlichen konkreten Maßnahmen. Für das Verständnis des geltenden Tele-

---

31 Siehe Vorgaben in Erwägungsgrund 6, Art. 5 Abs. 1 Zugangsrichtlinie 2002/19/EG.

32 Siehe bereits für § 1 TKG 1996 *Schuster*, in: Beck'scher TKG-Kommentar, § 1 Rn. 23.

33 Vgl. die Ausführungen bei *Trute*, in: Trute/Spoerr/Bosch, § 1 Rn. 10 ff.; *Eisenblätter*, S. 29 ff., 53 ff.; *Theobald/Hummel*, in: N&R 2004, 2 (3 ff.).

kommunikationsrechts kann jedoch weiterhin auf die alte Definition aus § 3 Nr. 13 TKG 1996 zurückgegriffen werden[34]. Wegen des nicht einheitlich bestimmten Rechtsbegriffs der Regulierung war diese Beschreibung des Einsatzmittels ohnehin sehr offen formuliert[35]. Sie wurde erst durch die im Gesetz genannten Maßnahmen der Regulierung konkretisiert. Bei der Novellierung wollte der Gesetzgeber die Definition und die Konkretisierung anhand der gesetzlich eingeräumten Regulierungsmaßnahmen nicht aufgeben oder durch ein Offenlassen neue Interpretationen ermöglichen. Vielmehr hat er die entscheidenden Vorschriften, die die Grundlage für das Verständnis des Regulierungsbegriffs im TKG bilden, nämlich §§ 1 und 2 TKG, in ihrer Systematik beibehalten[36]. Die ausdrückliche Konkretisierung von Regulierungszielen im Rahmen des definierten Gesetzeszwecks macht deutlich, dass das Mittel der Regulierung nach wie vor alle Maßnahmen zur Verfolgung der Regulierungsziele einschließen soll. Einzelne Regulierungsmaßnahmen hat der Gesetzgeber im TKG ausgeführt. Als eine Form der Marktregulierung werden die Befugnisse zur Zugangsregulierung in §§ 16 ff. TKG geregelt. Sie stellen somit ein Mittel der Regulierung dar.

Das gesetzlich vorgesehene Mittel der Regulierung, insbesondere der Zugangsregulierung, ist zumindest für die Förderung und wahrscheinlich sogar für das endgültige Erreichen des angestrebten Zwecks geeignet. Es besteht eine qualitativ günstige Beziehung zwischen Mittel und Zweck. Wie oben ausgeführt[37], werden die Märkte der Telekommunikation auch nach der Aufhebung der Monopolrechte noch durch vielfältige und bedeutsame Marktzutrittsbarrieren beeinträchtigt. Diese beruhen insbesondere auf Größen- und Verbundvorteilen der ehemaligen Monopolistin DT AG und den damit zusammenhängenden Externalitäten einer Netzökonomie. Außerdem besteht die Gefahr des Marktversagens durch ruinöse Konkurrenz aufgrund der immer noch vorhandenen großen

---

[34] § 3 Nr. 13 TKG 1996 definierte Regulierung als „die Maßnahmen, die zur Erreichung der in § 2 Abs. 2 [TKG 1996] genannten Ziele ergriffen werden und durch die das Verhalten von Telekommunikationsunternehmen beim Angebot von Telekommunikationsdienstleistungen, von Endeinrichtungen oder von Funkanlagen geregelt werden [...].“ Vgl. hierzu *Spoerr*, in: Trute/Spoerr/Bosch, § 3 Rn. 64 ff.

[35] *Trute*, in: Trute/Spoerr/Bosch, § 1 Rn. 10.

[36] Diese Systematik kann wegen der inhaltlichen Wiederholungen als wenig geschickt gelten; vgl. auch *Schuster*, in: Trute/Spoerr/Bosch, § 2 Rn. 3.

[37] Siehe oben unter Kapitel 2 B. und C.

Marktmacht der DT AG. Vereinzelt haben auch andere Marktteilnehmer auf bestimmten Marktsegmenten ähnlich starke Positionen erreicht. In dieser Situation entsteht und erhält sich Wettbewerb nicht von selbst. Ein marktkonformes Verhalten dieser marktmächtigen Unternehmen ist nicht allein aufgrund der rechtlichen Möglichkeit des Marktzutritts zu erwarten. Vielmehr bedarf es nach wie vor der Förderung durch eine intensive Wettbewerbsaufsicht, die einem Fortbestand des Monopols und einer Ausbreitung von Marktmacht auf andere Märkte entgegen steuert.

Eine solche Aufsicht kann auf netzgebundenen Märkten wie der Telekommunikation in geeigneter Weise über eine Regulierung von Vorleistungen über den Zugang zum bestehenden Netz der ehemaligen Monopolistin oder anderer marktmächtiger Betreiber erfolgen. Bei einer Zugangsverpflichtung aufgrund des einseitigen hoheitlichen Einschreitens der RegTP besteht die Möglichkeit, dass die verbliebenen strukturellen Zutrittsbarrieren für neue und bereits tätige Wettbewerber in einem hinreichenden Maß abgesenkt werden, um ihnen eine Teilnahme am Wettbewerb in wirtschaftlich sinnvoller Weise zu ermöglichen. Gerade auf die Vorleistungen eines flächendeckenden Netzbetriebes sind die neuen Wettbewerber zwingend angewiesen, um Kunden über das Netz mit ihren Angeboten zu erreichen. Aus diesem Grund ist die Zugangsregulierung im Sinne der positiven Interpretation der Geeignetheit innerhalb des Grundsatzes der Verhältnismäßigkeit[38] als in hohem Maß geeignet anzusehen, zur Förderung des Wettbewerbs und der Infrastruktur beizutragen[39]. Im Rahmen einer Evidenz- und Vertretbarkeitskontrolle ist das gewählte Mittel auf keinen Fall ungeeignet und die Mittelauswahl ist insoweit in jedem Fall vertretbar. Daneben hält die Wahl des Gesetzgebers auch einer intensivierten inhaltlichen Kontrolle stand. Die vom Gesetzgeber vorgenommenen Einschätzungen und Wertungen zur Wirksamkeit des Mittels sind nicht widerlegt, so dass keine begründeten Zweifel daran bestehen.

Zusammenfassend ist das vom TKG eingesetzte Mittel der Regulierung, insbesondere auch der Zugangsregulierung, zur Erreichung des Zwecks der Wett-

---

[38] Siehe hierzu oben unter Kapitel 4 B.I.2.a.

[39] Auch der Gesetzgeber hat daher die Regulierung von Endnutzerdiensten nur als Ausnahme zugelassen (§ 39 Abs. 1 TKG); vgl. Begründung zum TKG-RegE zu § 37, in: Bundestags-Drucksache 15/2316, Anlage 1, S. 70.

bewerbs- und Infrastrukturförderung wegen der qualitativ günstigen Relation geeignet[40].

2. Erforderlichkeit der Verpflichtung

Auf der zweiten Stufe der Verhältnismäßigkeit ist zu prüfen, ob das Mittel der Zugangsregulierung für die Erreichung des Gesetzeszwecks der Wettbewerbs- und Infrastrukturförderung und der gesetzlichen Regulierungsziele erforderlich ist. Dies ist dann der Fall, wenn neben der Zugangsregulierung kein ebenso geeignetes Mittel zur Verfügung stünde, welches die Betroffenen in dieser Situation weniger belasten würde[41].

Als alternative Mittel zur Zweckerreichung der Wettbewerbs- und Infrastrukturförderung hat der Gesetzgeber im TKG der RegTP auch andere Steuerungsinstrumente an die Hand gegeben. So kann eine Marktregulierung insbesondere auch über Entgelte sowohl auf den Vorleistungs- als auch auf den Endkundenmärkten vorgenommen werden. Hierbei ist allerdings schon zweifelhaft, ob solche Regulierungsmaßnahmen zum Abbau der strukturellen Barrieren auf den Telekommunikationsmärkten in gleicher Weise geeignet sind. Vor allem diesem Ziel innerhalb der übergeordneten Zielsetzung der Wettbewerbs- und Infrastrukturförderung dient die Zugangsregulierung, so dass auch alternative Mittel im Hinblick auf die Erforderlichkeit daran gemessen werden müssen. Über eine Preisregulierung werden in erster Linie Quantität und Qualität von Angebot und Nachfrage auf den jeweiligen Märkten gesteuert. Dadurch sind insbesondere substitutive und komplementäre Produkte in ihren Entwicklungen betroffen. Die technische Seite, die vor allem über das Ob eines Diensteangebots entscheidet, wird von der Steuerungswirkung nur mittelbar erfasst. Gerade in technisch innovativen und vielfältigen Märkten wie der Telekommunikation bietet aber die technische Seite eine hohe Effektivität für den Abbau struktureller Zutrittsbarrieren. Über technische Innovation und neue Produkte können sich Wettbewerber trotz bestehender Marktdominanz eines anderen in einem bestehenden oder neuen Marktsegment etablieren. Eine Platzierung am Markt ist in diesen Fällen aber nur über den technischen Zugang möglich, der allein darüber entscheidet, ob ein Produkt überhaupt über das Netz zum Kunden gebracht wer-

---

40 Siehe auch BVerwGE 114, 160 (192), für § 33 Abs. 1 TKG 1996.

41 Ausführlich oben unter Kapitel 4 B.I.3.

den kann[42]. Die Preisregulierung steuert demgegenüber, dass solche Produkte zu wettbewerbsfähigen Preisen entwickelt und angeboten werden können, indem Entgelte für die notwendigen Vorleistungen und bzw. oder für die konkurrierenden Endprodukte des dominanten Marktteilnehmers reguliert werden. Im Gegensatz dazu kann vor allem in netzgebundenen Märkten die Zugangsregulierung effektiv eingesetzt werden, um strukturelle Barrieren abzubauen und den Marktzutritt zu erleichtern[43].

Zur Verfolgung des Ziels der Wettbewerbs- und Infrastrukturförderung durch Abbau struktureller Zutrittsbarrieren standen dem Gesetzgeber auch keine anderen bewährten und naheliegenden Instrumente zur Verfügung, auf die er die RegTP hätte verweisen können. Daher ist nach derzeitigem Stand der wissenschaftlichen Forschung und tatsächlichen Erfahrungen kein gleich oder besser geeignetes Mittel für diesen Zweck in Sicht. Auf ein milderes, ebenso wirkungsvolles Instrument muss sich die RegTP somit nicht verweisen lassen, sondern kann – vorbehaltlich besonderer Umstände im Einzelfall – auf die Regelung der Marktregulierung zur Zugangsverpflichtung zurückgreifen. Gegenüber dem Zugangsverpflichteten kann sie im Regelfall durch diese Argumentationskette darlegen, dass die Auferlegung einer Pflicht zur Zugangsgewährleistung erforderlich ist.

Dieses Ergebnis zur Erforderlichkeitsprüfung wird durch weitere Überlegungen zur Erforderlichkeit nicht berührt. In der rechtswissenschaftlichen Literatur wird darüber hinaus die Anwendung von ökonomischen Wohlfahrtskriterien erwogen. Wie oben bereits erläutert[44], können diese Kriterien jedoch nicht als alleiniger Maßstab der Erforderlichkeit gelten.

Insbesondere das *Pareto*-Kriterium kann jedoch grundsätzlich als zusätzliches, hilfreiches Instrument für die Bestimmung der Erforderlichkeit angesehen werden. Ein Mittel wäre demnach zumindest dann erforderlich, wenn sich durch den Einsatz des ins Auge gefassten Mittels die Rechtsposition für niemanden im Vergleich zum Urzustand oder zum (hypothetischen) Zustand nach Einsatz eines

---

[42] Zur Gefahr der Monopolisierung vor- und nachgelagerter Märkte siehe oben in Kapitel 2 Fn. 172; auch F.A.Z. v. 13.07.2004, S. 16.

[43] Siehe daher auch die Subsidiarität der Entgeltregulierung von Endkundendiensten nach § 39 Abs. 1 TKG.

[44] Siehe hierzu oben unter Kapitel 4 B.I.3.c., m. w. N.

oder mehrerer alternativer Mittel verschlechtern würde. Gerade in der Wettbewerbsaufsicht tritt jedoch die Schwäche dieses Kriteriums deutlich hervor. Wegen der „radikal individualistischen Vorstellung“[45], die diesem Kriterium zugrunde liegt, ist eine interpersonelle Saldierung der Nutzengewinne und -verluste bei den Betroffenen nicht möglich. Es wird ausschließlich auf den einzelnen Betroffenen abgestellt, ohne dass eine Aussage über den gesellschaftlichen Gesamtnutzen einfließt. Die Anwendung des *Pareto*-Kriteriums lässt im Fall seiner Nichterfüllung durch ein Mittel keinen zwingenden Rückschluss auf dessen Erforderlichkeit zu. Aus diesem Grund ist das *Pareto*-Kriterium in der Wettbewerbsaufsicht der Zugangsregulierung für die Erforderlichkeitsprüfung nicht anwendbar. Es führt bei seiner Anwendung immer zu negativen Ergebnissen, da zumindest einer der Beteiligten – der verpflichtete Netzbetreiber – durch die Verpflichtung zur Zugangsgewährung im Vergleich zum Urzustand in jedem Fall schlechter gestellt würde. Selbst wenn der Urzustand als Vergleichsgröße ausgenommen würde, weil er wegen seiner wettbewerblichen Defizite aus anderen Gründen nicht aufrechterhalten werden soll, und als Vergleichsgröße nur der hypothetische Zustand nach dem Einsatz alternativer Mittel zur Wettbewerbs- und Infrastrukturförderung bliebe, wäre nichts gewonnen. Auch dann bliebe letztlich die Schwierigkeit, dass eine Saldierung verschiedener Vor- und Nachteile der unterschiedlichen Mittel für die verschiedenen Betroffenen vorgenommen werden müsste, die das *Pareto*-Kriterium gerade nicht zulässt.

Auch der Rückgriff auf das *Kaldor-Hicks*-Kriterium hilft nicht weiter. Wie bereits oben ausgeführt, würde dadurch nur ein Teil der Abwägung, die im Rahmen der Verhältnismäßigkeitsprüfung auf der Stufe des Übermaßverbotes vorgenommen werden soll, in die Erforderlichkeit verlagert werden.

3. Übermaßverbot: Zumutbarkeit der Verpflichtung

Die Verpflichtung auf Gewährung von Zugang darf nicht gegen das Übermaßverbot verstoßen. Sie muss über die Geeignetheit und Erforderlichkeit zur Zweckerreichung hinaus auch im engeren Sinne verhältnismäßig sein. Die mit der Verpflichtung verbundenen belastenden Auswirkungen auf den betroffenen Netzbetreiber dürfen insbesondere im Hinblick auf seine Grundrechtspositionen

---

[45] *Schlink*, Abwägung, S. 173 f.

nicht außer Verhältnis zum angestrebten Zweck und seiner verfassungsrechtlichen Bedeutung stehen. Sie müssen ihm letztlich zumutbar sein.

Entscheidend sind hierbei neben den Grundrechtspositionen des betroffenen Netzbetreibers die in der Verfassung gründenden öffentlichen Interessen des Gemeinwohls. Dabei sind die negativen Auswirkungen auf die betroffenen Rechtsgüter des Netzbetreibers mit den positiven Effekten für die Gemeinwohlinteressen hinsichtlich des Gesetzeszwecks im Rahmen einer Gesamtschau anhand ihres jeweiligen verfassungsrechtlichen Gewichts abzuwägen[46].

Bereits im vorherigen Kapitel wurde hinsichtlich der relevanten Grundrechtspositionen des Zugangsverpflichteten festgestellt, dass er insbesondere in seinem Grundrecht der Berufsausübungsfreiheit (Art. 12 Abs. 1 GG), eventuell darüber hinaus auch in seiner Eigentumsgarantie (Art. 14 Abs. 1 S. 1 GG), seiner allgemeinen Handlungsfreiheit (Art. 2 Abs. 1 GG) sowie dem allgemeinen Gleichheitssatz (Art. 3 Abs. 1 GG) betroffen ist[47]. Dies gilt gerade auch für die DT AG. Bei der Entwicklung eines Maßstabes für die Anwendung des Grundsatzes der Verhältnismäßigkeit in der Zugangsregulierung des Telekommunikationsrechts zeigt sich, dass alle betroffenen Grundrechtspositionen des Zugangsverpflichteten im Rahmen der Verhältnismäßigkeit auf der gesetzlichen Grundlage des TKG einschränkbar sind. Eine solche Einschränkung ist für alle Grundrechtspositionen aus zumindest vernünftigen Gründen des Gemeinwohls bzw. aufgrund der Sozialpflichtigkeit des Eigentums möglich. Somit kommt es für die Einhaltung des Übermaßverbotes entscheidend darauf an, welche Gründe des Gemeinwohls und welches Maß an Sozialpflichtigkeit im Einzelfall ins Feld geführt werden können und auch tatsächlich vorliegen.

Das Interesse des Gemeinwohls, an dem sich auch die Sozialpflichtigkeit ausrichtet und das Ungleichbehandlungen rechtfertigen kann, ist in erster Linie darauf gerichtet, flächendeckend angemessene und ausreichende Dienstleistungen im Bereich der Telekommunikation im Sinne einer Grundversorgung sicherzustellen[48]. Eine solche Versorgung ist auch in der Telekommunikation im Regelfall am effektivsten und mit optimalen Leistungsangeboten durch einen

---

46 Siehe Erwägungsgrund 19 S. 2 Zugangsrichtlinie 2002/19/EG.
47 Siehe oben unter Kapitel 5 B.II.
48 Siehe Art. 87f Abs. 1 GG; Regulierungsziel in § 2 Abs. 2 Nr. 5 TKG.

Wettbewerb mehrerer privat-wirtschaftlich organisierter Anbieter inner- und außerhalb der vorhandenen Infrastruktur gewährleistet[49]. Aus diesem Grund hatte sich der verfassungsändernde Gesetzgeber entschlossen, diese Zielsetzung bei der Einfügung des Art. 87f GG im Rahmen der sogenannten Postreform II in die Verfassung aufzunehmen. Dadurch sind diese Interessen des Gemeinwohls bereits in der Verfassung verankert worden. Die Interessen einzelner Marktteilnehmer wie der durch die Regulierung gegebenenfalls begünstigten Wettbewerber fließen in diese Abwägung allerdings nicht unmittelbar ein. Sie können nur so weit berücksichtigt werden, wie sie von den übergeordneten Gemeinwohlinteressen abgedeckt werden.

Diese Gemeinwohlinteressen an der Gewährleistung der Grundversorgung sowie an mehr Wettbewerb und besserer Infrastruktur auf den Telekommunikationsmärkten hat der einfache Gesetzgeber dann auch zum Gesetzeszweck des TKG gemacht (§ 1 TKG). Daneben hat er die Wahrung der Nutzerinteressen und das Interesse an erschwinglichen Preisen auch zum Regulierungsziel erhoben (§ 2 Abs. 2 Nr. 1, 5 TKG). Auf diese Weise hat er eine Kongruenz zwischen den verfassungsrechtlich durch Art. 87f GG gesicherten Gemeinwohlinteressen und dem Gesetzeszweck des TKG hergestellt. Diese Kongruenz hat auch Auswirkungen auf die Prüfung des Grundsatzes der Verhältnismäßigkeit auf der Stufe des Übermaßverbotes. Sie richtet sich dadurch in der Abwägung an den im Grundgesetz und im TKG einheitlich niedergelegten Gemeinwohlinteressen und damit zugleich auch an dem durch den Einsatz einer Zugangsregulierung verfolgten Zweck aus. Daraus ergibt sich die Besonderheit, dass im Rahmen der Verhältnismäßigkeitsprüfung auf den ersten Stufen bereits festgestellt wurde, dass die zu beurteilende Regulierungsmaßnahme zur Förderung dieser Gemeinwohlinteressen als legitimem Zweck geeignet und erforderlich ist. Damit ist bei der Prüfung des Übermaßverbotes bereits inzident durch die Prüfung der ersten beiden Stufen des Grundsatzes der Verhältnismäßigkeit bestätigt, dass diese Zugangsverpflichtung den verfassungsrechtlich verankerten und deshalb begründeten und vernünftigen Gemeinwohlinteressen dient und hierzu auch erforderlich ist. Sie bewirkt also eine positive Förderung der Gemeinwohlinteressen

---

[49] Begründung zum Gesetzentwurf der Fraktionen CDU/CSU, SPD und F.D.P. zum TKG 1996, Allgemeiner Teil, in: Bundestags-Drucksache 13/3609, S. 33 f.; Begründung zum TKG-RegE zu § 2 Abs. 2, insbesondere Nr. 3, in: Bundestags-Drucksache 15/2316, Anlage 1, S. 56.

und ist für diese konkrete Förderung keineswegs entbehrlich. In diesem positiven Beitrag zu den Gemeinwohlinteressen liegt ein vernünftiger und zugleich gewichtiger Grund, der auch innerhalb der Sozialpflichtigkeit des Netzeigentums liegt und der somit Eingriffe und Beschränkungen in Grundrechtspositionen des betroffenen Netzbetreibers rechtfertigen kann.

Die Prüfung der Einhaltung des Übermaßverbotes verengt sich daher auf die Frage, ob diese Förderung von Gemeinwohlinteressen als vernünftigem Grund und zur Bestimmung der Sozialpflichtigkeit auch von solchem Gewicht ist, dass sie den Eingriff in Grundrechtspositionen beim Zugangsverpflichteten tatsächlich rechtfertigt. Es dreht sich um die Frage der Zumutbarkeit der Verpflichtung als Bestandteil des Übermaßverbotes[50]. Eine solche Prüfung kann abschließend nur anhand der konkreten Umstände des Einzelfalls vorgenommen werden.

Aber auch hier gelten verallgemeinerungsfähige Kriterien für eine Abwägung. Es ist zu beachten, dass die Zweckverfolgung der Förderung von Wettbewerb in Märkten mit monopolistischen Strukturen zwangsläufig auf die Begünstigung marktschwacher und neuer Wettbewerber gegenüber den etablierten Marktteilnehmern hinausläuft. Diese Wertung ist als zweckimmanent zu berücksichtigen. Der Gesetzgeber hat im TKG die Grenze der Rechtfertigung von Grundrechtseingriffen und -beschränkungen selbst zumindest punktuell markiert. Er hat dabei Vorgaben für eine Abwägung getroffen, die von der RegTP zu beachten sind. Zunächst können die hier relevanten Zugangsverpflichtungen nur Marktteilnehmern auferlegt werden, die bereits über beträchtliche Marktmacht verfügen. Diese Unternehmen verfügen über eine sehr komfortable und gefestigte Position im Wettbewerb aufgrund ihrer Marktmacht. Sie werden von den Verpflichtungen also tendenziell weniger hart getroffen, als wenn andere oder alle Marktteilnehmer verpflichtet werden würden. Die Belastungen wirken sich bei ihnen nicht so gravierend aus. Sie haben daher regelmäßig eine vergleichsweise hohe Schwelle zur Unzumutbarkeit. Darüber hinaus hat der Gesetzgeber einerseits Abwägungsparameter in § 21 Abs. 1 S. 2 TKG vorgegeben, die die RegTP bei der Prüfung der Angemessenheit jedenfalls zu berücksichtigen hat. Andererseits hat er in § 21 Abs. 4 TKG abschließend die sachlichen Weigerungsgründe aufgeführt, bei deren Vorliegen eine Zugangsverpflichtung

50 Siehe oben unter Kapitel 4 B.I.4.c.

zumindest nicht in der ins Auge gefassten Form erteilt werden darf[51]. Außerdem verfügt das Gesetz in §§ 30 ff. TKG über eine Entgeltregulierung, die gewährleisten soll, dass der Zugangsverpflichtete die erbrachten Leistungen auch entsprechend vergütet bekommt[52].

Danach ergibt sich, dass Zugangsverpflichtungen, die einem Unternehmen mit beträchtlicher Marktmacht auferlegt werden, die Abwägungsparameter ausreichend berücksichtigen, keinen Weigerungsgrund eingreifen lassen und im Rahmen der Entgeltregulierung eine entsprechende Gegenleistung gewährleisten, im Grundsatz angemessen sind und die Grenzen des Übermaßverbotes im Regelfall wahren. Die Grundrechtspositionen der betroffenen Netzbetreiber werden dadurch nicht unzumutbar eingeschränkt.

III. Bedeutung und Rolle der Verhältnismäßigkeit im vertikalen Interessenausgleich

Auf das Ergebnis des vertikalen Interessenausgleichs in der zweipoligen Beziehung zwischen der hoheitlichen Regulierung und dem betroffenen Netzbetreiber übt die Anwendung des Grundsatzes der Verhältnismäßigkeit einen bestimmenden Einfluss aus. Wegen seiner verfassungsrechtlichen Geltung und Bindungswirkung ist er bei der Regulierungsentscheidung durch die RegTP zwingend heranzuziehen[53]. Die Rechtmäßigkeit der Regulierung ist an seinen Teilgrundsätzen der Geeignetheit, der Erforderlichkeit und des Übermaßverbotes zu messen. Gerade die Bindung an den Grundsatz der Verhältnismäßigkeit und seine verbindliche Anwendung verpflichten die RegTP, im jeweiligen Einzelfall lediglich einen möglichst schonenden Eingriff vorzunehmen[54]. Mit Hilfe des Grundsatzes der Verhältnismäßigkeit lässt sich das im Telekommunikationsrecht geltende Gebot des schonenden Eingriffs erfüllen[55].

---

51 So auch BVerwGE 114, 160 (192), für § 33 Abs. 1 TKG 1996.

52 *Kühling*, S. 284: „Entgeltregulierung als notwendige Ergänzung der Zugangsregulierung".

53 Die Geltung aller Teilgrundsätze hätte bei der Formulierung des § 21 Abs. 1 S. 2 TKG stärker betont werden können.

54 Diese Bindung und ihre Wirkung übersieht *Kirchner*, in: Bundestags-Ausschussdrucksache 15(9)949, Anhang II, 247 (251), wenn er für das TKG eine ausdrückliche Verpflichtung zum schonenden Eingriff fordert.

55 Auch *Kirchner*, in: Bundestags-Ausschussdrucksache 15(9)949, Anhang II, 247 (250).

Darüber hinaus bietet er einen zuverlässigen und erprobten Maßstab für die Auswahl einer auch im übrigen rechtmäßigen Regulierungsmaßnahme im konkreten Einzelfall. Gerade die zweipolige Beziehung bei einem hoheitlichen Tätigwerden der RegTP gegenüber einem Netzbetreiber zur Zugangsregulierung von Amts wegen eröffnet für den Betroffenen die klassische Eingriffsabwehrperspektive, die dem Grundsatz der Verhältnismäßigkeit zugrunde liegt[56]. Wegen seiner geschützten Grundrechtspositionen stehen dem Zugangsverpflichteten Abwehrrechte gegen staatliche Beschränkungen zu. Durch die verbindliche Anwendung des Grundsatzes der Verhältnismäßigkeit kann ein rechtlich zulässiges Mittel bestimmt und ausgewählt werden, welches dem Gebot des schonenden Eingriffs zum Schutz des Zugangsverpflichteten genügt. Dabei ist es möglich, dass nach diesem Maßstab nicht nur ein einziges Mittel der Verhältnismäßigkeit entspricht und damit zulässig wäre. Vielmehr könnte der Einsatz eines anderen von mehreren verschiedenen Mitteln oder auch einer Kombination dieser Maßnahmen ebenfalls statthaft sein. Erst dann wäre die RegTP in ihrer Auswahl unter diesen Mitteln insoweit tatsächlich rechtlich nicht weiter gebunden und könnte eigenes ungebundenes Ermessen walten lassen[57].

Durch die Anwendung des Grundsatzes der Verhältnismäßigkeit bei der Entscheidung über die Mittelauswahl wird die RegTP durch die Stufen seiner Teilgrundsätze zu einer rechtmäßigen Entscheidung förmlich geleitet. Beim Durchlaufen der einzelnen Prüfungsstufen werden alle entscheidungsrelevanten Gesichtspunkte des Betroffenen sowie der Gemeinwohlinteressen berücksichtigt. Die praktischen Aspekte der Eignung des Mittels und der Erforderlichkeit des behördlichen Eingreifens fließen auf den ersten beiden Stufen ein, während sich die normativen Aspekte der unterschiedlichen Grundrechtspositionen und verfassungsrechtlichen Vorgaben auf der dritten Stufe auswirken. Auf diese Weise bietet der Grundsatz der Verhältnismäßigkeit für die Aufsichtsbehörde ein zuverlässiges Instrument, mit dessen Hilfe sie in der Einzelfallentscheidung unter praktischen und normativen Gesichtspunkten eine rechtmäßige Lösung erarbeiten kann. Dabei kommt der RegTP zugute, dass der Grundsatz der Verhältnismäßigkeit mit seinen Teilgrundsätzen durch die lange Praxis seiner Anwendung

---

56 *Kloepfer*, FS BVerwG, S. 338.
57 Siehe zu diesem Verständnis des häufig als „frei“ bezeichneten Ermessens *Maurer*, § 7 Rn. 17.

insbesondere durch Verwaltung und Gerichte eine gefestigte und in einer Vielzahl von Einzelfällen erprobte Ausgestaltung erreicht hat.

D. Verhältnismäßigkeit im horizontalen Interessenausgleich

I. Charakter der mehrpoligen Beziehung als Zugangsanspruch

Im Gegensatz zur zweipoligen Beziehung wird die RegTP in der mehrpoligen Beziehung nicht von Amts wegen, sondern nach § 21 Abs. 1 S. 1 Alt. 1 TKG ausschließlich auf Antrag eines Wettbewerbers tätig. Aufgrund seines Antragsrechts tritt mit dem Wettbewerber als Zugangspetent ein weiterer Akteur zur zweipoligen Regulierungsbeziehung hinzu. Er rangiert gleichberechtigt neben dem Zugangsverpflichteten, horizontal auf gleicher Höhe, so dass eine mehrpolige Beziehung entsteht.

Ohne eine staatliche Wettbewerbsaufsicht wäre das Rechtsverhältnis zwischen Zugangsverpflichtetem und Zugangspetentem als gleichberechtigten Rechtsgenossen allein durch das Ergebnis von Verhandlungen aufgrund vertraglicher Vereinbarungen in diesem Zwei-Personen-Verhältnis zu regeln. Mit seiner Marktregulierung hat sich der Staat entschlossen, auf das zivilrechtliche Ergebnis der Verhandlungen Einfluss zu nehmen. Wegen seiner übergeordneten Zielsetzung der Wettbewerbs- und Infrastrukturförderung und seiner daraus abgeleiteten schützenden Verantwortung gegenüber dem Zugangspetenten ist der Staat in dem zivilrechtlichen Verhältnis zwischen die Parteien getreten, wodurch ein mehrpoliges Verwaltungsrechtsverhältnis entstanden ist[58]. Im Grundsatz geht das TKG zwar von dem Prinzip der Selbstregulierung aus. Für eine staatliche Marktregulierung bleibt dann kein Raum, wenn die Parteien sich einvernehmlich über die Bedingungen des Zugangs geeinigt haben[59]. Diese Freiwilligkeit steht allerdings unter der Appellfunktion des möglichen staatlichen

---

[58] Zu dieser zunehmenden Verbreitung der mehrpoligen Rechtsverhältnisse aufgrund des häufigen staatlichen Eingreifens vgl. *Huber*, in: v. Mangoldt/Klein/Starck, Art. 19 Abs. 4 Rn. 351; *Schmidt-Aßmann*, in: Maunz/Dürig, Art. 19 Abs. 4 Rn. 3.

[59] So für die Zugangsregulierung nach § 25 Abs. 2 TKG; auch Art. 4 Abs. 1 Zugangsrichtlinie 2002/19/EG.

Eingreifens im Rahmen der Marktregulierung[60]. Das Wissen um eine mögliche Regulierung fließt in die Verhandlungen der Parteien ein. Auf diese Weise beeinflusst die Regulierungssystematik bereits mittelbar ohne eigenes Eingreifen der RegTP die Zugangsverhandlungen bzw. deren mögliches Ergebnis.

Kommt es dennoch zu keiner Einigung, kann der Zugangspetent bei der RegTP gemäß § 21 Abs. 1 S. 1 Alt. 1 TKG beantragen, dem Netzbetreiber die Verpflichtung zur Gewährung des Zugangs unter den begehrten Bedingungen aufzuerlegen. Der Zugangspetent hat gegenüber der RegTP einen Anspruch darauf, dass sie über sein Begehren ermessensfehlerfrei entscheidet. Während in diesem Dreiecksverhältnis der Zugangspetent über die begehrte Verpflichtung die Entstehung und den Bestand seiner wirtschaftlichen Handlungsfreiheit für sich sichern will, geht es für den betroffenen Netzbetreiber wie in der zweipoligen Beziehung um die Abwehr einer Beschränkung derselben Freiheit. Der Netzbetreiber versucht in diesem Fall seine Freiheit allerdings nicht nur gegenüber der RegTP als Aufsichtsbehörde, sondern zugleich auch gegenüber dem Begehren des Zugangspetenten zu verteidigen. Der auf Zugang in Anspruch Genommene will eine Belastung durch die RegTP zugunsten des Zugangspetenten, mit dem er möglicherweise sogar im Wettbewerb steht, verhindern.

Die RegTP wird gemäß der Intention der Zugangsregulierung auf Antrag tätig, um bei Vorliegen der tatbestandlichen Voraussetzungen im Wege der Regulierung das Gleichgewicht der wirtschaftlichen Chancen zwischen dem betroffenen Netzbetreiber und dem Zugangspetenten herzustellen. Ihr Handeln ist aus diesem Grund regelmäßig darauf gerichtet, den Wettbewerber des Zugangsverpflichteten spürbar und wirkungsvoll unter Inkaufnahme einer Belastung des Zugangsverpflichteten zu begünstigen. Was im Fall des Einschreitens von Amts wegen in der zweipoligen Beziehung nach § 21 Abs. 1 S. 1 Alt. 2 TKG nur eventuell ein – wenn auch systemimmanenter – Nebenzweck der Regulierungsmaßnahme ist, ist in der Alternative des Tätigwerdens auf Antrag Bestandteil des gewünschten Effekts. Denn der Antragsteller will mit seinem Antrag zum eigenen Vorteil eine konkrete, von ihm bestimmte Zugangsleistung zur Förderung seines eigenen Geschäftsmodells vom Zugangsverpflichteten erhalten.

---

60 Von *Kloepfer*, FS BVerwG, S. 341, als „der raffinierte Einbau von Freiwilligkeit" bezeichnet.

Allerdings wird die daraus resultierende Wettbewerberbegünstigung nicht zum Ziel der Regulierung und damit des Handelns der RegTP. Ihr Handlungszweck bleibt insoweit die gesetzlich vorgegebene Wettbewerbs- und Infrastrukturförderung, für die sie jedoch auch eine Wettbewerberbegünstigung anordnen kann[61]. Aber ein solcher Effekt bleibt in jedem Fall nur das – wenn auch notwendige – Zwischenziel, um die Wettbewerbs- und Infrastrukturförderung zu erreichen. Der Wettbewerberbegünstigung im privaten Interesse des Zugangspetenten muss ein hinreichend bedeutsames öffentliches Interesse zur Seite stehen, um im Rahmen der Gemeinwohlbelange Berücksichtigung zu finden[62].

Daraus ergibt sich für die vorzunehmende Interessenabwägung Folgendes: Auch im Fall eines Antrags eines Wettbewerbers steht der RegTP ihr Ermessen bei der Auswahl der konkreten Zugangsverpflichtung zu. Aufgrund des Hinzutretens des Zugangspetenten in diesem Verhältnis sind jedoch neben den öffentlichen Interessen des Gemeinwohls einerseits und den Interessen des Netzbetreibers andererseits auch unmittelbar die Interessen des Zugangspetenten zu beachten. Den Interessen des Netzbetreibers stehen grundsätzlich gleichberechtigt die Interessen des Zugangspetenten gegenüber, solange sie sich innerhalb der übergeordneten öffentlichen Interessen bewegen, so dass die RegTP einen – wieder bildlich gesprochen – horizontalen Interessenausgleich zwischen beiden Telekommunikationsanbietern vornehmen muss. Im Schwerpunkt bedarf es einer Interessenabwägung anhand der berechtigten Interessen der Wettbewerber[63]. In der Regel werden dabei die öffentlichen Interessen an einem funktionierenden Markt mit Innovations- und Investitionsanreizen zugleich in angemessener Weise berücksichtigt und gewahrt. Der durchzuführende horizontale Interessenausgleich ist wegen der mehrpoligen und vielschichtigeren Beziehungen komplexer als der vertikale Interessenausgleich. Er ist deswegen im Regelfall für die RegTP schwieriger zu beurteilen.

---

61 Vgl. BVerfGE 19, 101 (114); 23, 50 (59 f.); 37, 1 (24); 39, 210 (237).
62 Siehe auch *Haus*, Zugang, S. 185.
63 BGH, in: WuW 1995, 311 (321 ff.) – Gasdurchleitung (WuW/E BGH 2953 ff.).

II. Verpflichtung auf Antrag im Rahmen der Verhältnismäßigkeit

Der Antrag eines Zugangspetenten auf Zugang zum Netz eines Netzbetreibers hat bei Vorliegen der oben genannten Voraussetzungen in der Rechtsfolge nur dann Aussicht auf Erfolg, wenn und soweit der begehrte Zugang den Zugangsverpflichteten nicht unverhältnismäßig belasten würde. Dazu muss der begehrte Zugang geeignet und erforderlich sein, den vorgegebenen Zweck zu erfüllen, und darf zu diesem Zweck im Hinblick auf die Belastung des Zugangsverpflichteten und die Begünstigung seiner Wettbewerber das Übermaßverbot nicht verletzen.

Dabei steht es dem Zugangspetenten offen, den von ihm konkret begehrten Zugang bis zur Grenze der Befugnis der RegTP auszugestalten. Grundsätzlich kann er von der RegTP verlangen, dass diese ihre Verpflichtungsbefugnisse nach dem TKG zu seinen Gunsten voll ausschöpft, sofern der Rahmen der Verhältnismäßigkeit nicht überschritten wird. Dies schließt – wie oben dargelegt[64] – auch die Möglichkeit der Verpflichtung zu Infrastrukturveränderungen ein. Gerade an diesem Beispiel wird deutlich, welche Bedeutung der mehrpoligen Beziehung durch das Antragsrecht der Wettbewerber und den Verpflichtungsanspruch[65] für die Zugangsregulierung und damit für die strukturelle Wettbewerbsöffnung insgesamt zukommt.

Der Grundsatz der Verhältnismäßigkeit wirkt dabei wie ein Regulativ für die Angemessenheit des Zugangs. Die Prüfung der Verhältnismäßigkeit eines begehrten Zugangs ist immer für den Einzelfall anhand der jeweils eigenen Umstände des Antragsverfahrens vorzunehmen.

1. Geeignetheit des begehrten Zugangs

Der vom Zugangspetenten begehrte Zugang muss zur Förderung des Gesetzeszwecks geeignet sein. Er muss – wie oben ausgeführt[66] – zum Regulierungszweck der Wettbewerbs- und Infrastrukturförderung auf den Telekommunikationsmärkten in einer positiven Relation stehen. Beim Tätigwerden auf Antrag des Zugangspetenten ist die RegTP ebenfalls gehalten, den Gesetzeszweck der

[64] Siehe oben unter Kapitel 3 D.III.4.
[65] Siehe hierzu oben unter Kapitel 3 D.IV.
[66] Siehe hierzu oben unter Kapitel 4 B.I.2.a.

Wettbewerbs- und Infrastrukturförderung und die Regulierungsziele zu verfolgen. Alle ihre Regulierungsmaßnahmen müssen diesen Zielen dienen und dürfen ihnen nicht zuwider laufen. Dementsprechend ist die Geeignetheit des begehrten Zugangs ebenfalls an diesen Zielen zu messen.

Eines der vom Gesetzgeber vorgesehenen Mittel ist die hoheitliche Verpflichtung gemäß des Antrages des Zugangspetenten. Da der Zugangspetent seinen Antrag hinreichend genau bestimmen muss, liegt es an ihm, die begehrte Zugangsverpflichtung konkret festzulegen und damit das genaue Mittel vorzugeben. In ihrer Entscheidung über den Antrag wird die RegTP also die begehrte Verpflichtung auf ihre Geeignetheit hin prüfen, ohne selbst eine Mittelauswahl unter mehreren Alternativen treffen zu müssen.

Demzufolge wird die RegTP auf der Stufe der Geeignetheit zu einem positiven Ergebnis kommen, wenn der begehrte Zugang weder bei der Evidenz- noch bei der Vertretbarkeitskontrolle durchfällt und wenn auch nach der eigenen Prognose der RegTP ein positiver Effekt dieser bestimmten Zugangsgewährung für die Wettbewerbs- und Infrastrukturförderung zu erwarten ist. Solange sich der Zugangspetent mit seinem Begehren innerhalb des Beispielskatalogs des § 21 Abs. 2, 3 TKG bewegt, dürfte dies bei Vorliegen der Voraussetzungen des Tatbestandes – abhängig von den Umständen des jeweiligen Antrags – in der Regel der Fall sein. Denn die Hürde der Geeignetheit ist angesichts der vielfältigen Möglichkeiten der Wettbewerbs- und Infrastrukturförderung, die durch nahezu jede Form des Zugangs auf irgendeine Weise denkbar scheint, nicht besonders hoch.

So ist insbesondere beim Beispiel von beantragten Infrastrukturveränderungen davon auszugehen, dass selbst ein solches, weitreichendes Zugangsbegehren die Anforderungen der Geeignetheit – immer abhängig vom Einzelfall – ohne größere Schwierigkeiten erfüllen dürfte. Die Befugnisse der RegTP im Rahmen der Zugangsregulierung reichen so weit, dass sie nach § 21 Abs. 1 S. 1 TKG grundsätzlich einen betroffenen Netzbetreiber zur Vornahme von Veränderungen an seinem Netz verpflichten kann, die dem Zugangspetenten einen angemessenen Zugang zu diesem Netz gewähren. Aufgrund der begehrten Veränderungen an der Infrastruktur wird es dem Zugangspetenten in diesen Fällen regelmäßig erst ermöglicht, überhaupt oder zumindest leichter und damit in wirtschaftlich sinnvoller Weise seine Dienste anzubieten. Dadurch wird seine Position im Wettbewerb gestärkt und der Wettbewerb insgesamt wird sich auf den Telekommunikationsmärkten intensivieren. Daher kommt es in der Regel aufgrund von begehrten Infrastrukturveränderungen zu einer Förderung des Wettbewerbs und der Infrastruktur.

Im Ergebnis sind Zugangsbegehren, die sich *innerhalb* des nicht abschließenden Verpflichtungskatalogs bewegen, in der Regel als zur Förderung von Wettbewerb und Infrastruktur geeignet anzusehen.

2. Erforderlichkeit des begehrten Zugangs

Die Gewährung des seitens des Zugangspetenten begehrten Zugangs muss außerdem zur Erreichung des gesetzgeberischen Zwecks des TKG erforderlich sein. Die RegTP kann dem Zugangsbegehren nur stattgeben, wenn und soweit ihr kein anderes Mittel zur Verfügung steht, welches zur Wettbewerbs- und Infrastrukturförderung in diesem Fall gleich oder besser geeignet wäre, aber den Zugangsverpflichteten weniger belasten würde. Als alternative Mittel der begehrten Zugangsregulierung kommen dabei neben den anderen Maßnahmen der Marktregulierung insbesondere die weiteren Verpflichtungsmöglichkeiten des Beispielskatalogs des § 21 Abs. 2, 3 TKG wie auch die entsprechende Verpflichtung anderer oder mehrerer Netzbetreiber, als vom Zugangspetenten beantragt wurde, in Betracht.

In einem ersten Prüfungsschritt sind also die gleich oder besser geeigneten Zugangsmaßnahmen im Vergleich zum Zugangsbegehren zu ermitteln. Als Maßstab gleicher oder besserer Eignung dient auch hier der Gesetzeszweck des TKG und nicht etwa der vom Zugangspetenten verfolgte Zweck der Erleichterung seiner Geschäftstätigkeit auf die in seinem Antrag bestimmte Weise. Seine Zugangsbedürfnisse dürfen von der RegTP nicht an die Stelle des gesetzlichen Regulierungszwecks gesetzt werden. Nur zu diesen Vorgaben des Gesetzgebers darf die RegTP regulierend in die Märkte eingreifen. Auf diese Weise verbleibt ihr bei ihrer Suche nach alternativen Mitteln die gesamte Bandbreite ihrer gesetzlichen Befugnisse nach dem TKG. Entsprechend den Regulierungszielen des § 2 Abs. 2 TKG gilt es also im Fall des Zugangsbegehrens eines Wettbewerbers insbesondere auf den allgemeinen Abbau struktureller Barrieren, die den Wettbewerb auf den Telekommunikationsmärkten behindern, als Eignungsmaßstab abzustellen. Nur wenn der vom Zugangspetenten erstrebte Erfolg in Gänze und in sinnvoller Weise der Förderung von Wettbewerb und Infrastruktur dient, ist er wegen der Übereinstimmung mit dem Gesetzeszweck als Nebenzweck der Regulierung zu berücksichtigen.

Bei einem Zugangsbegehren, welches die Voraussetzungen des § 21 Abs. 1 S. 1 Alt. 1 TKG erfüllt, wird dies jedoch regelmäßig der Fall sein. Wegen der subjektiven Eingriffsvoraussetzungen kann ein Netzbetreiber auch auf Antrag nur verpflichtet werden, wenn er auf dem betroffenen Markt, der anhand der Kriterien des § 10 Abs. 2 S. 1 TKG wegen der erkannten Wettbewerbsdefizite für eine Regulierung in Betracht kommt, nach der Marktanalyse gemäß § 11 Abs. 1 TKG zusätzlich über beträchtliche Marktmacht verfügt. Somit stellt sich die Frage der Erforderlichkeit des begehrten Zugangs ohnehin nur, wenn feststeht, dass ein wettbewerbliches Defizit auf diesem Markt vorliegt und der Netzbetreiber über beträchtliche Marktmacht auf diesem Markt verfügt. Gerade solche Defizite im Zusammenspiel mit einseitiger Marktmacht können jedoch durch geeignete Zugangsregulierung reduziert werden.

Sollte der Zugangspetent in seinem Antrag die Verpflichtung eines marktmächtigen Netzbetreibers zu Infrastrukturveränderungen aufgenommen haben, können gleich oder besser geeignete Mittel im Regelfall nur darin bestehen, dass die RegTP eine andere als die begehrte Infrastrukturveränderung vom betroffenen Netzbetreiber einfordert oder die begehrte Verpflichtung einem anderen, ebenfalls marktmächtigen Netzbetreiber auferlegt. Im ersten Fall ließe sich der beantragte technische Zugang auf eine andere Weise im Netz des betroffenen Netzbetreibers realisieren. Zur Gewährung rechtlichen Gehörs ist der betroffene Netzbetreiber am Antragsverfahrens ohnehin im Hinblick darauf zu beteiligen, ob andere Anpassungen an seiner Netzinfrastruktur gegebenenfalls eine gleichermaßen effektive Wettbewerbs- und Infrastrukturförderung bewirken könnten[67]. Die Gewährung eines Zugangs durch eine andere, aber ebenso geeignete Veränderung der Infrastruktur des Netzbetreibers wäre vom Antrag des Antragstellers regelmäßig mitumfasst[68]. Im zweiten Fall wäre es denkbar, dass der

---

[67] Vgl. § 135 Abs. 1 i. V. m. § 134 Abs. 2 Nr. 2 TKG.

[68] Zur Auslegung von Anträgen auf Einleitung eines Verwaltungsverfahrens siehe statt vieler *P. Stelkens/Schmitz*, in: Stelkens/Bonk/Sachs, § 22 Rn. 48 f.; *Engelhardt*, in: Obermayer, § 22 Rn. 85.

begehrte Zugang über die Infrastruktur eines anderen Netzbetreibers in ebenso gleicher Weise gewährt werden könnte. Eine Verpflichtung eines anderen Netzbetreibers nach § 9 Abs. 2, § 21 Abs. 1 S. 1 TKG kommt nur in Betracht, wenn auch dieser Netzbetreiber gemäß einer Marktanalyse nach § 11 Abs. 1 TKG auf dem betroffenen Markt über beträchtliche Marktmacht verfügen würde. In der gegenwärtigen Situation der Telekommunikationsmärkte ist es jedoch höchst unwahrscheinlich, dass auf ein und demselben Markt zwei unterschiedliche Netzbetreiber zugleich über beträchtliche Marktmacht verfügen. Dementsprechend ist es nahezu ausgeschlossen, dass die RegTP unter mehreren potentiellen Zugangsverpflichteten auswählen kann.

Im speziellen Fall des Antrags auf Infrastrukturveränderungen scheiden andere Verpflichtungsbefugnisse der RegTP aus dem Beispielskatalog des § 21 Abs. 2, 3 TKG häufig aus. Sie werden regelmäßig für die Wettbewerbs- und Infrastrukturförderung nicht denselben Grad an Eignung aufweisen wie der begehrte Zugang. Eine Veränderung der technischen Voraussetzungen für die Zugangsgewährung ist unter Erreichen der begehrten Folgen selten durch andere Zugangsleistungen aus dem Katalog zu ersetzen. So würde im Gegenteil die Zugangsberechtigung aus dem Zugangsanspruch des Antragstellers leerlaufen, wenn nicht technische Veränderungen an der Infrastruktur vorgenommen werden[69]. Letztlich konzentriert sich die Suche nach gleich oder besser geeigneten, alternativen Mitteln somit auf technische Alternativen der Zugangsgewährleistung durch andere Anpassungen im Netz des betroffenen Netzbetreibers, als sie vom Zugangspetenten eingefordert wurden.

Als zweiten Schritt hat die RegTP im Rahmen der Erforderlichkeit zu prüfen, ob der Antrag mit dem begehrten Zugang den betroffenen Netzbetreibern nicht weiter einschränkt als die im ersten Schritt ermittelten anderen, ebenso gleich oder besser geeigneten Mittel. Die RegTP ist gehalten, den Antrag abzulehnen, wenn aus dem Kreis der möglichen Maßnahmen mit ausreichender Eignung zur Wettbewerbs- und Infrastrukturförderung eine Maßnahme den Zugangsverpflichteten weniger belasten würde als der beantragte Zugang. Statt einer Ab-

---

[69] Siehe zu dieser Problematik auch *Koenig/Kühling/Winkler*, in: WuW 2003, 228 (229 f.).

lehnung kommt jedoch auch eine Umdeutung des Antrags oder eine abweichende Bescheidung in Betracht[70].

Sofern es eines oder mehrere alternative Mittel mit hinreichender Eignung gibt, sind die Belastungen der in Betracht kommenden Maßnahmen für den jeweils in Anspruch Genommenen vergleichend gegenüber zu stellen. Hierbei sind die konkreten Umstände des begehrten Zugangs und der vorhandenen Infrastruktur des betroffenen Netzbetreibers zu berücksichtigen. Anhand dieser Gegebenheiten sind die jeweils für ihn zu erwartenden Belastungen zu ermitteln. Wie bereits für die zweipolige Beziehung erläutert, können ökonomische Wohlfahrtskriterien in der Wettbewerbsaufsicht auch hier für die Erforderlichkeitsprüfung keine wesentliche Hilfe bieten. Die Belastungen sind vielmehr zunächst an objektiven Maßstäben, insbesondere finanziellen Nachteilen zu bewerten. Auf dieser Grundlage könnte die RegTP dann, sofern sie ihr durch Anhörung oder Verfahrensbeteiligung bekannt geworden sind, auch die subjektiven Präferenzen des Netzbetreibers einfließen lassen. Es besteht kein Grund, in diesem Fall nicht auf die subjektive Empfindung der Belastung beim potentiell Verpflichteten Rücksicht zu nehmen, da nur der eine Netzbetreiber betroffen ist.

Auch im Fall eines Antrags auf Infrastrukturveränderungen ist diejenige Anpassung auszuwählen, die den betroffenen Netzbetreiber am wenigsten einschränkt. Jede Zugangsverpflichtung ist allein wegen der Einschränkung der Vertragsfreiheit der Beteiligten mit Beschränkungen verbunden. Gerade hierbei ist seitens der RegTP auf die Besonderheiten der installierten Infrastruktur der beiden Beteiligten zu achten. Oftmals sind die Details der Netztechnik des Netzbetreibers dem Zugangspetenten bei Antragstellung trotz der Transparenzverpflichtungen des TKG nur eingeschränkt bekannt. Dadurch mag er sein Zugangsverlangen auf stärker belastende Veränderungen als notwendig gestützt haben, weil ihm günstigere Alternativen nicht bekannt waren.

Das Problem der wertenden Beurteilung sowohl von Vor- als auch von Nachteilen verschiedener Mittel stellt sich an dieser Stelle regelmäßig nicht. Im Rahmen der Erforderlichkeitsprüfung ist allein die Belastung beim Betroffenen

---

70 Zu den Voraussetzungen siehe hierzu statt vieler *P. Stelkens/Schmitz*, in: Stelkens/Bonk/Sachs, § 22 Rn. 48 f.; *Engelhardt*, in: Obermayer, § 22 Rn. 85.

als Maßstab heranzuziehen, die der begehrte Zugang mit seinen Nachteilen im Vergleich zu anderen Regulierungsalternativen verursachen würde.

3. Übermaßverbot: Zumutbarkeit der Zugangsgewährung

Neben der Geeignetheit und der Erforderlichkeit des begehrten Zugangs ist auch seine Übereinstimmung mit dem Übermaßverbot durch die RegTP zu prüfen. Das Zugangsbegehren darf im Hinblick auf den maßgeblichen Zweck der Wettbewerbs- und Infrastrukturförderung nicht unverhältnismäßig im engeren Sinne sein. Dazu müssen die vom Zugangspetenten eingeforderten Belastungen für den betroffenen Netzbetreiber im Rahmen der Gemeinwohlinteressen gerechtfertigt sein.

Der Netzbetreiber wird dabei – wie oben ausgeführt[71] – in seinen Grundrechten betroffen, die allerdings auf der gesetzlichen Grundlage des TKG durch die RegTP im Rahmen der Verhältnismäßigkeit eingeschränkt werden können. In diesem Zusammenhang ist darauf hinzuweisen, dass auch Marktteilnehmer mit beträchtlicher Marktmacht im (Mit-)Eigentum der öffentlichen Hand, insbesondere die DT AG, nicht selbst an die Grundrechte zum Schutz ihrer Wettbewerber gebunden sind. Sie unterliegen also insoweit keiner besonderen Opferverpflichtung. Im Rahmen der Verhältnismäßigkeit sind den Rechtspositionen des Netzbetreibers allein die Interessen des Gemeinwohls gegenüber zu stellen. Der Zugangspetent kann sich zu seinen eigenen Gunsten jedoch auf das Gemeinwohl berufen. Das Gemeinwohlinteresse ist entsprechend dem Gesetzeszweck des TKG aus den erwähnten Gründen auf eine Stabilisierung und Förderung des Wettbewerbs und der zugrunde liegenden Infrastruktur gerichtet. Aufgrund der traditionell monopolistischen Strukturen der Telekommunikationsmärkte ist hierzu eine Wettbewerberbegünstigung notwendig. Daher hat der Staat wegen der Ausgestaltung der verfassungsrechtlichen und gesetzlichen Rahmenbedingungen eine Schutzverantwortung gegenüber den Neueinsteigern und einflussarmen Wettbewerbern auf diesen Märkten übernommen. Daraus können diese Marktteilnehmer auch konkrete Ansprüche herleiten. Innerhalb der Gemeinwohlinteressen sind also bei der Abwägung in der mehrpoligen Beziehung im Schwerpunkt die Interessen des Zugangspetenten zu berücksichtigen. Aus

---

[71] Siehe hierzu oben unter Kapitel 5 B.II.

diesem Grund kommt es zu einer horizontalen Abwägung der Interessen der beiden betroffenen Marktteilnehmer[72].

Auch in der mehrpoligen Beziehung läuft die Prüfung des Übermaßverbotes zum horizontalen Interessenausgleich letztlich auf eine Abwägung unter dem Aspekt der Zumutbarkeit hinaus. In diesen Fällen besteht wie in der zweipoligen Beziehung ebenfalls zwischen den relevanten Gemeinwohlinteressen und dem Gesetzeszweck des TKG eine Übereinstimmung. Diese Kongruenz führt dazu, dass wegen der vorhergehenden Bejahung der Geeignetheit und Erforderlichkeit an dieser Stelle der Prüfung bereits feststeht, dass der begehrte Zugang gleichfalls zur Förderung der Gemeinwohlinteressen geeignet und erforderlich ist. Damit dient er trotz der Beschränkungen für den betroffenen Netzbetreiber jedenfalls verfassungsrechtlich begründeten, vernünftigen und hinreichend gewichtigen Gemeinwohlinteressen. Daher kommt es für die Prüfung des Übermaßverbotes nur noch darauf an, ob durch den begehrten Zugang der daraus Verpflichtete nicht unzumutbar belastet werden wird.

Die Beantwortung dieser Frage ergibt sich aus der Wertung der Belastung durch den begehrten Zugang beim betroffenen Netzbetreiber unter Berücksichtigung seiner individuellen Umstände. Es ist eine individuelle Grenze der Zumutbarkeit festzulegen, da es eine starre, allgemein gültige und für alle gleiche Grenze nicht gibt[73]. Das normative Gewicht der Gemeinwohlinteressen, die mit der Regulierungsmaßnahme verfolgt werden, ist einzubeziehen. Hierzu hat der Gesetzgeber der RegTP im TKG einige Vorgaben an die Hand gegeben, die eine Festlegung im Einzelfall ermöglichen. Dazu gehören zunächst die speziellen subjektiven Voraussetzungen für eine Inanspruchnahme. Hierfür kommen nur Betreiber öffentlicher Netze mit beträchtlicher Marktmacht in Betracht (§ 9 Abs. 2, § 21 Abs. 1 S. 1 TKG), bei denen der Gesetzgeber wegen des im Verfahren der Marktdefinition und -analyse nach §§ 9 ff. TKG festgestellten Regulierungsbedarfs ohnehin von einer relativ hohen Schwelle der Belastbarkeit ausgeht. Weiterhin sind bei der Festlegung der individuellen Opfergrenze die Abwägungsparameter des § 21 Abs. 1 S. 2 TKG und die sachlichen Weigerungs-

72 Siehe auch Erwägungsgrund 19 Zugangsrichtlinie 2002/19/EG.
73 Siehe hierzu oben unter Kapitel 4 B.I.4.c.

gründe des § 21 Abs. 4 TKG zu berücksichtigen. Durch diese Kriterien soll einerseits der potentielle Zugangsverpflichtete vor einer unzumutbaren Inanspruchnahme geschützt werden. Andererseits werden die Gemeinwohlinteressen entsprechend ihrem Gewicht einbezogen. Darüber hinaus ist ein finanzieller Ausgleich der Belastungen anhand der Entgeltregulierung nach §§ 30 ff. TKG vorgesehen, der die Opfergrenze wiederum weiter hinausschiebt.

Insbesondere Zugangsbegehren, die sich innerhalb des Beispielskatalogs des § 21 Abs. 2, 3 TKG bewegen, dürften die auf diese Weise ermittelte individuelle Opfergrenze der Zumutbarkeit unter Berücksichtigung der Gemeinwohlinteressen im Regelfall nicht überschreiten. So scheitern auch Zugangsbegehren mit Infrastrukturveränderungen am Netz des betroffenen Netzbetreibers nicht generell an der fehlenden Zumutbarkeit. Da Infrastrukturveränderungen vom gesetzlichen Beispielskatalog gerade gedeckt sind, bestehen keine generellen Bedenken an ihrer Zumutbarkeit. Im Ergebnis wahren daher – vorbehaltlich der Besonderheiten des Einzelfalls – alle Zugangsbegehren, die die subjektiven Anforderungen an den Zugangsverpflichteten beachten, die Abwägungsparameter ausreichend berücksichtigen, keinen Weigerungsgrund eingreifen lassen und im Rahmen der Entgeltregulierung eine entsprechende Vergütung sicherstellen, die Grenzen der Zumutbarkeit. Für Zugangsbegehren gilt insoweit nichts anderes als auch schon für Verpflichtungen von Amts wegen.

Das Blickfeld der RegTP muss bei der Prüfung der Zumutbarkeit für diese mehrpolige Beziehung über den Zugangspetenten und den konkret benannten Netzbetreiber hinausreichen. Die RegTP muss den Gesamtmarkt mit allen Teilnehmern einbeziehen. Hierzu fehlt es zwar an einer ausdrücklichen Regelung im TKG im Bereich der gesamten Marktregulierung, dass alle Netzbetreiber mit beträchtlicher Marktmacht gleichmäßig belastet werden sollen. Der Gesetzgeber scheint insoweit noch davon auszugehen, dass jeweils nur ein Unternehmen in einem Markt für Regulierungsmaßnahmen in Betracht kommt. Demgegenüber ist für den Universaldienst wegen der wesentlich niedrigeren subjektiven Anforderungen ausdrücklich eine gleichmäßige Lastentragung aller potentiell zu Verpflichtenden entsprechend ihrer Umsatzanteile vorgesehen[74]. Diese Gesamtbetrachtung wohnt jedoch der Kontrolle des Übermaßverbotes bereits inne. Eine

[74] Vgl. § 83 Abs. 1 i. V. m. § 80 S. 1 TKG.

einseitige Belastung nur eines von mehreren Unternehmen, die die subjektiven Anforderungen an eine Verpflichtung erfüllen, wäre für den betroffenen Netzbetreiber unzumutbar und würde ihn im Hinblick auf Art. 3 Abs. 1 GG unangemessen benachteiligen. Sie wird daher bereits durch das Übermaßverbot unterbunden.

III. Bedeutung und Rolle der Verhältnismäßigkeit im horizontalen Interessenausgleich

Auch bei der Zugangsregulierung auf Antrag kommt dem Grundsatz der Verhältnismäßigkeit für das Ergebnis der Entscheidung über den begehrten Zugang eine herausragende regulative Bedeutung zu. Mit seiner Hilfe kann die RegTP die Doppelwirkung der Zugangsgewährung – Belastung für den Zugangsverpflichteten und Begünstigung des Zugangspetenten – in der mehrpoligen Beziehung zum horizontalen Interessenausgleich ebenfalls rechtlich erfassen und in einer Entscheidung bewerten. Selbst die wesentlich komplexeren Rechtsverhältnisse im mehrpoligen Beziehungsgeflecht lassen sich nach normativen Kriterien ordnen und einem horizontalen Interessenausgleich zuführen.

Für den Zugangspetenten besteht zwar keine Möglichkeit, sich direkt gegenüber den Netzbetreibern auf den Grundsatz der Verhältnismäßigkeit zu berufen[75]. Die Wettbewerber des Zugangspetenten sind an diesen Grundsatz nicht gebunden[76]. Dennoch ist der Grundsatz der Verhältnismäßigkeit für ihn nicht bedeutungslos. Er entfaltet eine mittelbare Wirkung, indem der Antrag des Zugangspetenten bei der RegTP nur dann Aussicht auf Erfolg hat, wenn und soweit er dem Grundsatz der Verhältnismäßigkeit entspricht. Nur unter diesen Voraussetzungen kann die RegTP dem Begehren überhaupt stattgeben. Der Verhältnismäßigkeitsgrundsatz sollte daher bereits bei der Formulierung des Antrags und der Auswahl des Zugangsbegehrens beachtet werden.

Aus Sicht der RegTP ist der Grundsatz der Verhältnismäßigkeit ebenfalls beim Tätigwerden auf Antrag das entscheidende Kriterium bei der Prüfung des Zugangsbegehrens. Als staatliche Aufsichtsbehörde ist die RegTP ohnehin un-

---

75 *Reinke*, S. 113.

76 Siehe ausführlich oben unter Kapitel 5 A.II.2.

mittelbar an ihn in ihrer Tätigkeit gebunden[77]. Er dient ihr als Maßstab dafür, inwieweit der begehrte Zugang tatsächlich angemessen ist. Nur solchen Anträgen darf die RegTP stattgeben. Ebenso wie die Anwendung des Grundsatzes der Verhältnismäßigkeit in der zweipoligen Beziehung die RegTP zu einer rechtmäßigen Entscheidung leiten kann, kann er ihr auch in der mehrpoligen Beziehung zur Ermittlung sachgerechter Ergebnisse dienen. Die direkten Interessenkonflikte zwischen den Wettbewerbern weisen eine wesentlich höhere Komplexität als die traditionellen zweipoligen Beziehungen des Verwaltungs- und Verfassungsrechts auf. Die höhere Komplexität rührt aus dem System der regulierten Selbstregulierung[78], welches in Art. 87f GG angelegt ist. Darin wird zur staatlichen Infrastrukturgewährleistung die Telekommunikationsversorgung privaten Akteuren und den Nachfolgeinstitutionen der Deutschen Bundespost gemeinsam zugewiesen. Die Steuerung erfolgt auf der Grundlage einer Mischung aus Marktkräften und hoheitlich regulierender Verwaltung. Dabei wird die bestehende Infrastruktur des einzelnen Netzbetreibers zwischen Privatnützigkeit und Gemeinwohlbindung gestellt[79]. Der daraus resultierende komplexe Interessenkonflikt kann allerdings ebenfalls mit Hilfe des Grundsatzes der Verhältnismäßigkeit bewältigt werden[80].

Aus diesem Grund können in beiden Alternativen der Zugangsregulierung – von Amts wegen oder auf Antrag – allein auf Grundlage des Grundsatzes der Verhältnismäßigkeit als Entscheidungsmaßstab interessengerechte Ergebnisse für die Regulierungsentscheidung erzielt werden.

E. Ergebnisse der exemplarischen Untersuchung

Die exemplarische Untersuchung der Anwendung und Wirkung des Grundsatzes der Verhältnismäßigkeit auf die Zugangsregulierung des novellierten Telekom-

---

[77] Siehe ausführlich oben unter Kapitel 5 A.II.1.

[78] Vgl. hierzu *Schmidt-Aßmann*, in: Maunz/Dürig, Art. 19 Abs. 4 Rn. 3.

[79] Ausführlich *Fehling*, in: AöR 121 (1996), 59 (75 ff.).

[80] Eines Rückgriffs auf andere Vergleichsmaßstäbe bedarf es in der Zugangsregulierung nicht, da die zu berücksichtigenden Interessen des Gemeinwohls und der Marktteilnehmer rechtlich zu fassen sind und daher für die Verhältnismäßigkeitsprüfung feste Bezugspunkte bilden; vgl. zu Rationalisierungsproblemen für die Verhältnismäßigkeit bei fehlenden rechtlichen Vergleichsmaßstäben *Schlink*, in: VVDStRL 48 (1990), 235 (258 f.); *Di Fabio*, S. 96 f., m. w. N.

munikationsrechts hat gezeigt, dass er für die Regulierung sowohl im vertikalen als auch im horizontalen Interessenausgleich eine herausragende regulative Rolle einnimmt.

Die novellierten Zugangsregeln mit den Verpflichtungsmöglichkeiten nach § 21 Abs. 1 S. 1 TKG halten einer Überprüfung gemessen an den Anforderungen des Grundsatzes der Verhältnismäßigkeit stand. Dies gilt auch insoweit, als sie der RegTP sehr weitreichende Befugnisse zur Verpflichtung des Netzbetreibers einräumen. Gerade auch die danach zulässige Verpflichtung des Netzbetreibers zu konkreten Infrastrukturveränderungen ist im TKG im Hinblick auf den Grundsatz der Verhältnismäßigkeit genügend ausgestaltet.

Die weitreichenden Befugnisse der RegTP sind insbesondere auch deshalb verhältnismäßig, weil ihr bei der Auswahl der konkreten Verpflichtung ein gleichfalls sehr weitreichendes Ermessen eingeräumt wird. Dadurch kann sie unter Berücksichtigung der Umstände des Einzelfalls über den Zugang eines Telekommunikationsanbieters entscheiden. Bei der Auswahl hat die RegTP das aus den gemeinschaftsrechtlichen Vorgaben übernommene Gebot des schonenden Eingriffs zu berücksichtigen. Dies schützt den in Anspruch genommenen Netzbetreiber vor unangemessenen Belastungen. Insoweit muss die Verwaltung bei der Regulierung einen Ausgleich zwischen den Interessen der Wettbewerber unter Berücksichtigung der Gemeinwohlinteressen schaffen.

Wegen des im Grundgesetz vorgegebenen Systems der regulierten Selbstregulierung in der Telekommunikationsversorgung ist dieser Interessenausgleich in einem vielschichtigen und wechselnden mehrpoligen Beziehungsgeflecht durchzuführen. Je nachdem, ob die RegTP von Amts wegen oder auf Antrag tätig wird, liegt der Schwerpunkt des Interessenausgleichs in der vertikalen oder in der horizontalen Perspektive. Die Anforderungen an den Interessenausgleich sind deshalb in beiden Alternativen komplex und werfen darüber hinaus aufgrund der gerade novellierten Gesetzesgrundlagen und einer sich äußerst dynamisch entwickelnden Regelungsmaterie immer neue Fragestellungen auf. Diese besondere Charakteristik des modernen Wettbewerbsrechts tritt im Telekommunikationsrecht sehr deutlich hervor und muss von der RegTP bewältigt werden.

In der Ermessensausübung bei der Auswahlentscheidung kann die RegTP mangels eigener gefestigter Entscheidungspraxis zu diesen neuen Ermächtigungsnormen auf die allgemeinen Grundsätze des Verwaltungsrechts zurückgreifen. Hier kann sie sich in allen Fällen vor allem auf den Grundsatz der Verhältnismäßigkeit stützen, an den sie als Teil der staatlichen Gewalt – im Gegensatz zu den Marktteilnehmern – ohnehin gebunden ist. In derselben Weise, wie mit seiner Hilfe die praktische Konkordanz der in den verfassungsrechtlichen Vorgaben des Art. 87f GG kollidierenden Aussagen des Privatisierungsgebots der Infrastruktur und der Infrastrukturgewährleistung im Sinne einer optimalen Verhältnismäßigkeit hergestellt werden kann[81], können auch auf der Verwaltungsebene die dort auftretenden gegensätzlichen Interessen sowohl in der vertikalen als auch in der horizontalen Perspektive mit seiner Anwendung ausbalanciert werden. Der Grundsatz der Verhältnismäßigkeit bietet der RegTP eine sichere dogmatische Grundlage mit einer vielfältigen behördlichen und gerichtlich überprüften Entscheidungspraxis. Für den Einzelfall ist er ein tragbares, erprobtes Gerüst zur Entscheidungsfindung für die praktische Anwendung. Durch seine Weiterentwicklung über viele Jahrzehnte gerade innerhalb der Rechtsordnung in Deutschland und in der EU ist er in seiner Struktur und seinem Inhalt so weit gefestigt, dass er auch für sich schnell fortentwickelnde Rechtsgebiete wie das moderne Telekommunikationsrecht zu sachdienlichen Antworten auf immer neue Fragestellungen führt.

Zur Umsetzung des Konzeptes offener Netze zur Ermöglichung von Wettbewerb bietet der Grundsatz der Verhältnismäßigkeit ein Instrument, mit dem dem besonderen Gestaltungsbedarf im Verhältnis der Wettbewerber im Telekommunikationsbereich nachgekommen werden kann. Die Untersuchung hat gezeigt, dass sich der Grundsatz der Verhältnismäßigkeit nicht nur für die Anwendung in der klassischen zweipoligen Verwaltungsbeziehung im vertikalen Interessenausgleich beim Tätigwerden der RegTP von Amts wegen eignet (§ 21 Abs. 1 S. 1 Alt. 2 TKG). Auch im anderen Fall der Zugangsregulierung aufgrund eines konkreten Zugangsbegehrens eines Telekommunikationsunternehmens (§ 21 Abs. 1 S. 1 Alt. 1 TKG) ist der Grundsatz der Verhältnismäßigkeit ein geeigneter Maßstab zur Entscheidungsfindung der RegTP über den horizontalen Interessenausgleich in dieser mehrpoligen Beziehung. Seine Anwendung führt die

[81] Siehe dazu *Stern*, in: DVBl. 1997, 309 (315 f.).

RegTP bei der materiellen Prüfung des geltend gemachten Zugangsanspruchs zu einer Entscheidung, ob das Zugangsbegehren tatsächlich angemessen ist.

Innerhalb des Grundsatzes der Verhältnismäßigkeit lassen sich jeweils die Vorgaben des Gesetzgebers und die Rechtspositionen der Beteiligten in die Entscheidungsfindung der RegTP einbeziehen. Insbesondere die tatsächlich betroffenen Grundrechte des verpflichteten Netzbetreibers und des möglichen Zugangsbegünstigten fließen bei der Stufe des Übermaßverbotes in die Prüfung ein. Auf dieser Stufe wird der Interessenausgleich je nach Regulierungsalternative entweder primär aus der vertikalen oder primär aus der horizontalen Perspektive vorgenommen. Die wettbewerbsrechtlichen Wertungen des Gesetzgebers in den Abwägungsparametern (§ 21 Abs. 1 S. 2 TKG), den sachlichen Weigerungsgründen (§ 21 Abs. 4 TKG) und in der Entgeltregulierung (§§ 30 ff. TKG) kommen in der Abwägung zur Geltung. In beiden Alternativen bietet eine konsequente Anwendung des Grundsatzes der Verhältnismäßigkeit die Gewähr, dass berechtigte Interessen eines der Beteiligten und die Vorgaben des Gesetzgebers vollständig berücksichtigt werden. Im Ergebnis wird dadurch in jedem Fall dem durch den Zugang Begünstigten ein angemessener Zugang gewährt, der den Zugangsverpflichteten nicht übermäßig belastet[82].

Anhand des Grundsatzes der Verhältnismäßigkeit lassen sich für die Zugangsregulierung der Telekommunikationsnetze eine Reihe von Eckpunkten aufstellen[83], die mit Hilfe des Grundsatzes anhand der Umstände des Einzelfalls für die Entscheidungspraxis ausgefüllt werden können:

Erstens stellt die Zugangsgewährung zum Netz eines Wettbewerbers nach den Regelungen des Telekommunikationsrechts keine Ausnahme, sondern die Regel dar. Der Zugangspetent hat aufgrund seines Antragsrechts einen Anspruch auf einen angemessenen Zugang und bei Vorliegen der Regulierungsvoraussetzungen auf eine ermessensfehlerfreie Auswahl der RegTP bei der Zugangsgewährung.

---

[82] Vgl. auch Erwägungsgrund 6, Art. 5 Abs. 1 Zugangsrichtlinie 2002/19/EG.

[83] Vgl. dazu die von *Schmidt-Preuß*, in: RdE 1 (4 ff.); AG 1996, 1 (5 ff.), formulierten eigentumsrechtlichen Eckwerte zur Durchleitungsverpflichtung im Energierecht. Für die Telekommunikation siehe auch *Wegmann*, S. 202 ff.

Zweitens kann der Zugangspetent Zugang nicht nur im Rahmen freier ungenutzter Kapazitäten des marktmächtigen Netzbetreibers, sondern darüber hinaus auch unter Vornahme von Infrastrukturveränderungen wie Instandhaltung, Anbau, Ausbau und Umbau des Netzes verlangen.

Drittens ist für die Angemessenheit der Zugangsverpflichtung beim betroffenen Netzbetreiber ein Ausgleich für wirtschaftliche Belastungen herbeizuführen. Angemessene Entgelte für die Zugangsleistungen auch unter Berücksichtigung der verlorenen Kosten für Netzinvestitionen und Infrastrukturveränderungen sind zu gewähren.

Viertens muss im allgemeinen volkswirtschaftlichen Interesse diese Vergütung so bestimmt werden, dass auch zukünftig ein Anreiz der Marktteilnehmer zu Investitionen in die Infrastruktur erhalten bleibt.

Fünftens müssen sich die übrigen, finanziell nicht auszugleichenden Belastungen aus der Zugangsverpflichtung im Rahmen der Angemessenheit bewegen. Dafür bedarf es eines Interessenausgleichs zwischen Gemeinwohl, Zugangsverpflichtetem und Zugangsbegünstigtem.

Auf der Grundlage dieser rechtlichen Vorgaben der Zugangsregulierung nach dem TKG ist durch die Regulierung ein Interessenausgleich im Einzelfall vorzunehmen, der jeweils durch das Instrument des Grundsatzes der Verhältnismäßigkeit gesteuert werden kann. Mit seinen Wurzeln in der klassischen Abwehrperspektive des vertikalen Interessenausgleichs dient er dabei nicht mehr nur allein dem Rechtsschutz des Bürgers zur Abwehr staatlicher Eingriffe, sondern kann ebenso zur staatlichen Entscheidungsfindung im Vorfeld herangezogen werden, um zu billigen Ergebnissen zu gelangen[84]. Er kann im modernen Telekommunikationsverwaltungsrecht, in dem sich die Konflikte immer mehr in mehrpolige Beziehungen verlagern, als Instrument für den dann notwendigen, schwerpunktmäßig horizontalen Interessenausgleich eingesetzt werden. Auf seiner Grundlage kann eine gefestigte Regulierungspraxis entwickelt werden, die auch über das Telekommunikationsrecht hinaus ausstrahlen wird.

---

[84] Allgemein auch *Kloepfer*, FS BVerwG, S. 345.

F. Ausblick

Die in dieser Arbeit untersuchte Bedeutung und Rolle des Grundsatzes der Verhältnismäßigkeit in der Zugangsregulierung des Telekommunikationsrechts ist von der RegTP, den Gerichten und den Marktteilnehmern in dieser Tiefe in ihre Entscheidungen noch nicht einbezogen worden. Nur in Ansätzen, vereinzelt und ohne systematische Abstimmung wird der Grundsatz der Verhältnismäßigkeit oder einige seiner Elemente berücksichtigt. Damit werden die Akteure bislang seiner Bedeutung und Rolle nicht gerecht und lassen die Chancen ungenutzt, die seine konsequente Anwendung insbesondere in diesem Rechtsgebiet bietet. Gerade für die im Markt tätigen Unternehmen ist eine verlässliche und vorhersehbare Entscheidungspraxis der RegTP und der Gerichte jedoch enorm wichtig, um wirtschaftlich erfolgreich tätig zu sein. Aus einer solchen Entscheidungspraxis würde Rechtssicherheit erwachsen, die eine Grundlage für unternehmerische Entscheidungen bietet. Die Heranziehung des Grundsatzes der Verhältnismäßigkeit sollte daher gerade aus eigenem Interesse von den Unternehmen im Markt gefördert und gefordert werden.

Die aufgezeigten Ergebnisse der Untersuchung am Beispiel der Zugangsregulierung im Telekommunikationsrecht lassen darüber hinaus auch einen Ausblick auf die Anwendung und Wirkung des Grundsatzes der Verhältnismäßigkeit im übrigen Wettbewerbsrecht zu. Auch dort sind Lösungen zum vertikalen und horizontalen Interessenausgleich gefordert. Dabei stellt sich die Frage, inwieweit die Ergebnisse einerseits auf das sektorspezifische Wettbewerbsrecht für andere Märkte und andererseits auf das allgemeine Wettbewerbsrecht übertragbar sind.

Auch in der sektorspezifischen Regulierungsaufsicht über andere Märkte ist der Grundsatz der Verhältnismäßigkeit seitens der jeweiligen Regulierungsbehörde anwendbar. Als staatliche Gewalt bleibt sie an ihn gebunden. Bei den Märkten mit einem sektorspezifischen Wettbewerbsrecht handelt es sich zumeist ebenfalls um Netzwirtschaften, die früher durch staatliche Monopole betrieben wurden, wie z. B. Energie-, Wasser- und Abwasserversorgung, Postdienste, Rundfunk oder Verkehrswirtschaften. Dementsprechend treten auch hier bei der Marktöffnung aufgrund einer Verschiebung der staatlichen Aufgaben hin zur Gewährleistung ähnliche Fragestellungen der Regulierung auf wie in der Telekommunikation. Insbesondere die Zugangsregulierung zu bestehenden Netzeinrichtungen ist auch für die Fortentwicklung dieser Märkte von herausragender Bedeutung.

Neben den Gemeinsamkeiten, die eine Übertragung von Ergebnissen ermöglichen, sind auch die Unterschiede des jeweiligen Wettbewerbsrechts mit seinen sektorspezifischen Ausgestaltungen und den verschiedenen tatsächlichen Rahmenbedingungen des jeweiligen Marktes zu beachten[85]. Aus diesem Grund müssen bei der Anwendung des Grundsatzes der Verhältnismäßigkeit innerhalb seiner Prüfung verschiedene Maßstäbe für die Geeignetheit, die Erforderlichkeit und das Übermaßverbot ähnlich wie vorliegend für den Telekommunikationsmarkt entwickelt und angelegt werden[86].

Im allgemeinen Wettbewerbsrecht steht der Anwendung und Wirkung des Grundsatzes der Verhältnismäßigkeit bei der Zugangsregulierung nach § 19 Abs. 4 Nr. 4 GWB gleichfalls nichts im Wege. Auch hier könnte dann ein konkreter Maßstab zur Anwendung auf den Einzelfall hergeleitet werden. Dementsprechend kann der Grundsatz der Verhältnismäßigkeit als Instrument dafür genutzt werden, ein Abwägungsmodell für die allgemeine und sektorspezifische Wettbewerbsaufsicht zu entwickeln. Ebenso wie ein solches für den Telekommunikationssektor erforderlich ist[87], sind in der Wettbewerbsaufsicht immer die zumeist gegenläufigen Interessen unterschiedlicher Marktteilnehmer und das Gemeinwohl gegeneinander auszugleichen und abzuwägen. Daraus könnte ein Abwägungsmodell als besondere Ausprägung des Grundsatzes der Verhältnismäßigkeit für die Wettbewerbsaufsicht – ähnlich wie die Drei-Stufen-Theorie der Rechtsprechung für die Berufsfreiheit nach Art. 12 GG[88] – entwickelt wer-

---

85 So ist keinesfalls in allen sektorspezifischen Regelungen zur Zugangsregulierung ein Antragsrecht des Zugangspetenten vorgesehen (vgl. z. B. §§ 6, 6a EnWG). Ferner sind die Möglichkeiten des technischen Zugangs und für alternative Übertragungswege von entscheidender Bedeutung.

86 Siehe dazu z. B. im Energierecht die entwickelten eigentumsrechtlichen Eckwerte als Maßstab bei *Schmidt-Preuß*, in: RdE 1996, 1 (4 ff.); AG 1996, 1 (5 ff.); *Papier*, in: BB 1997, 1213 (1214 ff.).

87 Siehe *Koenig/Kühling/Winkler*, in: WuW 2003, 228 (239 f.); auch Erwägungsgrund 19 S. 1 Zugangsrichtlinie 2002/19/EG; *Kirchner*, in: Bundestags-Ausschussdrucksache 15(9)949, Anhang II, 247 (250).

88 Grundlegend: BVerfGE 7, 377 (397 ff.).

den. Auf seiner Grundlage können der Regulierungsbedarf im Einzelfall und die daraus folgenden konkreten Regulierungsmaßnahmen bestimmt werden[89].

Für ein solches Abwägungsmodell könnte der Grundsatz der Verhältnismäßigkeit anhand der allgemeinen Vorgaben des Gesetzgebers sowie der besonderen Grundrechtskonstellationen der Wettbewerbsaufsicht auf diese Spezifikationen hin zugeschneidert werden. Das im Wettbewerbsrecht angelegte Gebot des schonenden Eingriffs durch staatliche Organe, um den Marktkräften möglichst weitgehende Entfaltung zu erlauben, könnte auf diese Weise erfüllt werden. Die verschiedenen mit der Wettbewerbsaufsicht befassten Behörden hätten einen einheitlichen Maßstab und eine einheitliche Basis, anhand derer sie eine märkteübergreifend konsistente Entscheidungspraxis aufbauen können. Dass ein solches Abwägungsmodell auf der Grundlage des Grundsatzes der Verhältnismäßigkeit entwickelt werden kann, hat die vorliegende Arbeit am Beispiel der Zugangsregulierung für das Telekommunikationsrecht gezeigt.

---

[89] *Koenig*, S. 313 ff. Zur Möglichkeit der regulierungstypischen Modifizierung des Verhältnismäßigkeitsgrundsatzes siehe auch *Eisenblätter*, S. 73 ff.

Abkürzungsverzeichnis

a. A. .... andere Auffassung

a. a. O. .... am angegebenen Ort

ABl. .... Amtsblatt der Europäischen Gemeinschaften bzw. ab Februar 2003 Amtsblatt der Europäischen Union (zitiert nach Reihe und Nummer sowie Ausgabedatum)

Abs. .... Absatz

AcP .... Archiv für die civilistische Praxis (*Zeitschrift*)

AER .... The American Economic Review (*Zeitschrift*)

a. F. .... alte Fassung

AG .... Aktiengesellschaft / Die Aktiengesellschaft (*Zeitschrift*)

Alt. .... Alternative

AmCham .... American Chamber of Commerce in Germany, Berlin

Anm. .... Anmerkung

AöR .... Archiv des öffentlichen Rechts (*Zeitschrift*)

ArchPF .... Archiv für das Post- und Fernmeldewesen (*Zeitschrift*), fortgeführt ab 1992 als ArchPT

ArchPT .... Archiv für Post und Telekommunikation (*Zeitschrift*), hervorgegangen 1992 aus ArchPF, fortgeführt ab 1999 als RTkom

Art. .... Artikel

Aufl. .... Auflage

BAGE .... Entscheidungen des Bundesarbeitsgerichts

BAnstPT .... Bundesanstalt für Post und Telekommunikation Deutsche Bundespost

BayVBl. .... Bayerische Verwaltungsblätter (*Zeitschrift*)

BayVerwGHE .... Sammlung von Entscheidungen des Bayerischen Verwaltungsgerichtshofes mit Entscheidungen des Bayerischen Verfassungsgerichtshofes

BB .... Betriebs-Berater (*Zeitschrift*)

BbgVerf. .... Verfassung des Landes Brandenburg

Bd. .... Band

Begr. .... Begründer

BGB .... Bürgerliches Gesetzbuch

BGBl. .... Bundesgesetzblatt (zitiert nach Teil, ggf. Jahrgang und Seite oder nach Teil und Gliederungsnummer)

BGH .... Bundesgerichtshof

BGHZ .... Entscheidungen des Bundesgerichtshofes in Zivilsachen

BKartA .... Bundeskartellamt

BMF .... Bundesministerium der Finanzen

BMPT .... Bundesministerium für Post und Telekommunikation (bis 1997)

BMWA .... Bundesministerium für Wirtschaft und Arbeit (seit 2002)

BMWi .... Bundesministerium für Wirtschaft und Technologie (bis 2002)

BVerfG .... Bundesverfassungsgericht

BVerfGE .... Entscheidungen des Bundesverfassungsgerichts

BVerwG .... Bundesverwaltungsgericht

BVerwGE .... Entscheidungen des Bundesverwaltungsgerichts

bzgl. .... bezüglich

bzw. .... beziehungsweise

CR .... Computer und Recht (*Zeitschrift*)

dass. / dens. /
ders. / dies. .... dasselbe / denselben / derselbe / dieselbe bzw. dieselben

DÖD .... Der Öffentliche Dienst (*Zeitschrift*)

DÖV .... Die Öffentliche Verwaltung (*Zeitschrift*)

DSL .... *Digital Subscriber Line*

DT AG .... Deutsche Telekom AG, Bonn

DuR .... Demokratie und Recht (*Zeitschrift*)

DV .... Die Verwaltung (*Zeitschrift*)

DVBl. .... Deutsches Verwaltungsblatt (*Zeitschrift*)

EG .... Europäische Gemeinschaft(en)

EGV .... Vertrag zur Gründung der Europäischen Gemeinschaft in der Fassung vom 16. April 2003 (Beitrittsvertrag von Athen mit Akte, ABl. L 236 v. 23.09.2003, S. 17-49), in Kraft seit dem 1. Mai 2004 (siehe auch konsolidierte Fassung auf der Grundlage des Vertrages von Nizza vom 26. Februar 2001 in ABl. C 325 v. 24.12.2002, S. 33-159)

EJ .... Economic Journal (*Zeitschrift*)

EMRK .... Konvention zum Schutz der Menschenrechte und der Grundfreiheiten vom 4. November 1950 (BGBl. II 1952 S. 686-700)

EnWG .... Gesetz über die Elektrizitäts- und Gasversorgung (Energiewirtschaftsgesetz), verkündet als Art. 1 des Gesetzes zur Neuregelung des Energiewirtschaftsrechts vom 29. April 1998 (BGBl. I S. 730-734)

EU .... Europäische Union (seit 1. Januar 1993)

EuG .... Gericht erster Instanz der Europäischen Gemeinschaften

EuGH .... Gerichtshof der Europäischen Gemeinschaften

EuGRZ .... Europäische Grundrechte Zeitschrift (*Zeitschrift*)

EuR .... Europarecht (*Zeitschrift*)

EuZW .... Europäische Zeitschrift für Wirtschaftsrecht (*Zeitschrift*)

f. .... und folgende / -r / -s

FAG .... Gesetz über Fernmeldeanlagen vom 3. Dezember 1927 (RGBl. I 1928 S. 8-10)

F.A.Z. .... Frankfurter Allgemeine Zeitung (*Tageszeitung*)

ff. .... und folgende

Fn. .... Fußnote

FS .... Festschrift

GG .... Grundgesetz für die Bundesrepublik Deutschland

ggf. .... gegebenenfalls

GfR .... Gesellschaft für Rechtspolitik

GWB .... Gesetz gegen Wettbewerbsbeschränkungen (6. Novelle) in der zuletzt geltenden Fassung (vgl. Bekanntmachung vom 26. August 1998, BGBl. I S. 2546)

h. M. .... herrschende Meinung

Hrsg. .... Herausgeber

Hs. .... Halbsatz

i. V. m. .... in Verbindung mit

JA .... Juristische Ausbildung (*Zeitschrift*)

JLE .... Journal of Law and Economics (*Zeitschrift*)

JuS .... Juristische Schulung (*Zeitschrift*)

JZ .... Juristenzeitung (*Zeitschrift*)

K&R .... Kommunikation & Recht: Betriebs-Berater für Medien, Telekommunikation und Multimedia (*Zeitschrift*)

KfW .... Kreditanstalt für Wiederaufbau

KG .... Kammergericht / Kommanditgesellschaft

Koll. .... Kolloquium

krit. .... kritisch

Lfg. .... Lieferung zur Ergänzung Loseblattsammlung

lit. .... litera(e), Buchstabe(n)

MdB .... Mitglied des Bundestages

MMR .... MultiMedia und Recht (*Zeitschrift*)

m. w. N. .... mit weiteren Nachweisen

N&R .... Netzwirtschaften & Recht (*Zeitschrift*)

NJW .... Neue Juristische Wochenschrift (*Zeitschrift*)

Nr. .... Nummer(n)

NVwZ .... Neue Zeitschrift für Verwaltungsrecht (*Zeitschrift*)

NZA .... Neue Zeitschrift für Arbeitsrecht (*Zeitschrift*)

NZV .... Verordnung über besondere Netzzugänge (Netzzugangsverordnung) vom 23. Oktober 1996 (BGBl. I S. 1568-1569)

OLG .... Oberlandesgericht

ONP .... *Open Network Provision* (Konzept offener Netze)

OVG .... Oberverwaltungsgericht

PostStruktG .... Gesetz zur Neustrukturierung des Post- und Fernmeldewesens und der Deutschen Bundespost (Poststrukturgesetz) vom 8. Juni 1989 (BGBl. I S. 1026-1051)

PostUmwG .... Gesetz zur Umwandlung der Unternehmen der Deutschen Bundespost in die Rechtsform der Aktiengesellschaft (Postumwandlungsgesetz), verkündet als Art. 3 PTNeuOG vom 14. September 1994 (BGBl. I S. 2339-2353)

PostVerfG .... Gesetz über die Unternehmensverfassung der Deutschen Bundespost (Postverfassungsgesetz), verkündet als Art. 1 PostStrukG vom 8. Juni 1989 (BGBl. I S. 1026-1042)

PreußALR .... Preußisches Allgemeines Landrecht von 1794

PTNeuOG .... Gesetz zur Neuordnung des Postwesens und der Telekommunikation vom 14. September 1994 (BGBl. I S. 2325-2357)

Rahmenrichtlinie ... Richtlinie 2002/21/EG des Europäischen Parlaments und des Rates vom 7. März 2002 über einen gemeinsamen Rechtsrahmen für elektronische Kommunikationsnetze und -dienste (ABl. L 108 v. 24.04.2002, S. 33-50)

RdE .... Recht der Energiewirtschaft (*Zeitschrift*)

RegTP .... Regulierungsbehörde für Telekommunikation und Post (bis 2005, dann umbenannt in und erweitert zur Bundesnetzagentur für Elektrizität, Gas, Telekommunikation, Post und Eisenbahnen (Bundesnetzagentur – BNetzA))

RGBl. .... Reichsgesetzblatt (zitiert nach ggf. Jahrgang und Seite, seit dem 1. April 1922 nach Teil, ggf. Jahrgang und Seite)

Rn. .... Randnummer(n)

Rs. .... Rechtssache

Rspr. .... Rechtsprechung

RTkom .... Zeitschrift für das Recht der Telekommunikation und das Recht der elektronischen Medien (*Zeitschrift*), hervorgegangen 1999 aus ArchPT

RV .... Verfassung des Deutschen Reiches vom 16. April 1871 (Reichsverfassung)

S. .... Satz / Seite(n)

S-AVerf. .... Verfassung des Landes Sachsen-Anhalt

Slg. .... Sammlung der Rechtsprechung des Gerichtshofes und des Gerichts erster Instanz der Europäischen Gemeinschaften (zitiert nach Jahrgang und Seite bzw. ab 1990 nach Jahrgang, Teil und Seite)

SMP .... *Significant Market Power* (beträchtliche Marktmacht)

sog. .... sogenannte / -r / -s / -n

st. Rspr. .... ständige Rechtsprechung

TAL .... Teilnehmeranschlussleitung(en) (auch § 3 Nr. 21 TKG)

TelG .... Gesetz über das Telegraphenwesen von 1892 (RGBl. S. 467-470)

ThürVerf. .... Verfassung des Freistaates Thüringen

TKG .... Telekommunikationsgesetz vom 22. Juni 2004 (BGBl. I S. 1190)

TKG 1996 .... Telekommunikationsgesetz vom 25. Juli 1996 in der zuletzt geltenden Fassung (siehe § 152 Abs. 2 TKG)

TKG-RefE .... Referentenentwurf des BMWA zum TKG (Novelle) vom 30. April 2003, unter: www.tkrecht.de

TKG-RegE .... Entwurf der Bundesregierung für ein Telekommunikationsgesetz (TKG-Novelle) vom 15. Oktober 2003 als Bundesrats-Drucksache 755/03 sowie als Anlage 1 der Bundestags-Drucksache 15/2316

TWG .... Telegraphenwegegesetz vom 18. Dezember 1899 (RGBl. S. 705-710), zuletzt nach der Postreform I von 1989 in der Fassung der Bekanntmachung vom 24. April 1991, BGBl. I S. 1053

Tz. .... Textziffer(n)

u. a. .... unter anderem

Universaldienst-
richtlinie .... Richtlinie 2002/22/EG des Europäischen Parlaments und des Rates vom 7. März 2002 über den Universaldienst und Nutzerrechte bei elektronischen Kommunikationsnetzen und -diensten (ABl. L 108 v. 24.04.2002, S. 51-77)

U.S.A. .... United States of America (Vereinigte Staaten von Amerika)

v. .... vom / von

VATM .... Verband der Anbieter von Telekommunikations- und Mehrwertdiensten e. V., Bonn, Berlin

VersR .... Versicherungsrecht, Juristische Rundschau für Individualversicherung (*Zeitschrift*)

VerwArch .... Verwaltungsarchiv (*Zeitschrift*)

VG .... Verwaltungsgericht

vgl. .... vergleiche

Vorb. (v.) .... Vorbemerkungen (vor)

VVDStRL .... Veröffentlichungen der Vereinigung der Deutschen Staatsrechtslehrer (*Zeitschrift*)

VwGO .... Verwaltungsgerichtsordnung

VwVfG .... Verwaltungsverfahrensgesetz

WAR .... Wissenschaftlicher Arbeitskreis für Regulierungsfragen bei der Regulierungsbehörde für Telekommunikation und Post

WRV .... Verfassung des Deutschen Reiches vom 11. August 1919 (Weimarer Reichsverfassung)

WuW .... Wirtschaft und Wettbewerb (*Zeitschrift*)

WuW/E-BGH .... WuW Entscheidungssammlung zum Kartellrecht: Rechtsprechung des Bundesgerichtshofes (ab 1998 fortgeführt in WuW/E DE-R)

WuW/E-OLG .... WuW Entscheidungssammlung zum Kartellrecht: Rechtsprechung der Oberlandesgerichte (ab 1998 fortgeführt in WuW/E DE-R)

WuW/E DE-R .... WuW Entscheidungssammlung zum Kartellrecht: Deutschland – Rechtsprechung

WuW/E DE-V .... WuW Entscheidungssammlung zum Kartellrecht: Deutschland – Verwaltung

WuW/E EU-V .... WuW Entscheidungssammlung zum Kartellrecht: Europäische Union – Verwaltung

z. B. .... zum Beispiel

ZEI .... Zentrum für Europäische Integrationsforschung, Bonn

ZG .... Zeitschrift für Gesetzgebung (*Zeitschrift*)

Ziff. .... Ziffer(n)

ZIP .... Zeitschrift für Wirtschaftsrecht (*Zeitschrift*)

ZSR .... Zeitschrift für Schweizerisches Recht (*Zeitschrift*)

Zugangsrichtlinie .. Richtlinie 2002/19/EG des Europäischen Parlaments und des Rates vom 7. März 2002 über den Zugang zu elektronischen Kommunikationsnetzen und zugehörigen Einrichtungen sowie deren Zusammenschaltung (ABl. L 108 v. 24.04.2002, S. 7-20)

ZUM .... Zeitschrift für Urheber und Medienrecht (*Zeitschrift*)

Alle weiteren Abkürzungen sind entnommen:

Kirchner, Hildebert / *Butz, Cornelie*:
Abkürzungsverzeichnis der Rechtssprache, Berlin 2003.

Literaturverzeichnis*

***Albrecht, Rüdiger Konradin*:** Zumutbarkeit als Verfassungsmaßstab – der eigenständige Gehalt des Zumutbarkeitsgedankens in Abgrenzung zum Grundsatz der Verhältnismäßigkeit, Berlin 1995

***Alexy, Robert*:** Theorie der Grundrechte, 2., unveränderte Aufl., Frankfurt (Main) 1994

Alternativkommentar von *Denninger, Erhard / Hoffmann-Riem, Wolfgang / Schneider, Hans-Peter / Stein, Ekkehart* (Hrsg.): Kommentar zum Grundgesetz für die Bundesrepublik Deutschland, Band 1 (Präambel, Art. 1-17a GG), 3. Aufl., Loseblattsammlung, Neuwied, Stand: April 2002 (2. Aufbau-Lfg.),
(zitiert: *Bearbeiter*, in: Alternativkommentar)

American Chamber of Commerce in Germany (AmCham): Anmerkungen zum TKG-Referentenentwurf, Berlin 2003,
unter: www.tkrecht.de

***von Arnauld, Andreas*:** Grundrechtsfragen im Bereich von Postwesen und Telekommunikation, in: DÖV 1998, S. 437-452

***von Arnauld, Andreas*:** Die normtheoretische Begründung des Verhältnismäßigkeitsgrundsatzes, in: JZ 2000, S. 276-280

***Auffermann, Peter*:** Der Grundsatz der Verhältnismäßigkeit im Arbeits- und Sozialversicherungsrecht, Würzburg 1975

***Bain, Joe*:** Essays on Price Thoery and Industrial Organization, Boston 1972

* In diesem Literaturverzeichnis sind die in den Fußnoten zitierten Fundstellen alphabetisch nach Hrsg. bzw. Begr., Autor oder Verfasser bzw. ausnahmsweise nach gebräuchlichem Titelstichwort geordnet.

Barden, Stefan: Grundrechtsfähigkeit gemischt-wirtschaftlicher Unternehmen – Eine verfassungs- und europarechtliche Untersuchung unter besonderer Berücksichtigung der Deutschen Post AG, München 2002

Bartosch, Andreas: Europäisches Telekommunikationsrecht in den Jahren 2000 und 2001, in: EuZW 2002, S. 389-397

Baumol, William / Panzar, Luke / Willig, Jared: Contestable Markets and the Theory of Industry Structure, New York, San Diego 1982

Bea, Franz Xaver / Dichtl, Erwin / Schweitzer, Marcell **(Hrsg.)**: Allgemeine Betriebswirtschaftslehre, Band 1: Grundfragen, 8. Aufl., Stuttgart 2000

Bechtold, Rainer: Kartellgesetz, Gesetz gegen Wettbewerbsbeschränkungen, Kommentar, 3. Aufl., München 2002

Beck'scher TKG-Kommentar von ***Büchner, Wolfgang / Ehmer, Jörg / Geppert, Martin / Kerkhoff, Bärbel / Piepenbrock, Hermann-Josef / Schütz, Raimund / Schuster, Fabian*** **(Hrsg.)**: Telekommunikationsgesetz, Kommentar, 2. Aufl., München 2000
(zitiert: *Bearbeiter*, in: Beck'scher TKG-Kommentar)

Behrends, Andrea: Stromeinspeisung und Verfassungsrecht, Oldenburg 2001

Bender, B.: Verhältnismäßigkeit und Vermeidbarkeit des Verwaltungshandelns, in: NJW 1955, S. 938-939

Benz, Angelika: Veränderung staatlicher Aufgabenwahrnehmung durch Privatisierung – das Beispiel Telekommunikation; in: Gusy, Christoph (Hrsg.): Privatisierung von Staatsaufgaben: Kriterien – Grenzen – Folgen, S. 129-164, Baden-Baden 1998

Berger, Heinz / Blankart, Charles / Picot, Arnold **(Hrsg.)**: Lexikon der Telekommunikationsökonomie, Heidelberg 1990

Bettermann, Karl August: Legislative ohne Posttarifhoheit, Frankfurt (Main), Berlin 1967

Bettermann, Karl August / Loh, Ernesto: Verfassungsrechtliche Bedenken gegen die Besteuerung von Altkontrakten durch das Absicherungsgesetz, in: BB 1969, S. 70-72

***Bleckmann, Albert*:** Begründung und Anwendbarkeit des Verhältnismäßigkeitsprinzips, in: JuS 1994, S. 177-183

***Böckenförde, Ernst-Wolfgang*:** Die Menschenwürde ist nicht unantastbar, in: F.A.Z. v. 3. September 2003, S. 33 und 35

***Borowski, Martin*:** Grundrechte als Prinzipien, Baden-Baden 1998

***Braun, Sebastian*:** Der Zugang zu wirtschaftlicher Netzinfrastruktur – Telekommunikation, Schienenverkehr und Energiewirtschaft im Spannungsfeld staatlicher Interessen und deren Regulierung durch sektorspezifisches Recht auf einem Wettbewerbsmarkt, Herbolzheim 2003

***von Breitenbuch, Albrecht*:** Law and Economics for Landlines Telecommunications – Liberalisation, Regulation and Deregulation in Germany, Frankfurt (Main), Berlin, New York, Oxford 2001

***Büdenbender, Ulrich*:** Durchleitung elektrischer Energie nach der Energierechtsreform, in: RdE 1999, S. 1-11

***Büdenbender, Ulrich*:** Kommentar zum Energiewirtschaftsgesetz, Köln 2003

***Büdenbender, Ulrich / Heintschel von Heinegg, Wolff / Rosin, Peter*:** Energierecht I, Recht der Energieanlagen, Berlin, New York 1999

***Bullinger, Martin*:** Verbreitung digitaler Pay-TV-Pakete in Fernsehkabelnetzen, in: ZUM 1997, S. 281-330

Bundesministerium für Wirtschaft und Technologie (BMWi): Eckpunkte Telekommunikation für eine Stellungnahme der Bundesregierung zum Tätigkeitsbericht der RegTP 2000/2001 und zum Sondergutachten 33 der Monopolkommission, Berlin 2002,
unter: www.bmwa.bund.de

***Calliess, Christian / Ruffert, Matthias* (Hrsg.):** Kommentar des Vertrages über die Europäische Union und des Vertrages zur Gründung der Europäischen Gemeinschaft, 2. Aufl., Neuwied 2002

***Canaris, Claus-Wilhelm*:** Grundrechte und Privatrecht, in: AcP Bd. 184 (1984), S. 201-246

***Canaris, Claus-Wilhelm*:** Grundrechtseinwirkungen und Verhältnismäßigkeitsprinzip im Privatrecht, in: JuS 1989, S. 161-172

***Canaris, Claus-Wilhelm*:** Methodenlehre der Rechtswissenschaft (Studienausgabe), begründet v. *K. Larenz*, 3. Aufl., Berlin, Heidelberg, New York 1995

***Clérico, Laura*:** Die Struktur der Verhältnismäßigkeit, Baden-Baden 2001

***Conrad, Hermann / Kleinheyer, Gerd* (Hrsg.):** Vorträge über Recht und Staat von *Carl Gottlieb Svarez* (1746-1798), Köln, Opladen 1960

***von Danwitz, Thomas*:** Verfassungsfragen der gesetzlichen Exklusivlizenz der Deutschen Post AG, München 2002

***Dechsling, Rainer*:** Das Verhältnismäßigkeitsgebot, München 1989

***Demsetz, Harold*:** Why regulate utilities?, in: JLE 1968 Heft 11, S. 55-65

***Demsetz, Harold*:** Barriers to Entry, in: AER Bd. 72 Nr. 1 (1982), S. 47-57

***Detjen, Günther*:** Betriebswirtschaftslehre des Post- und Fernmeldewesens, Band 1, Gelsenkirchen 1984

***Detjen, Günther*:** Betriebswirtschaftslehre des Post- und Fernmeldewesens, Band 2, Gelsenkirchen 1985

***Diedrichsen, Uwe*:** Das Bundesverfassungsgericht als oberstes Zivilgericht – ein Lehrstück der juristischen Methodenlehre, in: AcP Bd. 198 (1998), S. 171-260

***Di Fabio, Udo*:** Risikoentscheidungen im Rechtsstaat, Tübingen 1994

***Doll, Roland / Nigge, Ralf*:** Die Prüfung des Regulierungsbedarfs auf TK-Märkten nach dem neuen TKG, in: MMR 2004, S. 519-524

***Dreier, Horst* (Hrsg.):** Grundgesetz, Kommentar, Band I (Art. 1-19 GG), Tübingen 1996

***Dreier, Horst* (Hrsg.):** Grundgesetz, Kommentar, Band II (Art. 20-82 GG), Tübingen 1998

***Dreier, Horst* (Hrsg.)**: Grundgesetz, Kommentar, Band III (Art. 83-146 GG), Tübingen 2000

Dürig, Günter: Grundrechte und Zivilrechtsprechung; in: Maunz, Theodor (Hrsg.): Vom Bonner Grundgesetz zur gesamtdeutschen Verfassung, Festschrift zum 75. Geburtstag von H. Nawiasky, S. 157-190, München 1956

Eidenmüller, Alfred: Fernmeldehoheitsrecht und Grundgesetz – Die Deutsche Bundespost und ihr Anlagenmonopol, in: DÖV 1985, S. 522-530

Eilmansberger, Thomas: Der Umgang marktbeherrschender Unternehmen mit Immaterialgüterrechten im Lichte des Art. 86 EWGV, in: EuZW 1992, S. 625-634

Eisenblätter, Tanja: Regulierung in der Telekommunikation, Frankfurt (Main), Berlin, New York, Oxford 2000

Ellinghaus, Ulrich: Der Stand der Telekommunikationsgesetzgebung, in: MMR 2003, S. 91-95

Ellinghaus, Ulrich: Regulierungsverfahren, gerichtlicher Rechtsschutz und richterliche Kontrolldichte im neuen TKG, in: MMR 2004, S. 293-297

Emmerich, Volker: Kartellrecht, 9. Aufl., München 2001

Engel, Christoph: Verhandelter Netzzugang, Baden-Baden 2002

Esser, Josef: Grundsatz und Norm in der richterlichen Fortbildung des Privatrechts, 4. Aufl., Tübingen 1990

Eucken, Walter: Die Grundlagen der Nationalökonomie, 8. Aufl., Berlin, Heidelberg, New York 1965

Eurostat (Statistisches Amt der Europäischen Gemeinschaften): Panorama of European industry, Band 2, Luxemburg 1997

Ewald, Christian: Predatory Pricing als Problem der Missbrauchsaufsicht, in: WuW 2003, S. 1165-1173

Fehling, Michael: Mitbenutzungsrechte Dritter bei Schienenwegen, Energieversorgungs- und Telekommunikationsleitungen vor dem Hintergrund staatlicher Infrastrukturverantwortung, in: AöR Bd. 121 (1996), S. 59-95

Forsthoff, Ernst: Rechtsfragen der leistenden Verwaltung, Stuttgart 1959

Forsthoff, Ernst: Der Staat der Industriegesellschaft, 2. Aufl., München 1971

Franzius, Claudio: Technikermöglichungsrecht – Wechselbeziehungen zwischen Technik und Recht am Beispiel der Kommunikationstechnik, in: DV Bd. 34 (2001), S. 487-516

Franzius, Claudio: Strukturmodelle des europäischen Telekommunikationsrechts, in: EuR 2002, S. 660-690

Freund, Matthias: Infrastrukturgewährleistung in der Telekommunikation, München 2002

Freund, Matthias: Infrastrukturgewährleistung in der Telekommunikation, in: NVwZ 2003, S. 408-415

Fuhr, Karl-Michael / Kerkhoff, Bärbel: Entbündelter Zugang – Vereinbarkeit mit der Eigentumsgarantie des Art. 14 GG?, in: MMR 1998, S. 6-11

Fuhr, Karl-Michael / Kerkhoff, Bärbel: Regulierung als Voraussetzung für Wettbewerb in den Telekommunikationsmärkten, in: MMR 1999, S. 213-218

Gentz, Manfred: Zur Verhältnismäßigkeit von Grundrechtseingriffen, in: NJW 1968, S. 1600-1607

Geppert, Martin / Ruhle, Ernst-Olav / Schuster, Fabian: Handbuch Recht und Praxis der Telekommunikation, 2. Aufl., Baden-Baden 2002

Gersdorf, Hubertus: Regelungskompetenzen bei der Belegung digitaler Kabelnetze, Berlin 1996

Grabitz, Eberhard: Der Grundsatz der Verhältnismäßigkeit in der Rechtsprechung des Bundesverfassungsgerichts, in: AöR Bd. 98 (1973), S. 568-616

Gramlich, Ludwig: Von der Postreform zur Postneuordnung, in: NJW 1994, S. 2785-2793

Gramlich, Ludwig: Art. 10 GG nach der zweiten Postreform 1994, in: CR 1996, S. 102-115

***Gramlich, Ludwig*:** Entwicklungen der staatlichen Wirtschaftsaufsicht – Das Telekommunikationsrecht als Modell?, in: VerwArch Bd. 88 (1997), S. 598-644

***Gramlich, Ludwig*:** Rechtsfragen bei Zusammenschaltungsvereinbarungen, in: CR 1997, S. 65-73

***Gravelle, Hugh / Rees, Ray*:** Microeconomics, 2. Aufl., London, New York 1992

***Griffiths, Alan / Wall, Stuart*:** Intermediate Microeconomics, Harlow (England) 1996

***Gröttrup, Hendrik*:** Die kommunale Leistungsverwaltung – Grundlagen der gemeindlichen Leistungsvorsorge, Stuttgart 1976

***Groggert, Christian*:** Der Grundsatz der Verhältnismäßigkeit im deutschen Arbeitskampfrecht, Berlin 1990

***Güth, Werner*:** Markt- und Preistheorie, Berlin, Heidelberg, New York 1994

***Gutenberg, Erich*:** Grundlagen der Betriebswirtschaftslehre, Erster Band: Die Produktion, 24. Aufl., Berlin, Heidelberg, New York 1983

***Haas, Joachim*:** „Essential Facilities Doctrine" und offene Netze, Baden-Baden 2000

***Hanf, Werner*:** Der Festnetzmarkt im Bild der Market Player – Die Anbieterseite; in: Neumann, Karl-Heinz / Stamm, Peter (Hrsg.): Wettbewerb in der Telekommunikation – Wie geht es weiter?, S. 23-27, Bad Honnef 2002

***Hank, Rainer*:** Märkte lernen besser als Staaten, in: F.A.Z. v. 10. Januar 2004, S. 13

***Haucap, Justus / Kruse, Jörn*:** Ex-Ante-Regulierung oder Ex-Post-Aufsicht für netzgebundene Industrien?, in: WuW 2004, S. 266-275

***Haus, Florian*:** Zugang zu Netzen und Infrastruktureinrichtungen, Köln, Berlin, Bonn, München 2002

***Haus, Florian*:** Zugangsverweigerung und Bestimmtheitsgrundsatz, in: NVwZ 2002, S. 432-435

***Haus, Florian*:** Kommunikationskartellrecht – Ein Rahmen für den Wettbewerb in Kommunikationsmärkten, in: WuW 2004, S. 171-179

***Haverkate, Görg*:** Rechtsfragen des Leistungsstaates – Verhältnismäßigkeitsgebot und Freiheitsschutz im leistenden Staatshandeln, Tübingen 1983

***Hefekäuser, Hans-Willi*:** Telekommunikationsmärkte zwischen Regulierung und Wettbewerb, in: MMR 1999, S. 144-153

***Heimlich, Jörn*:** Die Abgabepflichten des Telekommunikationsgesetzes, in: NVwZ 1998, S. 122-125

***Heinsohn, Stephanie*:** Der öffentlichrechtliche Grundsatz der Verhältnismäßigkeit, Münster 1997

***Held-Daab, Ulla*:** Das freie Ermessen, Berlin 1996

***Henke, Wilhelm*:** Das subjektive öffentliche Recht, Tübingen 1968

***Hermes, Georg*:** Staatliche Infrastrukturverantwortung – Rechtliche Grundstrukturen netzgebundener Transport- und Übertragungssysteme zur Daseinsvorsorge und Wettbewerbsregulierung am Beispiel der leitungsgebundenen Energieversorgung in Europa, Tübingen 1998

***Hesse, Konrad*:** Grundzüge des Verfassungsrechts in der Bundesrepublik Deutschland, 20. Aufl., Heidelberg 1995

***Heun, Sven-Erik* (Hrsg.):** Handbuch Telekommunikationsrecht, Köln 2002

***Heun, Sven-Erik*:** Der Referentenentwurf zur TKG-Novelle, in: CR 2003, S. 485-497

***Hirschberg, Lothar*:** Der Grundsatz der Verhältnismäßigkeit, Göttingen 1981

***Hoffmann-Riem, Wolfgang / Schmidt-Aßmann, Eberhard / Schuppert, Gunnar Folke* (Hrsg.):** Reform des Allgemeinen Verwaltungsrechts, Baden-Baden 1993

***Holthoff-Frank, Klaus*:** Wettbewerb auf Telekommunikationsmärkten – Das zweite Sondergutachten der Monopolkommission, in: MMR 2002, S. 294-298

Holzhäuser, Michael: Besonderer Netzzugang – Das Verhältnis von § 33 und § 35 TKG, in: MMR 2000, S. 466-471

Holznagel, Bernd: Rechtsschutz und TK-Regulierung im Referentenentwurf zum TKG, in: MMR 2003, S. 513-517

Holznagel, Bernd / Enaux, Christoph / Nienhaus, Christian: Grundzüge des Telekommunikationsrechts, München 2001

Holznagel, Bernd / Koenig, Christian: Der Begriff der wesentlichen Leistung nach § 33 TKG, München 2001

Holznagel, Bernd / Nienhaus, Christian: Telekommunikationsrecht, Oldenburg 2003

Hoppmann, Erich: Zum Schutzobjekt des GWB – Die sogenannten volkswirtschaftlichen Erkenntnisse und ihre Bedeutung für die Schutzobjektdiskussion; in: Mestmäcker, Ernst-Joachim (Hrsg.): Wettbewerb als Aufgabe – Nach zehn Jahren Gesetz gegen Wettbewerbsbeschränkungen, S. 61-104, Bad Homburg, Berlin, Zürich 1968

Hoppmann, Erich: Wirtschaftsordnung und Wettbewerb, Baden-Baden 1988

Horstmann, Karl-Peter: Netzzugang in der Energiewirtschaft, Köln, Berlin, Bonn, München 2001

Huber, Hans: Über den Grundsatz der Verhältnismäßigkeit im Verwaltungsrecht, in: ZSR Bd. 96 (1977) Heft I, S. 1-29

Huppertz, Christiane: Die SMP-Konzeption – Europarechtliche Vorgaben für die asymmetrische Regulierung im Kommunikationssektor, Frankfurt (Main), Berlin, New York, Oxford 2003

Husch, Gertrud / Kemmler, Anne / Ohlenburg, Anna: Die Umsetzung des EU-Rechtsrahmens für elektronische Kommunikation – Ein erster Überblick, in: MMR 2003, S. 139-148

Hustädt, Ernst / Bach, Knud: Die „Deregulierung“ der Deutschen Bundespost, in: DuR 1989, S. 294-309

Huster, Stefan: Rechte und Ziele – Zur Dogmatik des allgemeinen Gleichheitssatzes, Berlin 1993

***Immenga, Ulrich / Kirchner, Christian / Knieps, Günter / Kruse, Jörn*:** Telekommunikation im Wettbewerb – Eine ordnungspolitische Konzeption nach erfolgreicher Marktöffnung, München 2001

***Immenga, Ulrich / Mestmäcker, Ernst-Joachim*:** Gesetz gegen Wettbewerbsbeschränkungen, Kommentar zum Kartellgesetz, 3. Aufl., München 2001

***Isensee, Josef / Kirchhof, Paul* (Hrsg.):** Handbuch des Staatsrechts, Band III, 2. Aufl., Heidelberg 1996

***Isensee, Josef / Kirchhof, Paul* (Hrsg.):** Handbuch des Staatsrechts, Band V, 2. Aufl., Heidelberg 2000

***Isensee, Josef / Kirchhof, Paul* (Hrsg.):** Handbuch des Staatsrechts, Band VI, 2. Aufl., Heidelberg 2001

***Isensee, Josef / Kirchhof, Paul* (Hrsg.):** Handbuch des Staatsrechts, Band IX, Heidelberg 1997

***von Jacobs, Nikolaus*:** Die Entgeltregulierung des nationalen Festnetzsprachtelefondienstes auf europäischen Telekommunikationsmärkten, Baden-Baden 2001

***Jakobs, Michael Ch.*:** Der Grundsatz der Verhältnismäßigkeit mit einer exemplarischen Darstellung seiner Geltung im Atomrecht, Köln, Berlin, Bonn, München 1985

***Jakobs, Michael Ch.*:** Der Grundsatz der Verhältnismäßigkeit, in: DVBl. 1985, S. 97-102

***Jansen, Nils*:** Die Abwägung von Grundrechten, in: Der Staat Bd. 36 (1997), S. 27-54

***Jarass, Hans*:** Wirtschaftsverwaltungsrecht mit Wirtschaftsverfassungsrecht, 3. Aufl., Neuwied, Kriftel, Berlin 1997

***Jarass, Hans / Pieroth, Bodo*:** Grundgesetz für die Bundesrepublik Deuschland, Kommentar, 6. Aufl., München 2002

***Jochum, Heike*:** Steht die Zugangsregulierung im Ermessen der Regulierungsbehörde für Telekommunikation und Post?, in: MMR 2005, S. 161-164

***Junghanns, Volker*:** Infrastrukturzugang in der Festnetztelekommunikation, Aachen 2003

***Kantzenbach, Erhard*:** Die Funktionsfähigkeit des Wettbewerbs, 2. Aufl., Göttingen 1967

***Kirchhof, Paul*:** Gleichmaß und Übermaß; in: Badura, Peter / Scholz, Rupert (Hrsg.): Wege und Verfahren des Verfassungslebens, Festschrift für P. Lerche, S. 133-149, München 1993

***Kirchner, Christian*:** Mobilfunkregulierung im TKG-Regierungsentwurf und der „Neue Rechtsrahmen" des europäischen Gemeinschaftsrechts, in: Bundestags-Ausschussdrucksache 15(9)949, Anhang II, S. 247-254

***Kischel, Uwe*:** Die Kontrolle der Verhältnismäßigkeit durch den Europäischen Gerichtshof, in: EuR 2000, S. 380-402

***Klaue, Siegfried / Schwintowski, Hans-Peter*:** Marktabgrenzung und Marktbeherrschung im Telekommunikationssektor, Baden-Baden 2001

***Klimisch, Annette / Lange, Markus*:** Zugang zu Netzen und anderen wesentlichen Einrichtungen als Bestandteil der kartellrechtlichen Missbrauchsaufsicht, in: WuW 1998, S. 15-26

***Kloepfer, Michael*:** Grundrechte als Entstehenssicherung und Bestandsschutz, München 1970

***Kloepfer, Michael*:** Grundrechstatbestand und Grundrechtsschranken in der Rechtsprechung des Bundesverfassungsgerichts – dargestellt am Beispiel der Menschenwürde; in: Starck, Christian (Hrsg.): Bundesverfassungsgericht und Grundgesetz, Festgabe aus Anlass des 25-jährigen Bestehens des Bundesverfassungsgerichts, Zweiter Band, S. 405-420, Tübingen 1976

***Kloepfer, Michael*:** Gleichheit als Verfassungsfrage, Berlin 1980

***Kloepfer, Michael*:** Was kann die Gesetzgebung vom Planungs- und Verwaltungsrecht lernen?, in: ZG 1988, S. 289-303

***Kloepfer, Michael*:** Informationsrecht, München 2002

***Kloepfer, Michael*:** Technik und Recht im wechselseitigen Werden, Berlin 2002

Kloepfer, Michael: Die Entfaltung des Verhältnismäßigkeitsprinzips; in: Schmidt-Aßmann, Eberhard / Sellner, Dieter / Hirsch, Günter / Kemper, Gerd-Heinrich / Lehmann-Grube, Hinrich (Hrsg.): Festgabe 50 Jahre Bundesverwaltungsgericht, S. 329-346, Köln, Berlin, Bonn, München 2003

Kloepfer, Michael / Elsner, Thomas: Selbstregulierung im Umwelt- und Technikrecht, in: DVBl. 1996, S. 964-975

Kloepfer, Michael / Neun, Andreas: Rechtsfragen der europäischen Informationsgesellschaft, in: EuR 2000, S. 512-563

Klotz, Robert: Der Referentenentwurf zum TKG im Licht der europarechtlichen Vorgaben, in: MMR 2003, S. 495-499

Klotz, Robert / Delgado, Juan / Fehrenbach, Jérôme: Zugangsentgelte in der Telekommunikation – Die Erfahrung mit dem entbündelten Zugang zur Teilnehmeranschlussleitung in der EU, in: WuW 2003, S. 346-358

Knieps, Günter: Entstaatlichung und Wettbewerb im nationalen Telekommunikationsbereich; in: Windisch, Rupert (Hrsg.): Privatisierung natürlicher Monopole im Bereich von Bahn, Post und Telekommunikation, S. 147-203, Tübingen 1987

Knieps, Günter: Zugang zu Netzen, in: MMR 1998, S. 275-280

Koenig, Christian: Die öffentlich-rechtliche Verteilungslenkung – Grund und Grenzen einer Deregulierung am Beispiel der Vergabe von Konzessionen, Kontingenten und Genehmigungen zur unternehmerischen Nutzung öffentlich verwalteter Güter, Berlin 1994

Koenig, Christian / Braun, Jens-Daniel: Defizite des deutschen Telekommunikationsrechts mit Blick auf die Internet-Märkte und Abhilfemöglichkeiten, in: K&R 2002 Beilage 2

Koenig, Christian / Kühling, Jürgen: Reformansätze des deutschen Telekommunikationsrechts in rechtsvergleichender Perspektive, in: MMR 2001, S. 80-86

Koenig, Christian / Kühling, Jürgen / Winkler, Kay: Pflichten zur Veränderung von Netzinfrastrukturen, in: WuW 2003, S. 228-241

Koenig, Christian / Loetz, Sascha / Neumann, Andreas: Sektorspezifische Regulierung im neuen Telekommunikationsrecht – Umsetzungsspielräume, verfassungsrechtliche Vorgaben und Verfahrensgestaltung, in: K&R 2003 Beilage 2;
auch erschienen unter dem Titel: Die Novellierung des Telekommunikationsgesetzes, Münster 2003

Koenig, Christian / Röder, Ernst: Regulation of Telecommunications in the European Union – a challange for the Countries acceding to the European Community, in: European Business Law Review 1999, S. 1-7

Kommission (EG): Grünbuch über die Entwicklung des gemeinsamen Marktes für Telekommunikationsdienstleistungen und Telekommunikationsgeräte (KOM/87/292), Luxemburg 1987

Kommission (EG): Grünbuch über ein gemeinsames Vorgehen im Bereich der Mobilkommunikation und der persönlichen Kommunikation in der Europäischen Union (KOM/94/144), Luxemburg 1994

Kommission (EG): Grünbuch über die Liberalisierung der Telekommunikationsinfrastruktur und der Kabelfernsehnetze (Teil I: KOM/94/440, Teil II: KOM/94/682), Luxemburg 1994

Kommission (EG): Grünbuch zur Konvergenz der Branchen Telekommunikation, Medien und Informationstechnologie und ihren ordnungspolitischen Auswirkungen – Ein Schritt in Richtung Informationsgesellschaft (KOM/97/623), Luxemburg 1997

von Krauss, Rupprecht: Der Grundsatz der Verhältnismäßigkeit – In seiner Bedeutung für die Notwendigkeit des Mittels im Verwaltungsrecht, Hamburg 1955

Kreuz, Harald: Der Grundsatz der Verhältnismäßigkeit im Arbeitskampfrecht, Berlin 1988

Kubiciel, Michael: Verhaltensbeschränkungen marktbeherrschender Unternehmen durch § 19 GWB unter Berücksichtigung von Besonderheiten gasversorgender Unternehmen, Berlin 2003

Kühling, Jürgen: Sektorspezifische Regulierung in Netzwirtschaften, München 2004

***Kühne, Gunther*:** Anmerkung (zu BVerfG, Beschluss v. 16. Mai 1989 – 1 BvR 705/88, in: NJW 1990, 1783), in: JZ 1990, S. 335-336

***Kutscher, Hans / Ress, Georg / Teitgen, Francis / Ermacora, Felix / Ubertazzi, Giovanni*:** Der Grundsatz der Verhältnismäßigkeit in europäischen Rechtsordnungen, Heidelberg 1985

***Kutzschbach, Gregor*:** Grundrechtsnetze – Netzbetrieb und Netzzugang als Grundrechtsfrage, Frankfurt (Main), Berlin, New York, Oxford 2004

***Ladeur, Karl-Heinz*:** Drittschutz des Entgeltregulierungsverfahrens nach §§ 23 ff. TKG, in: CR 2000, S. 433-441

***Ladeur, Karl-Heinz*:** Das europäische Telekommunikationsrecht im Jahre 2003, in: K&R 2004, S. 153-161

***Langen, Eugen* (Begr.) / *Bunte, Hermann-Josef* (Hrsg.):** Kommentar zum deutschen und europäischen Kartellrecht, Band 1, 9. Aufl., Neuwied, Kriftel, Berlin 2001

***Langheineken, Uwe*:** Der Grundsatz der Verhältnismäßigkeit, Freiburg i. Brsg. 1972

***Larenz, Karl*:** Wegweiser zu richterlicher Rechtsschöpfung; in: Festschrift für A. Nikisch, Tübingen 1958

***Larenz, Karl*:** Grundformen wertorientierten Denkens in der Jurisprudenz; in: Baltl, Hermann (Hrsg.): Festschrift für W. Wilburg, S. 217-229, Graz 1975

***Leisner, Walter*:** Der Abwägungsstaat – Verhältnismäßigkeit als Gerechtigkeit?, Berlin 1997

***Lerche, Peter*:** Übermaß und Verfassungsrecht, 2., unveränderte Aufl., Goldbach 1999

***Lerche, Peter*:** Grundrechtsverständnis und Normenkontrolle in Deutschland; in: Vogel, Klaus (Gesamtredaktion): Grundrechtsverständnis und Normenkontrolle, Kolloquium zum 70. Geburtstag von H. Spanner, S. 24-50, Wien, New York 1979

***Lücke, Jörg*:** Die Grundsätze der Verhältnismäßigkeit und der Zumutbarkeit, in: DÖV 1974, S. 769-771

***von Mangoldt, Hermann / Klein, Friedrich / Starck, Christian* (Hrsg.):** Bonner Grundgesetz, Kommentar, Band 1 (Präambel, Art. 1-19 GG), 4. Aufl., München 1999

***von Mangoldt, Hermann / Klein, Friedrich / Starck, Christian* (Hrsg.):** Bonner Grundgesetz, Kommentar, Band 2 (Art. 20-78 GG), 4. Aufl., München 2000

***von Mangoldt, Hermann / Klein, Friedrich / Starck, Christian* (Hrsg.):** Bonner Grundgesetz, Kommentar, Band 3 (Art. 79-146 GG), 4. Aufl., München 2001

***Manssen, Gerrit* (Hrsg.):** Telekommunikationsrecht und Multimediarecht, Kommentar, Loseblattsammlung, Berlin, Stand: Dezember 2003 (11. Lfg.)

***Maunz, Theodor / Dürig, Günter* (Begr.):** Grundgesetz, Kommentar, Loseblattsammlung, München, Stand: Februar 2003 (42. Lfg.)

***Maurer, Hartmut*:** Allgemeines Verwaltungsrecht, 14. Aufl., München 2002

***Mayen, Thomas*:** Anmerkung (zu OVG Münster, Beschluss v. 12. Mai 1999 – 13 B 632/99, in: MMR 1999, 553), in: MMR 2000, S. 117-119

***Medicus, Dieter*:** Der Grundsatz der Verhältnismäßigkeit im Privatrecht, in: AcP Bd. 192 (1992), S. 35-70

***Mestmäcker, Ernst-Joachim*:** Der verwaltete Wettbewerb, Tübingen 1984

***Mestmäcker, Ernst-Joachim*:** Marktzugang und Monopolmissbrauch auf deregulierten Märkten; in: Baur, Jürgen / Hopt, Klaus / Mailänder, Peter (Hrsg.): Festschrift für E. Steindorff, S. 1045-1064, Berlin, New York 1990

***Meyer-Arndt, Guido*:** Der Zutritt der neuen Wettbewerber zu den lokalen Märkten der Telekommunikation, in: ZUM 1996, S. 757-776

***Mösch, Reinhold*:** Gilt der Grundsatz der Verhältnismäßigkeit im Arbeitskampfrecht?, Pfaffenweiler 1991

***Möschel, Wernhard*:** Deregulierung in Telekommunikationsmärkten, in: WuW 1986, S. 555-572

***Möschel, Wernhard / Haug, Jochen*:** Der Referentenentwurf zur Novellierung des TKG aus wettbewerbsrechtlicher Sicht, in: MMR 2003, S. 505-508

***Möstl, Markus*:** Zur Zulässigkeit kommunaler Telekommunikationsdienstleistungen, in: BayVBl. 1999, S. 547-553

Monopolkommission: Die Rolle der Deutschen Bundespost im Fernmeldewesen (Sondergutachten 9), Baden-Baden 1981,
unter: www.monopolkommission.de

Monopolkommission: Zur Neuordnung der Telekommunikation (Sondergutachten 20), Baden-Baden 1991,
unter: www.monopolkommission.de

Monopolkommission: Wettbewerb auf den Telekommunikations- und Postmärkten? (Sondergutachten 29), Baden-Baden 2000,
unter: www.monopolkommission.de

Monopolkommission: Wettbewerbsentwicklung bei Telekommunikation und Post 2001: Unsicherheit und Stillstand (Sondergutachten 33), Baden-Baden 2002,
unter: www.monopolkommission.de

Monopolkommission: Telekommunikation und Post 2003: Wettbewerbsintensivierung in der Telekommunikation – Zementierung des Postmonopols (Sondergutachten 39), Baden-Baden 2004,
unter: www.monopolkommission.de

Monopolkommission: Zur Reform des Telekommunikationsgesetzes (Sondergutachten 40), Baden-Baden 2004,
unter: www.monopolkommission.de

***Moritz, Hans-Werner*:** Schwächen der TK-Liberalisierung – Folgen der Übereignung des Festnetzes an die Deutsche Telekom AG, in: CR 1998, S. 13-21

***Müller-Armack, Alfred*:** Wirtschaftslenkung und Marktwirtschaft, Hamburg 1947

***Müller-Using, Detlev / Lücke, Richard*:** Anmerkung (zu VG Berlin, Beschluss v. 12. August 1997 – 27 A 272.97) in: MMR 1998, 164), in: MMR 1998, S. 168

***von Münch, Ingo* (Begr.) / *Kunig, Philip* (Hrsg.):** Grundgesetz-Kommentar, Band 1 (Präambel, Art. 1-19 GG), 5. Aufl., München 2000

***von Münch, Ingo* (Begr.) / *Kunig, Philip* (Hrsg.):** Grundgesetz-Kommentar, Band 3 (Art. 70-146 GG), 5. Aufl., München 2003

***Mußgnug, Reinhard*:** Gesetzesgestaltung und Gesetzesanwendung im Leistungsrecht, in: VVDStRL Bd. 47 (1989), S. 113-138

***Neumann, Holger / Peya, Andreas / Schürmann, Coudert*:** Anmerkung (zur Beschluss- und Rechtsprechungspraxis zu EBC II), in: MMR 2002, S. 274-276

***Nipperdey, Hans Carl*:** Die soziale Marktwirtschaft in der Verfassung der Bundesrepublik, Heidelberg 1954

***Nolte, Norbert*:** Das Recht auf Netzzugang nach dem Telekommunikationsgesetz, in: BB 1996, S. 2629-2636

***Obermayer, Klaus* (Begr.):** Kommentar zum Verwaltungsverfahrensgesetz, 3. Aufl., Neuwied, Kriftel 1999

***Ossenbühl, Fritz*:** Der polizeiliche Ermessens- und Beurteilungsspielraum, in: DÖV 1976, S. 463-471

***Ossenbühl, Fritz*:** Zumutbarkeit als Verfassungsmaßstab; in: Rüthers, Bernd / Stern, Klaus (Hrsg.): Freiheit und Verantwortung im Verfassungsstaat, Festgabe zum 10-jährigen Jubiläum der Gesellschaft für Rechtspolitik, S. 315-327, München 1984

***Ossenbühl, Fritz*:** Maßhalten mit dem Übermaßverbot; in: Badura, Peter / Scholz, Rupert (Hrsg.): Wege und Verfahren des Verfassungslebens, Festschrift für P. Lerche, S. 151-164, München 1993

***Ossenbühl, Fritz*:** Rechtsschutz gegen die Festsetzung von Entgelten für Leistungen der Deutschen Telekom AG, in: ArchPT 1996, S. 207-238

***Ossenbühl, Fritz*:** Der Grundsatz der Verhältnismäßigkeit (Übermaßverbot) in der Rechtsprechung der Verwaltungsgerichte, in: Jura 1997, S. 617-621

***Pache, Eckhard*:** Der Grundsatz der Verhältnismäßigkeit in der Rechtsprechung der Gerichte der Europäischen Gemeinschaften, in: NVwZ 1999, S. 1033-1040

***Palandt, Otto* (Begr.):** Bürgerliches Gesetzbuch, Kommentar, 63. Aufl., München 2004

***Papier, Hans-Jürgen*:** Durchleitungen und Eigentum, in: BB 1997, S. 1213-1220

***Pashigian, Peter*:** Price Theory and Applications, New York 1995

***Peters, Hans*:** Die Verfassungsmäßigkeit des Verbots der Beförderung von Massengütern im Fernverkehr auf der Straße, Bielefeld 1954

***Pfeiffer, Günter / Wieland, Bernhard*:** Telecommunications in Germany – An Economic Perspective, Berlin 1990

***Piepenbrock, Hermann-Josef / Schuster, Fabian* (Hrsg.):** GWB und TKG: Gegeneinander, Nebeneinander oder Miteinander? – Zum Verhältnis zwischen sektorspezifischem und allgemeinem Kartellrecht, in: CR 2002, S. 98-107

***Pieroth, Bodo / Schlink, Bernhard*:** Grundrechte, Staatsrecht II, 19. Aufl., Heidelberg 2003

***Pohl, Ottmar*:** Ist der Gesetzgeber bei Eingriffen in die Grundrechte an den Grundsatz der Verhältnismäßigkeit gebunden?, Köln 1959

***Porter, Michael*:** Competitive Strategy – Techniques for analyzing industries and competitors, New York 1980

***Püttner, Günter*:** Die Einwirkungspflicht – Zur Problematik öffentlicher Einrichtungen in Privatrechtsform, in: DVBl. 1975, S. 353-357

***Püttner, Günter*:** Die öffentlichen Unternehmen, 2. Aufl., Stuttgart, München, Hannover 1985

***Rawls, John*:** A Theory of Justice, überarbeitete Aufl., Oxford, New York 1999

***Recktenwald, Horst Claus*:** Der Wohlstand der Nationen von *Adam Smith*, Übersetzung aus dem Englischen, München 1974

***Redeker, Konrad / von Oertzen, Hans-Joachim* (Begr.)**: Verwaltungsgerichtsordnung, Kommentar, 13. Aufl., Stuttgart 2000

Regulierungsbehörde für Telekommunikation und Post (RegTP): Jahresbericht 1998, Bonn 1999,
unter: www.regtp.de

Regulierungsbehörde für Telekommunikation und Post (RegTP): Ortsnetzwettbewerb 2000 – Situationsbericht zum deutschen Ortsnetzwettbewerb, Bonn 2001,
unter: www.regtp.de

Regulierungsbehörde für Telekommunikation und Post (RegTP): Jahresbericht 2002, Bonn 2003,
unter: www.regtp.de

Regulierungsbehörde für Telekommunikation und Post (RegTP): Tätigkeitsbericht 2002 / 2003, Bonn 2003,
unter: www.regtp.de

Regulierungsbehörde für Telekommunikation und Post (RegTP): Jahresbericht 2003, Bonn 2004,
unter: www.regtp.de

Regulierungsbehörde für Telekommunikation und Post (RegTP): Jahresbericht 2004, Bonn 2005,
unter: www.regtp.de

Reinke Peter: Der Zweck des Telekommunikationsgesetzes – Eine öffentlich-rechtliche Untersuchung des § 1 TKG, Frankfurt (Main), Berlin, New York, Oxford 2001

Remmert, Barbara: Verfassungs- und verwaltungsrechtsgeschichtliche Grundlagen des Übermaßverbotes, Heidelberg 1995

Riehmer, Klaus: EG-Wettbewerbsrecht und Zugangsvereinbarungen in der Telekommunikation – Die neue Mitteilung der Europäischen Kommission, in: MMR 1998, S. 355-359

Rittaler, Jan: Der Wettbewerb in der Telekommunikation – Einige Anmerkungen zum Sondergutachten der Monopolkommission, in: WuW 1996, S. 699-707

***Roßnagel, Alexander / Wedde, Peter*:** Die Reform der Deutschen Bundespost im Licht des Demokratieprinzips, in: DVBl. 1988, S. 562-571

***Rudolf, Eva*:** Das Recht auf Netzzugang in der Telekommunikation, Baden-Baden 2001

***Rupp, Hans Heinrich*:** Verfassungsrecht und Kartelle; in: Mestmäcker, Ernst-Joachim (Hrsg.): Wettbewerb als Aufgabe – Nach zehn Jahren Gesetz gegen Wettbewerbsbeschränkungen, S. 187-208, Bad Homburg, Berlin, Zürich 1968

***Sachs, Michael* (Hrsg.):** Grundgesetz, Kommentar, 1. Aufl., München 1996

***Sachs, Michael* (Hrsg.):** Grundgesetz, Kommentar, 3. Aufl., München 2003

***Sarkar, Ranjana*:** Akteure, Interessen und Technologien in der Telekommunikation, Frankfurt (Main), New York 2001

***Schalast, Christpoh / Rößner, Sören*:** Entgeltregulierung nach dem TKG – Der Beispielsfall Breitbandkabelmarkt, in: MMR 2004, S. 595-603

***Schenke, Wolf-Rüdiger*:** Polizei- und Ordnungsrecht, Heidelberg 2002

***Scherer, Joachim*:** Das neue Telekommunikationsgesetz, in: NJW 1996, S. 2953-2962

***Scherer, Joachim* (Hrsg.):** Telecommunication Laws in Europe, 4. Aufl., London 1998

***Scherer, Joachim*:** Die Umgestaltung des europäischen und deutschen Telekommunikationsrechts durch das EU-Richtlinienpaket, in: K&R 2002, S. 273-289 (Teil I), S. 329-346 (Teil II)

***Scheuerle, Klaus-Dieter / Mayen, Thomas* (Hrsg.):** Telekommunikationsgesetz, Kommentar, München 2002

***Schliesky, Utz*:** Öffentliches Wirtschaftsrecht, 2. Aufl., Heidelberg 2003

***Schlink, Bernhard*:** Abwägung im Verfassungsrecht, Berlin 1976

***Schlink, Bernhard*:** Freiheit durch Eingriffsabwehr – Rekonstruktion der klassischen Grundrechtsfunktionen, in: EuGRZ 1984, S. 457-468

***Schlink, Bernhard*:** Die Bewältigung der wissenschaftlichen und technischen Entwicklungen durch das Verwaltungsrecht, in: VVDStRL Bd. 48 (1990), S. 235-264

***Schlink, Bernhard*:** Der Grundsatz der Verhältnismäßigkeit; in: Badura, Peter / Dreier, Horst (Hrsg.): Festschrift 50 Jahre Bundesverfassungsgericht, Zweiter Band (Klärung und Fortbildung des Verfassungsrechts), S. 445-465, Tübingen 2001

***Schmidt, Reiner*:** Öffentliches Wirtschaftsrecht, Allgemeiner Teil, Berlin, Heidelberg, New York 1990

***Schmidt, Reiner*:** Rechtliche Möglichkeiten für Privatisierungen im Bereich der Deutschen Bundespost; in: Badura, Peter / Scholz, Rupert (Hrsg.): Wege und Verfahren des Verfassungslebens, Festschrift für P. Lerche, S. 965-978, München 1993

***Schmidt, Walter*:** Abschied vom „unbestimmten Rechtsbegriff", in: NJW 1975, S. 1753-1758

***Schmidt, Walter*:** Anmerkung (zu BGH, Urteil v. 12. August 1975 – 1 StR 42/75), in: JZ 1976, S. 32-33

***Schmidt-Aßmann, Eberhard*:** Zur Bedeutung der Privatrechtsform für den Grundrechtsstatus gemischt-wirtschaftlicher Unternehmen; in: Jayme, Erik/ Laufs, Adolf / Misera, Karlheinz / Reinhart, Gert / Serick, Rolf (Hrsg.): Festschrift für H. Niederländer, S. 383-397, Heidelberg 1991

***Schmidt-Bleibtreu, Bruno / Klein, Franz* (Hrsg.):** Kommentar zum Grundgesetz, 9. Aufl., Neuwied, Kriftel 1999

***Schmidt-Preuß, Matthias*:** Soziale Marktwirtschaft und Grundgesetz vor dem Hintergrund des Staatsvertrages zur Währungs-, Wirtschafts- und Sozialunion, in: DVBl. 1993, S. 236-247

***Schmidt-Preuß, Matthias*:** Verfassungskonflikt um die Durchleitung? – Zum Streitstand nach dem VNG-Bschluss des BGH, in: RdE 1996, S. 1-9

***Schmidt-Preuß, Matthias*:** Die Gewährleistung des Privateigentums durch Art. 14 GG im Lichte aktueller Probleme, in: AG 1996, S. 1-11

Schmidt-Preuß, Matthias: Verwaltung und Verwaltungsrecht zwischen gesellschaftlicher Selbstregulierung und staatlicher Steuerung, in: VVDStRL Bd. 56 (1997), S. 160-227

Schneider, Hans: Zur Verhältnismäßigkeits-Kontrolle insbesondere bei Gesetzen; in: Starck, Christian (Hrsg.): Bundesverfassungsgericht und Grundgesetz, Festgabe aus Anlass des 25-jährigen Bestehens des Bundesverfassungsgerichts, Zweiter Band, S. 390-404, Tübingen 1976

Schnöring, Thomas / Szafran, Uwe: Entwicklung der Telekommunikation in den neuen Bundesländern – Beispiel einer erfolgreichen Strukturanpassung, Berlin 1994

Schoch, Friedrich: Der Gleichheitssatz, in: DVBl. 1988, S. 863-882

Schoch, Friedrich: Öffentlich-rechtliche Rahmenbedingungen einer Informationsordnung, in: VVDStRL Bd. 57 (1998), S. 158-215

Scholz, Rupert: Rechtsfrieden im Rechtsstaat, in: NJW 1983, S. 705-712

Scholz, Rupert: Grundrechtsschutz gemischt-wirtschaftlicher Unternehmen; in: Pfister, Bernhard / Will, Michael (Hrsg.): Festschrift für W. Lorenz zum siebzigsten Geburtstag, S. 213-232, Tübingen 1991

Scholz, Rupert / Aulehner, Josef: Tochtergesellschaften und Unternehmensbeteiligungen der Deutschen Bundespost Telekom im Ausland, in: ArchPT 1993, S. 103-173

Scholz, Rupert / Aulehner, Josef: „Postreform II" und Verfassung – Zu den Möglichkeiten und Grenzen einer materiellen oder formellen Privatisierung der Post, in: ArchPT 1993, S. 221-261

Schütz, Raimund: OVG Münster (Beschluss v. 12. Mai 1999 – 13 B 932/99) – Entgeltregulierung nicht drittschützend, in: MMR 1999 Heft 8, S. V

Schütz, Raimund: Referentenentwurf zum TKG – Weniger Wettbewerb, mehr Bürokratie?, in: MMR 2003, S. 518-522

Schütz, Raimund / Attendorn, Thorsten / König, Annegret: Elektronische Kommunikation – Europarechtliche Vorgaben und ihre Umsetzung in Deutschland, München 2003

Schütze, Marc: Anmerkung (zu OVG Münster, Beschluss v. 3. Februar 2003 – 13 B 2130/02, in: MMR 2003, 355), in: MMR 2003, S. 359-360

Schulte, Martin (Hrsg.): Handbuch des Technikrechts, Berlin, Heidelberg, New York 2003

Schulz, Robert: Der Zugang zum „blanken Draht" im Telekommunikationsrecht – Wettbewerb im Netz oder Wettbewerb zwischen Netzen?, München 2001

Schulz, Wolfgang: Regulierte Selbstregulierung im Telekommunikationsrecht, in: DV Bd. 34 (2001) Beiheft 4: Regulierte Selbstregulierung als Steuerungskonzept des Gewährleistungsstaates, S. 101-135

Schulz-Jander, Hendrik: Das gesetzliche Durchleitungsgebot im energierechtlichen und telekommunikativen Bereich, Aachen 2001

Schumann, Jochen / Meyer, Ulrich / Ströbele, Wolfgang: Grundzüge der mikroökonomischen Theorie, 7. Aufl., Berlin, Heidelberg, New York 1999

Schuppert, Gunnar Folke: Verwaltungswissenschaft, Baden-Baden 2000

Schuster, Fabian: EBC, Flatrate, T-DSL, TAL – quo vadis, Entgeltregulierung?, in: MMR 2001, S. 298-304

Schwabe, Jürgen: Probleme der Grundrechtsdogmatik, Darmstadt 1977

Schwintowski, Hans-Peter: Ordnung und Wettbewerb auf Telekommunikationsmärkten; in: Immenga, Ulrich / Lübben, Natalie / Schwintowski, Hans-Peter (Hrsg.): Telekommunikation – Vom Monopol zum Wettbewerb, S. 11-45, Baden-Baden 1998

Schwintowski, Hans-Peter: Der Zugang zu wesentlichen Einrichtungen, in: WuW 1999, S. 842-853

Siebert, Wolfgang: Privatrecht im Bereich der öffentlichen Verwaltung – Zur Abgrenzung und Verflechtung von öffentlichem Recht und Privatrecht; in: Rechts- und Staatswissenschaftliche Fakultät der Universität Göttingen (Hrsg.): Festschrift für H. Niedermeyer, S. 215-247, Göttingen 1953

Sieckmann, Jan-Reinard: Zur Bedeutung des Eigentumsschutzes im demokratischen Rechtsstaat – Entschädigungspflichten für regulative Eingriffe, in: Homo oeconomicus Bd. X (1993), S. 461-488

Smith, Adam: An Inquiry into the Nature and Causes of the Wealth of Nations; zitiert nach: *Campell, R. H. / Skinner, A. S.* (Hrsg.), Oxford 1976

Spoerr, Wolfgang / Deutsch, Markus: Das Wirtschaftsverwaltungsrecht der Telekommunikation – Regulierung und Lizenzen als neue Schlüsselbegriffe des Verwaltungsrechts?, in: DVBl. 1997, S. 300-309

Sprißler, Matthias: Das Fernmeldemonopol und seine rechtshistorische Entwicklung in Deutschland, in: ArchPF 1991, S. 159-177

***Stelkens, Paul / Bonk, Heinz Joachim / Sachs, Michael* (Hrsg.)**: Verwaltungsverfahrensgesetz, Kommentar, 6. Aufl., München 2001

Stern, Klaus: Das Staatsrecht der Bundesrepublik Deutschland, Band I, 2. Aufl., München 1984

Stern, Klaus: Das Staatsrecht der Bundesrepublik Deutschland, Band III, 1. Halbband, München 1988

Stern, Klaus: Das Staatsrecht der Bundesrepublik Deutschland, Band III, 2. Halbband, München 1994

Stern, Klaus: Zur Entstehung und Ableitung des Übermaßverbots; in: Badura, Peter / Scholz, Rupert (Hrsg.): Wege und Verfahren des Verfassungslebens, Festschrift für P. Lerche, S. 165-175, München 1993

Stern, Klaus: Postreform zwischen Privatisierung und Infrastrukturgewährleistung, in: DVBl. 1997, S. 309-316

Stern, Klaus / Dietlein, Johannes: Netzzugang im Telekommunikationsrecht – Zur verfassungsrechtlichen Problematik eines „entbündelten" Zugangs zu den Teilnehmeranschlussleitungen, in: ArchPT 1998, S. 309-327 (Teil 1) und RTkom 1999, S. 2-15 (Teil 2)

Stobbe, Alfred: Mikroökonomik, 2. Aufl., Berlin, Heidelberg, New York 1991

Stürmer, Susanne: Netzzugang und Eigentumsrechte in der Telekommunikation, Baden-Baden 1997

***Tettinger, Peter*:** Zur Grundrechtsberechtigung von Energieversorgungsunternehmen im Europäischen Gemeinschaftsrecht; in: Baur, Jürgen F. / Müller-Graff, Peter-Christian / Zuleeg, Manfred (Hrsg.): Europarecht – Energierecht – Wirtschaftsrecht, Festschrift für B. Börner, S. 625-640, Köln, Berlin, Bonn, München 1992

***Theobald, Christian*:** Aktuelle Entwicklungen des Infrastrukturrechts, in: NJW 2003, S. 324-331

***Theobald, Christian / Hummel, Konrad*:** Entgeltregulierung in Netzwirtschaften, in: N&R 2004 (zugleich K&R 2004 Beilage 2), S. 2-7

***Thomaschki, Kathrin*:** Referentenentwurf zum TKG – Auswirkungen auf die Praxis der Marktregulierung, in: MMR 2003, S. 500-504

***Trute, Hans-Heinrich*:** Die Verwaltung und das Verwaltungsrecht zwischen gesellschaftlicher Selbstregulierung und staatlicher Steuerung, in: DVBl. 1996, S. 950-964

***Trute, Hans-Heinrich / Spoerr, Wolfgang / Bosch, Wolfgang*:** Telekommunikationsgesetz mit FTEG, Kommentar, Berlin, New York 2001

***Varian, Hal*:** Grundzüge der Mikroökonomik, übersetzt von Reiner Buchegger, 5. Aufl., München, Wien 2001

Verband der Anbieter von Telekommunikations- und Mehrwertdiensten e. V. (VATM): Stellungnahme zur Mitteilung 400/2002 der RegTP „Netzzugang und Zusammenschaltung in IP-basierten Netzen", Berlin 2002, unter: www.vatm.de

Verband der Anbieter von Telekommunikations- und Mehrwertdiensten e. V. (VATM): Stellungnahme des VATM zum TKG-Regierungsentwurf vom 15.10.2003, Berlin 2003, unter: www.vatm.de

***Vogel, Joachim*:** Juristische Methodik, Berlin, New York 1998

***Vogelsang, Ingo*:** Ökonomische Aspekte des Referentenentwurfs zum TKG, in: MMR 2003, S. 509-512

***Voßkuhle, Andreas*:** „Regulierte Selbstregulierung" – Zur Karriere eines Schlüsselbegriffs; in: DV Bd. 34 (2001) Beiheft 4: Regulierte Selbstregulierung als Steuerungskonzept des Gewährleistungsstaates, S. 197-200

***Walter, Karl Maria / von Keussler, Julia*:** Der diskriminierungsfreie Zugang zum Netz – Reichweite des Anspruchs auf Durchleitung, in: RdE 1999, S. 190-193 (Teil 1), S. 223-227 (Teil 2)

***Wank, Rolf*:** Die Auslegung von Gesetzen, 2. Aufl., Köln, Berlin, Bonn, München 2001

***Wegmann, Winfried*:** Regulierte Marktöffnung in der Telekommunikation, Baden-Baden 2001

***von Weizsäcker, Carl Christian*:** Wirtschaftspolitische Begründung und Abgrenzung des Fernmeldemonopols; in: Mestmäcker, Ernst-Joachim (Hrsg.): Kommunikation ohne Monopole, S. 127-138, Baden-Baden 1980

***Wendt, Rudolf*:** Der Garantiegehalt der Grundrechte und das Übermaßverbot, in: AöR Bd. 104 (1979), S. 414-520

***Wheatley, Jeffery*:** World Telecommunications Economics, London 1999

***von Wichert-Nick, Dorothea*:** Wettbewerb im lokalen Telekommunikationsmarkt – Zwischen sektorspezifischer Regulierung und Wettbewerbsrecht, Baden-Baden 1999

***Wick, Charles Louis*:** Der Grundsatz der Verhältnismäßigkeit im Sozialversicherungsrecht, Zürich 1976

***Wieacker, Franz*:** Geschichtliche Wurzeln des Prinzips der verhältnismäßigen Rechtsanwendung; in: Lutter, Marcus / Stimpel, Walter / Wiedemann, Herbert (Hrsg.): Festschrift für R. Fischer, S. 867-881, Berlin, New York 1979

***Wiedemann, Gerhard* (Hrsg.):** Handbuch des Kartellrechts, München 1999

***Wieland, Joachim*:** Der Wandel von Verwaltungsaufgaben als Folge der Postprivatisierung, in: DV Bd. 28 (1995), S. 315-335

***Windisch, Rupert*:** Privatisierung natürlicher Monopole – Theoretische Grundlagen und Kriterien; in: ders. (Hrsg.): Privatisierung natürlicher Monopole im Bereich von Bahn, Post und Telekommunikation, S. 1-146, Tübingen 1987

***Wirth, Carsten*:** Die Grundrechtsberechtigung der Deutschen Post AG, in: JA 1998, S. 820-823

Wissenschaftlicher Arbeitskreis für Regulierungsfragen bei der RegTP (WAR): TKG-Novellierung im Spannungsfeld zwischen Rechtssicherheit und Flexibilität (Stellungnahme), Bonn 2002, unter: www.tkrecht.de

***Wissmann, Martin*:** Hohe Kosten für Telekomanbieter, in: F.A.Z. v. 7. Juli 2004, S. 19

***Wittig, Peter*:** Zum Standort des Verhältnismäßigkeitsgrundsatzes im System des Grundgesetzes, in: DÖV 1968, S. 817-825

***Wöhe, Günter*:** Einführung in die Allgemeine Betriebswirtschaftslehre, 21. Aufl., München 2002

***Wolff, Hans J.*:** Rechtsgrundsätze und verfassungsgestaltende Grundentscheidungen; in: Bachhof, Otto / Drath, Martin / Gönnenwein, Otto / Walz, Ernst (Hrsg.): Forschungen und Berichte aus dem Öffentlichen Recht, Gedächtnisschrift für W. Jellinek, S. 33-52, München 1955

***Wolff, Hans J. / Bachof, Otto / Stober, Rolf*:** Verwaltungsrecht, Band 1, 11. Aufl., München 1999

***Wolff, Stephan*:** Der Kontrahierungszwang im deutschen Telekommunikationsrecht, Hamburg 2002

***Yi, Zoonil*:** Das Gebot der Verhältnismäßigkeit in der grundrechtlichen Argumentation, Frankfurt (Main), Berlin, Bern, New York, Paris, Wien 1998

Zentrum für Europäische Integrationsforschung (ZEI): Anmerkungen zum Referentenentwurf zur TKG-Novelle des BMWA, Bonn 2003, unter: www.tkrecht.de

***Zimmerli, Ulrich*:** Der Grundsatz der Verhältnismäßigkeit im öffentlichen Recht, in: ZSR Bd. 97 (1978) Heft II, S. 1-131

Zippelius, Reinhold: Der Gleichheitssatz, in: VVDStRL Bd. 47 (1989), S. 7-36

Zippelius, Reinhold: Deutsches Staatsrecht, begründet v. *T. Maunz*, 30. Aufl., München 1998

Zitscher, Wolfram: Der „Grundsatz der Verhältnismäßigkeit“ im Arbeitsvertragsrecht als Blankettformel, in: BB 1983, S. 1285-1291

FSC
www.fsc.org
MIX
Papier | Fördert gute Waldnutzung
FSC® C083411

Kolibri 360 GmbH
Ferdinand-Jühlke-Straße 7
99095 Erfurt, Deutschland
produktsicherheit@kolibri360.de

Druck:
CPI Druckdienstleistungen GmbH
im Auftrag der
Kolibri 360 GmbH
Ferdinand-Jühlke-Str. 7
99095 Erfurt